金砖国家法律研究 总第3卷 2019年

BRICS LEGAL STUDIES

华东政法大学金砖国家法律研究院 主办
ECUPL Institute of BRICS Legal Studies
主编 林燕萍 杜 涛 执行主编 费秀艳

法律出版社 LAW PRESS·CHINA

主编简介

林燕萍 女，法学博士，教授，博士生导师。1983年毕业于华东政法学院（现为华东政法大学），现任华东政法大学国际法研究中心主任、金砖国家法律研究院院长，兼任中国国际私法学会副会长，中国欧洲学会欧洲法律研究会副会长，中国国际经济贸易仲裁委员会仲裁员。主要从事国际私法、国际竞争法、欧盟法等教学与研究工作。

杜　涛 男，教授、博士生导师。现任华东政法大学国际法学院党委书记、金砖国家法律研究院常务副院长，兼任中国国际私法学会常务理事以及国际比较法法学会员。国家社科基金重大项目首席专家。主要研究领域为国际私法、国际经济法和比较法等。

执行主编简介

费秀艳 女，法学博士、美国纽约大学访问学者。现任华东政法大学金砖国家法律研究院助理研究员。2017年入选上海市浦江人才计划。主持并参与省部级课题研究，已发表了高质量中英文论文。主要研究领域为国际经济法、商事仲裁和投资仲裁等。

卷首语

2017年以来,金砖国家合作开启了第二个十年。经济合作是推动金砖国家发展的持久动力,金砖各国致力于构建透明、非歧视、开放、自由和包容的国际贸易,推动经济的可持续发展。从金砖国家法律方面的合作来看,近年来大家关心的议题是竞争政策与竞争法方面的交流与合作。自2009年起每两年举行一次金砖国家国际竞争大会:2009年在俄罗斯喀山,2011年在中国北京,2013年在印度新德里,2015年在南非德班,2017年在巴西巴西利亚。2015年11月13日金砖国家达成《金砖国家竞争机构负责人联合宣言》,特别需要指出的是2016年5月19日在俄罗斯圣彼得堡签署了金砖国家《竞争机构竞争法律与政策合作备忘录》,该备忘录为金砖各国就竞争政策领域的多边合作搭建机构对接平台,为各国竞争管理机构互通信息、交流有益经验提供交流的平台。

本卷《金砖国家法律研究》以金砖国家竞争政策与竞争法的发展为主题,全面介绍金砖国家在经济增长过程中倡导竞争政策、完善竞争法、改革竞争执行机构等领域所作出的努力。作为经济转型国家,金砖国家竞争法的发展更有特色,他们并没有照搬欧美发达国家的模板,而是构建了适合本国经济发展的竞争法律制度。本书特约了一些专稿,对印度、巴西、南非、俄罗斯等国家竞争法的发展轨迹作了系统化梳理,比较全面地分析了这些国家在构建竞争法律体系方面的立法和司法实践,这些经验和得失值得发展中国家借鉴。

在金砖国家中,印度竞争法的发展令人瞩目。近10年来,印度在经济发展中不断修改和完善竞争法。过去印度遇到的诸多问题正是现在很多发展中国家面临的问题,印度摸索和克服的困难很可能成为其他发展中国家未来遭遇的问题。印度的一些经历和做法值得我们借鉴。例如,印度新设执行机构“竞争委员会(CCI)”之时,因该机构拥有裁判权但却由行政机关任命,其合法性备受质疑,引发政府与司法机关的论战,最后出台《竞争法(修正案)》增设真正的裁判机构“竞争上诉法庭(CompAT)”,受理针对CCI所作裁决提起上诉的案件,CCI转型成为拥有咨询和监管职能的专家机构,印度新竞争法改革之艰难可见一斑。

我们来看一下巴西的情况。巴西竞争法改革走的是一条鲜明的体制重构之路,2012年新《竞争法》以一体化的现代竞争管理机构“经济保护与管理委员会(CADE)”取代了之前“三家分立”的执行机构,简化了决策程序,大大减少了调查积压。且新法建立了“企业合并前限期通知制度”,取代原有的“合并后通知制度”,解决旧竞争体系的另一个瓶颈问题。对“经营者集中”的管理实现由“事前”(ex post)到“事后”(ex ante)的转变。巴西以机构改革作为突破口重构竞争法律制度的基础,其成效显然。如今CADE被列为世界上10个最佳反垄断机构之一。这个经验值得我们借鉴。

南非是金砖国家中第一个建立竞争法律制度的国家,其立法模式和司法体系大多借鉴发达国家。其最大的成功之处在于它独创的三大竞争法执行机构,具有高度的独立性和权威性。南非在竞争法执法方面设置了竞争委员会、竞争裁判庭、竞争上诉法院三个执法机构。竞争委员会是负责调查和起诉的行政管理部门;竞争裁判庭是由经济学家、律师和会计师(但不是法官)组成的专业行政法庭;竞争上诉法院则负责审理被上诉的竞争裁判庭的裁决。它们直接参与法律适用,皆在不同程度上独立于政府。这套完整的竞争执法体系保障了南非的经济发展。

印度、巴西、南非通过颁布新法取代旧法的模式,已经逐渐形成较为稳定的竞争法律体系,相比之下,俄罗斯的竞争法始终在修改之中,这与俄罗斯的历史和社会背景有关。俄罗斯最初的竞争法是在完全没有竞争机会或竞争关系的情况下制定的,运行15年之后显然与当下俄罗斯的经济发展和社会现实不切合。2006年新竞争法不再照搬西方国家的反垄断立法经验,而是深入研究本国经济发展特点,植根于反垄断执法实践,将效率、公平、保护消费者利益、提高市场主体的竞争力等理念融入新法中。尽管俄罗斯立法者非常重视改进竞争法,以《俄罗斯联邦保护竞争法》为核心的竞争法律体系一直在更新之中,但新法遇到的立法难题也不少。截至2018年年底,这部法律依然处于修订之中,我们在他们的讨论中可以看到经济转型国家所面临的竞争法新问题。

竞争政策与法律方面的“金砖+”合作必然会增强各国在国际反垄断领域的话语权,金砖五国互通信息有无、交流有益经验,方能提高五国之间竞争政策立场的同步性,共同维护国际市场公平竞争,提升金砖国家在全球经济治理中的整体力量。自2017年厦门会晤确立了“金砖+”合作理念,2018年持续扩大金砖“朋友圈”,约翰内斯堡会晤提出在联合国、二十国集团等框架内拓展“金砖+”合作,推动构建广泛伙伴关系。2019年大阪会晤强调要在联合国、二十国集团、世界贸易组织等多边机制框架内加强政策协调,推进“金砖+”合作,同其他新兴市场国家和发展中国家共谋发展振兴。

我们相信,金砖国家将继续秉持开放、包容、合作、共赢的金砖国家精神,全面落实历届峰会成果,构建更紧密经济伙伴关系,推进《金砖国家经济伙伴战略》,深化各领域的务实合作,尤其是法律领域的合作与交流,有效应对全球性挑战,全力打造第二个“金色十年”,努力为促进世界经济增长、完善全球经济治理、推动全球共同发展作出更大贡献。

林燕萍

2019年8月

金砖国家法律研究(总第3卷·2019年)

BRICS Legal Studies

【BRICS Competition Law & Policies】

【Translated Works】

【Cases & Practices】

【金砖国家竞争政策与法律】

BRICS Competition Law & Policies

金砖国家法律研究(总第3卷·2019年)
第3~60页

印度竞争法

尹雪萍*

内容提要:印度是世界上较早制定竞争法的国家之一,1969年制定的《垄断与限制性贸易行为法》曾经历9次修订,并于2002年出台了新的《竞争法》。除了成文法之外,印度竞争法执法机构以及印度最高法院都作出了很多有重要指导意义的裁决和判决,形成了更具灵活性和生命力的竞争判例法,对于成文法构成有益的补充。在执法方面,成立于2009年的竞争委员会和竞争上诉法庭是印度竞争法的主要执法机构。同时,印度在竞争倡导方面有着丰富的立法和实践经验。虽然印度与其他发展中国家一样面临着竞争执法机构经费短缺、人员不足的问题,但印度在竞争法领域的丰富经验及相关教训值得其他发展中国家学习与探讨。

关键词:印度　竞争法　立法　执法　竞争倡导

不断增强的国内外竞争有助于那些足够强大的竞争者从新机会中获益,然而,它也可能会有损那些缺乏竞争力的企业的利益。随着世界各国相互间依赖性的增强,我们必须在国内和国际层面采取一致措施以确保公平。在国内层面,政府必须加快现代化步伐,创造环境引导创新,促进社会财富的增长,并确保增长的社会财富被公平公正的分配。

——印度前总理曼莫汉·辛格(Manmohan Singh)

* 尹雪萍,山东鲁东大学。

一、印度竞争法的产生和发展

印度是最早制定竞争法的发展中国家之一,早在1969年就颁布了第一部竞争法即《垄断与限制性贸易行为法》(Monopolies and Restrictive Trade Practices Act,1969,以下简称MRTP法),1970年组建了第一个竞争法执法机构即垄断与限制性贸易行为委员会(Monopolies and Restrictive Trade Practices Commission,MRTPC),至今已有四十多年的历史。在此期间印度不断调节竞争法与其社会经济发展的契合度,对《MRTP法》进行了9次修订。当大多数发展中国家在20世纪90年代才着手开展竞争法立法活动时,印度已在进行新一轮的立法活动,旨在以新竞争法替代运行了三十多年的《MRTP法》,为世界贸易组织(World Trade Organization,WTO)框架下的贸易自由化创造更好的竞争法环境和市场环境。印度议会在2002年通过新的《竞争法》(Competition Act,2002)。2009年印度新的竞争主管机构印度竞争委员会(Competition Commission of India,CCI)和竞争上诉法庭(Competition Appellate Tribunal,COMPAT)组建。除成文法之外,印度竞争法执法机构以及印度最高法院都作出了很多有重要指导意义的裁决和判决,形成了更具灵活性和生命力的竞争判例法,对于成文法构成有益的补充。

经过英国近200年的殖民统治,印度直至1947年才获得独立,1950年印度共和国成立。印度《宪法》于1949年11月26日由立宪会议通过,并于1950年1月26日正式生效。《宪法》试图建立一个公平的社会,要求国家政策确保这一目标的实现。《MRTP法》正是印度《宪法》基本目标和指导思想下的产物,以防止经济力量集中而损害公共利益为主要立法目的。

印度政府于1967年7月组建产业许可政策调查委员会(Industrial Licensing Policy Inquiry Committee),该委员会认为产业许可制度不能制约经济力量的集中,建议通过《垄断和限制性贸易行为法案》(Monopolies and Restrictive Trade Practices Bill)(垄断调查委员会1965年提交)以形成有效的立法机制。

1969年12月27日,印度议会通过了印度的第一部竞争法,即《垄断与限制性贸易行为法》。该法践行了印度《宪法》中所确立的国家政策的指导原则,即在促进经济增长的同时,确保社会公平。该法于1970年6月1日正式生效;1970 年 8 月,该法的执法机构垄断与限制性贸易行为委员会组建。《MRTP 法》在很大程度上参照了美国 1890 年《保护贸易及商业免受非法限制及垄断法》(以下简称《谢尔曼法》)和 1914 年《克林顿法案》、英国 1948 年《垄断和限制贸易行为法》、1964 年《零售价格法》和 1964 年《限制贸易行为法案》,以及日本、加拿大和德国的法律。美国 1914 年《联邦贸易委员会法》(1938 年修正案)和加拿大 1910 年《企业合并调查法》也一定程度上影响了 MRTP 法的起草。该法自颁布至被废止共经历了 9 次修订。其中,1984 年和 1991 年的修订是最重要的。

就《MRTP 法》的实施而言,纵观 MRTPC 三十多年来做出的裁决,总体来说算得上是推理严谨、论证充分。但仍然存在一些问题:《MRTP 法》超负荷运行、MRTPC 竞争职能弱化、MRTPC 经济预算严重不足。这些问题是不是必须要通过法条的变动才能得到解决呢?如果这些问题只能通过改变法条才能得到解决,那么下一个问题是:在此之前已经对《MRTP 法》有过 9 次修订,这次能否仍旧通过对既存的《MRTP 法》进行修订,而不是起草并实施一部新的法律来解决当前遇到的问题呢?

1996 年新加坡部长级会议之后,印度商务部随即组建了一个由 MRTPC 前成员 S. Chakravarthy 博士领导的专家组,研究贸易与竞争政策的相互关系,这也是新加坡部长级会议的议题之一。1999 年 1 月,专家组向商务部提交报告,同时也将该报告提交给 WTO 总理事会。

1999 年 10 月,印度政府组建以中央政府前高级官员 S. V. S. Raghavan 先生为主席的竞争政策和竞争法高级委员会(High Level Committee on Competition Policy and Law,以下简称 Raghavan 委员会),期望该委员会能建议一部符合国际发展趋势的现代竞争法,为制定新的法律或者对适当修正《MRTP 法》勾勒一个立法框架。

在广泛征集工商业界代表、专业机构代表、消费者组织代表、专家代表、学者代表以及政府官员代表等的意见,以及整理、分析 80 多部其他国家竞争法的基础上,2000 年 5 月 22 日,Raghavan 委员会向政府提交两卷竞争政策报告。在 Raghavan 委员会建议的基础上,2000 年 11 月,竞争法草案被提交给政府。政府在广泛征求相关利益方的意见之后,向议会提交新竞争法提案。印度议会对法案进一步完善后,于 2002 年 12 月通过了新法。2003 年 1 月 13 日,总统签署《竞争法》。2003 年 10 月 14 日,CCI 成立,总部设在新德里。

对于2002年《竞争法》的实施问题,存在两种基本观点。一种观点认为,在现阶段执行该法案并不合适,印度将因此失去在WTO谈判过程中讨价还价的资本。这种观点主张,法案应当在2005年1月1日之后正式得到实施,那时,竞争政策、贸易和投资政策及相关事宜已经基本尘埃落定。因此,建议不应急于通过法案,《MRTP法》可以被适当修正以满足目前需求。另一种观点则支持通过该法案,认为《MRTP法》是基于旧的经济理论,这种理论不足以制约外国公司对印度公司的冲击。这种法律上的转变有助于印度经济适应环境的变化,同时创造更多的财富和就业机会。[①] 2003年1月13日总统签署该法之后,2003年3月31日,第一批条文生效,其他部分随后分别生效。[②] 2003年6月19日,有关"CCI设立"的规定、"倡导竞争"的规定、"财政、账目和审计"的规定以及"其他规定"部分生效。而该法的三大核心内容,包括限制竞争协议、滥用市场支配地位和合并,并没有如期在法律颁布的第2年得到实施。直到2009年5月20日,有关限制竞争协议和滥用市场支配地位的规定才生效,距离法案公布之日已有6年时间;而有关合并的规定是在2011年6月1日生效的,距离法案的公布已有8年之久。

---

① Department-Related Parliamentary Standing Committee on Home Affairs,"Ninety-third Report on the Competition Bill", http://www.prsindia.org/uploads/media/1167471748/bill73_2007050873_Standing_Committee_Report_on_Competition_Bill__2001.pdf, November 1, 2018.

② 2003年3月31日第S.O. 340(E)号公告:§1,§2(d)(g)(k)(l)(n),§8,§9,§10,§14,§16,§17,§63(1),§63(2)(a)(b)(d)(e)(f)(g)于2003年3月31日生效。

2003年6月19日第S.O. 715(E)号公告:§2剩余规定,§7,§11,§12,§13,§15,§22,§23,§36,§49,§50,§51,§52,§53,§54,§55,§56,§57,§58,§59,§60,§61,§62,§63除第2(a)(b)(d)(e)(f)(g)(n)条之外其他规定,§64,§65于2003年6月19日生效。

2007年10月12日第S.O. 1747(E)号公告:2007年修正案的§2,§6,§7,§8,§9,§11,§12,§17,§18,§27,§29,§30,§32,§40,§41,§42条,§43条(除53B,53C,53D,53E,53F,53G,53H,53L,53I,53K,53L,53M,53N,53O,53P,53Q,53R,53S,53T,53U外),§44,§45,§46,§47,§48,§49于2007年10月12日生效。

2007年12月20日第S.O. 2167(E)号公告:2007年竞争法修正案的§43(§53C,§53D,§53E,§53F,§53G,§53H,§53I,§53J,§53K,§53L,§53M)于2007年12月20日生效。

2009年5月15日第S.O. 1241(E)号和第S.O. 1242(E)号公告:2007年修正案的§3,§4,§18,§19,§21,§26,§27,§28,§32,§33,§35,§38,§39,§41,§42,§43,§45,§46,§47,§48,§54,§55,§56于2009年5月20日生效。

2009年8月28日第S.O. 2204(E)号公告:§66于2009年9月1日生效。

2011年5月30日第S.O. 1230(E)号和第S.O. 1231(E)号公告:§43A,§44于2011年6月1日生效。Available at http://www.cci.gov.in/index.php?option=com_content&task=view&id=21, June 1, 2013.

二、印度竞争法有关限制竞争协议的规定及评述

（一）立法规定

现行有效的印度《竞争法》中关于限制竞争协议的规定是以 Raghavan 委员会 2000 年报告中的相关内容为基础和指导思想的。

第 3 条　限制竞争协议

(1)任何企业、企业合并、个人或个人合并，均不得订立对本国市场竞争产生或可能产生可估量的不利影响的涉及货物的生产、供应、分销、存储、取得、控制或服务的提供的协议。

(2)任何违反上述第(1)款规定的协议均为无效。

(3)在相同或相似货物贸易或服务提供领域内，企业或企业合并之间、个人或个人合并之间、或个人与企业之间订立的以下限制竞争协议，或企业合并或个人合并实施的行为或作出的决定，包括卡特尔在内，应推定为对竞争产生可估量的不利影响：

(a)直接或间接地决定购买或销售价格；

(b)限制或控制生产、供应、市场、技术开发、投资或服务提供；

(c)通过分配市场区域、货物或服务种类、消费者数量或其他类似方法，分享市场、生产来源或服务提供；

(d)直接或间接地导致操纵或串通投标。

但是，本款规定不适用于有助于提高产品生产、供应、分销、存储、取得、控制或服务提供的效率的联营协议。

对本款的解释：

"操纵投标"是指第(3)款所指的从事相同或相似货物贸易或服务提供的企业或个人之间达成的某种协议，该协议将排除、削弱投标中的竞争，或者妨碍、操纵投标过程。

(4)在不同市场中处于生产链上不同阶段或层次的企业或个人之间达成的有关产品生产、供应、分销、存储、销售、价格、贸易或服务提供的协议，如果对印度市场竞争产生或可能产生可估量的不利影响，则为违反上述第(1)款规定的协议，包括：

(a)搭售安排;

(b)独家供应协议;

(c)独家分销协议;

(d)拒绝交易;

(e)维持转售价格。

对本款的解释:

(a)“搭售安排”是指任何以购买其他货物作为购买某种货物的条件的协议;

(b)“独家供应协议”是指以任何方式限制买方在交易中获取货物或只能与卖方或特定第三方进行货物交易的协议;

(c)“独家分销协议”是指任何限制、阻碍、抑制货物输出或供应,或为处理或销售货物而分配区域、市场的协议;

(d)“拒绝交易”是指以任何方式限制或可能限制向某些人或某类人销售或购买货物的协议;

(e)“维持转售价格”是指以买方必须遵照卖方为产品转售而指定的价格作为销售条件的协议,除非其明确说明允许低于指定的价格转售。

(5)本条内容并不限制:

(i)为保护下列法律授予或可能授予的权利之必要,个人所享有的制止侵权或设定合理条件的权利:

(a)1957年《著作权法》(1957年第14号法令);

(b)1970年《专利法》(1970年第39号法令);

(c)1958年《贸易与商品标记法》(1958年第43号法令)或1999年《商标法》(1999年第47号法令);

(d)1999年《货物地理标志(登记和保护)法》(1999年第48号法令);

(e)2000年《外观设计法》(2000年第16号法令);

(f)2000年《半导体集成电路布图设计法》(2000年第37号法令)。

(ii)任何人享有的从印度出口货物的权利,只要协议的范围仅涉及为此出口而进行的货物的生产、供应、分销、控制或服务的提供。

(二)对印度竞争法有关限制竞争协议规定的评述

对于2002年《竞争法》第3条的理解应当分为三个层次:

第一,第(1)款和第(2)款是一般禁止规定,即任何企业、企业合并、个人或个人合并,均不得订立对本国市场竞争产生或可能产生可估量的不利影响的涉及货物的生产、供应、分销、存储、取得、控制或服务的提供的协议，任何此类协议都无效。

第二，与大多数国家的竞争法一样，印度《竞争法》将限制竞争协议分为两大类，即在第（3）款中规定了横向限制竞争协议相关内容；第（4）款中规定了纵向限制竞争协议的相关内容。

第三，第（3）款中的“但书”部分规定了第3款适用除外的情形，而第（5）款规定了第3条的适用除外情形。

从逻辑结构来看，新法第3条符合现代竞争法的一般立法思路。从立法内容来看，也是比较科学的。相比《MRTP法》对各种限制竞争协议一揽子适用“本身违法规则”，新法对限制竞争协议进行了分类，针对不同类型的限制竞争协议适用不同的认定标准。尽管如此，笔者认为，新法还是存在一些不合理的规定和模糊不清的概念。

1. 一般禁止规定

笔者认为，在理解第（1）款和第（2）款的规定时，要注意以下问题：

第一，正确理解“对竞争产生或可能产生可估量的不利影响”这一表述。不仅在第3条的第（1）款中出现这一表述，第（3）款和第（4）款中也有所提及，正确理解这一概念，是认定协议是否构成违反印度《竞争法》的重要步骤。这一表述可以分解为两个部分，即（1）应当是要么实际影响了竞争，要么是试图影响竞争；（2）影响应当是可估量的，而不是微小的。

首先，对竞争的损害是否已经实际发生并不重要，所引起的结果是有意造成还是无意造成的也并不重要。在 Summit Health Ltd. v. Pinhas 一案①中，美国最高法院认为“衡量被告排除市场上竞争的意义，不是对他的行为进行特殊评估，而是按照一般标准评定他的行为对市场上其他参与者和潜在参与者所造成的限制性影响，这种限制是《谢尔曼法》所规制的”。在 United States v. Griffith 案②中，美国法院认为：（1）即使没有限制或垄断贸易的特定意图，也可能违反《谢尔曼法》；（2）只要被告的行为或商业安排导致了限制贸易结果的发生就足以证明违反《谢尔曼法》第1条和第2条，而不必证明有限制贸易的特定意图；（3）只有当行为缺乏《谢尔曼法》所禁止的结果时，才有必要考察特定

---

① Summit Health Ltd. v. Pinhas, Case Number: 500 US 322 (1991).

② United States v. Griffith, Case Number: 334 US 100 (1948).

意图;(4)利用合法取得的垄断地位,排除竞争以获得竞争优势或者损害竞争秩序是不合法的。

其次,虽然《竞争法》中多次提到"可估量的不利影响",但并没有在法律中界定何为"对竞争有可估量的不利影响"。在《布莱克法律词典》中"可估量"(appreciable)的意思是:"能够被估计的、被称量的、判断的或者被心理认知的,能够通过感官被感知的或认知的,可察觉到的,但并非实质的。"根据《竞争法》第19条第(3)款,委员会在判定某协议是否具有第3条规定之对竞争产生可估量的不利影响时应考虑到第(a)~(f)项所列的各种因素,包括:(a)是否对市场新进入者构筑障碍;(b)是否将现有竞争者排挤出市场;(c)是否通过阻碍进入市场来排除竞争;(d)是否有利于消费者利益;(e)是否在产品生产、分销或服务提供方面有所改进;(f)是否通过产品生产、分销或服务提供而促进科技进步和经济发展。可见,这是完全主观的评估,对竞争的不利影响是否"可估量"取决于个案的事实和情况,这就给签订协议的企业以及其他当事方留下了猜测的空间,而无法计划出自己的商业和市场策略。

第二,尽管第(3)款中的横向限制协议和第(4)款中的纵向限制协议的认定标准不同,但只要构成了限制竞争协议,则法律规定了相同的处理方法,即根据第(2)款的规定都认定为无效。这里存在一个有待解决的问题,即究竟这些协议是自始无效还是在CCI根据第27条进行调查、发布指令之后才无效呢?在这一问题上缺乏明确规定可能会导致问题协议的当事方之间产生不必要的诉讼,因为无效协议在法院是无法得到执行的。

2. 横向限制竞争协议与纵向限制竞争协议

第(3)款中列举了四类横向限制竞争协议,包括决定购买或销售价格的协议;限制或控制生产、供应、市场、技术开发、投资或服务提供的协议;通过分配市场区域、货物或服务种类、消费者数量或其他类似方法,分享市场、生产来源或服务提供的协议;有关操纵或串通投标的协议。这四类协议被1998年经济合作与发展组织《关于打击核心卡特尔的有效行动的建议》(Recommendation of the OECD Council concerning effective action against hard-core cartels)①界定为"核心卡特尔",它们对市场竞争可以产生重大的消极影响,因此各国竞争法通

① www.oecd.org/daf/competition/2350130.pdf, July 8, 2013.

常对其适用“本身违法规则”。印度《竞争法》第 3 条第(3)款规定:“在相同或相似货物贸易或服务提供领域内,企业或企业合并之间、个人或个人合并之间、或个人与企业之间订立的以下限制竞争协议,或企业合并或个人合并实施的行为或做出的决定,包括卡特尔在内,应推定为对竞争产生可估量的不利影响……”一些学者根据该规定得出结论,认为印度《竞争法》对上述四种横向限制竞争协议适用的是“本身违法规则”。[①] 第(3)款中“应推定为对竞争产生可估量的不利影响”(... are presumed to have an appreciable adverse effect on competition)这种表述是否等同于通常意义上的“本身违法规则”呢?对这一问题是存在争议的,即使是新《竞争法》的起草者之间也是存在分歧的。2000 年的 Raghavan 委员会报告中也没有特别关注这一问题。CCI 曾经唯一的委员 Dhall 先生认为,第(3)款的规定相似但并不完全相同于美国法律中的本身违法规则,因为印度法律长期以来认为“推定”(presumption)是可以被推翻的(rebuttable)。[②] 而 MRPTC 前成员 S. Chakravarthy 博士则认为,第(3)款中所列的四类协议适用的就是“本身违法规则”,因为被诉企业几乎没有机会可以推翻违法推定。[③]

笔者认为,事实并非如此简单,法律解释要综合运用文义解释、体系解释、目的解释、历史解释等方法。

首先,从字面上来看,第(3)款的确使用了“presumed”,而非《MRTP 法》第 33 条第(1)款中使用的“deemed”,对于“deeming clause”的效果,印度最高法院在 Voltas Limited v. Union of India 一案[④]中曾有明确阐述:“一法条中包含了‘认为条款’(deeming clause)或‘法律假设’(legal fiction)的效果到今天已经得到了很好的解释。立法者可以创造一个法律假设,认定已经实施了某些行为,

---

① 毛芳:《印度竞争法发展探析》,湘潭大学 2006 年硕士学位论文,第 18 页。侯艳:《印度竞争法研究》,中南大学 2009 年硕士学位论文,第 13 页。李墨丝:《印度 2002 年〈竞争法〉及其新发展》,载《河北法学》2009 年第 2 期。

② Dhall, “PM’s address at CII annual general meeting-2007”, http://pmindia. nic. in/speech/content. asp? id = 548, July 8, 2013. Aditya Bhattacharjea, “India’s New Competition Law: A Comparative Assessment”, *Journal of Competition Law & Economics*, Vol. 4, No. 3, 2008, pp. 609 – 638.

③ Chakravarthy, “PM’s address at CII annual general meeting-2007”, http://pmindia. nic. in/speech/content. asp?id = 548, July 8, 2013. Aditya Bhattacharjea, “India’s New Competition Law: A Comparative Assessment”, *Journal of Competition Law & Economics*, Vol. 4, No. 3, 2008, pp. 609 – 638.

④ Voltas Limited v. Union of India, Civil Appeal No. 2252 of 1994, Supreme Court Judgment dated 7-2-1995.

即使事实上可能并没有实施该行为,但是法院在查明行为目的以及当事方主体资格之后,必须给予这种法律假设完全的效力。……”所以,如果立法者的本意是适用“本身违法规则”,第(3)款中应使用“被认为(deemed)对竞争产生可估量的不利影响”这样的表述,这样一来,印度法院必须要遵守“认为条款”(deeming clause)或“法律假设”(legal fiction)背后的立法目的,除非存在违反宪法的情形。

其次,如果法律规定某类限制竞争协议适用“本身违法规则”,则至少意味着以下几方面的效果:一是对原告,即他们只需证明有这样限制竞争协议存在就可以胜诉,而无须证明其具有限制竞争性;二是对被告,即他们的共谋行为被视为违法,即便他们提供了限制竞争利大于弊的所谓证据;三是对审理案件的反垄断执法机关,即它们不必调查限制竞争协议的目的及其后果就可认定其违法性,从而大大节省执法成本。[①] 换句话说,如果适用“本身违法规则”,则违法认定本身几乎没有被推翻的可能。而正如Dhall先生所言,印度长期的法律实践普遍认为“推定”(presumption)是可以被推翻(rebuttable)的。笔者认为,“推定”所引起的法律效果仅是举证责任的转移,而并非不可推翻。

最后,新法第19条第(3)款的规定令这个问题更加扑朔迷离。第19条第(3)款规定:在判定某协议是否具有第3条规定之对竞争产生可估量的不利影响时,委员会应考虑以下因素:(a)是否对市场新进入者构筑障碍;(b)是否将现有竞争者排挤出市场;(c)是否通过阻碍进入市场来排除竞争;(d)是否有利于消费者利益;(e)是否在产品生产、分销或服务提供方面有所改进;(f)是否通过产品生产、分销或服务提供而促进科技进步和经济发展。很明显,(a)~(c)项是用来判定一协议是否对竞争有可估量的不利影响,而(d)~(f)项则提供了各种理由可以用来证明一协议的正当性。表面看第19条第(3)款“在判定某协议是否……时”的表述使其不能适用于第3条第(3)款,但如果根据印度法律长期以来对“presumption”的理解,认为第3条第(3)款使用“presumed”一词意味着这一违法推定是可以被推翻的,而第19条第(3)款中的(d)~(f)项也并未明确排除适用于第3条第(3)款,那么(d)~

---

① Paul T. Denis, “Focusing on the Characterization of Per se Unlawful Horizontal Restraints”, *The Antitrust Bulletin*, Fall 1991, p. 664. 转引自王晓晔:《反垄断法》,法律出版社2011年版,第109页。

(f)项就可以被援引用来证明第3条第(3)款列举的四类横向限制协议具有正当性。

综上所述,从“presumption”的字面意思来看,从旧的《MRTP法》中的用词来看,从印度法律实践长期以来对“presumption”和“deeming clause”的解释来看,结合新法中的其他规定来看,笔者认为,第3条第(3)款中的“presumed”应当修改为“deemed”,非常明确的对四类核心卡特尔协议适用“本身违法规则”,这样的修改符合国际上先进竞争法的立法潮流,减少不必要的分歧与误解,实现法律适用的统一性。

第(4)款非穷尽式地列举了五类纵向限制竞争协议,包括:搭售安排;独家供应协议;独家分销协议;拒绝交易;维持转售价格。在过去的《MRTP法》中,这些协议均适用“本身违法规则”,直接被认为是与限制性贸易行为有关的协议,无须举证。而新《竞争法》则要求对这些纵向限制竞争协议适用“合理规则”进行个案分析。除了纵向限制竞争协议适用“合理规则”之外,需要注意,第(3)款是一种穷尽式的列举,其中列举的四类限制竞争协议被推定为对竞争产生可估量的不利影响,而未穷尽的其他种类横向限制竞争协议则应当适用“合理规则”,由申诉方证明被诉协议具有限制竞争性。笔者认为,第(4)款的规定存在以下几个问题:

第一,第19条第(3)款列举了CCI在判定一协议是否对竞争产生可估量的不利影响时应考虑的因素,而这些因素也为当事方举证指明了方向。特别是第(d)~(f)项,是否有利于消费者利益,是否在产品生产、分销或服务提供方面有所改进,是否通过产品生产、分销或服务提供而促进科技进步和经济发展,是从协议的积极作用方面来考虑协议的合理性。乍一看,该规定似乎是照搬了《欧盟运行条约》①第101条第3款的规定,但实际上两者相差很远。《欧盟运行条约》规定,企业间的限制竞争协议、企业集团的决议或者企业间的协同行为如果有助于改善商品的生产或者分配或者有助于推动技术或者经济进步,且消费者可以从中得到适当的好处,此外还要满足以下两个条件,这些协议、决议或协同行为才

① 自《马斯特里赫特条约》建立欧洲联盟以来,欧洲共同体/欧洲联盟历经《阿姆斯特丹条约》《尼斯条约》的变革,在挑战接受《欧洲宪法条约》失败之后,27个会员国于2007年12月31日在里斯本采取折衷方案签署了《修正欧盟联盟条约与欧洲共同体条约》(以下简称《里斯本条约》)。该条约包含两部分重要内容,即分别修订了《欧洲联盟条约》和《欧洲共同体条约》(以下简称《欧共体条约》),前者保持原名,后者则更名为《欧盟运行条约》。对于具体的竞争规则也相应的从原来《欧共体条约》第81条及以下,变为《欧盟运行条约》第101条及以下条款。

可得到豁免：一是为了实现上述目的，这种限制竞争是不可避免的；二是限制竞争尚未达到严重影响市场竞争的程度。《欧盟运行条约》所有这些规定都是强制性的，换言之，如果要得到豁免，必须满足所有这些条件；而印度《竞争法》中的规定则具有任意性、主观性。

第二，印度《竞争法》中没有单独的规则来调控每一类具体的纵向限制竞争协议，所有纵向限制协议都被要求根据第 19 条第（3）款考察是否对竞争产生或可能产生不利影响。实际上，对所有纵向限制协议适用相同的评价标准并不合适。例如，美国法律实践已经证明了在类似转售价格维持的协议中，证明其好处要远远困难于证明其损害。因此，如果不能为不同种类的纵向协议分别确立评价标准，那么 CCI 未来将面临类似于美国法院现在正遭遇的问题，即对不同种类的纵向协议一贯性地适用合理原则。①

第三，要评估一协议是否对竞争产生或可能产生不利影响，首先要面临的问题就是准确的市场界定。市场界定本身以及之后的不利影响评估都不是容易的工作，要求复杂的经济分析。令人费解的是，在第 3 条中根本没有找到“相关市场”的字眼。因此，对类似“相关市场”这样的概念理解不足，以及调查过程中对可估量的不利于竞争的后果的分析不够，都会使 CCI 在处理纵向限制竞争协议的问题时捉襟见肘。②

第四，印度竞争法中没有为纵向限制竞争协议规定一定范围内的豁免，如规定最低干预限度（de minimis exemption）或集体豁免。据此，所有的纵向限制竞争协议都要接受是否对竞争产生或可能产生不利后果的评估，这将给竞争执法当局带来不必要的负担。

3. 豁免规定

印度 2002 年《竞争法》中的豁免制度主要体现在第 54 条和第 3 条第 3 款、第 5 款。第 3 条第（3）款规定，有助于提高效率的联营协议不适用有关横向协议的禁止性规定。第 3 条第（5）款规定，个人为保护知识产权而享有的制止侵权或设定合理条件的权利不适用第 3 条禁止限制竞争协议的规定；从印度出口货物的权利也不适用第 3 条禁止限制竞争协议的规定。

---

① Tilottama Raychaudhuri, “Vertical Restraints in Competition Law: the Need to Strike the Right Balance between Regulation and Competition”, *National University of Juridical Sciences Law Review*, Vol. 4, 2011, p. 609.

② Ibid.

(1)有助于提高效率的联营协议不适用有关横向协议的禁止性规定

在激烈的市场竞争中,同类产品的生产企业之间不仅存在竞争,有时为了改进技术或者研发新产品还有必要进行合作。因为改进技术可以推动技术革新,研发新产品可以推动新产品的问世,这些不仅有利于提高企业的生产效率,促进竞争,而且也有利于提高消费者的社会福利。因此,竞争者之间的合作研究和开发新产品的协议在很多国家或地区的竞争法中可以得到豁免。但竞争者之间的合作研发并不是在任何情况下都是合法的,一般来说,如果这种合作是发生在研发成果即将被推向市场或者已经被推向市场的阶段,因为这个阶段的合作存在共谋价格、限制数量或分割市场的可能性,这种合作就可能得不到豁免。① 在欧盟,自 20 世纪 80 年代中期,一些符合特定条件的致力于科研和发展的联营企业可以获得"集体豁免"(block exemption)。在美国,《国家合作研究法》(National Cooperative Research Act)允许这类企业的行为适用"合理原则",允许考虑这类协议因提高效率所带来的效益,而不像其他横向限制竞争协议一样被视为"本身违法"。

但经过仔细比较,笔者发现,印度《竞争法》中的规定表面上看与其他国家的此类规定相似,但实际上有很大不同:

第一,2002 年《竞争法》中的规定一方面过于宽泛,即只要是有助于提高效率的联营企业,无论其是否从事研发工作,都可以免于适用第 3 条第(3)款。而另一方面,这一规定又过于狭窄,因为仅限于企业间的特定法律形式的合作,即联营协议,而其他不属于第 3 条第(3)款规定的合作形式,即使是有助于提高效率也不能排除第(3)款的适用。

第二,在进行豁免认定时,《竞争法》的规定显现出很大的任意性。首先,何为"有助于提高效率的联营协议"?如何认定"效率"?如何认定"效率被提高"?这些问题很大程度上取决于 CCI 在实践中的评估。此外,即使 CCI 认定涉案协议属于"有助于提高效率的联营协议",这类协议也只是排除了第 3 条第(3)款的适用而不是第 3 条的规定,也就是说,此类性质的协议不会被直接推定为对竞争产生可估量的不利影响,但仍然要适用"合理规则"来判定其是否违法,是否应当被认定为无效。而在适用"合理原则"时,CCI 应考虑第 19 条第(3)款列出的因素,但如上文所述,其中所列"有利于消费者利益,在

① 王晓晔:《反垄断法》,法律出版社 2011 年版,第 117 页。

产品生产、分销或服务提供方面有所改进,通过产品生产、分销或服务提供而促进科技进步和经济发展"在欧盟法范畴中属于强制性要素,即只有同时满足这些内容才能得到豁免,而在印度竞争法中这些并不是必要条件。如何考虑这些因素?是叠加适用还是单一适用?各因素比重如何?这些全在CCI的一念之间,任意性极大。

(2)知识产权保护与限制竞争协议

竞争法律制度和知识产权法律制度都具有一致的目标,即激发人们的竞争性活动,提高资源配置效率。然而,虽然两者的目标具有一致性,但它们推动竞争的方式并不相同:竞争法是通过禁止限制竞争行为来推动竞争,因为这些行为会损害现实的或者潜在的竞争;知识产权法则是通过保护权利人的专有权,即以某些限制竞争的方式,激发人们在知识经济领域开展竞争。行为方式上的差异,不仅使这两种制度各具特色,甚至使彼此之间出现交叉、冲突。如何平衡"促进自由竞争"和"保护知识产权"之间的关系?如何调和竞争法律制度与知识产权法律制度之间的冲突?印度如同其他国家一样在立法和实践中努力寻求答案。

笔者认为,在理解印度的知识产权制度和相应的竞争法规定时,必须结合印度的特殊国情。1991年印度经济进入实质性改革,拉奥政府宣布实行印度的工业政策。这次工业改革的内容包括:基本取消工业许可证;积极鼓励外国投资,引进国外先进技术、管理经验,促进出口;放宽技术引进的限制;扩大公营企业经营自主权;修改《MRTP法》等。1993年,印度政府公布了《新技术政策声明》,确立了印度在某些新技术领域,如微电子技术、生物工程、超大型计算机、材料的合成与加工、传感器以及计算机软件等赶上世界先进水平。印度总理瓦杰帕伊在1999年第86届科学大会年会上也着重强调了迎接未来知识经济挑战的问题,并把信息技术和生物技术确定为今后重点发展的两大知识性产业。近年来,印度在这两方面的飞速发展已经引起了全世界的关注,印度被称为第三世界的制药工厂,其信息技术和计算机软件业的发展也是在世界上领先的。美国《耶鲁全球化》在线杂志刊文指出,印度正在迅速成为亚洲的创新中心之一,这在很大程度上得益于良好的知识产权保护制度。[①] 可见,知识产权制度对印度而言至关重要。知识产权制度鼓励创新,创新带来发展,发展带来效益。值得赞许的是,印度并没有因此而忽视竞争法对知识产权的调整。2000年Raghavan委员会报告中阐述了知识产

① 朱槜叶:《印度知识产权发展启示录》,载《中国高新区》2008年第2期。

权与竞争政策和竞争法之间的分歧,并进一步论证了(知识产权)权利存在与权利行使之间的区别,建议在权利行使的过程中,任何限制竞争贸易行为如果明显损害了消费者利益或公共利益,则应当受到竞争政策和竞争法的规制。

立法者接受了 Raghavan 委员会的建议。第 3 条第(5)款是 2002 年《竞争法》中唯一有关知识产权的规定,即个人为了保护其依法取得的知识产权,而享有制止侵权的权利或设定合理条件的权利,不适用与限制竞争协议有关的禁止性规定。有学者根据该规定,得出结论认为"该法给予知识产权协议完全豁免显然是不合时宜的"。① 这一观点显然是对第(5)款的误读。并非任何知识产权协议都不受到第 3 条有关横向和纵向限制竞争协议规定的限制,第(5)款中包含了很多限制条件:首先,知识产权的持有者只能是个人,而不能是集体或企业;其次,目的是制止侵权或者设定合理条件,换言之,对于设置了不合理条件的知识产权协议并不能排除第 3 条的适用。但何为"合理条件",法律中没有明确界定。

在知识产权许可协议中,下列情形一般被认为构成"合理条件":(1)许可方不得许可其他企业在被许可区域内利用被许可技术。(2)许可方不得在被许可区域内自行利用被许可技术。(3)被许可方不得在被许可区域之外制造或销售被许可产品。(4)被许可方不能向其他方泄露许可方的技术诀窍。(5)被许可方不能进行再许可或转让许可。(6)只要该技术诀窍或专利仍然处于法律保护期间,被许可方不能在许可协议终止后利用被许可的技术诀窍或专利。(7)被许可方要遵守被许可产品的最低质量指标,包括技术指标。(8)被许可方有义务通知许可方有关知识产权侵权行为。(9)被许可方只能在一个或几个技术领域运用被许可技术。(10)被许可方要在被许可产品上标注许可方的名称或被许可专利。(11)被许可方不能利用许可方的技术为第三方构建设施。(12)被许可方有义务尽最大努力制造和销售被许可产品,等等。②

通常不被认为构成"合理条件"的情形如:(1)专利共享。例如,制造行业的企业决定将各自专利共享,协商一致不会向第三方授权许可,同时规定限额和价格。(2)搭售协议。例如,被许可方被要求只能从专利人处购买特定产品,如原料,从而排除了其他生产商竞争。(3)要求在专利权过期之后仍然继续支付专利使用费的协议。(4)限制研发方面的竞争或禁止被许可方使

① 李墨丝:《印度 2002 年〈竞争法〉及其新发展》,载《河北法学》2009 年第 2 期。

② S. Chakravathy, "Intellectual Property Right and Anti-competitive Practices", Manupatra Competition Law Reports, January 2008.

用竞争对手的技术。(5)被许可方不能质疑相关知识产权的有效性。(6)许可方要求被许可方单独授权自己使用被许可方所拥有的技术诀窍或知识产权。(7)许可方固定被许可方的销售价格。(8)被许可方可能受到地域限制或根据消费者类型受到限制。(9)被许可方可能被强迫接受其他自己本不需要的知识产权许可。(10)对被许可专利产品的质量控制条件超出确保产品有效性的范围。(11)要求被许可方将运用了被许可技术诀窍的产品销售给许可方指定对象。(12)要求被许可方雇佣许可方指定雇员,等等。①

还要注意的是,虽然立法者在第3条中为符合条件的知识产权协议规定了适用除外,但第4~6条中并没有类似规定,也就是说如果知识产权持有者实施了滥用市场支配地位的行为,或者其在合并过程中对印度相关市场产生或可能产生可估量的不利影响,则不能得到豁免。

(3)出口协议

同大多数国家的规定一样,2002年《竞争法》规定仅涉及为出口而进行的货物的生产、供应、分销、控制或服务提供的协议不受第3条有关限制竞争协议内容的限制。

做出这种豁免规定的主要原因在于,绝大多数国家都不愿对自己国家的出口贸易作过多的限制以影响本国的贸易或外汇平衡,另外也是为了保护本国出口贸易商的利益。但从本质上来说,对出口卡特尔的豁免其实是有违自由竞争理念的。但经济上的民族主义往往使竞争法在国际贸易中被当作推行贸易保护主义的手段,为了使本国企业在国际竞争中处于更有利的地位,各国竞争法几乎无一例外地将发展对外经济贸易、加强本国企业出口竞争力的有关限制竞争协议包括在合法垄断的适用范围之内。② 如美国1976年修订后的《韦伯-波默林法》第2条规定:仅仅为了出口和实际上仅从事出口的企业,或由出口企业签订的协议、从事的活动,如不限制国内贸易,也不限制其国内竞争者的出口,将不受《谢尔曼反托拉斯法》的制约。德国1998年《反对限制竞争法》规定,单纯的和不影响国内市场的出口卡特尔不属于该法的管辖范围。中国《反垄断法》第15条中也有类似规定,即经营者能够证明所达成的协议是为保障对外贸易和对外经济合作中的正当利益的,不适用第13条、第14条的规定。理论上

---

① S. Chakravathy, "Intellectual Property Right and Anti-competitive Practices", Manupatra Competition Law Reports, January 2008.

② 毛芳:《印度竞争法发展探析》,湘潭大学2006年硕士学位论文,第20页。

讲,在其他国家都有此类豁免规定的情况下,如果印度《竞争法》对此类协议过于严苛,显然会使印度企业在国际贸易的激烈竞争中处于不利地位。但实际上,现在各国竞争法中普遍都规定了竞争法的域外适用效力,那么豁免此类协议的意义可能并不像想象中那么大了。

三、印度竞争法有关滥用市场支配地位的规定及评述

(一)立法规定

现行印度《竞争法》中关于滥用市场支配地位的规定是以 Raghavan 委员会 2000 年报告中的相关内容为基础和指导思想的。

第 4 条　滥用市场支配地位

(1)任何企业或企业集团不得滥用市场支配地位。①

(2)如果企业或企业集团实施以下行为,②则构成上述第(1)款所指的滥用市场支配地位:

(a)直接或间接地设置不公平或歧视性的;

(i)货物或服务的购买、销售条件;或者

(ii)货物或服务的购买、销售价格(包括掠夺性价格);或者

对本项的解释:

本项(i)中货物或服务购买、销售中的不公平或歧视性条件,以及(ii)中货物或服务购买、销售中的不公平或歧视性价格(包括掠夺性价格)并不包括为满足竞争需要而接受的歧视性条件或价格。

(b)限制或约束:

(i)货物的生产、服务的提供或两者之市场;或者

(ii)货物或服务的技术开发,以致损害消费者利益;或者

(c)以任何方式纵容妨碍市场进入的行为;③或者

(d)以对方接受无论从自然属性还是商业用途来说均与合同内容无关的附加义务,作为合同订立的条件;或者

---

① 2002 年《竞争法》原为"任何企业不得滥用其市场支配地位"。

② 2002 年《竞争法》原为"如果企业实施以下行为"。

③ 2002 年《竞争法》原为"纵容妨碍市场进入的行为"。

(e)利用其在某一相关市场上的支配地位进入或保护其他相关市场。

对本条的解释:

(a)“市场支配地位”是指企业在相关市场上拥有的一种强势地位,它使得该企业可以:

(i)不受相关市场上其他竞争力量的影响而独立行事;或者

(ii)以有利于自身的方式影响竞争者、消费者或相关市场。

(b)“掠夺性价格”是指,以低于成本的价格销售货物或提供服务,目的在于削弱竞争或排除竞争者,此成本可能由相关规则确定。

(c)“企业集团”与对第5条的解释(b)含义相同。①

(二)对印度竞争法有关滥用市场支配地位规定的评述

认定滥用市场支配地位包括三个步骤:第一步是以相关产品市场或相关地理市场为基础认定相关市场;第二步是在相关市场上认定存在市场支配地位;第三步则是认定存在对市场支配地位的滥用。

1. 相关市场

根据2002年《竞争法》第2条第(r)款,“相关市场”是指竞争委员会就相关产品市场、相关地域市场或以上两者对市场所作的划分。在判定“相关地域市场”时,委员会应当考虑第19条第(6)款所列举的因素,包括:(a)管制贸易壁垒;(b)当地技术要求;(c)国家采购政策;(d)充足的分销设施;(e)运输成本;(f)语言;(g)消费者偏好;(h)确保安全、定期供应或快捷的售后服务的需要。而在判定“相关产品市场”时,委员会应考虑第19条第(7)款所列举的因素:(a)产品的物理特性或最终用途;(b)产品或服务的价格;(c)消费者偏好;(d)内部生产的排除;(e)专业生产者的存在;(f)工业产品分类。需要注意的是,这里的“相关市场”应当是“在印度的”相关市场。在2001年《竞争法(提案)》中,解释(a)定义“市场支配地位”时使用了“在印度或在印度之外(in India or outside India)拥有强势地位”的表述,但在之后通过的2002年《竞争法》中删除了“或在印度之外”的表述。

2. 企业或企业集团在相关市场上占有支配地位

认定企业或企业集团在相关市场上的支配地位是调查是否构成滥用市场支配地位的前提条件。各国竞争法主管机构在认定市场支配地位时,都

---

① 2007年《竞争法(修正案)》增加。

会有各种考量,如企业的市场份额、竞争者的市场份额、竞争者的市场地位和市场行为、市场进入或扩张的壁垒、企业的规模和范围、购买力、市场成熟度或市场活力、关键设施的拥有量、企业及其竞争对手的财政资源、企业的利润等。国际竞争网络(International Competition Network, ICN)在 2007 年的一项调查显示,在众多考量因素中各国竞争主管机关最关注的仍然是企业及其竞争者的市场份额和市场进入或市场扩张的壁垒。(如表 1、表 2 所示)①

印度 2002 年《竞争法》第 19 条第(4)款列举了 CCI 在调查企业是否占有市场支配地位时应考虑的因素,其中包含 10 项标准的经济指标,还包括 1 项“发展”标准,1 项“社会义务和社会成本”以及 1 项兜底条款。如果法律仅是通过规定市场份额而推定支配地位的存在,那么竞争主管机关在认定市场支配地位时就不会有任何困难,但如果法律为主管机关设定了诸多考虑因素,则会引起各种问题和争议。以下笔者将对 CCI 认定市场支配地位时需要考虑的因素进行逐项分析:

(a)企业的市场份额。显然,这是各国竞争主管机关普遍认可的认定市场支配地位的最重要因素。但在认定市场份额时,根据分析对象所属行业以及所调查问题的性质不同,可能会涉及不同的参数。例如,一航空公司的市场份额可能基于航班数量、飞行器数量、乘客承载能力、直飞城市数量等参数的不同而得出不同结论。一般来讲,市场份额波动显著,则表明存在有效竞争;若市场份额是逐渐被侵蚀的,则表明缺少有效竞争。如果市场上的主导企业能够保持或增加其市场份额,则表明其占有市场支配地位。在印度,据统计,从 1994 ~ 2005 年,有 41 种产品的排名前五位的相关企业没有改变过,有 12 种产品包括药品、电视机、医疗器械、婴儿奶粉、碘盐、香烟、商用车、密封垫和化油器,其相关市场上的主导企业不仅保持地位不变,而且市场份额还有所增加。

(b)企业的规模和资源。除了市场份额,较大规模、较好的经济和资源状况也有助于市场支配地位的认定。例如,印度板球管理委员会(Board of Control for Cricket in India, BCCI)凭借其强大的经济实力长期把持印度板球

① ICN, "Report on the Objectives of Unilateral Conduct Laws, Assessment of Dominance/Substantial Market Power, and State-Created Monopolies", http://www.internationalcompetitionnetwork.org/uploads/library/doc353.pdf, July 16, 2013.

表 1　用于评估单一公司占有市场主导地位的标准

Which of the following criteria do you use for the assessment of single – firm domin ance/substantial market power?

1 = 是，0 = 否

	公司和竞争者的市场份额	竞争者的市场地位和市场表现	准入或扩张障碍	规模经济和范围网络效应	购买力	上游市场准入/垂直整合	市场势力的持续时间	市场成熟度/活力	获得基础设施	公司和竞争者的财务资源	高价（在绝对或比较水平）	公司利润
澳大利亚	1	1	1	1	1	1	1	1	1	0	1	0
巴西	1	1	1	1	1	1	1	1	1	1	1	0
保加利亚	1	1	1	1	1	1	1	1	1	1	1	1
加拿大	1	1	1	1	1	1	1	1	0	1	1	1
智利	1	1	1	1	1	1	1	1	1	0	1	0
捷克共和国	1	1	1	1	1	1	0	0	1	1	0	0
欧共体	1	1	1	1	1	1	1	1	1	1	1	1
法国	1	1	1	1	1	1	1	1	1	1	1	1
德国	1	1	1	1	1	1	1	1	1	1	0	0
匈牙利	1	1	1	1	1	1	1	1	1	1	1	0
印度	1	1	1	1	1	1	1	1	0	1	0	0
爱尔兰	1	1	1	1	1	1	1	1	1	0	0	0
意大利	1	1	1	1	1	1	1	1	1	0	0	0
以色列	1	1	1	1	1	1	1	1	1	0	1	0
牙买加	1	1	1	1	1	1	1	1	1	0	0	0
日本	n. a.	n. a.	n. a.	n. a.	n. a.	n. a.	n. a.	n. a.	n. a.	n. a.	n. a.	n. a.
泽西岛	1	1	1	1	1	1	1	1	1	0	1	1
韩国	1	1	1	1	1	1	1	1	1	1	1	1

续表

Which of the following criteria do you use for the assessment of single – firm domin ance/substantial market power? 1 = 是，0 = 否												
	公司和竞争者的市场份额	竞争者的市场地位和市场表现	准入或扩张障碍	规模经济和范围网络效应	购买力	上游市场准入/垂直整合	市场势力的持续时间	市场成熟度/活力	获得基础设施	公司和竞争者的财务资源	高价（在绝对或比较水平）	公司利润
拉脱维亚	1	1	1	1	1	1	1	1	1	1	1	1
墨西哥	1	1	1	1	1	1	0	0	1	1	1	1
挪威	1	1	1	1	1	1	1	1	1	0	1	1
新西兰	1	1	1	1	1	1	1	1	1	1	1	1
巴基斯坦	n. a.	n. a.	n. a.	n. a.	n. a.	n. a.	n. a.	n. a.	n. a.	n. a.	n. a.	n. a.
罗马尼亚	1	1	1	1	1	1	1	1	1	1	1	1
俄罗斯	1	1	1	1	1	1	1	1	1	1	1	1
新加坡	1	1	1	1	1	1	1	1	1	1	0	0
斯洛伐克	1	1	1	1	1	1	1	1	0	0	1	1
南非	n. a.	n. a.	n. a.	n. a.	n. a.	n. a.	n. a.	n. a.	n. a.	n. a.	n. a.	n. a.
西班牙	1	1	1	1	1	1	1	1	1	1	0	0
瑞典	1	1	1	1	1	1	1	1	1	1	1	1
瑞士	1	1	1	1	1	1	1	1	1	1	1	1
土耳其	1	1	1	1	1	1	1	1	1	1	1	0
英国	1	1	1	1	1	1	1	1	1	1	1	1
乌克兰	1	1	1	1	1	1	1	1	1	1	1	1
美国	1	1	1	1	1	1	1	1	1	1	0	0
总值	32	32	32	32	32	32	30	30	29	23	23	17

表2　在评估单一公司市场主导地位的标准中,哪些是最重要的标准?

	公司和竞争者的市场份额	准入或扩张障碍	竞争者的市场地位和表现	购买力	市场势力的持续时间
澳大利亚	—	—	—	—	—
巴西	1	1	1	—	—
保加利亚	1	1	—	—	—
加拿大	1	1	—	—	—
智利	—	1	—	—	—
捷克共和国	1	—	—	—	—
欧共体	1	1	1	1	—
法国	1	1	1	—	—
德国	1	1	1	—	—
匈牙利	1	1	1	—	—
印度	1	—	1	—	—
爱尔兰	1	1	1	1	1
意大利	1	—	—	—	—
以色列	1	1	—	—	—
牙买加	1	1	1	—	1
日本	—	—	—	—	—
泽西岛	—	—	—	—	—
韩国	1	—	—	—	—
拉脱维亚	1	1	—	—	—
墨西哥	1	1	1	—	—
挪威	1	1	—	—	1
新西兰	—	1	1	—	—
巴基斯坦	1	—	—	—	—
罗马尼亚	1	1	—	1	—
俄罗斯	1	1	—	—	1
新加坡	1	1	—	1	—
斯洛伐克	1	1	—	—	—
南非	1	—	—	—	—

续表

	公司和竞争者的市场份额	准入或扩张障碍	竞争者的市场地位和表现	购买力	市场势力的持续时间
西班牙	1	1	—	—	—
瑞典	1	1	—	—	—
瑞士	1	1	1	1	—
土耳其	1	1	—	—	—
英国	—	—	—	—	—
乌克兰	—	1	—	—	—
美国	—	—	—	—	—
总值	27	24	11	5	4

市场，极力排挤印度埃协集团于 2007 年 5 月开始运营的印度板球联赛（India Cricket League，ICL），前者拒绝后者使用板球场，不允许 ICL 的运动员和教练员参加 BCCI 赞助的活动。BCCI 利用自身强大的经济实力排挤 ICL，推动自己赞助的印度板球超级联赛（India Premier League，IPL）。①

（c）竞争者的规模和地位。在考虑市场份额时，也有必要考虑竞争对手的市场份额，竞争对手所占市场份额越小，越容易认定该企业占有市场支配地位。市场上竞争对手的市场份额也决定了对另外参与者的竞争限制。例如，百事公司和可口可乐公司在印度软饮料市场上占有 40% 以上的市场份额；在印度汽车市场上只有两家公司，即阿斯霍克雷兰德公司和特尔科公司，两家公司持有近乎相同的市场份额。这种情况下，其中一家公司能够对另一家公司产生竞争压力，则没有任何一家公司应当被定性为在相关市场上占有支配地位。

（d）企业的经济实力，包括对竞争者的商业优势。较强的经济实力也是认定市场支配地位的因素之一。例如，印度人寿保险公司受益于先行进入并占领印度人寿保险市场，因此相比新进入者便具有商业优势。

（e）企业的纵向一体化程度或其销售、服务网络。较高程度的纵向一体化

① Samir & Gandhiand Rahul Rai，"Cricket and Competition Law"，http://economictimes.indiatimes.com/opinion/guest-writer/cricket-and-competition-law/articleshow/4457410.cms，July 19，2013.

和完善的分销网络可能构成市场准入壁垒,阻止或妨碍一个潜在的竞争者进入市场。在印度,铁路公司掌管铁路线路,也负责火车运行;发电厂同时也拥有输电网;电信公司控制网络,同时也提供通讯服务。这些公用事业类公司的纵向一体化特征是认定其具有市场支配地位的标志之一。

(f)消费者对企业的依赖程度。在公用事业领域,消费者的依赖性总是很强。与其他发达国家不同,在印度用电户目前还没有选择供电商的权利。同样,在售后服务市场或在产品需求毫无弹性的情况下,服务或产品的提供者非常容易发挥其市场力量。配件的非标准化也使制造商很容易占有支配地位,从而限制了消费者的选择权,加强了消费者对企业的依赖程度。例如,在印度液化石油气气缸和校准器的标准化就使煤气公司及其分销商之间形成了竞争的压力。

(g)垄断或支配地位的取得是否源于法律规定,或政府企业、公共事业企业的性质,或其他原因。先前的国有企业在经济改革之后面临来自新市场进入者的竞争,但它很可能继承了先前的优势,如较强的经济实力、对某些网络设施的控制、与供货商和消费者已经建立起来的联系等,而这种优势可能恰恰使新市场进入者举步维艰,甚至被排挤出市场。在印度,涉及电力的所有部门目前都是由公营企业占据支配地位,如占据生产市场87%的份额、分销和零售供应市场86%的份额、传输市场100%的份额。而在生产市场上,印度国家火电公司的市场份额大约占到80%,为了巩固其市场支配地位,采取各种方法,如收购、联营企业、绿地投资等。同样,在石油和天然气方面,国家石油公司在印度石油开采和生产市场上占有86%的份额,在天然气市场占有77%的份额。① 这些公营企业相比新的私有企业入市者有明显优势。壳牌(Shell)和瑞来斯(Reliance)公司大规模投资石油市场,却也不得最终关闭其石油配售点,因为国家只对公营石油企业提供补贴,导致在公、私营企业之间缺乏公平竞争。

(h)进入市场的壁垒,包括管制壁垒、金融风险、高额进入资本、营销进入壁垒、技术进入壁垒、经济规模、替代产品或服务的高成本。市场进入、退出或扩张的壁垒被作为认定支配地位的重要因素。如果竞争者进入市场的壁垒较

① CCI,"Competition in India's Energy Sector",http://www.cci.gov.in/competition-indna's-energy-sector,March 31,2020.

低,那么占有较高市场份额的企业可能不会长期拥有较强的市场支配力。例如,以印度杀虫剂市场为例,1989 ~ 2004 年,有 19 家企业曾进入该市场,22 家企业曾退出,这就说明该市场进入或退出壁垒并不是实质性的。①

(i)均衡购买力。一企业所受到的制约可能不仅来自其竞争对手,还可能来自消费者。如果一供货商只针对一个购买者销售其大部分产品,同时市场上还存在其他竞争者可以满足购买者的需求,则购买者转向其他供货商的威胁足以制约该供货商的行为。一个强势的购买者有利于鼓励新的竞争者进入市场或者既存供货商提高产量增强竞争力,从而有利于购买者和消费者。

(j)市场结构及规模。当市场上只有一个产品或服务的提供商或提供商的合并,那么这种市场结构很容易导致企业利用市场力量影响竞争、消费者或市场。例如,新德里国际机场是唯一的机场服务提供商,据报道,由于其收费过高曾迫使外国航空公司在半年时间内取消了 100 多架次航班。② 此外,市场规模越小,占有市场支配地位的可能性就越大,因此,认为只有大型企业才可能占有支配地位的观点是错误的。如果相关市场很小,那么小型企业也可能占有市场支配地位。

(k)社会义务及社会成本。例如,印度路西法照明有限责任公司生产发光二极管(以下简称 LED),这种产品节省了大量能源,并且相比传统产品寿命可以延长 5 ~ 10 倍。作为市场上第一家也是唯一一家 LED 生产商,目前在相关市场上占有支配地位,但是也应当考虑其为使用者和整个社会所节约的成本。

(l)与对竞争产生或可能产生的可估量的不利影响相比,拥有支配地位的企业对经济发展的贡献所具有的相对优势。下文将详细讨论该项内容,在此不赘述。

(m)委员会认为与调查有关的其他因素。这项兜底条款给予 CCI 很大的空间可以考虑其认为合适的或必要的各种其他因素。

错误认定存在市场支配地位可能会损害企业支持竞争的积极性,而错误地没有认定存在市场支配地位则可能放纵企业的剥削性和排他性滥用行为。

---

① CCI,"Assessing the State of Competition in Indian Manufacturing Sector: Pesticides and Cement Industries.", http://www. cci. gov. in/assessing-state-competition-india-manufacturing-sectorpesticides-and-cementindustries, March 31, 2020.

② "Foreign airlines pull out of India", *Business Standard*, April 17th, 2009, http://www. business-standard. com/article/companies/foreign-airlines-pull-out-of-india-109041700104 _ 1. html, November 16, 2018.

因此,立法者在市场支配地位的认定方面煞费苦心,为CCI提供指引,尽量避免上述两种错误的出现。

笔者认为,新《竞争法》中关于市场支配地位的规定虽有积极表现,但总体而言形式意义大于实质意义,具体分析如下:

(1)从结构主义到结构主义与行为主义相结合,貌似完美,实则危机四伏

正如前文所述,对市场支配地位的认定曾经出现过三个主要标准,即市场绩效、市场结构和市场行为。印度1969年《MRTP法》规定:"占有市场支配地位的企业"是指在印度市场或印度境内特定市场上占有超过25%的市场份额的企业。这显然采用了结构主义的立法模式。这种立法模式好处非常明显,即适用简单、具有确定性和可预见性。很多国家的立法对"支配地位"的认定都是基于结构主义,具体而言,还可分为两种情形,即可推翻的推定和不可推翻的推定。例如,南非《竞争法》中规定如果一企业占有45%的市场份额,则不可推翻地推定其占有市场支配地位;德国《反对限制竞争法》中规定如果一个企业占有1/3的市场份额,推定其具有市场支配地位,但这种推定是可以被推翻的。

然而,正如前文所述,2000年Raghavan委员会在其报告中明确建议摒弃1969年《MRTP法》中25%市场份额认定标准的规定,因为"一个只占有20%市场份额的企业也可能滥用其支配地位,而一个占有60%市场份额的企业也可能因为在相关市场上存在关键竞争对手而不能够滥用其支配地位。明确规定一个阈值或数字去界定'支配地位'可能会使真正的违法者逃脱(上述第一种情况),或者导致不必要的诉讼(第二种情况)。因此,在复杂多变的经济环境中,用一个不变的数字去界定'支配地位'是不合适的"。考虑到Raghavan委员会的建议,印度2002年《竞争法》放弃了《MRTP法》中设定的单一数字标准。新法将"市场支配地位"定义为:企业在相关市场上拥有的一种强势地位,它使该企业可以:(i)不受相关市场上其他竞争力量的影响而独立行事;或者(ii)以有利于自身的方式影响竞争者、消费者或相关市场。可见,"市场支配地位"的认定包括两个要素:第一,企业在相关市场上拥有强势地位;第二,独立于其他竞争力量,或存在影响竞争者、消费者或相关市场的行为。有学者认为,这是一种结构主义和行为主义相结合的模式,前者是基于市场结构的认定,而后者则是基于市场行为的认定。

笔者认为,从1969年《MRTP法》到2002年新《竞争法》,从单一的市场结构认定到结构主义与行为主义的结合,这种貌似完美的转变,实际危机四伏。

首先,结构主义与行为主义的结合模式的确是当今世界各国竞争法的主流趋势,相比单纯的市场份额认定标准,其科学性和合理性已为多数国家的竞争法实践所证实。ICN 调查结果显示,在 33 个给予回复的各国竞争主管机构中有 28 个声称他们在界定市场支配地位时采用结构主义结合行为主义的模式。这种模式的最大好处在于多角度的综合分析更加有利于准确地认定市场支配地位,但另一方面也会给竞争主管机构适用法律带来很多问题和困难。结构主义与行为主义的结合并不意味着要绝对摒弃市场份额的认定标准,从上述 ICN 的调查结果来看,33 个国家中有 19 个国家的法律(包括成文法和判例法)规定了一企业或企业集团被推定为拥有市场支配地位的市场份额阈值或者不会被认定为拥有市场支配地位的市场份额阈值,这些国家的竞争主管机构认为设定这样的市场份额阈值可以通过降低调查责任而提高执法效率,同时也增加了法律确定性。(如表 3 所示)①而印度 2002 年《竞争法》貌似仿效其他国家的先进立法,采用结构主义和行为主义结合的模式,但却忽视了大多数国家仍然保留了市场份额的数字认定标准的情况,盲目删除了《MRTP 法》中关于 25% 的市场份额认定标准,这无疑增加了 CCI 的执法难度,同时也在一定程度上强化了 CCI 的主观性、随意性,弱化了法律对企业行为的指示作用。

表 3　支配地位/重要市场支配力量假设和安全港假设

	支配地位/重要市场支配力量假设			安全港		
	市场份额水平	可以反驳吗?	法律基础	市场份额水平	可以反驳吗?	法律基础
澳大利亚	—	—	—	—	—	—
巴西	20%	是	法律	20%	否	法律
保加利亚	35%	是	法律	20%	是	指导原则
加拿大	80%	是	判例	35%	否	指导原则
智利	—	—	—	—	—	—
捷克共和国	—	—	—	40%	否	法律
欧共体	—	—	—	—	—	—
法国	—	—	—	—	—	—

① ICN, "Report on the Objectives of Unilateral Conduct Laws, Assessment of Dominance/Substantial Market Power, and State-Created Monopolies", https://centrocedec. files. wordpress. com/2015/07/report-on-the-objective-of-uc-laws-assessment-of-dominance-2007. pdf, July 16, 2018.

续表

	支配地位/重要市场支配力量假设			安全港		
	市场份额水平	可以反驳吗?	法律基础	市场份额水平	可以反驳吗?	法律基础
德国	33%	是	法律	—	—	—
匈牙利	—	—	—	20%	否	指导原则
印度	—	—	—	—	—	—
爱尔兰	—	—	—	—	—	—
意大利	—	—	—	—	—	—
以色列	50%	否	法律	—	—	—
牙买加	50%	是	指导原则	—	—	—
日本	—	—	—	—	—	—
泽西岛	50%	是	指导原则	40%	否	指导原则
韩国	50%	是	法律	10%	否	法律
拉脱维亚	—	—	—	40%	是	法律
墨西哥	—	—	—	—	—	—
挪威	—	—	—	—	—	—
新西兰	—	—	—	20%	否	指导原则
巴基斯坦	33%	是	法律	—	—	—
罗马尼亚	40%	是	指导原则	—	—	—
俄罗斯	50%	是	法律	20%	是	法律
新加坡	—	—	—	—	—	—
南非	—	—	—	—	—	—
西班牙	45%	否	法律	不适用	是	法律
瑞典	40%	是	—	—	—	—
瑞士	—	—	—	—	—	—
土耳其	—	—	—	—	—	—
英国	—	—	—	—	—	—
乌克兰	35%	是	法律	35%	否	法律
美国	持续占有市场份额70%，存在严重的准入壁垒且有证据表明现存竞争者无法增加产出	是	判例	法院实际上从未对低于50%的市场垄断作出判决	否	判例

其次,通过梳理《MRTP 法》时期形成的判例法,笔者发现与限制竞争行为不同,针对滥用市场支配地位部分 MRTPC 几乎没有作为,唯一的经验是针对掠夺性定价的。因此,从立法角度看,在滥用市场支配地位方面印度没有形成成熟而完善的判例法体系,从执法角度看,竞争主管机构又缺乏相应的执法经验,在这样的背景下,着实不适合利用过于弹性的标准来考验 ICC 的执法能力。

(2)从"公共利益"到"对经济发展的贡献",貌似合理,实则形同虚设

为了更好的理解"市场支配地位",《竞争法》第 19 条第(4)款列举了 CCI 在认定市场支配地位时应当考虑的 13 项因素。其中第(l)项非常特别,即"与对竞争产生或可能产生的可估量的不利影响相比,拥有支配地位的企业对经济发展的贡献所具有的相对优势"。这里出现了"对经济发展的贡献"这样的表述。此外,CCI 在判定企业合并是否会对竞争产生不利影响时应当考虑的因素的规定中也包括类似条款,即第 20 条第(4)款第(m)项"与对竞争产生或可能产生的可估量的不利影响相比,联合贡献对于经济发展所带来的相对利益"。例如,在印度银行业,无论从存贷款额还是分支机构数量角度讲,印度储备银行都是印度最大的银行。该银行以支持经济发展而著称,遵守政府规定确定利率、向中小型企业和贫困群体发放贷款并且发展农村网点,显然该银行对印度经济的发展有重要贡献。那么在认定其是否市场支配地位时,就需要将"对竞争产生或可能产生的可估量的不利影响"与"对经济发展的贡献"对比,考虑何者更有相对优势。笔者认为,这样的规定貌似合理,实则意义不大,甚至是形同虚设。

首先,"对经济发展的贡献"这种表述将延续旧法中"公共利益"条款的问题,甚至使问题严重化。竞争法中"公共利益"条款最大的问题在于缺乏统一的认定标准,完全是一种模糊性概念。1999 年查克拉讼思专家组报告中指出,"'消费者利益'和'公共利益'的表述经常被当做同义词,却很少注意到两者之间是存在区别的。在一些情况下,消费者利益和公共利益可能失去各自的特性,可能是一致的,但在有些情况下,两者之间的区别可能是非常重要的,可能会决定判决的结果。……委员会必须要平衡公共利益与消费者利益之间的关系,并判断在特定情形下两者之中何者更重要"。2000 年 MRTPC 在哈瑞达斯出口公司案中认为"公共利益通常比消费者利益重要"。① 同年,Raghavan 委员会的报

① Haridas Exports v. All India Float Glass Mfgrs Association, Case Number: (2002) 111 Company Cases 617 (SC).

告中特别关注了对公共利益条款的滥用,认为"公共利益应当与印度企业的股东利益和雇员利益相关联",所谓公共利益是"社会整体享有的某种利益,而这种利益并非是一个充满竞争的市场所能完全实现的"。对于消费者利益,Raghavan 委员会认为这才是"竞争法和竞争政策的基本目标……可能在某些例外情况下,公共利益比消费者利益更重要,但这些例外应当是极少的,而且不应当被允许削弱竞争"。很明显,如何认定竞争法中的"公共利益"这一问题无论在理论层面还是实践层面都存在很大分歧。因此,在《MRTP 法》中随处可见的"公共利益"条款饱受学者批评。[①] 新法中取消了绝大多数"公共利益"条款,本来是值得欣喜的,但却出现了"发展"的提法。如同"公共利益"一样,对"发展"的理解仍然是缺乏客观统一标准的,这些规定可以被用来公然豁免那些声称促进竞争的大企业的限制竞争行为。相比新法,《MRTP 法》中至少还有第 38 条列举了各种具体情形可以用来驳斥一种特定的限制性贸易行为是有损公共利益的假设;而新法对"发展"没有任何解释,这个问题完全留给委员会天马行空的去想象和发挥。

其次,这种"发展条款"的地位究竟如何呢?能否基于"对经济发展的贡献"而豁免滥用市场支配地位的规定呢?笔者认为,在第 19 条第(4)款列入"发展条款"并不具有这样豁免的效力。如果立法者真的希望为滥用市场支配地位行为设立"发展"这样一个例外,则应当在第 4 条有关滥用市场支配地位的禁止性规定中并入"发展条款",正如在第 4 条第(2)款中规定了"为满足竞争需要"的适用例外一样。不仅如此,笔者认为在市场支配地位的认定标准中,混合这样的"发展条款"实在不伦不类。如前文所述,市场支配地位应当是一种经济现象,应当用比较客观的经济指标去衡量,包括市场份额、企业的规模和资源、竞争者的规模和地位、企业的经济实力等,而不应当采用如此主观的标准去衡量。如果要强调企业对经济发展的贡献,完全可以在下一个环节,即认定"滥用"市场支配地位时,增加这样一个考量因素。

此外,"发展条款"的适用范围也是非常有限的,第(1)项的内容是"与对竞争产生或可能产生的可估量的不利影响相比,拥有支配地位的企业对经济发展的贡献所具有的相对优势"。很显然,该项的适用前提是"对竞争产生或可能产生的可估量的不利影响",而占有市场支配地位本身并不一定对竞争产生

---

① Aditya Bhattacharjea, "Predation, Protection and the Public Interest", *Economic & Political Weekly*, Vol. 35, No. 49, Dec. 2000, pp. 4327 – 4336.

或可能产生可估量的不利影响，即使存在这种不利影响，要证明这种影响到底有多大、是否不及企业对经济发展的贡献也并非那么容易。

综上所述，该“发展条款”效力等级低，适用范围非常有限，认定标准极为混乱，这些问题最终将导致该条款形同虚设，毫无意义。

3.“滥用”市场支配地位

仅仅占有市场支配地位并不为竞争法所谴责，只有滥用了这种支配地位才是违法的。然而各国竞争法中都没有关于“滥用”的一般性定义，只是根据本国情况列举出滥用优势地位的若干典型表现。德国法学家霍夫曼曾作出有关解释：“滥用”本身并无道德上或刑事上的因素，一种行为若是由其他企业实施则可能是正常的竞争，但若由拥有市场支配地位的企业实施就构成“滥用”并受到禁止，因为在第二种情况下该行为对市场结构将产生充分的影响并将威胁到有效竞争。①

2002年《竞争法》中关于滥用市场支配地位的规定基本照搬了欧盟竞争法的相关内容。第4条第(2)款列举出了构成“滥用市场支配地位”的行为方式，其中第(a)、(b)、(d)项很明显照搬了《欧盟运行条约》第102条(原《欧共体条约》第82条)相应条款。(如表4所示)从内容上看，第4条第(2)款没有什么疏漏，正如《竞争法》起草者之一Dhall先生所言：“与《欧共体条约》第82条一样，第4条第(2)款中所列举的行为既包括‘剥削性滥用’(exploitative abuse)，如不公平或歧视性定价，也包括‘排他性滥用’(exclusive abuse)，如掠夺性定价。”②表面看来，第4条第(2)款照搬了欧盟竞争法的内容，但其实是有所区别的，而且这些区别是关键性的，将会在未来执法过程中引发诸多问题。

表4　2002年《竞争法》与《欧盟运行条约》对比

2002年《竞争法》第4条第(2)款	《欧盟运行条约》第102条
如果企业或企业集团实施以下行为，则构成上述第(1)款所指的滥用市场支配地位：	一个或者几个在内部市场或者该市场一个重大部分占支配地位的企业如果有滥用市场支配地位的行为，进而影响成员国间的贸易将被视为违背共同市场的原则被予以禁止。这种滥用，特别包括下列行为：

① 彭兴华：《贸易自由化背景下的国际竞争法》，武汉大学出版社2008年版，第88页。

② Dhall, “PM’s address at CII annual general meeting-2007”, 24 May 2007, https://archivepmo.nic.in/drmanmohansingh/speech-details.php?nodeid = 529, July 15, 2013. Aditya Bhattacharjea, “India’s New Competition Law: A Comparative Assessment”, *Journal of Competition Law & Economics*, Vol. 4, No. 3, 2008, pp. 609 – 638.

续表

2002 年《竞争法》第 4 条第(2)款	《欧盟运行条约》第 102 条
(a)直接或间接地设置不公平或歧视性的: (i)货物或服务的购买、销售条件;或者 (ii)货物或服务的购买、销售价格(包括掠夺性价格);或者	(a)直接或间接强迫接受不公平的购买或销售价格,或者其他交易条件;
(b)限制或约束: (i)货物的生产、服务的提供或两者之市场;或者 (ii)货物或服务的技术开发,以致损害消费者利益;或者	(b)限制生产、销售或者技术开发,损害消费者的利益;
(c)以任何方式纵容妨碍市场进入的行为;或者	(c)就相同交易采用不同的交易条件,从而使某些交易对手处于不利的竞争地位;
(d)以对方接受无论从自然属性还是商业用途来说均与合同内容无关的附加义务,作为合同订立的条件;或者	(d)订立合同时强迫对方购买从性质或者交易习惯上与合同标的无关的商品或者服务。
(e)利用其在某一相关市场上的支配地位进入或保护其他相关市场。	

(1)缺乏对"竞争"的关注,将重蹈覆辙

仔细比较第 4 条第(2)款与《欧盟运行条约》第 102 条,发现两者之间存在一个明显区别,即第 102 条特别区分了不公平行为和歧视性行为。第 102 条第(a)款是针对不公平的价格或其他交易条件的,而第 102 条第(c)款特别规定了歧视性行为只有当其影响竞争,并对其他企业造成损害时才构成违法。而在印度《竞争法》中,歧视性行为与不公平行为被合并在一起,要认定其违法性并不要求考量其对市场竞争、贸易当事方以及竞争对手的影响。

不仅如此,与第 3 条"限制竞争协议"的内容不同,绝大多数情况下认定"滥用市场支配地位"并不要求证明"对竞争有可估量的不利影响",只有第 4 条第(2)款第(c)项和第(d)项中提到的排他性滥用行为是与市场竞争有关的。

第 4 条第(2)款第(a)项和第 4 条第(2)款第(b)项的表述缺乏对竞争的关注,很可能会带来很多关于"不公平价格""歧视性对待经销商""违约""产能利用率低下"等的申诉,而这些申诉如在《MRTP 法》时期多是根据第 2 条第(o)款第(ⅱ)项关于"限制性贸易行为"的一般定义提出的,这类申诉多与竞争无关,但却耗费了MRTPC的大部分资源。同样,这样的申诉会使CCI偏离其作为竞争监管机构的角色定位,重蹈《MRTP法》时期的覆辙。回顾《MRTP法》,至少其中还有第2条第o项对何谓“限制性贸易行为”有明确限定,最高法院可以利用这样的限定纠正MRTPC的偏离。令人遗憾的是,新《竞争法》中连这样的救命稻草都没有。

诚然,与《MRTP法》第2条第o项不同,新法第4条仅适用于占有市场支配地位的企业或企业集团,该条*解释*中将“市场支配地位”界定为企业在相关市场上拥有的一种强势地位,它使该企业可以(i)不受相关市场上其他竞争力量的影响而独立行事;或者(ii)以有利于自身的方式影响竞争者、消费者或相关市场。但这只是对主体的界定,第(a)项和(b)项中没有任何竞争标尺,在这种情况下,过去经常被提交至MRTPC的涉及购买商与大型销售商之间的合同纠纷根据新法也是符合受理条件的。

(2)CCI权力设计失衡

《竞争法》第28条规定CCI有权分割占有市场支配地位的企业以确保该企业不滥用其支配地位。需要注意的是,行使这种分割权并不要求提供企业已经滥用其支配地位的证据。这样的做法显然有违“市场支配地位”本身并不违法的基本竞争法理念。

虽然,如上文所述,CCI被给予过多权力处罚一些合法的企业行为以及市场支配地位本身,但有关掠夺性定价方面的权力却被弱化。第4条第(2)项第(a)项的*解释*排除了对“为满足竞争需要而接受的不公平或歧视性的条件或价格”的管辖。最重要的是,现代经济学并不把价格歧视视为必然有害:价格歧视允许生产者跨境补贴低收入消费者,否则他们可能不会享受到产品或服务,福利条件也不会得到改善。尽管如此,价格歧视如果被认定为违法,那么允许以价格满足竞争需要作为抗辩理由是明智的做法。但是该*解释*的适用对象也包含了“掠夺性定价”,“掠夺性定价”在第4条的*解释*中被界定为“低于成本价格销售货物或提供服务,目的在于削弱竞争或排除竞争对手”。“满足竞争需要”的抗辩结合这种成本测试标准,将会使那些财力雄厚的企业的掠夺性定价合法化:利用财力资源承担亏损以排除更多有效率的生产者。这样的抗辩理由在欧盟是不被允许的;①

① France Telecom SA v. Commission of the European Communities, Case Number: T-340/03 (2007).

而在美国貌似已经从《罗宾逊－帕特曼法》中去除了该规定,在过去30年也基本没有人用过该抗辩理由。①

综上所述,第4条的规定一方面可能使一些与竞争并无关联的正常贸易行为受到规制,而另一方面却又可能使以掠夺性定价方式滥用市场支配地位的行为免受规制。

四、印度竞争法有关联合控制的规定及评述

(一)立法规定

2002年《竞争法》关于联合控制的规定主要体现在第5条和第6条:

第5条　联合

下述情况下,一人或多人收购一家或多家企业,或企业的吸收联合或新设联合,应视为企业与个人或企业之间的联合:

(a)某项收购如果:

(i)收购各方,作为收购企业和被收购企业,即其控制权、股份、投票权或资产已经或正在被收购的企业,共同拥有:

(A)在印度境内,资产价值超过一百亿卢比或营业额超过三百亿卢比;或者

(B)在印度境内外,资产价值总计超过五亿美元,包括至少五十亿卢比在印度境内,或营业额超过十五亿美元,包括至少一百五十亿卢比在印度境内;②或者

(ii)被收购企业将要归属的企业集团,共同拥有或将共同拥有:

(A)在印度境内,资产价值超过四百亿卢比或营业额超过一千两百亿卢比;或者

(B)在印度境内外,资产价值总计超过二十亿美元,包括至少五十亿卢比在印度境内,或营业额超过六十亿美元,包括至少一百五十亿卢比在印度境内;③或者

---

① Aditya Bhattacharjea,"India's Competition Policy: An Assessment",http://cplaw.cupl.edu.cn/upload/temp_08033019381892.pdf,July 15,2013.

② 2002年《竞争法》原为"在印度境内外,资产价值总计超过五亿美元或营业额超过十五亿美元"。

③ 2002年《竞争法》原为"在印度境内外,资产价值总计超过二十亿美元或营业额超过六十亿美元"。

(b)当取得某企业控制权的个人,同时已经直接或间接地控制另一家从事相同、相似或可替代货物的生产、分销、贸易或相同、相似或可替代服务的提供的企业,如果:

(i)控制权被收购的企业和收购企业已经直接或间接控制的企业,两者共同拥有:

(A)在印度境内,资产价值超过一百亿卢比或营业额超过三百亿卢比;或者

(B)在印度境内外,资产价值总计超过五亿美元,包括至少五十亿卢比在印度境内,或营业额超过十五亿美元,包括至少一百五十亿卢比在印度境内;①或者

(ii)控制权已经或正在被收购的企业将要归属的企业集团,共同拥有或将要共同拥有:

(A)在印度境内,资产价值超过四百亿卢比或营业额超过一千二百亿卢比;或者

(B)在印度境内外,资产价值总计超过二十亿美元,包括至少五十亿卢比在印度境内,或营业额超过六十亿美元,包括至少一百五十亿卢比在印度境内;②或者

(c)如果某项吸收联合或新设联合:

(i)根据具体情况,吸收联合后组成的企业或新设联合后组成的企业拥有:

(A)在印度境内,资产价值超过一百亿卢比或营业额超过三百亿卢比;或者

(B)在印度境内外,资产价值总计超过五亿美元,包括至少五十亿卢比在印度境内,或营业额超过十五亿美元,包括至少一百五十亿卢比在印度境内在;③或者

(ii)根据具体情况,吸收联合后组成的企业或新设联合后组成的企业将要归属的企业集团,拥有或将要拥有:

(A)在印度境内,资产价值超过四百亿卢比或营业额超过一千二百亿卢比;或者

(B)在印度境内外,资产价值总计超过二十亿美元,包括至少五十亿卢比在

---

① 2002年《竞争法》原为"在印度境内外,资产价值总计超过五亿美元或营业额超过十五亿美元"。

② 2002年《竞争法》原为"在印度境内外,资产价值总计超过二十亿美元或营业额超过六十亿美元"。

③ 2002年《竞争法》原为"在印度境内外,资产价值总计超过五亿美元或营业额超过十五亿美元"。

印度境内,或营业额超过六十亿美元,包括至少一百五十亿卢比在印度境内。[①]

对本条的解释:

(a)"控制"包括控制事务或管理,由:

(i)一家或多家企业,无论共同或单独地,控制另一家企业或企业集团;

(ii)一家或多家企业集团,无论共同或单独地,控制另一家企业或企业集团。

(b)"企业集团"是指两家或两家以上企业存在如下关系,其中一家企业直接或间接地:

(i)拥有另一家企业百分之二十六及以上的投票权;或者

(ii)任命另一家企业百分之五十以上的董事会成员;或者

(iii)控制另一家企业的管理或事务。

(c)资产价值应当根据拟议兼并所在当年的前一财政年度经审计的企业会计账簿所显示的资产账面价值计算,包括折旧减损的价值,且该资产价值应当包括品牌价值,商誉价值,或著作权、专利、许可使用、集体商标、注册经营者、注册商标、注册使用者、同名地理标志、地理标志、设计或布图设计或其他类似第3条第(5)款规定之商业权利的价值。

第6条　联合控制

(1)任何个人或企业都不得进行对本国相关市场竞争产生或可能产生可估量的不利影响的联合,任何此类联合均为无效。

(2)鉴于上述第(1)款的规定,任何拟进行联合的个人或企业,应当[②]以规定的方式将企业联合计划的详情通知竞争委员会,费用由相关规则规定,上述申报应在以下行为发生之日起三十天[③]内发出:

(a)根据具体情况,相关企业董事会批准第5条(c)款规定之企业吸收联合或新设联合的计划;或者

(b)第5条(a)款规定之收购或(b)款规定之取得控制权的协议或其他文件的执行。

(c)任何企业联合都必须等到根据上述第(2)款向委员会发出通知的二百一

---

① 2002年《竞争法》原为"在印度境内外,资产价值总计超过二十亿美元或营业额超过六十亿美元"。

② 2002年《竞争法》原为"可基于其选择"。

③ 2002年《竞争法》原为"七天"。

十天后,或委员会根据第31条作出指令后才能生效,以两者中较早者为准。[①]

(3)在收到上述第(2)款规定之通知后,委员会应当根据第29条、第30条和第31条的规定对其进行处理。

(4)本条规定不适用于股份认购,融资贷款或公共金融机构、外国机构投资者、银行或风险投资基金基于借贷合约或投资协议而进行的任何收购。

(5)但是,根据具体情况,上述第(4)款规定之公共金融机构、外国机构投资者、银行或风险投资基金应当在收购之日起七天内,以规则规定的方式将收购的详情通知委员会,包括控制的详情、控制实施的情况以及不履行借贷合约或投资协议可能产生的后果。

对本款的解释:

(a)"外国机构投资者"与有关1961年《所得税法》(1961年第43号法令)第115AD条的说明中的(a)款含义相同;

(b)"风险投资基金"与有关1961年《所得税法》(1961年第43号法令)第10条第23FB款的说明中的(b)款含义相同。

(二)对印度竞争法有关联合控制规定的评述

1. 制度日趋完备

1969年《MRTP法》的主要目标之一是控制经济力量的集中,但随着1991年印度贸易经济政策的大逆转,《MRTP法》修正案应运而生,删除了原《MRTP法》中有关经济力量集中的内容。自此,企业合并行为主要适用1956年《公司法》,而对于那些能够对印度市场产生限制竞争效果的企业合并行为,该法只能监管到其中较小一部分,即那些牵涉印度公用企业或公用企业的子公司的合并行为。[②] 因此,立法者在2002年《竞争法》中设计了控制联合的条款,授权CCI在更大范围内干预那些可能不利于印度市场的联合行为。

在法案的早期讨论阶段,印度商业利益群体反对以任何形式审查企业联合。鉴于如此反对,2002年出台的《竞争法》中的规定相对宽松:

首先,规定了相对较高的可审查阈值。第5条规定"联合"是在收购、吸收合并或新设合并之后,收购各方、吸收合并后保留的企业或新设合并后新设的企业在印度境内拥有资产价值超过100亿卢比(相当于2.5亿美元)或营业额

① 2007年《竞争法(修正案)》增加。

② Tony Reeves and Dan Harrison,"India's New Merger Control Regime: When Do You Need to File?",*Antitrust*,Vol. 26,No. 1,2011,pp. 94-100.

超过300亿卢比(相当于7.5亿美元)的情形;或者在印度境内外拥有资产价值超过5亿美元或营业额超过15亿美元的情形;而针对联合企业归属于某一企业集团的情况,规定的审查阈值则是前述规定数值的4倍。其次,规定了企业可以自愿选择是否向CCI申报其联合行为,换言之,企业联合的申报制度并非企业的强制性义务,同时企业也没有维持现状等待CCI最终裁决的义务,即使在CCI调查期间,涉案企业也可以自由选择进行或暂停或终止联合行为。

虽然立法者已经有明显让步,但印度的商业利益群体仍不罢休,极力主张他们需要实现增长并达到规模经济,从而具有国际竞争力。但这一次立法者并没有妥协,甚至表现得有些激进。议会委员在审查2006年《竞争法修正案(草案)》时,建议将原《竞争法》中的自愿申报制度改为强制申报要求。一石激起千层浪,该建议一经提出,国际律师协会(International Bar Association,IBA)立即建议保留自愿申报制度,并建议对缺少"有效本地关联"(effective local nexus)的外国企业的联合行为实施豁免。

在2007年通过的《竞争法(修正案)》中,立法者一方面坚持了"强制申报要求",即任何拟进行联合的个人或企业"应当"以规定的方式向CCI申报联合计划,并规定了"维持现状的义务"(standstill obligation),即任何联合都必须等到提交申报之日起210天后或CCI作出指令之后(以两者中较早者为准)才能生效。另一方面也考虑了IBA的建议,在可审查阈值的设定上增加了"本地关联要求",即在原有印度境内外资产价值或营业额阈值的基础上,分别要求"在印度境内"至少有50亿卢比(相当于1.25亿美元)的资产价值或150亿卢比(相当于3.75亿美元)的营业额。此外在第6条中还增加了关于CCI审查时限的规定,即如果CCI在企业申报联合计划之后210天内没有作出指令,则视为该联合被批准。这样的规定一方面可以督促CCI尽快行使审查权,另一方面也增强了拟实施联合计划的企业或个人对CCI审查行为的可预见性。

然而,前进的过程中总会阻力重重,IBA并不满意印度《竞争法》的修订结果,抗议这一冗长的时间表,并指出修正案中规定的此种本地关联条件并不算实质有效。如果联合计划中的一方在印度境内的资产或营业额超过阈值,即使另一方在印度境内没有任何资产或营业额,仍然需要向CCI申报该联合计划。鉴于此,IBA要求CCI设计合适的执行条例处理此类异常情况。CCI在2008年1月起草的《CCI(联合)条例建议稿》(以下简称《建议稿》)中对此作出回应,《建议稿》第5条列举了"不会对印度市场产生可估量的不利影响"的交易种类,其中第

2款第(iii)项规定:联合计划的当事方中至少有两方在印度境内分别拥有超过20亿卢比(相当于0.5亿美元)的资产价值或超过60亿卢比(相当于1.5亿美元)的营业额,否则被视为不会对印度市场产生可估量的不利影响。[①] 然而,由于这份《建议稿》中的内容遭到来自国际和印度国内的广泛批评,一直到2011年3月1日,CCI才公布了新的《CCI(关于联合的企业事务程序)条例(草案)》(以下简称《联合条例(草案)》),该草案Schedule I虽保留了上述《建议稿》中关于本地关联条件的规定,但并不直接认定此类联合不会对竞争产生不利影响,而是对包括这类联合在内的9类联合的申报形式进行了特别规定,换言之,即使拟联合的当事方中不超过一方在印度境内拥有超过25亿卢比的资产价值或75亿卢比的营业额,也需要向CCI申报,只是申报形式是提交简短表格(short form,或称为表格一)即可。[②] 令人遗憾的是,这9类联合行为中的大多数在其他国家或地区竞争法有关联合的控制制度中根本无须进行申报,而在CCI这里却仍需要履行申报义务。CCI公布该草案的同时也邀请公众对之进行广泛评议,该规定自然成为众矢之的。2011年5月11日,CCI公布了最终的《CCI(关于联合的企业事务程序)条例》(以下简称《联合条例》),以《竞争法》第6条为指导,详细规定了有关联合行为的企业申报程序及CCI的审查程序,其中Schedule I列举了10类联合,结合第4条的规定,这些联合行为通常不会对竞争产生不利影响,因此通常也不必按照《竞争法》第6条第(2)款进行申报。而原《建议稿》中的相对具体的本地关联条件也被删除,取而代之的是相对笼统、抽象的Schedule I(10),即法案第5条规定之联合如果完全发生在印度境外,与印度没有实质性的本地关联且对印度市场没有实质性影响,则一般不会对印度市场竞争产生不利影响,无须向CCI申报。[③] 该《联合条例》与《竞争法》包括第5条、第6条在内的剩余未生效部分均于2011年6月1日生效,自此印度《竞争法》完全生效。此后,CCI对《联合条例》分别在2012年2月23日、2013年4月4日、2014年3月28日、2015年7月

---

① https://indiacorplaw. in/wp-content/uploads/2008/01/COMBINATION _ REGULATIONS _ 17012008. pdf, August 8,2013.

② "The draft Competition Commission of India (Procedure in Regard to Transaction of Business Relation to Combination) Regulations", 201 _. http://www. cci. gov. in/images/media/Regulations/DraftCombinationRegulation. pdf, August 8,2013.

③ "The Competition Commission of India (Procedure in regard to the transaction of business relating to combinations) Regulations", https://www. cci. gov. in/sites/default/files/regulation_pdf/Combination%20Regulations%202016%20-%20FINAL_0. pdf, November 21,2018.

1日、2016年1月7日、2018年10月9日和2019年8月15日①进行了修订。值得一提的是,CCI在现行《联合条例》中删除了之前"对完全发生在印度境外,与印度没有实质性的本地关联且对印度市场没有实质性影响的企业联合"的申报豁免规定。②

除了CCI,印度政府也发布了各种指令试图完善对联合的监管,并解决来自印度国内外各界的各种担忧。最重要的是2011年3月4日发布的政府公告(Notification),其中引入最低阈值标准(de minimis test),即如果拟进行联合的目标企业拥有不超过25亿卢比的资产价值或75亿卢比的营业额,则不必履行申报义务。这一豁免的有效期到2016年3月4日。③ 但这一规定却没有限定这一组数值是指印度境内的资产价值或营业额还是包括印度境外的资产价值或营业额。然而,问题很快被发现,在《联合条例》生效前5天,即2011年5月27日,政府进行勘误,明确2011年3月4日发布的公告中所列数值是指在印度境内的资产价值或营业额。④ 这样一来便在控制联合的过程中,形成了实质有效的本地关联条件。2016年3月4日发布的政府公告中,提高了这组数值,即如果拟进行联合的目标企业在印度境内拥有不超过35亿卢比的资产价值或100亿卢比的营业额,则不必履行申报义务。⑤

2. 从竞争法角度审视印度现有联合控制制度存在的问题

印度目前关于联合控制的成文竞争法渊源包括2002年《竞争法》及其修正案(Act & Amendment)、各种条例(Regulations)及公告(Notifications),我们暂且统称为"联合控制规则"。通读所有联合控制规则,笔者对核心内容进行

---

① "The Competition Commission of India (Procedure in regard to the transaction of business relating to combinations) Regulations", https://www.cci.gov.in/sites/default/files/regulation_pdf/Combination%20Regulation%202016%20-%20FINAL_0.pdf, November 25, 2018.

② "The Competition Commission of India (Procedure in regard to the transaction of business relating to combinations) Regulations", https://www.cci.gov.in/sites/default/files/regulation_pdf/Combination%20Regulations%202016%20-%20FINAL_0.pdf, November 22, 2018.

③ "Notification S.O. 482(E)", Gazette of India, March 4, 2011, https://www.cci.gov.in/sites/default/files/notification/SO479%28E%29%2C480%28E%29%2C481%28E%29%2C482%28E%29240611.pdf, November 21, 2018.

④ "Corrigendum S.O. 1218(E)", Gazette of India, May 27, 2011, https://www.cci.gov.in/sites/default/files/notification/SO1218%28E%29240611.pdf, November 21, 2018.

⑤ "Notification S.O. 674(E)", Gazette of India, March 4, 2016, https://www.cci.gov.in/sites/default/files/notification/SO%20673%28E%29-674%28E%29-675%28E%29.pdf, November 28, 2018.

以下总结便于我们发现其中存在的问题(见表5)。

表5　印度控制联合的竞争法规则

法律	《竞争法》第5节和第6节	2002(2011.06.01生效)
	《竞争法修订案》第5节和第6节	2007(2011.06.01生效)
与合并相关的条例	印度竞争委员会条例(与合并交易相关的程序)2011年	2011.05.11
	印度竞争委员会修订条例(与合并交易相关的程序)2012年	2012.02.23
	印度竞争委员会修订条例(与合并交易相关的程序)2013年	2013.04.04
	印度竞争委员会修订条例(与合并交易相关的程序)2014年	2014.03.28
	印度竞争委员会修订条例(与合并交易相关的程序)2015年	2015.07.01
	印度竞争委员会修订条例(与合并交易相关的程序)2016年	2016.01.07
	印度竞争委员会修订条例(与合并交易相关的程序)2018年	2018.10.09
与合并相关的通知	第S.O.479(E),480(E),481(E),482(E)号通知	2011.03.04
	第S.O.1218(E)号通知	2011.05.27
	第S.O.1230(E),1231(E)号通知	2011.05.30
	第S.O.1229(E)号通知	2011.05.30
	第S.O.93(E)号通知	2013.01.08
	第S.O.673(E),674(E),675(E)号通知	2016.03.04
	第S.O.988(E),989(E)号通知	2017.03.27
	第S.O.2039(E)号通知	2017.06.29
	第S.O.2561(E)号通知	2017.08.10
	第S.O.2828(E)号通知	2017.08.30
	第S.O.3714(E)号通知	2017.11.22

(1)联合行为的申报标准及其存在的问题

印度有关联合行为的申报标准,如表6所示:

表6 印度联合行为申报标准

<table>
<tr><td rowspan="4">收购</td><td rowspan="2">1.或者</td><td rowspan="2">收购企业和被收购企业共同拥有</td><td>(1)或者</td><td>在印度境内,资产价值超过200亿卢比或营业额超过600亿卢比</td><td rowspan="12">根据《竞争法》第20条第(3)款:尽管有第5条规定,但是中央政府应当在本法实施后两年且此后每两年,基于批发价格指数、卢比或外汇的汇率波动,与委员会协商,以公告的方式调整第5条规定之企业的资产价值或营业额。据此,中央政府在2011年3月4日的S.O.480(E)公告中将《竞争法》第5条中所列的资产价值和营业额均提高50%;此后中央政府在2016年3月4日的S.O.675(E)公告中将《竞争法》第5条中所列的资产价值和营业额均提高100%</td></tr>
<tr><td>(2)或者</td><td>在印度境内外,资产总值超过10亿美元,包括100亿卢比在印度境内;或营业额超过30亿美元,包括300亿卢比在印度境内</td></tr>
<tr><td rowspan="2">2.或者</td><td rowspan="2">被收购企业将要归属的企业集团共同拥有或将共同拥有</td><td>(1)或者</td><td>在印度境内,资产价值超过800亿卢比或营业额超过2400亿卢比</td></tr>
<tr><td>(2)或者</td><td>在印度境内外,资产总值超过40亿美元,包括100亿卢比在印度境内;或营业额超过120亿美元,包括300亿卢比在印度境内</td></tr>
<tr><td rowspan="6">取得控制权的个人或企业同时已经控制另一家从事相同、相似或可替代货物的生产、分销、贸易或相同、相似或可替代服务的提供的企业</td><td rowspan="2">1.或者</td><td rowspan="2">被收购的企业和收购企业已经控制的其他企业共同拥有</td><td>(1)或者</td><td>在印度境内,资产价值超过200亿卢比或营业额超过600亿卢比</td></tr>
<tr><td>(2)或者</td><td>在印度境内外,资产总值超过10亿美元,包括100亿卢比在印度境内;或营业额超过30亿美元,包括300亿卢比在印度境内</td></tr>
<tr><td rowspan="2">2.或者</td><td rowspan="2">被收购企业将要归属的企业集团共同拥有或将共同拥有</td><td>(1)或者</td><td>在印度境内,资产价值超过800亿卢比或营业额超过2400亿卢比</td></tr>
<tr><td>(2)或者</td><td>在印度境内外,资产总值超过40亿美元,包括100亿卢比在印度境内;或营业额超过120亿美元,包括300亿卢比在印度境内</td></tr>
<tr><td rowspan="2">1.或者</td><td rowspan="2">吸收合并或新设合并后组成的企业</td><td>(1)或者</td><td>在印度境内,资产价值超过200亿卢比或营业额超过600亿卢比</td></tr>
<tr><td>(2)或者</td><td>在印度境内外,资产总值超过10亿美元,包括100亿卢比在印度境内;或营业额超过30亿美元,包括300亿卢比在印度境内</td></tr>
<tr><td rowspan="2">吸收合并或新设合并</td><td rowspan="2">2.或者</td><td rowspan="2">吸收合并或新设合并后组成的企业将要归属的企业集团</td><td>(1)或者</td><td>在印度境内,资产价值超过800亿卢比或营业额超过2400亿卢比</td></tr>
<tr><td>(2)或者</td><td>在印度境内外,资产总值超过60亿美元,包括100亿卢比在印度境内;或营业额超过120亿美元,包括300亿卢比在印度境内</td></tr>
</table>

续表

最低阈值标准	并且	目标企业		在印度境内,资产价值超过35亿卢比或营业额超过100亿卢比	中央政府2011年3月4日的S.O.482(E)和5月27日的1218(E)公告规定,如果拟进行联合的目标企业在印度境内所拥有不超过25亿卢比的资产价值或在印度境内75亿卢比的营业额,则不必履行申报义务。2016年3月4日S.O. 674(E)的政府公告中提高了这组数值

《竞争法》第5条将符合上述表格中申报标准的一人或多人收购一家或多家企业,或企业的吸收合并或新设合并,视为企业与个人或企业之间的联合。根据《竞争法》第20条第(3)款,尽管有第5条规定,但是中央政府应当在本法实施后两年且此后每两年,基于批发价格指数、卢比或外汇的汇率波动,与委员会协商,以公告的方式调整第5条规定之企业的资产价值或营业额。据此,中央政府在2011年3月4日公告将2007年《竞争法(修正案)》第5条中所列的资产价值和营业额均提高50%。① 2016年3月4日再次将第5条中所列的资产价值和营业额提高100%。② 上述表格

① "Notification S. O. 480(E)", Gazette of India, Mar. 4, 2011, https://www.cci.gov.in/sites/default/files/notification/SO479%28E%29%2C480%28E%29%2C481%28E%29%2C482%28E%29240611.pdf, November 21, 2018.

② "Notification S. O. 675(E)", Gazette of India, March 4, 2016, https://www.cci.gov.in/sites/default/files/notification/SO%20673%28E%29-674%28E%29-675%28E%29.pdf, November 28, 2018.

中的数值是现行有效的申报标准。笔者认为,关于该申报标准的规定应特别注意以下问题:

第一,在印度目前复杂多变的商业环境下,法案没有采用一个相对标准,却采用了单一的"规模"因素作为标准。采用该单一标准的好处是:对企业来讲,可预见性强;对CCI来讲,适用简单。但这种标准的弊端也是非常明显的,其缺乏灵活性,很难应对灵活多变的市场发展和商业环境,给CCI和企业都带来诸多麻烦,具体表现在:①从审查对象看,只看单独的企业规模,不看其他同类企业的规模,也不考虑联合行为的规模。一旦企业或集团规模达到了法律规定的阈值,则该企业或集团只要进行联合行为,无论该联合安排的规模有多小,几乎每次都要进行申报(除非符合豁免条件),CCI每次都要进行审查,企业最长可能要等待210天的审查期,给企业造成巨大负担,也耗费了CCI大量人力、物力和财力资源。②从时间维度看,长时间适用一组数值。虽然法案中规定应当每两年,基于批发价格指数、卢比或外汇的汇率波动调整第5条规定之企业的资产价值或营业额,但自2002年《竞争法》颁布之后,该数值只调整过三次,一次是在2007年《竞争法》修正时,另外两次分别是在2011年3月4日和2016年3月4日。③申报标准中采用"资产价值"和"营业额"的数值来衡量企业规模,但如何计算企业或企业集团在印度境内或印度境内外的"资产价值"和"营业额"并不清楚。例如,第5条中解释资产价值应当包括无形财产,①如品牌价值、商誉价值或者版权、专利、商标等,但该法中却未规定如何计算这些无形财产的价值。此外,该法也没有对"营业额"进行详细界定,而仅是在序言部分的术语定义中简单将其解释为"包括货物或服务的销售价值"。②

第二,《竞争法》中没有对"合营企业"(新设一个联合控制的企业,或收购一个既存企业进行联合控制等)应适用的联合申报标准作出特别指示。从广义上来讲,竞争法中"合并"的概念充分包含了合营企业的固有特点。在欧盟,合并规则适用于"全功能合营企业"(full-function joint venture);在美国、英国法律中亦有类似规定。③ 但印度《竞争法》第5条中没有对合营企

① Competition Act, Section 5, Explanation (c).

② Competition Act, Section 2(y).

③ Avinash Sharma, "Merger Control under India's New Competition Law: A Comparative Perspective", *European Competition Law Review*, Vol. 32, No. 12, 2011, pp. 602-614.

业作出特别规定,或许立法者认为有关合营企业的行为完全可以适用法案第3条第(3)款关于横向限制竞争协议的规定。这样的想法就忽视了合营企业的复杂性和多变性,未给执法者留下足够空间对合营企业进行充分监管。这样很可能会使一些企业利用法律漏洞,用合营企业的形式代替企业联合,以避免联合规则下复杂的申报审查程序。令人遗憾的是,直到2018年CCI《联合条例》仍旧只字不提合营企业的问题。但笔者认为,虽然印度《竞争法》和《联合条例》都没有对合营企业作出特别规定,但并不能得出结论认为有关联合的规定不适用于合营企业。如果一合营企业安排满足第5条列出的条件,则符合"联合"的定义,应当受到CCI的审查。《竞争法》有关联合的规则以及CCI《联合条例》生效后,CCI处理的第一起案件即有关一合营企业。该案中,Bharti Entity(包括BVL、BEL、BOPL)和AXA合作经营BAL和BAG两家保险公司分别从事寿险和普通保险业务,这两家保险公司的市场份额分别为0.29%和1.3%;根据2011年6月10日当事方签订的股份购买协议,RIL和RIIL收购Bharti Entity在BAL和BAG所持有的各自74%的股份,与AXA合营这两家保险公司。RIL和RIIL就该联合行为向CCI提交申报,CCI最终认定收购方与AXA之间并无横向业务重叠,不构成横向联合,也无实质性纵向联合,且BAL和BAG均为新的市场进入者,所占份额较小,因此认定不会对竞争产生可估量的不利影响,故批准该联合。① 虽然该案裁决中没有提到任何信息是关于联合的申报标准如何适用于涉及合营企业的收购或合并行为的,但至少可以肯定,印度竞争法中的一整套联合规则是适用于合营企业的。但究竟何种合营企业安排要向CCI申报尚不清楚。笔者认为,解决这一问题同样应当首先根据CCI《联合条例》进行筛选,看涉案行为是否属于《竞争法》第5条规定的"联合",在计算相应的资产价值或营业额以确定是否属于申报范围时要特别注意:①在计算联合后当事方企业将要归属的集团的资产总值或营业额时应考虑包含:a. 联合后,收购或保留合营企业控制权或资产的各个母公司所属集团的资产总值或营业额;b. 合营企业及其直接或间接子公司的资产价值或营业额。②在计算联合后当事方企业的资产价值或营业额时应考虑包含:a. 合营企业及其直接或间接子公司的资产价值或营业额;b. 在收购合营企

① Notice for Acquisition filed by Reliance Industries Limited and Reliance Industrial Infrastructure Limited, Combination Registration No. C-2011/07/01 (cleared on July 27, 2011).

业股份之后,法律实体及其直接或间接子公司的资产价值或营业额。此外,在法律尚未作出特别规定的情况下,应当同时适用最低阈值标准考察联合行为是否具有本地关联性。这种筛选非常重要,因为如果合营企业安排属于联合规则的适用范围,则需要进行申报,并接受CCI的严格审查,甚至可能面临各种对其不利的指令。

(2)联合行为的审查程序及其存在的问题

CCI的《联合条例》是对《竞争法》第5条和第6条规定的细化,其中详细规定了企业的申报流程及CCI的审查流程。(流程图如图1所示)笔者认为,总体而言该流程设计有层次、有区分。例如,引入了两阶段审查制度,对案件进行初步筛选,CCI首先应当在30个工作日内对当事方申报的联合行为是否会对竞争产生可估量的不利影响作初步判断,若认为不会产生不利影响则批准该联合,否则需要进行详细审查作进一步判断。再如,在Schedule I中列举了10类一般可以豁免申报义务的联合类型。这样的筛选程序非常重要,一方面为CCI节约资源,同时提高其工作效率;另一方面也符合企业的利益,有利于经济的发展。尽管该流程设计较为科学,有利于CCI的执法活动,但该审查程序中也存在一些不容忽视的问题。

其一,2011年3月1日公布的《联合条例(草案)》遵循国际标准,为拟联合的企业设立了一项可以向CCI专员进行非正式的、口头咨询的预先咨询制度。由于印度缺乏利用竞争法监管联合行为的历史,CCI没有相关经验,社会公众的认知度不高以及联合规则本身具有复杂性和专业性,这些因素都为CCI的监管行为带来了诸多不确定性,因此设立一项预先咨询制度是极具现实意义的,受到社会各界的广泛好评。但不知出于何种考虑,在后来颁布的《联合条例》中却删除了这一预先咨询制度,无不令人遗憾。笔者猜想,可能是由于CCI正处于起步阶段,人力、物力资源都极为匮乏,完成已有职能已经力不从心,倘若再增添预先咨询职能,大量咨询问题就会铺天盖地地涌向CCI。依照CCI目前的状况,未设区域分支机构、人员配备不足、专业知识有限、有关联合问题又比较复杂,恐怕难以应对。因此,笔者认为暂且不设立咨询制度也是符合印度竞争法执法现状的,可以在日后CCI运行自如、有能力驾驭竞争法执法工作之后,考虑设立该制度。

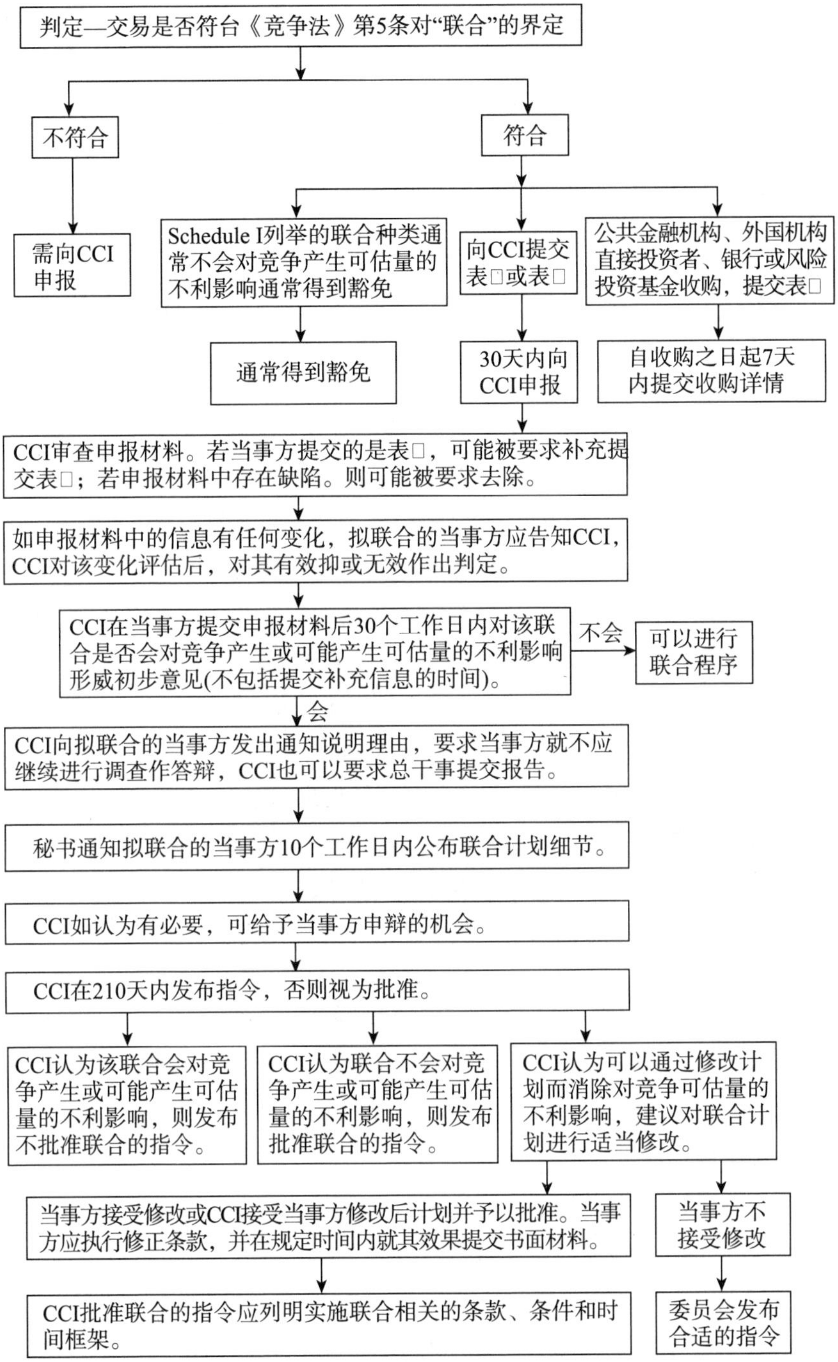

图1　企业申报流程及CCI审查流程

其二,根据《竞争法》第53B条和第53T条,当事方可以针对CCI作出的指示、决定或指令向竞争上诉法庭提起上诉,同样,如果不服竞争上诉法庭的决定或指令,当事方可以继续向最高法院提起上诉。而在CCI的《联合条例》中没有提及可以向竞争上诉法庭或者最高法院提起上诉的理由。值得留意的是,在2002年颁布的《竞争法》中,并没有设立竞争上诉法庭,而是由最高法院直接处理针对CCI裁决中"实质性的法律问题"所提出的上诉。然而,在2007年颁布的《竞争法(修正案)》中新设了竞争上诉法庭,却也删除了向竞争上诉法庭和最高法院上诉的理由。究竟删除上诉理由的这一做法是立法者故意为之还是疏忽所致,我们不得而知。如果是疏忽所致,则会成为解释法条过程中的问题,如果立法者没有作出任何说明,则法律适用机构有足够理由推断出与立法本意完全相反的结论,即如果立法者试图限制上诉理由,则应当进行明示或必要的暗示规定上诉理由。因此,自2007年修正案颁布之后直到现在,印度《竞争法》中仍没有关于上诉理由的规定,则可以合理的认为不服CCI裁决的当事方可以无所限制地向COMPAT(现为印度国家公司法上诉法庭)上诉,继而向最高法院上诉。这与印度其他专门法庭的做法完全不同。例如,电信争端解决上诉法庭(Telecom Disputes and Settlements Appellate Tribunal,TDSAT)或证券交易上诉法庭(Securities Appellate Tribunal,SAT)可以受理当事方针对下级主管机构裁决中的任何法律和事实问题提出的上诉,而当事方针对这些上诉法庭的裁决上诉至最高法院时却仅限于"实质性的法律问题",因而限制了上诉的受案范围。从这个角度来讲,法律适用机构在对法条进行解释时,应当与其他特别法保持一致,即规定最高法院受理上诉竞争案件的范围仅限于"实质性的法律问题"。立法机构或者最高法院应尽快就此问题对法案进行修正或解释,这样既可以保持印度国内法律体系的协调性、一致性,同时也可以节约最高法院的司法资源,提高司法效率。此外,在CCI《联合条例》的程序框架中没有规定上诉程序的时限,这样很可能会因为各种原因使联合行为无限期处于不确定状态。

其三,《联合条例》Schedule I中列举了10类"通常"(ordinarily)不会对竞争产生可估量的不利后果,因而"一般"(normally)不需要申报的联合行为。虽然这10类联合行为不必通知CCI即可得到实施,但"通常"和"一般"这样主观性的字眼使Schedule I并非绝对排除当事方的申报义务。此外,虽然上述联合行为一般不必进行联合申报,但并不排除《竞争法》第

3 条限制竞争协议规定和第 4 条滥用市场支配地位规定的适用。更为重要的是，根据《竞争法》第 20 条的规定“此类联合生效一年后，委员会不得再对其发起本款规定之调查”，反过来，这意味着 CCI 对一年之内的联合行为都有追溯调查的权力。

五、印度有关竞争倡导的立法和实践

竞争倡导（competition advocacy），也称“竞争推进”。根据 ICN2002 年报告中的定义，竞争倡导是指竞争机构实施的除了竞争执法行为之外，通过与其他政府机构间的关系以及提高公众对竞争好处的认知度等方式，旨在改善经济活动竞争环境的行为。[①] 从更广泛意义上理解，竞争倡导包括竞争机构传播竞争文化的所有行为。

竞争倡导的对象既包括立法者、司法者、行政监管者，也包括企业、法律职业者以及社会公众。竞争倡导的内容取决于一国或一地区的法律和行政体系，以及那些重要政策的制定者对竞争政策的重视程度。此外，竞争倡导的内容根据具体目标的不同也有所不同。竞争倡导和针对具体违法案件的竞争执法活动是各竞争机构培育竞争文化、促进有效竞争的两个重要手段。两者有共同的目标，即确保竞争不被限制。在众多发展中国家中，印度在竞争法的立法和实施方面有着较为丰富的经验和突出的表现，特别是在竞争倡导领域，印度立法机构所表现出的前瞻性眼光和竞争主管机构所彰显出的实干精神，值得广大发展中国家学习和借鉴。

（一）印度有关竞争倡导的立法

1969 年印度《MRTP 法》中并没有对竞争倡导进行规定。2000 年的 Raghavan 委员会报告[②]中专门就竞争倡导问题形成相关建议，6.4.7 竞争倡导——CCI 的职责不仅仅是执行竞争法，CCI 需要更广泛地参与那些可能会

---

① ICN Advocacy Working Group，“Advocacy and Competition Policy（2002）”，https://www.internationalcompetitionnetwork.org/wp-content/uploads/2018/09/AWG_AdvocacyReport20，August 8，2014.

② S. M. Dugar，“Report of the High Level Committee on Competition Policy and Law”，*Guide to Competition Law（Fifth Edition）*，Butterworths，2010，pp. 1590 – 1636.

对竞争性市场结构、商业行为或经济活动产生不利影响的国家经济政策的制定。因此,CCI需要承担竞争倡导的职能,积极引导国家政策降低市场准入壁垒、促进放松管制和贸易自由化、推动市场竞争。竞争倡导和竞争执法之间有着直接的联系。竞争倡导的目的是培育一种环境,在这种环境下,竞争主管机构即CCI不会直接干预市场,而市场结构和商业行为会更具竞争性。

成功的竞争倡导应当具备以下要素:

首先,CCI必须与政府各部门、监管机构以及其他制定和执行可以影响各种市场供需关系政策的机构建立联系。这种联系会有助于相互沟通,以寻找对竞争和消费者利益损害较少的替代方案。其次,CCI应该鼓励对竞争的讨论,促进更有利于竞争的经济政策的制定。再次,竞争倡导必须公开透明,以体现CCI的公正和能力。如果有保密性要求,则CCI应当发布公告说明原因。最后,CCI可以通过建立良好的媒体关系,解释竞争政策和竞争法作为政府经济框架下的组成部分的作用和重要性,以实现竞争倡导。

据此形成了印度现行《竞争法》的第49条:(1)中央政府在制定竞争政策(包括审查与竞争有关的法律)或其他事项时,或州政府在制定竞争政策或其他事项时,根据具体情况可以就该政策可能对竞争产生的影响向委员会作出说明,而委员会应当在收到说明之日起六十天内向中央政府、州政府给出意见,中央政府、州政府根据具体情况可采取其认为适当的行动。(2)上述第(1)款规定之委员会意见在中央政府、州政府根据具体情况制定相关政策时并无约束力。(3)委员会应采取适当的措施以推动倡导竞争、培养竞争意识并就竞争问题开展培训。

不仅如此,根据印度议会对2002年《竞争法》的讨论,该法采用了分阶段的生效模式,原定在其他实体内容生效之前,首先要求CCI用一年的时间专门进行竞争倡导,这样的安排足以彰显立法机关充分认识到竞争倡导对于整部《竞争法》的有效实施至关重要。此后,2002年《竞争法》其他条款并没有如期得到实施,直到2009年《竞争法》的实体内容才陆续生效。但在2003年到2009年这个不确定的期间中,CCI唯一的委员Dhall先生并没有丝毫懈怠,通过举行各种研讨会以及在报刊杂志上发表论文的方式积极从事竞争倡导工作。

(二)印度有关竞争倡导的丰富实践

实践中,CCI也非常重视竞争倡导,倡导对对象非常广泛,几乎涉及所有利益相关群体，包括消费者、学生、学者、律师、专家、贸易组织和商务部、中央和地方政府以及各行业监管机构等；倡导措施也颇为多样化，具体包括：

1. 针对社会公众采取的倡导措施①

其一，CCI 通过组织论坛、研讨会及其他与消费者、企业、专家、政策制定者、监管机构间的互动倡导竞争，以增强公众的竞争意识。在过去几年 CCI 针对公众组织各类宣讲、论坛、研讨会、互动交流项目数量如图 2 所示，数据表明 CCI 越来越重视竞争倡导工作。CCI 将 5 月 20 日设立为印度竞争法日，自 2009 年起每年都会在这一天举行特别的宣讲活动。另外值得一提的是，自 2016 年起，CCI 每年都会在一些城市与竞争利益相关者（如消费者协会、专家、学术界、实务界以及行业协会代表等）举行两次焦点小组讨论会（Focused Group Discussion），旨在进一步发展竞争倡导战略，推广竞争法的知识、观念和态度，增强与外部利益相关者的交流。

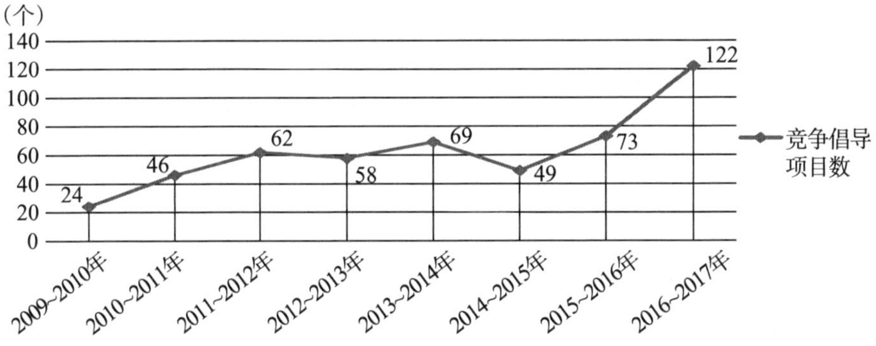

图 2　2009～2017 年 CCI 开展竞争倡导项目数

其二，CCI 积极开展各种市场研究项目，2003 年至今已委托特定机构进行了 19 项研究，其中 13 项研究是针对特定行业的，包括制造业、服务业、运输业、能源业、电信业等，其余研究则涉及竞争经济学、竞争法和竞争政策中的一些概念性问题（见表 7）②。

---

① CCI Annual Reports, https://www.cci.gov.in/annual-reports, last visited 1 July 2020.

② CCI, "Market Research", https://www.cci.gov.in/market-research, December 12, 2018.

表7 CCI委托市场研究项目

序号	研究主题	研究机构
1	知识产权法和竞争政策	印度理工学院
2	竞争法与印度制药业	新德里贸易和发展中心
3	印度洋葱市场的竞争评估	班加罗尔社会经济变革研究所
4	基础设施领域特许协议中的竞争问题	印度Clarus律师协会
5	公用企业、政府政策及其对竞争的影响:以印度石油工业为视角	印度Indicus分析有限公司
6	公用企业、政府政策及其对竞争的影响:以印度钢铁工业为视角	印度Indicus分析有限公司
7	反倾销和竞争法	新德里经济法研究所
8	印度航空运输业的竞争问题	印度海得拉巴工商管理学院
9	特定司法管辖区的卡特尔判例法研究以印度竞争委员会的经验教训为视角	国际消费者团结与信赖协会、印度国家法律大学
10	印度电信业的竞争政策	印度班加罗尔管理学院
11	监管与竞争的平衡:印度竞争管理机构为何要地位高于行业监管者	印度大学国家法学院
12	印度未来谈判战略背景下的双边贸易条款问题分析	印度国际经济关系研究所
13	管制行业中的竞争问题:以印度运输业为例	印度能源研究所
14	影响竞争的国家政策:以客运道路运输业为视角	国家应用经济研究所
15	印度制造业竞争状况评估——以油漆和轮胎行业为例	尼赫鲁大学
16	印度制造业的竞争状况	印度经济增长研究所
17	印度制造业竞争状况评估——以农药和水泥行业为例	尼赫鲁大学
18	印度道路货物运输业的竞争问题——以孟买为例	孟买大学
19	印度能源行业竞争问题研究	能源研究所

其三,在CCI官网上公开咨询文件以及CCI发布的各项信息。例如,2010年8~9月,CCI完成题为《限制竞争损害的计算:以卡特尔为例》的咨询文件,

目的是充分阐释理论和实践问题。2017 年 5 月,CCI 发布《企业竞争合规指南》,倡导企业充分意识到竞争合规的重要性并鼓励企业建立竞争合规制度。此外,通过 CCI 官网(www. cci. gov. in)可以查阅到 CCI 颁布的所有规则(Rules)、条例(Regulations)和公告(Notifications),这些内容都是有印度语和英语两种版本。还可以查阅绝大多数案件的裁决报告以及各类指令(Orders)、各类演讲、发言和研究报告、各种实习项目、竞争倡导项目,等等。

其四,CCI 充分意识到学生是印度未来的政策制定者、银行家、经济学家和消费者,因此特别注重以学生为对象进行竞争倡导。例如,CCI 积极开展实习项目以提高经济、管理、法律和金融等相关专业学生群体的竞争意识。至今,CCI 已经为来自不同学校的学生提供了多次实习机会。这类实习项目也是逐年增多,从 2009 ~ 2010 年的 20 次到 2016 ~ 2017 年的 96 次。再如,CCI 自 2011 年起组织全国论文竞赛,旨在提高竞争法的认知度,使学生们充分认识到竞争对经济发展的好处以及竞争法相关行业可以成为新的职业选择。2017 ~ 2018 年度论文竞赛的主题是“数字经济的增长对竞争监管者的挑战”和“印度《竞争法》实施八周年”。

更值得一提的是,CCI 还在新德里各重点学校开展特别倡导项目,为 11 年级和 12 年级的学生设计特殊的小册子,使竞争法以一种简单而有趣的方式呈现在学生面前。在 2012 年举行的全国论文竞赛中,除了既有的本科生组和研究生组,还特别增加了 11 年级和 12 年级学生组。CCI 可谓用心良苦,决心从娃娃抓起,倡导竞争,培育竞争文化,为竞争法的有效实施奠定基础。

其五,为了使公众更加熟悉并更加方便地利用竞争法,CCI 颇费苦心的出版了很多小册子和一些杂志刊物。例如,出版了《2002 年〈竞争法〉综述》《常见问题解答》《卡特尔相关规定》《操纵投标相关规定》《滥用市场支配地位相关规定》《与合并有关的规定》《企业合规项目》《如何提交信息?》《宽恕制度》等实用型小册子。2012 年 7 月,CCI 开始发行季刊《公平竞争》,至 2020 年 6 月已发行 33 卷,每卷关注的主题不同,2020 年第 33 卷的主题是“新冠疫情期间的竞争法”。

其六,为了更好地宣传竞争法、培育竞争文化、促进竞争合规,2016 ~ 2017 年 CCI 试点 6 个月,组建了一个竞争资源联络人团队(Competition Resource Persons),专门负责为利益相关方组织竞争倡导项目。CCI 对这个团队进行了专门培训,并为其准备了充分的竞争法资料以便其更好地向利益相关方倡导竞争。

2. CCI的竞争评估实践

CCI十分重视对社会公众进行竞争倡导,但也未忽视对公共机构进行竞争倡导,特别是在公共政策、法律法规及各类指令的竞争评估领域,CCI多年来进行了有效的尝试并稳步推进。目前来看,CCI的竞争评估实践大致分为以下几个发展阶段:

第一,2013~2015年,CCI组建专门研究组对农业、能源、金融、高科技、医药和交通运输业的竞争问题进行研究,并尝试参与各个领域的政策制定和评估,但这种尝试活动比较零散,缺少整体布局,也尚未形成有效的竞争评估指南。例如,2013年4月,CCI与道路运输和高速公路部的政策制定者举行会议,讨论以何种形式对道路运输和高速公路部的各项政策进行竞争评估;2013年5月,CCI分别与印度药品部、印度高等教育部就政府政策的竞争评估事宜举行预备会议;2013年6月,CCI与印度国防研究与发展组织、材料管理指挥部及国防部,CCI与印度卫生和家庭福利部就政府政策的竞争评估事宜举行预备会议;2013年7月,CCI与印度石油和天然气部就竞争评估召开预备会议;CCI与印度民航部就如何推进有利于消费者和企业的竞争等问题举行预备会议;2014年1月,CCI与印度农业部就竞争评估举行预备会议;2014年3月,CCI与印度北方邦行政与管理院代表举行会议就如何推进竞争法在北方邦的有效实施等问题展开讨论。①

第二,2015年,CCI一方面继续推进行业研究,对信息和通信技术(含电子商务)、农业、制药业、交通运输业四个重要经济行业所涉及的竞争问题进行深入研究,并对包括《财政法》《破产法(草案)》《1998年印度泰米尔纳德邦招投标法案》在内的一些法律、政策进行评估;另一方面开始尝试细化竞争评估工作的流程、明确竞争评估的原则,制定了《CCI竞争评估指南》(2015年),旨在保证竞争评估的客观性和透明度。

根据《CCI竞争评估指南》(2015年)②,CCI应组建一个包含5~7家专业

---

① CCI, "Initiatives with Central Government", http://www.cci.gov.in/index.php?option=com_content&task=view&id=192&phpMyAdmin=NMPFRahGKYeum5F74Ppstn7Rf00, September 20, 2015.

② 该指南2016年1月1日生效。CCI, "The Competition Commission of India (Competition Assessment of Legislations and Bills) Guidelines", 2015, https://www.cci.gov.in/sites/default/files/whats_newdocument/CA%20Guidelines08092015.pdf, January 31, 2019.

机构的团队,拟对特定的经济立法或草案进行初步评估。经过挑选,印度艾哈迈达巴德管理学院、印度勒克瑙管理学院、印度孟买甘地发展研究所、德里公共金融和政策研究所、斋浦尔国际消费者团结与信赖协会、德里国家法律大学、博帕尔国家法学院这七家机构入选。

2016~2017年,这7家机构与CCI工作人员合作对7部经济立法进行了竞争评估,包括:《担保物权和债务追偿法及相关规定的执行修正案》(2016年);《农业生产营销委员会模式法案》(2003年);《政府采购法》(2012年);《国家民航政策》(2016年);《支付清算系统法案》(2007年)及相关条例;《专利法》及知识产权政策;《药品定价管制令》(2013年)。CCI首先将这7部法律逐一分配给上述7家专业机构,同时分配给由两名CCI工作人员组成的工作组,每个专业机构和对应的CCI工作组对同一部法律进行同时评估,评估报告送由另外两组进行同行评审,修改之后把评估报告分发给其他组进行讨论评议,最后再递送该立法的主管部门以采取合适的措施。

与此同时,CCI对原有评估指南进行了修订,发布了《CCI竞争评估指南》(2017年)①,据此,2017年8月,CCI又遴选了4家专业机构参与竞争评估工作,包括:西孟加拉邦加尔各答的国立法学大学、普纳合作大学法学院、艾哈迈达巴德尼玛大学管理学院、泰米尔纳德邦国立法学院。

第三,2018年,在原有《CCI竞争评估指南》的基础上,CCI发布了《竞争评估工具书》②,为印度公共政策和法律法规的全面竞争评估提供了路线图,勾勒出竞争评估的具体步骤,明确了竞争评估的路径,详细列举出竞争评估清单,这标志着印度的竞争评估工作全面、系统的展开,CCI的竞争倡导工作进入了一个新阶段。

根据《竞争评估工具书》,竞争评估的实现路径是:第一,确定要评估的行业;第二,确定该行业相关的法律法规和政策;第三,利用清单初步审查法律法规和政策的内容;第四,如果通过初审发现某些规定通过增加市场进入壁垒、对贸易行为设置限制条件或者影响企业产权的行为进而可能影响市场的供求

---

① 该指南2017年1月1日生效。CCI,"The Competition Commission of India (Competition Assessment of Legislations and Policies) Guidelines",2017,https://www.cci.gov.in/sites/default/files/CA/CCI%20Competition%20Assessment%20Guidelines%202017.pdf,January 31,2019.

② CCI,"Competition Assessment Toolkit",https://www.cci.gov.in/sites/default/files/whats_newdocument/COMPETITION%20ASSESSMENT%20TOOLKIT.pdf,January 31,2019.

关系变化,则需要向有关机构进行咨询;第五,如果的确存在问题,那么提出替代性的解决方案;第六,在众多替代性方案中,选择适用最佳方案;第七,事后评估法律法规或政策的变化对竞争的影响。

竞争评估清单是建立在支配市场供求关系的经济原则的基础之上的,因此主要涉及两个基本问题:第一,法律法规或政策对市场上的供方有何种潜在影响?第二,法律法规或政策对市场上的需方有何种潜在影响?

影响供方的清单包括:法规或政策的规定是否会增加市场进入壁垒;是否会增加市场退出壁垒;是否会给予个别企业优于其他企业的待遇;是否会影响企业的成本结构;是否会使监管者成为利害关系方;是否会鼓励或要求企业披露敏感信息;是否会固定或限制产品或服务的输出量;是否内容已不合时宜。

影响需方的清单包括:法规法规或政策的规定是否通过控制价格、补贴或者税收政策干预产品或服务的定价;是否限制了消费者转换供货方的能力;是否限制了信息流向消费者。

六、结语

近年来,越来越多的发展中国家制定了包含先进理念的竞争法,而这些先进的理念大多源于发达国家竞争法立法和执法实践以及国际组织发展的各项竞争规则和标准。与此并不协调的是,多数发展中国家的政府、立法者和广大民众对竞争的意义、竞争法的价值一知半解甚至是一无所知。很多发展中国家制定竞争法的过程就像是做一个水果什锦拼盘,对主要发达国家的现有立法稍作梳理、剪切、粘贴便大功告成。有的发展中国家在制定本国竞争法时,则过于重视某些国际组织或发达国家有关竞争机构的意见和建议。竞争法被誉为一国的“经济宪法”,其显然应当以一国的经济发展为基础。发展中国家近年来经济发展固然迅速,但其发展程度仍无法与发达国家先进的竞争法理念和制度相匹配。因此,很多发展中国家的竞争法看上去高端大气,实际上却不接地气。这也就是为什么经过十多年的实践,很多在90年代制定竞争法的发展中国家并没有真正体会到国内竞争法对市场经济的积极作用,它们对如何实施竞争法仍然束手无策。

在这样的背景下，发展中国家开始反思，重新定位本国的竞争政策和竞争法，从形式主义向实用主义转变，从追求先进的立法理念、高超的立法技术转而关注法律与本国国情的契合度。同时，越来越关注具有类似经济基础和发展轨迹的其他发展中国家的竞争法立法和执法经验及教训。

在众多发展中国家中，印度在竞争法领域有着丰富的经验和突出的表现。可以说，在竞争法的制定、实施和研究方面，印度走在了发展中国家的最前列，过去印度在竞争法领域遇到的诸多问题正是现在很多发展中国家正面临的问题，现在印度正在奋力克服的困难也很可能成为其他发展中国家在未来会遭遇的困难。印度竞争法既未脱离发展中国家共同经历的经济发展阶段，又具有一定的前瞻性，在发展中国家竞争法领域内占据了十分重要的地位，极具借鉴意义。

与很多发展中国家的竞争法执法机构一样，印度竞争主管机构也深陷经费紧张、人力物力资源匮乏等困境，但无论是过去的 MRTPC 还是今天的 CCI 都没有因此而有所懈怠，反而积累了丰富的竞争法实施经验，这是值得广大发展中国家竞争机构学习的。特别是 CCI 从竞争执法和竞争倡导两方面双管齐下，一方面重视对违法行为的事后制裁，另一方面更加关注在更高层面上提高政府、企业、公众的竞争意识，重视竞争文化的推广和培育。竞争倡导是在“磨刀”，而竞争执法则是在“砍柴”，“磨刀不误砍柴工”的道理众所皆知，但由于很多发展中国家在制定竞争法时就存在一种错误的观点认为竞争法（而不是竞争）会带来经济的发展，对经济发展的强烈愿望使很多发展中国家甚至有些急功近利，更愿意将有限的资源利用于竞争执法，而不愿意开展或者忽略了竞争倡导工作。在这方面，印度显然更加平和，将倡导竞争放在与竞争执法同等重要的位置，甚至在现阶段看来是比竞争执法更重要的位置，从政府到企业、从企业到消费者，甚至到中学生都是竞争倡导的对象。即使在特殊时期，印度竞争委员会只有一位委员就职时，也没有停止过利用一切机会向全社会宣讲竞争的价值和竞争法的意义。笔者觉得，在竞争法的实施方面印度之所以走在发展中国家的前列，一方面是由于其长远的眼光、放慢的节奏、平和的心态，另一方面是由于其克服困难的勇气和决心以及实干的精神，这些都是值得我们思考和学习的。

On the Competition Law System of India

Xueping YIN

Abstract: India is one of the countries who made competition law at an early age. The first Indian competition was the Monopolies and Restrictive Trade Practices Act in 1969, which underwent nine times of revisions. India released its new Competition Act in 2002. In addition to written competition law, Indian administrative institutions responsible for competition law enforcement and Supreme Court have made decisions and judgments with guiding effect. In respect of implementation, India set up Competition Commission of India and Competition Appellate Tribunal. In addition, India put efforts to develop competition advocacy. Although India faces the same problems such as lack of money and human resources in competition law enforcement, but it is full of experience in legislation and enforcement of competition law and policies. That experience is valuable for other developing countries to learn.

Key Words: India, competition law, legislation, enforcement, competition advocacy

金砖国家法律研究(总第3卷·2019年)
第61~98页

巴西竞争法:体制重构的改革之路

戴　娜　楼春晗*

内容提要:巴西早在1962年即制定了《竞争法》,但由于国家对经济的强大干预,竞争法并未得到有效实施。随着巴西经济的开放,巴西于1994年制定了《反垄断法》,开始了巴西竞争政策立法与执法的新纪元。2012年,巴西通过了新的竞争法,设立了新的竞争机构"经济保护与管理委员会(CADE)",改变了先前"三家并立"的竞争执行体系,提高了执法效率。虽然巴西已在竞争立法与执法方面取得了长足进步,但欲实现建构成熟的竞争法制度与机构的目标仍须进一步努力,特别是在推进监管机构方面的有效合作、通过积极参与技术援助以增强国际合作等方面,受制于先前宏观经济的负面影响,依然任重道远。

关键词:巴西　竞争法　立法　执法

一、巴西竞争法律制度的起源与发展

早在1962年,巴西就已制定《竞争法》,创设了经济保护和管理委员会,但如同其他发展中国家一样,由于国家对经济的强大干预、对国有企业的长久保护,以及经济

* 戴娜,上海市浦东新区人民法院;楼春晗,上海市锦天城律师事务所。

的高通货膨胀率和价格控制机制的影响,竞争政策在这种环境中并没有空间得以生存,以致这部法律被束之高阁,无用武之地。20世纪80年代末90年代初,经济和工业的全球化加剧了国际竞争,同时也促使了法律体系的日益完善和不断发展。巴西《宪法》在1988年也相应作了修改,修改后的《宪法》将建立竞争机制作为维护经济秩序的关键。巴西竞争政策的新时代开始于1994年,为抑制极度通货膨胀,一项名为"雷亚尔计划"(real plan)的经济改革在1994年实施。该项改革的主要特征是采用紧缩财政和信贷政策以及发行与美元挂钩的新货币。① 作为此次改革的一部分,一部新的竞争法(第8884号法令)于1994年颁布,以期解决通货膨胀问题。2012年5月,巴西第12529号法令生效实施,该法令是巴西竞争政策改革中最关键的发展和成就,也是竞争体制的改革。该法令设立了新的竞争执行机关——经济保护与管理委员会(Conselho Administrativo de Defesa Econômica,CADE)。

现在的巴西已然拥有了相当成熟的竞争法律和监管结构,可以与世界上最先进的反垄断竞争制度相媲美。巴西是最早积极建立竞争执法体系的拉美国家之一,然而1994年以来,巴西的反托拉斯制度由三个执行责任重叠的机构组成,导致反竞争审查过程冗长,在反竞争行为调查方面存在大量积压。但是在2012年改革后,在极短的时间内,巴西的竞争法律制度在广度和深度上都有所扩大,同时,其竞争制度的改革也彻底改变了整个竞争体系的性质和功能。随着巴西2012年新《竞争法》的通过,巴西竞争监管结构发生了巨大变化,新法完成了将所有反托拉斯执法职能统一于一个机构的机构改革,今天的巴西拥有一个一体化的现代竞争管理机构——经济保护与管理委员会,简化了决策程序,大大减少了调查积压,并且有着显著的组织改进。并且,新法还通过建立一个"企业合并前限期通知制度"取代原有的"合并后通知"来解决旧竞争体系的另一个瓶颈问题,对"经营者集中"(兼并和收购等)的管理实现由"事前"(ex post)到"事后"(ex ante)的转变。2012年竞争法改革是一次重大的体制性重构,解决了旧体制的关键问题,重构了竞争法律制

① OECD,"Competition Law and Policy in Brazil: A Peer Review 2005", http://www.oecd.org/daf/competition/oecd-peer-reviews-of-competition-law-and-policy-brazil-ENG-web.pdf, April 25, 2019.

度的基础。①

二、巴西竞争法的法律渊源

当前巴西竞争政策体系的法律渊源主要是2012年生效的新《竞争法》——第12529号法令,以及CADE颁布的各项条例(Resolution)。以下列明2016年及2017年巴西竞争法与竞争政策的修订情况:②

(一)近两年来巴西竞争政策更新概述

1.2016年巴西竞争政策更新

(1)横向经营者合并指南(Guidelines on Horizontal Mergers)

CADE于2016年6月发布了《横向合并指南》,该指南涵盖了CADE在横向经营者合并反竞争行为上相关的实践、调查程序和技术经验。该文件分为五个主题:(a)分析的一般要素,如证据类型和来源、相关市场定义、集中程度、单方面效应、市场力量和协调效应;(b)对横向经营者合并的效率和外部性的考虑;(c)替代分析方法;(d)失败的坚定防御理论;(e)无竞争条款。

(2)竞争合规计划指南(Guidelines on Competition Compliance Programs)

CADE于2016年1月发布了《竞争合规计划指南》的最终版本,该文件提出了一系列可以被公司采用的内部合规措施,以降低违反竞争法的侵权风险,使公司自己更快地发现风险并改正。如果遵守《竞争合规计划指南》提出的一系列准则,公司就能够实施其内部竞争合规计划。《竞争合规计划指南》没有提供全面或规范的清单,而是提出了建议,企业可根据其具体需求和特定反垄断风险考虑这些建议。

(3)停止协议和终止协议指南(Guidelines on Cease and Desist Agreements)

CADE于2016年5月发布了《卡特尔案件"停止和终止协议"(Cease-

---

① Cristianne Zarzur, Krisztian Katona and Mariana Villela, *Overview of competition law in Brazil*, São Paulo, Instituto Brasileiro de Estudos de Concorrência, 2015, p. 9.

② 巴西最新一份呈报给OECD的竞争政策报告是其于2018年6月6日出具的《Annual Report on Competition Policy Developments in Brazil 2017》,故本文的竞争政策法律更新时间亦截止于此。

and-Desist Agreements,TCC)指南》,该指南包含了CADE签署TCC的最佳实践案例,以及TCC谈判相关的程序。该指南旨在为公务员、律师、公司、立法者、学者以及其他利益攸关方未来可能用得上的谈判提供制度框架。该指南提出了卡特尔案件中签署TCC的主要要求:(a)合作;(b)缴纳罚款;(c)承认参与了被调查的反竞争行为并承诺停止这种行为;(d)使用TCC谈判中的协议模板。

(4)CADE反垄断宽恕政策指南(Guidelines on CADE's Antitrust Leniency Program)

CADE于2016年5月发布了《反垄断宽恕政策指南》。虽然该文件没有约束力,但其内容的很大一部分直接源于第12529号法律和CADE的内部规则(RICADE)。该指南是巴西反垄断宽恕政策历史上的一个里程碑,反映了CADE在过去15年基于宽恕协议与经营者谈判的经验,并符合国际最佳实践。该文件列出了常见问题,包括CADE总务管理局通常采用的最佳实践和程序。本指南的内容包括CADE宽恕方案的概述、谈判阶段,以及协议签署后的程序等信息。

(5)CADE内部规章修正案(Amendments to the Internal Regulation-Resolution No. 15)

2016年5月批准通过的第15号决议引入了对CADE内部规则的修订条款,规定决议机构有权:(a)通过签署“停止协议”和“终止协议”(TCC)获取被调查反竞争行为的相关文件和信息;(b)给予TCC签署方更明确、精细的豁免范围;(c)决定宽恕协议提案的截止日期;(d)决定给予宽大处理申请人的程序。

(6)经营者集中“快速审查”的截止日期(Deadlines for fast-track mergers analysis-Resolution No. 16)

2016年9月批准通过的第16号决议规定了经营者集中“快速审查”程序的期限为30天。

(7)CADE联邦检察院代表的职责-联合决议PGR/CADE第1号(Joint Resolution PGR/CADE No. 1)

2016年9月由检察长办公室和CADE通过联合决议PGR/CADE第1号,确定了联邦检察院代表对CADE的职能和主要责任。

（8）关联合同（Associative contracts-Resolution No. 17）

2016年10月批准通过的第17号决议规定了关联合同强制性告知CADE的标准。该决议规定：（a）关联合同的定义；（b）对“经济活动”的考虑；（c）缔约方的特征；（d）有关本决议实施之前已订立的关联合同的建议。

（9）第3号决议修正案（Amendment of Resolution No. 3-Resolution No. 18）

2016年11月批准通过的第18号决议授予CADE在反竞争行为调查中享有调整商业活动领域信息的自由裁量权。该决议修正了第3号决议，列出了在计算罚款金额时需要考虑的不同商业领域是哪些。

（10）CADE的公共信息系统（CADE's Public Information System-Ordinance No. 351/2016）

2016年12月批准通过的第351号法令建立了CADE的公共信息系统（Public Information System，SIC）。根据《巴西公共信息获取法》，该法令规定了一种信息机制，用于提供有关CADE程序及其信息，这些信息可以通过电子或物理方式提供。

2. 2017年竞争政策更新

（1）新的公共代理人行为准则（New Code of Conduct for Public Agents-Resolution No. 9）

2017年5月批准通过的第19号决议确立了CADE公共代理人的行为准则。该决议规定：（a）制定指导CADE公共代理人及其活动的道德原则和规范；（b）确保CADE对公共代理人的行动和决定负责；（c）促进透明度和遵守保密规则的机制。

（2）CADE结构和负责人员的图表（Regimental Structure and the Chart of staff in positions of responsibility-Decree No. 9,011/2017）

2017年3月批准通过的第9011号法令规定了CADE新的人员结构和负责职位的工作人员图表（非公务员）。

（3）停止协议和终止协议指南（Guidelines on Cease and Desist Agreements）

CADE于2017年9月更新了《卡特尔案件“停止和终止协议（TCC）”指南》，该指南包含对以下事项的澄清：调查同一反竞争行为的诉讼队列、例外事项、自然人签名、有效条款、金钱捐献、反竞争行为记录等。

(4)CADE反垄断宽恕政策指南(Guidelines on CADE's Antitrust Leniency Program)

CADE于2017年9月更新了《反垄断宽恕政策指南》。该指南更新内容涉及宽恕处理、面试技巧、国际卡特尔谈判三项内容。前两项内容旨在回应民间社会、律师和学者提出的诉求,最后一项内容是对外国律师要求CADE提供与国际卡特尔案件相关的谈判程序的回应。

(5)黎明袭击诉讼指南(Guidelines on Dawn Raids Proceedings)

CADE于2017年9月发布了《黎明袭击程序:关于行动的一般信息》。虽然该文件不具有约束力,但该文件旨在提高CADE当局活动的透明度,跟踪机构记忆并作为参考。相关工作人员在诉讼期间与执行竞争政策和辩护的这一重要活动有关,巩固了CADE在此事上的经验。该指南是CADE员工培训计划中的支持文件,描述了黎明突袭行动的主要阶段:(i)案例验证;(ii)黎明袭击的准备;(iii)执行;(iv)合并。它还表明CADE组织内外的不同人员参与黎明突袭行动及其各自的职责。

(二)经营者集中的法律渊源

经营者集中是2012年以来巴西竞争法改革的最关键内容之一,巴西目前关于经营者集中审查的法律渊源主要是2012年生效的新《竞争法》——第12529号法令及CADE于2016年10月25日颁布的第17/2016号条例。

新的《竞争法》生效实施没多久,CADE就发布了2012年第2号条例[Resolution 2 (2012)]对经营者集中的实质性和程序性的各方面作解释说明。两年半以后,该法令被修订为2014年第10号条例[Resolution 10 (2014)]。

第12529号巴西《竞争法》对经济集中的规范是:

第88条:经济集中(economic concentration)有下列情形的,参与经济集中的各经营者应共同向CADE申报:

1. 参与经济集中的各方中,至少有一方在最近一次资产负债表中记载的于经济集中发生前一年在巴西国内年度总销售额或总营业额等于或高于4亿雷亚尔(R $ 400,000,000.00),以及

2. 参与经济集中的各方中,另外一方在最近一次资产负债表中记载的于经济集中发生前一年在巴西国内年度总销售额或总营业额等于或高于3亿雷亚尔(R $ 300,000,000.00)。

§1. 通过财政部和司法部的部际法令,关于 CADE 的指示,本条第 1 款和第 2 款中提到的价值可能同时或独立足够

§2. 本条所述的集中行为的控制是事先的,应在经营者提交申报书或其修正版后最迟二百四十(240)天内,作出控制决定。

§3. 满足本条所列之条件的经济集中,其在未依据本法第六章第二部分规定的程序获得批准前不得实施,为了不妨碍根据本法第 69 条启动行政诉讼,在无效处罚的情况下,不低于 6 万雷亚尔也不超过 6000 万雷亚尔的金钱罚款未缴纳的,也不得实施。

§4. 在对经济集中作出最终决定之前,相关经营者之间应一直保持竞争状态,并接受本条第 §3 所述的处罚。

§5. 除非符合本条第 §6 的规定,否则应禁止经济集中行为消除相关市场的相当大部分的竞争,因为消除竞争可能会产生或加强经营者的支配地位,或可能导致相关的商品或服务市场占据主导地位。

§6. 除非该经济集中行为是实现以下目的所必须的且在合理限度内,则不适用本条第 §5:

I—共同满足或者只满足以下其一:

a)提高产能或竞争力;

b)提高商品或服务的质量;或

c)提高效率和技术或经济层面的提高;以及

II—消费者分享由此产生的利益。

§7. 对于不受本条规定约束的其他经济集中行为,CADE 有权在相应经济集中行为实施日期后的一(1)年内要求其提交相应材料。

§8. 在不影响各方义务的情况下,上市公司的股权控制变更和合并记录必须由美国证券交易委员会(Securities and Exchange Commission-CVM)以及商务部、工业和贸易发展部的国家登记处在变更即合并后五(5)个工作日内向 CADE 报告,必要时由 CADE 进行审查。

§9. 本条第 §2 的术语仅可作以下扩大解释:

I—根据经济集中行为涉及的各方的要求,最长可延展至六十天(60 天),或

II—根据法院作出的合理决定,最多达九十天(90 天),需具体说明延期的理由以及将案件提交审判所需的措施,该期限不得再次延长。

适用新《竞争法》第88条的“集中行为”是:

第90条:

I—两(2)个或以上独立经营者的合并;

II——(1)个或以上经营者通过购买或交易股份、股权、债权、债券或可转换为股票或资产的证券的方式直接或间接地收购,无论是有形还是无形,通过合同或任何其他方式,从而控制一个或多个公司;

III——(1)个或以上经营者并购一个或多个公司;

IV—两(2)家或以上经营者签订联合协议,成为财团或合资企业。

第91条:在本条所述的情况下,经营者的虚假或欺骗行为应被处以罚款,罚款金额等于或高于6万雷亚尔。根据CADE的规则,在不影响根据本法第67条启动行政诉讼程序的情况下,可以一并采取任何其他适当的措施予以惩罚。

根据第17/2016号决议,自2016年11月24日起,全部满足以下特征的协议将被视为“联合协议”(如果满足营业额阈值的条件,则必须履行告知义务):

- 期限为两(2)年或更长时间;
- 创设一家共同的企业以开展经济活动;
- 共担风险及经济活动的后果;
- 作为在相关市场中互为竞争对手的各方(或经济团体)之间的执行机构。

第17/2016号决议作为最新一版CADE颁布的条例,对第12529号巴西《竞争法》作出了解释:

根据第12529号法令的规定,除了经营者集中申报的“营业额”门槛有变化之外,巴西关于经营者集中案件的基本管辖权框架在原1994年《反垄断法》下保持不变,该法规定:(i)本法适用于在巴西境内全部或部分履行的,或产生、可能产生反竞争影响的行为,(ii)外国公司在巴西进行交易或设有分支机构、代理机构、办事处、分部、代理或代表的,应视为在本国境内。巴西立法者采取的是管辖权的“效果原则”,不考虑经营者集中的地方、集中方的国籍,而是仅关注该集中行为在巴西产生的竞争影响。

在这个法律框架下,人们普遍认为,在两种情况下可以满足所谓的“效果测试”。第一种是经营者集中在巴西产生直接影响,即集中方在巴西进行交易或设有分支机构、代理机构、办事处、分部、代理或代表;第二种是经营者集中在该国产生间接影响的时候,这种情况往往与目的是向巴西出口的外国交易行为有关。

但是,基于当地活动或出口而没有任何明确的当地关系规则或最低门槛的管辖权已被证明是不充分的。自 1994 年以来,巴西竞争法的广泛而含糊的语言一直给某些合并方带来不必要的负担,并要求使用 CADE 的资源而没有任何相应的执法利益。

CADE 于 2016 年 10 月 25 日颁布的第 17/2016 号条例给予了“联合协议”以新定义,使巴西竞争规则更接近国际上其他司法管辖区采用的规则。第 12529 号法令(巴西《竞争法》)规定“联合协议”属于“经济集中行为”,只要参与集中交易的其中一个经济集团在巴西市场上的收入超过 7500 万雷亚尔(等于 2210 万美元),且另一个参与集中的经济集团在巴西市场上的收入超过 75,000 万雷亚尔(等于 22,100 万美元),该集中必须提交给 CADE 审查。

第 17/2016 号决议明确将“经济活动(economic activity)”定义为“在市场上购买或提供商品或服务”,即使是非营利目的,但非营利情况下,该经济活动至少在理论上是有意在营利的私营公司开展的。因此,第 17/2016 号决议取代了第 10/2014 号决议中关于某些经济集中行为需事先告知 CADE 的规定。

此外,第 17/2016 号决议还明确了一点,只有经营者在协议中确定了共担风险以及经济行为结果的具体的、直接的机制,该相关协议才符合强制告知的条件。因此,只有当共同经济活动直接产生的风险和后果由经营者共担时(如分享最终产品的利润),经营者才需要将此提交给 CADE 审核。间接共享(如由于共同经济活动带来的销量增加而导致营业额增加)通常不会触发强制告知的规则。

第 17/2016 号决议还规定,只有作为相关市场竞争者的当事方(或经济团体)之间达成的协议才有履行告知义务的资格。与旧的第 10/2014 号决议相比,这是一项重大创新。这意味着,非为同一市场竞争者的经营者之间达成的公司重组且不涉及资产购买和销售的协议不再需要提交给 CADE 事先审查。

第 17/2016 号决议明确表示,“纵向协议”(分销、上下游供应、制造合同等),特别是那些包含排他性条款的协议,不再需要提交给 CADE 审查,除非它们还涉及竞争对手之间的共同经济活动。

因此,如果当事方是竞争对手,但协议仅涉及投入的供应或货物的分配,则根据第17/2016号决议,相应的合同也不具备作为关联协议的资格。

纵向协议的潜在竞争问题不能免除CADE的审查,因为它们可能会因为CADE所谓的"repressive control"(CADE认为这些协议产生了反竞争行为)而被调查。尽管如此,CADE积极地将此类纵向协议排除在符合事先通知和审查条件的交易清单之外。根据已被废除的第10/2014号决议,纵向协议的通知和审查程序通常会转化为不必要的费用(如85,000雷亚尔的申请费,按当前费率计算为25,100美元)以及市场参与者的法律不确定性,而没有类似的利益。

CADE从第17/2016号决议中删除了曾经适用于竞争对手之间关联协议的20%的市场份额门槛。根据第10/2014号决议,当经营者在至少一个可能受协议影响的相关市场中共同份额达到20%或以上时,经营者之间的协议为"联合协议"。新的措辞排除了这一门槛,即在新的关联协议定义上,20%的份额阈值不是必需的。

第17/2016号决议取代第10/2014号决议,是"联合协议"规则上的重大飞跃,并标志着CADE通过取消为市场参与者带来交易成本而不带来相关利益的行政程序,不断提高经营者对其作为竞争监管机构发挥监管作用的信心。

三、巴西竞争法的执行机构

(一)巴西竞争执行机构的演变历程

2012年新法令改革以前,巴西实行的是"三家并立"的竞争执行体系。其法律基础是1994年第8884法令,该法令规定巴西竞争政策体系(Brazilian Competition Policy System, BCPS)由三个机构组成,即经济监控秘书处(Secretariat for Economic Monitoring of the Ministry of Finance, SEAE)、经济法律秘书处(Secretariat of Economic Law of the Ministry of Justice, SDE)和巴西竞争法庭(Brazilian Competition Tribunal, CADE)。简言之,经济监控秘书处(SEAE)在经营者集中的审查中发表不具最终约束力的经济上的观点,也可能发布与反竞争行为相关的处理意见,但不具备任何拘束力;经济法律秘书处(SDE)是反竞争行为相关事务的主要调查机构,也在经营者集中案件中发表不具有拘束力的意见;竞争法庭(CADE)是行政法庭,负责就反竞争行为和经营者集中的审查作出最终裁决。三个机构皆可对一个涉嫌违反竞争法的被控行为进行调查并出具结论。

自2003年以来的改革逐渐消除了三家机构的重叠职责,经济法律秘书处(SDE)专注于处理垄断协议和滥用市场支配地位相关案件,而经济监控秘书处(SEAE)则专注于经营者集中的分析,对某些经营者集中的案件开放"快速通道"的审查模式已成为巴西竞争政策体系(BCPS)的一项重要成就。2002年,SEAE和SDE开始探索实施对简易案件采取非正式的简易程序,该简易程序最终由2003年通过《SEAE/SDE第1号联合条例》正式确定,并且该法令规定了可以适用"快速通道"的经营者集中案件的标准。2004年,SEAE和SDE两家机构开始考虑同时被通知经营者集中并向CADE发送联合报告的程序。就其本身而言,CADE简化了程序,它更频繁地采用SEAE/SDE报告作为自己的报告,而不是创建一个新报告。

2006年,SEAE和SDE颁布了《SEAE/SDE第33号联合条例》,该法令进一步使SEAE和SDE两个机构之间的合作制度化,并将更多的调查工作转移到SEAE。

2009年3月,巴西竞争政策体系(BCPS)正式对其"快速通道"程序进行了进一步改进。如今,多达70%的告知竞争机构申报的经营者集中案件适用"快速通道"。利用"快速通道"在30天内获得审批结果的情形并不少见。①

2012年实施的第12529号法令巴西《竞争法》重构了巴西竞争政策体系的政府架构和职能义务,将反竞争行为调查(investigation of anti-competitive conduct)、兼并控制(merger control)和一审(行政)裁决(first-instance/administrative adjudication)的职能归并到一个单独的机构——经济保护与管理委员会(Administrative Council for Economic Defence, CADE),CADE合并了经济法律秘书处(SDE)下属的经济防护局(Department of Economic Protection and Defence),经济法律秘书处依然负责消费者保护。新的经济保护与管理委员会被称为"超级CADE"。

改革后的经济监控秘书处(SEAE)主要负责竞争推进(Competition

① José Antonio Batista de Moura Ziebarth, "The New Competition Law in Brazil: Challenges Ahead", CPI Antitrust Chronicle, November 2011 (2), Page 3, http://www.competitionpolicyinternational.com/, Oct. 15, 2019.

Advocacy),包括发布与竞争有关事项的咨询意见(如管制、贸易和工业政策)和产业研究。在此次重大修改之前经济法律秘书处和经济监控秘书处都可以收集证据并对案件做初步审查,而经济保护与管理委员会负责发布一审决定,三家机构责任重叠。

(二)2012 年改革后的新竞争执行机构

改革前的巴西竞争机构就已经获得了国际社会的普遍赞誉。在过去近 18 年里面,巴西竞争机构处理了 7000 多项国内和国外交易,CADE 在反垄断方面获得的成就受到了国际媒体的称赞,逐渐被视为国际社会上竞争发展中最活跃、最着名的反托拉斯机构之一。2011 年,反托拉斯领域最具影响力的出版物之一的全球竞争评估(Global Competition Review, GCR)授予 CADE“美洲年度最佳竞争机构奖”,其在 2014 年完成的反垄断调查成就使 CADE 被列为世界上 10 个最佳反垄断机构之一。此外,CADE 如今正担任国际竞争网络(International Competition Network)指导小组的副主席。①

第 12529 号《竞争法》下的机构重组改革意在提高竞争执行效率,破除冗长、重叠的竞争调查程序,事实上,在旧反垄断法实施以后没几年,对该法的改革方案就提上了日程。改革后竞争执法的权力主要归结于经济保护与管理委员会(CADE)。新法令对经济保护与管理委员会的内部架构做了规定,CADE 内部包括经济保护行政法庭(Administrative Court of Economic Defense)、总务管理局(General Superintendence)、经济研究局(Department of Economic Studies)三个机构。经济保护行政法庭主要负责案件的最终裁决,总务管理局负责实施调查,经济研究局负责协助确保经济保护与管理委员会所做决定在技术和科学方面的严谨性。

1. 经济保护行政法庭(Administrative Court of Economic Defense)

(1)任职要求

根据新《竞争法》第 6 条:行政法庭是裁决机构,由一名主席和六名委员组成,这些委员需年满三十(30)周岁,经巴西共和国参议院批准后,由共和国总统任命的,必须具有法律知识和无瑕疵的声誉。

§1 主席和委员的任期为四(04)年,禁止重新任命。

---

① Cristianne Zarzur, Krisztian Katona and Mariana Villela, *Overview of competition law in Brazil*, São Paulo, Instituto Brasileiro de Estudos de Concorrência, 2015, p. 60.

§2 主席和委员必须专门为法庭服务,除了《宪法》允许的情况外,不接受其他任何兼职。

§3 如果主席在任期内自动放弃、死亡、被弹劾、缺席或失去资质,年纪最长的委员或年纪最长的顾问,按此顺序应予接替主席职位,直至新的任命期到。

§4 如果顾问在任期内被免除、死亡或失去资质,则应指定一名新人来替代该顾问完成其剩余任期。

§5 在符合本条第4款规定的情况下,或在委员任期结束时,构成本法庭的成员人数减少到少于本法第9条第1款规定的数量,则本法规定的最后期限及案件处理程序应自动暂停,在重新确定法定人数后应立即重新开始计算期限。

新《竞争法》第7条规定:撤销主席或委员的职务只能由联邦参议院作出决定,总统予以批准,或者因其违反了本法第8条中规定的任何禁令,构成1990年11月11日颁行的第8112号法律确定的故意犯罪或纪律程序的不可上诉的刑事定罪。

除了全体会议授权的临时罢免外,连续三(03)次没有出席行政法庭常会或共计二十(20)次没有出席会议的法院成员将自动被免职。

新《竞争法》第8条规定:行政法庭的主席和委员禁止从事下列行为:

I—以任何头衔和任何借口收取费用或比例抽成;

II—从事法庭工作以外的其他自由职业;

III—作为控制人、董事、管理人、经理、代表或代理人在合伙企业、公司或任何类型的公司中持有权益(interest);

IV—对外发表其为专家参与研究的问题的任何意见,即使是理论上的意见,或者在任何类型的公司担任顾问;

V—以任何通讯方式表明其对于待审案件的意见,或对司法机构通过的命令、投票或判决持批判性意见,但记录、技术文献或教学实践中的批评除外;

VI—参与实施政党活动。

§1 主席和委员自离职之日起一百二十(120)天内禁止代表任何自然人或法人实体或他人权益在SBDC出庭,但为他们自己的权利辩护的除外。

§2 在本条§1所述的一百二十(120)天内,主席和委员也将获得与其在职期间相同的报酬。

§3 违反本条§1的前任主席或委员,将被处以违反公共行政的罪行,以1940年12月7日颁布的第288号法令——《刑法典》第321条规定予以处罚。

§4 在任何时候,主席和委员都不得滥用因其职位所享有的任何特权。

(2)经济保护行政法庭全体会议的职权

新《竞争法》第9条规定:经济保护行政法庭全体会议应在遵守本法规定的前提下行使下列职权:

I—确保遵守本法及其法规和内部规定;

II—决定是否存在违反经济秩序的行为并适用法律规定予以处罚;

III—就针对总务管理局提出的经营者违反经济秩序予以行政处罚的行政诉讼作出裁决;

IV—采取必要措施,在可能确定的最后期限内制止违反经济秩序的行为;

V—批准经营者作出的停止和终止承诺条款(cease-and-desist commitment)、经营者集中协议(agreements for concentration control),以及决定是否让总务管理局检查其合规性;

VI—在上诉阶段考虑报告专员或总务管理局采取的预防措施是否恰当;

VII—召集对其决定感兴趣的各方;

VIII—根据联邦公共管理机构和实体的要求,并要求国家、市联邦区和地区当局采取必要措施遵守本法;

IX—批准每个个案中需要支出的测试、检查和研究费用以及其他程序性费用,并为此等承担测试测试、检查和研究缔约,该笔费用最终由依据法律部予以惩处的当事方承担;

X—了解法律规定的经济集中行为的行政程序,在认为方便和适当时缔结经济集中控制协议;

XI—决定总务管理局是否要采取必要行政措施以落实和忠实履行其决定;

XII—要求公共联邦机构的任何机构或实体提供人员和服务;

XIII—要求与CADE有关的总检察长办公室(Attorney General's Office)采取行政和司法措施;

XIV—以经济或违法的形式告知公众;

XV—准备和批准 CADE 的内部规定,规定其运作、决议形式、程序规则和内部组织结构;

XVI—按照《宪法》第 37 条第 II 项的规定,对 CADE 工作人员的结构组成提出建议;

XVII—根据法律起草预算提案;

XVIII—要求公共或私人个人、机构、当局和实体提供信息,要求其尊重和保密(视情况而定),以及其他行使其职能所必需的步骤;

XIX—对决策、承诺和经营者集中协议的合规性作决定。

2. 总务管理局(General Superintendence)

(1)任职要求

新《竞争法》第 12 条规定:总务管理局为 CADE 的内设机构之一,设一名主任和两名副主任,其具体权责归属由决议确定。

§1 主任需为三十(30)岁以上的公民,在获得联邦参议院批准后由共和国总统任命,具有丰富的司法或经济知识以及无瑕疵的声誉。

§2 主任的任期为两(2)年,并允许其在接下来的后续任职期间被再次任命。

§3 对主任的弹劾、失职、接替及禁止的规则与本法第 8 条适用于经济保护行政法庭主席及专员的规则相同,包括第 8 条第 2 款中的规定同样适用于总务管理局主任。

§4 主任和副主任必须专门为法庭服务,除了《宪法》允许的情况外,不接受其他任何兼职。

§5 在新的主任得以任命之前的空缺期间,由经济保护行政法庭的主席任命两名副主任其中的一位暂代职务,直至根据本条第 1 款规定选出新的主任。

§6 在本条第 5 款规定的主任空缺期间,如果没有任何副主任得以任命暂代,则经济保护行政法庭的主席应在 CADE 任职和执行的各官员中,选出具有竞争方面的司法或经济知识、拥有毫无瑕疵的声誉之人,暂时担任空缺职位,直至根据本条第 1 款规定选出新的主任。

§7 副主任由主任任命。

(2)总务管理局的职权

新《竞争法》第 13 条规定:总务管理局应行使下列职权:

I—确保遵守本法规定,监督和跟进市场惯例;

II—永久监督在相关的商品或服务市场中占据主导地位的自然人、法人实体的商业活动和行为,以防止违反经济秩序的情况发生,能够为此目的获取必要的信息、文件以及保密(视具体案件情况而定);

III—根据违反经济秩序的迹象,开启违反经济秩序的行政调查的准备程序;

IV—对缺乏理由的调查案件作出驳回的决定,或驳回其启动调查的准备程序;

V—提起并指示因违反经济秩序而实施行政处罚的行政程序,核实集中案件的程序,分析经济集中案件的行政程序和预防措施,核查实施附带程序性制裁的行政程序或禁止违反经济秩序行为;

VI—为了指导本法所述各类程序而:

a)要求任何公共或私人的自然人、法人实体、机构、当局和实体提供信息和文件、保守秘密(视情况而定),以及决定是否对其开展必要的调查;

b)根据本法,要求任何公共或私人的自然人、法人实体、机构、当局和实体进行口头解释;

c)对涉嫌违法公司的总部、营业处、办事处、分支机构或子公司的任何物品、纸张、商业书籍、计算机和电子文件进行调查,要求提供或复制任何纸质文件及电子数据;

d)为了开展行政调查或为了对违法经营行为施加行政制裁措施,根据1973年1月11日颁布的第5869号法令——《民事诉讼法》的规定,在自身无法实施的情况下,通过与CADE相关的总检察长办公室向司法部门提出请求,查询和查封任何涉嫌违法经营者的任何物件、任何形式的纸张,以及公司或自然人的商业书籍、计算机和磁性文件。行政调查或行政诉讼的利益,对违反经济秩序的行为实施行政处罚;

e)要求查阅和复制联邦机构或实体开立的调查和行政诉讼中的文件和对象;

f)要求查阅和复制警方调查、任何形式的诉讼,以及其他联邦实体制定的行政调查和诉讼程序中的文件和对象,但前提是必须遵守原审程序中偶有规定的相同保密限制;

VII—在驳回行政诉讼程序后依职权向法院提起上诉,以便对违反经济秩序的行为实施行政制裁；

VIII—通过行政程序确认经营者违反经济秩序的情况下，将其提交法庭付诸审判；

IX—建议违反经济秩序的经营者作出停止和终止其行为的承诺条款，提交经济保护行政法庭批准，并监督经营者的遵守情况；

X—向法庭建议对经营者实施集中控制协议施加的条件并监督经营者的遵守情况；

XI—采取预防措施，制止违反经济秩序的行为继续进行，为违法经营者设定最后改正期限，并确定经营者不遵守规定情况下每日罚款数额；

XII—在法庭上接受、指示、批准或质疑用以分析经济集中行为的行政程序；

XIII—指导公共行政实体和机构采取必要措施以履行本法；

XIV—开展调查和研究，从而制定防止经营者违反经济秩序的政策；

XV—指导公众了解违反经济秩序的几种形式以及预防和制止它们的方法；

XVI—行使法律规定的其他权力；

XVII—根据要求向司法机构提供有关调查进展的所有信息，也可以提供调查记录副本从而指导诉讼；

XVIII—采取必要的行政措施，落实和执行经济保护行政法庭全体会议作出的决定。

3. 总检察长办公室（Attorney General's Office）

新《竞争法》第 15 条规定：专门的 CADE 总检察长办公室应负责下列事项：

I—为 CADE 提供法律咨询和协助；

II—代表 CADE 在法庭进行诉讼；

III—推进 CADE 决定和判决的司法执行；

IV—确定 CADE 债权的变现力，将其债权登记在未偿还的债务中以用于司法或行政收款；

V—采取法院或总务管理局要求的司法措施，以制止违反经济秩序的行为，或获取任何性质的关于行政诉讼中待查明事实的证据；

VI—经法院授权，在违反经济秩序的案件中促进司法解决；

Ⅶ—在经济保护行政法庭委员或总务管理局主任的明确要求下,发表CADE职权范围内的有关诉讼的意见,但并不意味着暂停对某一违法行为的分析进程的截止日期,或损害正常处理程序;

Ⅷ—确保遵守本法;

Ⅸ—脱离内部法规赋予它的其他任务。

与CADE相关的总检察长办公室在总务管理局和经济保护行政法庭作出裁决后,应向法庭主席、委员和总务管理局主任通报司法措施和行动的进展情况。

新《竞争法》第16条规定:总检察长办公室的首席检察官需年满三十(30)周岁,经巴西共和国参议院批准后,由共和国总统任命,必须具有法律知识和无瑕疵的声誉。

§1 首席检察官任期两(2)年,并允许连任一次。

§2 根据经济保护行政法庭的"内部条例",首席检察官可以参加法庭举行的会议但无权投票,需按照委员的要求提供协助和澄清。

§3 适用于法庭委员的弹劾规则一并适用于首席检察官,但出席会议的情况除外。

§4 如果首席检察官离任、请假或被弹劾,由经济保护行政法庭全体会议指定且经法庭主席任命总检察长办公室成员其他人作为最终替代人选。

4. 经济研究局(Department of Economic Studies)

新《竞争法》第17条规定:CADE设有经济研究局,由首席经济学家(Chief Economist)领导,根据经济保护行政法庭全体会议、法庭主席、报告专员或总务管理局主任的要求进行经济研究并出具专业意见,确保CADE作出的决定具有准确性、技术性、紧跟科技发展进步。

新《竞争法》第18条规定:首席经济学家由总务管理局主任和经济保护行政法庭主席共同任命,在巴西享有无瑕疵的声誉并具备出色的经济知识。

§1 首席经济学家可以不经表决同意而直接参加经济保护行政法庭会议;

§2 适用于经济保护行政法庭委员的弹劾规则同样适用于首席经济学家,但出席会议的规则除外。

新法实施后短时间内,CADE机构改革的积极影响已经显而易见。需要告知监管机构的经营者合并的门槛改革以后,CADE能够将工作重点放在更重要的案例上,避免对那些几乎不可能影响到国内市场竞争的合并交易进行审查而浪费不必要的精力。在新《竞争法》生效后，经营者合并申请审批的总数下降了近一半，从2012年的626件减少到2013年的377件。此外，根据该机构的官方数据显示，从2012年到2014年，CADE内设行政法庭审查的经营者集中案件数量从每年731件减少到仅31件。这一数字表明竞争执行机构的稀缺资源得到了更好的有效利用。

CADE在过去几年中的表现可以证明，在新《竞争法》的框架内，它可以在大约30天的合理时间内处理完毕简单的案件。不过，新的法规会包含一些需要解释、澄清和不时监管的灰色区域。例如，CADE已经初步通过第2号决议（2012年）和第9号决议（2014年）努力为新《竞争法》提供一些必要的澄清。然而这些努力并没有完全消除新《竞争法》中的所有不确定因素。与其他行政法规类似，CADE的法规也有模糊和含糊不清的区域。因此，有时评估特定交易是否需要强制提交CADE，这对于反托拉斯专家来说应该是一项简单而直接的任务，但仍然对当地从业者提出了挑战，他们对法律和监管标准的解释往往不同。

经济保护与管理委员会（CADE）可以依据职权或者在任何人申诉的基础上发起调查，发起调查后，经济保护与管理委员会就不能停止。与上述行政程序无关的是，受害方可以在民事法院寻求中止反竞争行为（或者寻求损害赔偿）。民事法院法官可以选择等待并考虑经济保护行政委员会行政程序的结果。相关方可以对经济保护行政委员会的裁决提出独立或者平行的上诉，这些上诉可以向经济保护行政委员会提起，也可以向民事法院提起，但是司法体系的裁决是终局的。根据巴西司法体系的现状以及众多上诉的案例，对经济保护行政委员会所做裁决的上诉可能在法院需要几年才能得到最终解决。①

四、典型案例

（一）经营者合并

根据巴西于2018年6月提交给OECD的《巴西2017年度竞争政策发展

① 商务部贸易救济局：《竞争政策》，载中华人民共和国驻圣保罗总领事经贸之窗：http://stpaul.mofcom.gov.cn/article/ddfg/tzzhch/201409/20140900726441.shtml，2019年10月15日最后访问。

报告》①,CADE在2017年全年审查了378起经营者合并案件,其中355件无条件获得批准,5个在附加补救措施的情况下获得批准,9件不予受理(超出审查范围),6起被提交审查,最后有3起合并被禁止。在同一期间内,共计369起合并案件告知了CADE。2017年前几年的平均审查期限基本保持一致,并在新告知合并案件和旧的待审查案件结论之间取得了稳定的平衡。尽管有大量复杂的经营者合并交易正在进行审查分析,但CADE对经营者合并案件作出决定的平均时间为30天。快速合并(约占总数的83%)平均审查期限为15天。

案例一:附条件批准陶氏化学(Dow)和杜邦公司(DuPont)合并②

2017年5月17日,CADE的经济保护行政法庭附条件批准了陶氏化学公司(Dow Chemical)和杜邦公司(DuPont de Nemours)之间的合并。

陶氏化学公司活跃于高性能塑料、高性能材料、化学品、农业科学以及与能源和碳氢化合物相关的产品和服务市场;杜邦公司经营各种化学产品、聚合物、农用化学品、种子、食品配料以及其他材料。

根据报告专员(Report Commissioner)保罗·伯尼尔(Paulo Burnier)的说法,该经营者集中引起了材料科学相关市场的高度集中。例如,酸性共聚物和离聚物、用于各种最终用途的石化产品、作物保护产品等,主要是几种作物中使用的杀虫剂和除草剂,还有玉米种子,包括转基因种子。为了解决已确定的反竞争方面的问题,陶氏化学公司和杜邦公司向CADE总务管理局沟通并提出了补救措施,最终由CADE经济保护行政法庭批准了合并控制协议(Merger Control Agreement,葡萄牙文缩写为"ACC")。因为从公司的角度来看,它是100%的外国交易,所以大部分的补救措施都与其他司法管辖区相关反垄断机构协调后得出的。

CADE出于已经达成的补救措施(Remedy measures)而批准合并,以维护所有利益相关方交易的战略逻辑和价值创造潜力。补救措施包括有选择性地剥离杜邦公司在巴西的玉米种子业务,其中包含一些种子加工厂和种子研

① Annual Report on Competition Policy Developments in Brazil-2017, submitted by Brazil to the Competition Committee FOR INFORMATION at its forthcoming meeting to be held on 6 – 8 June 2018.

② 合并编号Merger n 08700. 005937/2016 – 61,载巴西CADE官方网:http://en.cade.gov.br/press-releases/merger-between-dow-and-dupont-is-approved-with-restrictions,2019年5月10日最后访问。

究中心、杜邦公司在巴西的玉米种质库、摩根品牌,以及一段期间内“杜邦种子”品牌使用许可证。

这种局部补救措施是先前已经宣布剥离业务的延伸,杜邦先前已经宣布剥离杜邦全球作物保护组合、研发管道和组织的一部分,陶氏也宣布剥离其全球乙烯丙烯酸共聚物和离聚物业务的某些部分,这与两家公司在欧盟及其他司法管辖区对竞争监管机构已作出的承诺一致。

在巴西,能获得有条件批准是经营者合并案件一个非常好的结果,有条件批准经营者合并将使此合并交易让所有利益相关者的价值得到最大化,因为该经营者合并后接下来将追求成为农业、材料科学和特殊产品的三个行业的领先者。

陶氏和杜邦继续与其他相关司法管辖区的竞争监管机构开展建设性的合作,以获得经营者合并的批准,这两家公司有信心实现合并目的。两家公司在2017年8月31日完成合并。

伯尼尔先生认为:“这一案例反映了CADE在跨国经营者集中案件中沟通协调方面的成熟度,CADE在解决与其他司法管辖区相同的竞争问题,以及解决巴西当地特殊问题之上表现得很成熟。有利于在与国际上其他司法管辖区共同发生的反垄断案中建立协调一致的沟通机制及补救措施,并为巴西市场因其特殊性而制定具体的补救措施。”①

案例二:附条件批准巴西南美航空集团(Latam Airlines Group)与伊比利亚航空公司及英国航空公司(Iberia and British Airways)合并②

2017年3月8日,CADE附条件批准巴西南美航空集团(Latam Airlines Group)与伊比利亚航空公司及英国航空公司(Iberia and British Airways,国际航空集团—IAG成员)之间的合并,该合并案涉及欧洲和南美之间航线的货运和客运航空运输市场。

根据CADE本案报告专员雷森德(JoãoPaulode Resende)的说法,该合并会对圣保罗－伦敦直航路线的竞争产生影响。雷森德先生表示,参与合并的

① 合并编号Merger n 08700. 005937/2016－61,载巴西CADE官方网:http://en. cade. gov. br/press-releases/merger-between-dow-and-dupont-is-approved-with-restrictions,2019年4月25日最后访问。

② 合并编号Merger n. 08700. 004211/2016－10,载巴西CADE官方网:http://en. cade. gov. br/press-releases/approved-with-restrictions-the-transaction-between-latam-iberia-and-british-airways,2019年4月25日最后访问。

经营者提交的效率抗辩理由不足以抵消合并对巴西与欧洲之间这条重要路线产生垄断的负面效果。

为了最大限度地减少已发现的反竞争负面影响,CADE与合并参与者协商签署了一份合并控制协议。该协议旨在减轻圣保罗－伦敦直航路线中现有的准入障碍,限制合并后企业滥用其市场支配力量,并最终达到将合并交易所获得的利益转移给消费者享有的效果。

合并控制协议的内容(限制条件):

通过签署合并控制协议,各方承诺根据潜在市场竞争对手自己的选择,在伦敦希思罗机场或伦敦盖特威克机场为潜在的竞争对手提供航班到达和离开时间表的免费服务。潜在竞争对手可以使用此服务10年,并且每天都可以在圣保罗的瓜鲁柳斯机场免费停留。

合并双方还必须与来自圣保罗和伦敦的第三方潜在竞争对手(内部联盟成员除外)签署特别比例协议－SPA(也称为联运协议),给予其最优惠待遇。雷森德解释说,国际跨大西洋航班(主要航线)的经济可行性取决于当地分支的供应。因此,有必要确保潜在市场进入者能吸引来自其他城市的乘客,而不是来自圣保罗和伦敦的乘客,以保证主要航线的最低容量。联运协议使航空公司能够与其他公司共同出售其航班,吸引那些不是来自该航空公司直飞航班目的地的消费者。

根据CADE与合并经营者签署的合并控制协议,感兴趣的航空公司(潜在市场进入者)将有权选择从伦敦出发的15条航线和从瓜鲁柳斯出发的8条航线。除了与寰宇一家联盟成员签署的协议以及监管决策产生的协议外,潜在竞争对手也将成为合并双方与其他航空公司签署的SPA中"最受欢迎者"。

在合并控制协议确定的条件下,如果没有潜在的竞争对手对圣保罗－伦敦航线的运营表现出任何兴趣,则合并双方承诺在7年内维持两家航空公司在同一航线上运营的现有运载量(座位量)不变。

"这项措施旨在保证垄断者维持最低运载量的情况下无法滥用其市场支配地位,因为在此情况下提高价格和降低需求都是没有意义的。这一承诺包括在一个假设中,即新航空公司开始运营这条航线,并在稍后决定放弃它。在这种情况下,各方必须重新建立商定的最低容量,直至补救措施的最后期限",雷森德专员作此解释。

最后，巴西拉美航空公司应当在巴西－欧洲之间新设两条航线，其中一条航线起点不得为圣保罗和里约热内卢。该合并控制协议有效期为7年。

第四种补救措施与特定的竞争问题无关，但它旨在确保各方提出的效率增益至少可以部分转移给消费者享有。其目的是创造“对一个不那么拥挤的国家机场的需求，允许来自巴西其他城市的乘客可以直接飞往欧洲”。

在本案报告专员投票之后，保罗·伯尼尔（Paulo Burnier）专员发表了他的投票意见，他认为，考虑到在经营者合并案件中尽可能寻求结构性补救措施的重要性，所以不应对债务合规性施加长期限制。根据他的说法，竞争管理机构的核心任务是“及时干预，优先采取结构性措施，并提供必要和有效的补救措施，促使合并交易足够且能够在短时间内实施”。在此之后，保罗·伯尼尔专员最终决定遵循报告专员的投票结果，同意提议的补救措施提出了一个适当的解决方案，尽管他认为永久性的结构性解决方案比合并控制协议提出的临时结构解决方案更为可取。

案例三：附条件批准巴西证券期货交易所（BM&F Bovespa）和托管结算所（Cetip）合并①

2017年3月22日，CADE经济保护行政法庭批准了巴西证券期货交易所（BM&F Bovespa）和巴西托管结算所（Cetip）之间的合并。该交易与巴西的股票市场和场外交易市场有关。

该交易获得了附条件批准，因为合并双方所在市场都有很高的准入门槛，本案主要是关于使用中央托管服务（Central Depositary Services，葡萄牙语缩写为CSD）基础设施（infrastructure）方面的竞争问题。CADE了解到，这个市场具有自然垄断的元素，所以使巴西另一个中央托管服务所效率低下。

因此，为了获得批准，合并双方与CADE达成合并控制协议，合并双方在协议中承诺，将保证以公平、透明和非歧视性条款允许第三方使用其基础设施。

合并控制协议的内容（限制条件）：

根据合并控制协议，合并双方必须与任何利益相关方就租赁使用中央托管服务机构的事宜展开为期120天的谈判。如果谈判失败，则潜在的市场进入者可以申请启动仲裁机制解决任何争议。

---

① 合并编号Merger 08700.004860/2016－11，载巴西CADE官方网：http://en.cade.gov.br/press-releases/cade-approves-with-restrictions-the-transaction-between-bm-f-bovespa-and-cetip，2019年4月25日最后访问。

仲裁将在圣保罗市由三名仲裁员组成的仲裁庭进行,仲裁程序履行《巴西-加拿大商会仲裁与调解中心2012年仲裁规则》(2012 Arbitration Rules of the Brazil-Canada Chamber of Commerce's Center for Arbitration and Mediation,以下简称《2012年仲裁规则》)。根据《2012年仲裁规则》,各方应各指定一名仲裁员,二位仲裁员同意提名第三名仲裁员,三名仲裁员组成仲裁庭,三名仲裁员将担任仲裁庭的主席。

合并控制协议约定,仲裁庭有权决定与中央托管服务的使用价格和/或在该范围内有关的任何方面的问题。仲裁庭的裁决具有约束力,不得上诉。仲裁裁决书的副本需在仲裁决定作出后五天内发送给CADE和巴西证券交易委员会(Brazilian Securities and Exchange Comission,葡萄牙语缩写为CVM)。

伯尼尔说:"合并控制协议的仲裁条款旨在解决有关价格定义和/或获取垄断代理人提供服务的规则的潜在私人纠纷。该仲裁解决方案将遵循亚太经合组织的建议,并以国外经验为基础作出决定。"

合并控制协议还约定了与公司治理有关的承诺,这有助于避免可能影响最终消费者权益的竞争问题的产生。

CADE代理主席Gilvandro Araujo在案例分析中强调CADE与巴西证券交易委员会之间的机构合作:"从总务管理局程序一开始到最终经济保护行政法庭的判决,我们始终与巴西证券交易委员会积极合作。这种合作工作使竞争管理机构的决定与行业监管机构之间的融合成为可能,公共机构之间的对话理应如此。"

案例四:阻止克劳顿(Kroton Educacional S/A)收购埃斯塔西奥(Estácio Participações S/A)①

2017年6月28日,CADE经济保护行政法庭以多数票反对克劳顿(Kroton Educacional S/A)收购埃斯塔西奥(Estácio Participações S/A)的经营者合并案。

如果批准该合并交易,将导致巴西两家最大的私立高等教育机构合并。CADE法庭认为合并双方与OECD拟议的补救方案无法解决合并交易分析

① 合并编号08700.006185/2016-56,载巴西CADE官方网:http://en.cade.gov.br/press-releases/cade-blocks-estacio2019s-acquisition-by-kroton,2019年4月25日最后访问。

中发现的潜在反竞争不利影响。CADE 总务管理局在 2016 年 2 月就该案件发表了一份意见书,该意见书已经指出此合并可能会损害竞争,并且没有具体的、可验证的效率增益可以转嫁给消费者享有。

根据本案报告专员 Mrs. Cristiane Alkmin J. Schmidt 的说法,由于缺乏足够的市场竞争,克劳顿和埃斯塔西奥之间的合并将在八个巴西城市马卡帕(Macapá),大坎普(Campo Grande),尼泰罗伊(Niterói),圣若译(SãoJosé),圣安德雷(SantoAndré),圣路易斯(SãoLuís),贝洛奥里藏特(Belo Horizonte)和巴西利亚(Brasília)的现场教育模式(on-site education modality)市场产生相关竞争问题。Schmidt 女士指出,克劳顿已经拥有 37% 的远程教育市场份额(distance education modality,葡萄牙语缩写为 EAD),如果合并成功,其交易后市场份额将增长至 46%。

此外,Mrs. Cristiane Alkmin J. Schmidt 表示,"由于克劳顿在现场教育模式方面已经拥有强大的品牌,如安汉格拉(Anhanguera)和毕达哥拉斯(Pitágoras),因此担心收购埃斯塔西奥将为公司带来更大的竞争优势"。

在经济保护行政法庭的投票过程中,报告专员表示,合并双方提出的补救措施方案并不能令人满意地解决已确定的问题,因此,拒绝了两家公司提出的合并控制协议。Mrs. Cristiane Alkmin J. Schmidt 投票赞成合并批准的条件是要求合并双方实现结构和行为双重限制,这样可以缓解可能损害市场竞争的问题。Mrs. Cristiane Alkmin J. Schmidt 建议采取补救措施。例如,取消其他 5 年期间的兼并和收购,以及剥离现场资产的义务,安汉格拉品牌以及与 EAD 模式相关的 Uniderp 资产总额。在 Mrs. Cristiane Alkmin J. Schmidt 之后,经济保护行政法庭的其他成员也提出了各自的投票意见,并且所有成员都提出了补救措施,但都不足以减轻合并分析中发现的风险因素。

CADE 主席 Alexandre Barreto de Souza 和委员 GilvandroAraújo,Alexandre Cordeiro,JoãoPaulode Resende 和 Paulo Burnier da Silveira 投票否决了这项交易。

案例五:附条件批准美国电话电报公司(AT&T)收购时代华纳公司(Time Warner)①

2017 年 10 月 18 日,CADE 附条件批准了美国电话电报公司收购时代华

① 合并编号 Merger No. 08700.001390/2017 - 14,载巴西 CADE 官方网:http://en.cade.gov.br/press-releases/time-warner2019s-purchase-by-at-t-is-approved-with-restrictions,2019 年 4 月 25 日最后访问。

纳公司的经营者合并。合并双方与CADE签署了合并控制协议,该协议约定合并双方遵守承诺,以消除在电视节目和电视支付市场中歧视和排斥竞争对手的风险。

此项合并将在巴西导致时代华纳集团的付费电视运营商(电视节目所有方)的频道许可活动与另一家运营商天空巴西(Sky Brazil)(美国电话电报集团的控股公司)提供的卫星付费电视服务之间存在纵向关系(包装和分销)。

根据报告专员GilvandroAraújo的说法,时代华纳在巴西的内容编程和渠道许可活动方面拥有很高的市场影响力。反过来,全国付费电视运营市场实际上是双寡头垄断,天空巴西及其竞争对手美国电信集中了近80%的市场份额。

报告专员在他的投票中指出,考虑到公司已经拥有较高的市场份额,这些公司的纵向一体化可能会导致利益一致,从而损害两个细分市场的竞争对手的利益。双方通过交换敏感信息和更有利于谈判的条件以及其他优势,是可能导致上述结果的。

(二)其他反不正当竞争案例,包括垄断协议和滥用市场支配地位

2017年,CADE经济保护行政法庭判决了13起与反竞争行为有关的诉讼,其中9件被定罪,罚款总额达到9500万雷亚尔。特别值得一提的是,CADE在2017年开展了一个声势浩大的卡特尔执法活动,直接指向市场操纵投标卡特尔行为。关于投标操纵的调查与公共基础设施工程、健康产品等都有相关性。

2017年,宽恕政策的实施取得了非常大的成功,全年共计签署了21项新的宽恕协议,创下新的纪录。和解方案(暂停反竞争行为协议和终止反竞争行为协议)对于阻止和披露反竞争行为有很大作用,因和解方案而产生的罚款总额接近8.5亿雷亚尔。

案例一:建筑维护服务市场(Building maintenance services)卡特尔①

阿拉莫土木工程公司、电子数据设施服务有限公司、工程贸易与组装有限公司、莫雷拉·扎帕工程气候公司和网络有限公司因在建筑维护服务市场

---

① 行政诉讼编号08012.006130/2006-22,载巴西CADE官方网:http://en.cade.gov.br/press-releases/cade-condemns-companies-for-cartel-in-the-building-maintenance-services-market, 2019年4月25日最后访问。

操纵投标而受到 CADE 处罚,处罚总金额为 1190 万雷亚尔。除罚款外,CADE 还禁止工程贸易与组装有限公司 5 年内不得参与任何公开竞标,因为该家公司是该卡特尔的主要领导者。

经查,被处罚公司在 2000 年至 2006 年在公开和私人投标中采取了违反竞争法的手段。

该行政诉讼程序源于 CADE 与艾默生能源系统有限公司(现在是维谛技术公司)签订了宽恕协议,以及 CADE 于 2006 年在被调查公司的办公室进行的一次黎明突袭行动,查获的文件表明,卡特尔参与各方举行会议以确定投标价格,并在公共和私人竞标中分享建筑物维修服务的费用。

本案报告专员保罗·伯尼埃先生解释说:“该卡特尔是由一群互为竞争对手的公司组成的,这些公司的员工之间交换了关于建筑维护服务市场私人和公共投标价格这一敏感商业信息。”

从 2000 年到 2006 年 7 月第一次黎明突袭发生之时,卡特尔成员的反竞争行为已经持续了至少六年。

在审理期间,CADE 经济保护行政法庭决定暂停阿瑞葛·阿布鲁工程公司和暖通空调公司以及沃荷工程公司的诉讼程序,因为这些公司与 CADE 就此行政诉讼案签署了停止协议。在该停止协议中,上述三家公司确认参与了该卡特尔行为,并承诺停止违反竞争法的行为,全力配合 CADE 的调查。此外,这三家公司必须支付 1950 万雷亚尔的罚款。与这三家公司相关的调查程序将持续处于暂停状态,直至 CADE 证明三家公司履行了停止协议。

至于 Conbras Serviços Técnicos de Suporte S/A 公司(现在是 Conbras Engenharia Ltda 公司),CADE 与之于 2016 年 10 月签署的停止协议被证实已经实际履行。因此,CADE 在 2016 年 8 月 16 日的会议中,对该公司的指控被撤销。Conbras Serviços Técnicos de Suporte S/A 公司由于停止协议的签署需支付 1360 万雷亚尔的罚款。

案例二:巴西国家石油公司和巴西核电公司招标卡特尔

由 CADE 总务管理局调查的一起“洗车”(Car Cash)卡特尔中,古铁雷斯建筑公司(Andrade Gutierrez)和美国联合技术公司(UTC),以及这两家公司的现任和前任员工分别与 CADE 签署了停止协议。

两家公司就两起行政诉讼签署了停止协议。第一起诉讼调查的是巴西石油公司在陆上工程服务、建筑和工业装配市场的公开招标中的卡特尔;①第二个诉讼调查的是巴西核电公司就核电站安格拉3号(Angra 3)的电核装配工作公开招标中的卡特尔。②

本案停止协议预计罚款金额总数为195,160,775雷亚尔。Andrade Gutierrez公司基于其就两个行政诉讼签署的两份停止协议共被罚56,007,013.53雷亚尔;UTC基于其就两个行政诉讼签署的两份停止协议共被罚139,153,762.42雷亚尔。值得一提的是,与UTC签署的关于巴西核电公司公开招标卡特尔的停止协议,罚款金额为129,232,142.71雷亚尔,是CADE与公司之间谈判达成的最大金额罚款。

Angra 3核电站招标卡特尔停止协议内容:

CADE的总务管理局于2015年7月31日与Construções Comércio Camargo Correa S/A公司(葡萄牙语缩写为CCCC)及其现任和前任员工(包括其前任总裁Dalton dos Santos Avancini先生)签署了宽恕协议。该协议是与"Car Cash运营工作组"共同签署的。该宽恕协议是在第12.529/2011号法令(巴西《竞争法》)第86条和第87条的范围内签署的,仅涵盖CADE管辖范围内的卡特尔行为。

在协议中,签署方承认参与了该卡特尔行为,并为CADE提供信息和证据,旨在与CADE合作调查由Eletrobrás Termonuclear S/A牵头的2013年至2014年Angra 3核电站机电装配工作公开招标中的被控卡特尔行为。

该协议附有"行为准则",这是CADE总监督的文件,其中详细描述了签署方披露的反竞争行为,并得到了他们提出的确凿证据的支持。CADE、MPF/PR(Car Cash运营工作组)和签署方全部同意放弃一部分协议及其附件的机密性,允许其部分公开。为了调查的目的,暂时将一些文件和信息保存在限制访问之下。

反竞争侵权行为的认定中,被认定为参与卡特尔的公司有:Construtora Andrade Gutierrez S/A,Construtora Norberto Odebrecht S/A,Construtora Queiroz Galvão S/A, Construções e Comércio Camargo Correa S/A, EBE-Empresa

---

① 行政诉讼编号08700.002086/2015-14,载巴西CADE官方网:http://en.cade.gov.br/press-releases/cade-signs-agreements-with-andrade-gutierrez-and-utc-concerning-cartel-investigations-in-petrobras-and-eletronuclear-public-bids,2019年4月25日最后访问。

② 同上注。

Brasileira de Engenharia S/A，Techint Engenharia e Construções S/A，和 UTC Engenharia S/A。此外，这些公司的现任和前任雇员中至少有二十二人也被确定为参与者。

在宽恕协议中，签署方提供的证据包括互为竞争对手的经营者之间的往来电子邮件、会议安排、电话记录，以及由 Andrade Gutierrez，Odebrecht，CCCC 和 UTC 公司组成的“UNA3 联盟”（也称为“G4 联盟”），由 Queiroz Galvão，EBE 和 echint 三家公司组成的“ANGRA 3 联盟”在公开招标中的可疑投标。ANGRA 3 联盟和 UNA 3 联盟签署了一项协议，称为“大联盟（Big Group）协议”，就投标价格和条件达成一致，并划分了第 GAC. T/CN-003 号招标公告的招标市场。招标规则有两个包：一个用于与一级反应堆电路（核）相关的服务，一个用于二级电路（非核）。

被指控参与卡特尔的公司合谋由 UNA 3 联盟在免竞争的情况下，以一个固定价格获得两个包。ANGRA 3 联盟也会出现在竞标现场。之后，UNA 3 联盟将放弃其中一个包，转而支持 ANGRA 3 联盟。

通过宽恕协议获得的材料将支持 CADE 的调查以及获取其他证据和采取措施，其中包括获取因巴拉那联邦司法系统内的刑事调查和行动所产生的信息，以及 7 月 28 日联邦警察和 MPF/PR 在“放射性”行动中进行黎明突袭所获取的信息。此外，通过宽恕协议获得的信息以及 CADE 总务管理局收集的进一步信息可由 MPF/PR 用于支持刑事诉讼。

根据宽恕协议和其他材料，CADE 总务管理局将决定是否启动行政诉讼，其中有证据表明涉嫌扰乱经济秩序的个人和公司将被正式指控。行政诉讼程序启动后，CADE 将通知被指控方提出辩护意见。在举证阶段结束时，CADE 总务管理局将就本案发表意见。该意见及结论将递交给 CADE 经济保护行政法庭，由 CADE 经济保护行政法庭负责作出最终决定。

巴西国家石油公司的招标卡特尔调查：

2015 年 3 月 19 日，CADE 总务管理局与 Setal Engenharia e Construções，SOG Óleo e Gás，以及其现任和前任员工就巴西国家石油公司在陆上工业装配建设项目的公开招标卡特尔行为签署了宽恕协议，该协议与 MPF/PR 共同签署。

与 Setal 集团签订的宽恕协议涉及巴西国家石油公司在石油和天然气市场运营的陆上工业装配建设项目的公开招标卡特尔。至于与 Construções

Comércio Camargo Correa S/A公司签署的宽恕协议,它涉及巴西国家石油公司在机电装配工作的公开招标中的卡特尔,更具体地说是在核能发电市场运营的Angra 3核电站招标。卡特尔调查都有不同的对象、参与者和操作方法,因此,CADE正在不同的行政程序中对它们进行调查。

Construções e Comércio Camargo Correa S/A向CADE保证将配合CADE的调查与合作,并继续努力加强其内部合规机制。

根据第12529号法令第36条的规定,卡特尔是竞争者之间签订的,旨在确定价格和产品供应结构、市场划分以及其他竞争重要变量的协议。在投标卡特尔中,互为竞争对手的经营者就投标价格和条件协商一致,串谋获得投标后为公共机构和企业提供产品或服务,可能导致价格上涨、供应商的选择减少、创新激励减少以及其他负面影响。最终它会导致公共资金的损失,并最终损害最终消费者。

根据第12529号法令(巴西《竞争法》)的规定,CADE的宽恕协议旨在获取证明存在卡特尔的信息和文件,以及确定行为的其他参与者。该协议可以在提案提交时,尚未开启行政程序调查行为并且没有足够证据证实有关各方参与者罪行的情况下签署。

宽恕协议仅可与第一家公司申请的卡特尔参与者签署,且该卡特尔参与者必须停止继续参与卡特尔,承认实施了侵权行为,并承诺将完全和永久地配合CADE调查,帮助调查机关确定其他卡特尔参与者并提供相关证据和信息。宽恕协议可以使签署者在行政诉讼程序中享有豁免权或减少三分之二的制裁。

宽恕协议是许多国家竞争管理机构用来揭露卡特尔的工具。自2003年以来,CADE共签署了45项宽恕协议。

案例三:支付方式(信用卡和借记卡)的排他性协议

由CADE调查的一起巴西支付市场(信用卡和借记卡)卡特尔中,Itaú Unibanco S/A公司、Rede S/A公司以及受Itaú Unibanco S/A控制的Hipercard公司与CADE签署了停止协议。

根据CADE总务管理局的调查,①支付品牌与特定的认证金融机构之间

① 调查编号08700.003614/2017-14,载巴西CADE官方网:http://en.cade.gov.br/press-releases/cade-blocks-estacio2019s-acquisition-by-kroton,2019年4月25日最后访问。

存在一些排他性关系,这些关系不允许在同一设备中进行所有借记和交易。信用卡支付品牌迫使商业场所雇用一家支付端提供服务,以便能够使用其信用卡作为支付方式。为了促进支付市场的竞争,CADE 要求签署排他性协议的经营者通过停止协议作出承诺,允许竞争对手通过其他支付平台使用其信用卡和借记卡进行交易,结束一家支付平台的独家经营权。

第一个停止协议由 Itaúbank 和 Hipercard 联合签署。该协议是为了结束支付品牌 Hipercard 和支付平台(accreditor)Rede 之间的排他性关系——Hipercard 和 Rede 都是同一经济集团的一部分。两者签署的排他性协议迫使商家必须租赁使用 Rede 的支付服务,这样才能使用 Hipercard 刷信用卡的方式进行交易。停止协议则要求 Hipercard 必须允许 Rede 的竞争对手,即其他品牌的信用卡和借记卡进行交易,结束 Rede 的独家经营权。

第二个停止协议由 Rede 签署,以允许在其 Pinpads 设备中插入除 Hipercard 之外的其他认证品牌的加密密钥——这些设备可在零售市场中实现信用卡和借记卡交易。通过停止协议,Red 向 CADE 承诺在其 Pinpads 设备中允许所有认证机构使用,不加区分,只要这些公司在自己的设备中进行相同的处理。

CADE 预计此举将使更多的小型金融认证机构进入支付市场,促进更多竞争和更多选择,从而降低商场店主的成本,最终使消费者受益。

五、巴西竞争法律制度评析

(一)巴西新竞争法实施情况评析

经济合作与发展组织在其《2010 年关于巴西竞争法和竞争政策的同行审查报告》中,确认“巴西的竞争政策体系已经取得了稳定甚至显著的进步”。2011 年 2 月,全球竞争评论(GCR)首次授予 CADE“年度美洲机构”奖。2013 年 6 月,GCR 还首次将 CADE 评为 4 星(共 5 星),这使该机构成为全球反垄断法的十二大执法者之一。

尽管巴西的反托拉斯法执法和政策越来越被认为是有效的,但并不总是如此。第一个反托拉斯法于 1962 年在巴西引入。但是,只有在 90 年代随着巴西经济开放,反垄断法才开始正式执行。

巴西竞争政策的新纪元始于1994年《反垄断法》的制定,是应对一个阶段的恶性通货膨胀的"雷亚尔计划"(real plan)的一部分。该法构建了"巴西竞争政策体制"(Brazilian Competition Policy System,BCPS),由如下三个机构组成:1962年创建后经改革的经济保护与管理委员会(Administrative Council for Economic Defense,CADE),司法部下属的经济法实施秘书处(SDE)以及财政部下的经济监管秘书处(Secretariat for Economic Monitoring,SEAE)。上述三机构依法各司其职,CADE在BCPS案件中拥有判决权,SDE扮演重要的调查角色,而SEAE主要负责提供经济分析。这一法律框架多年来表现出局限性和效率低下:(i)缺乏合并前控制制度;(ii)不同当局所扮演的重叠角色。这种制度设计导致系统效率低下,因为各机构在整个反托拉斯案件审查过程中发挥了重叠作用,并对案件审查的时间产生了负面影响。例如,在2011年(第8884号法律生效的最后一年),巴西的反托拉斯机构过去平均需要154天才能批准其合并后控制制度下的交易。

事实上,在旧《反垄断法》实施以后没几年,对该法的改革就提上了日程。2012年第12529号法令新《竞争法》的生效实施重点在机构重组改革,意在提高竞争法执行效率,破除冗长、重叠的竞争调查程序,改革后竞争执法的权力主要归结于CADE。新《竞争法》对CADE的内部架构做了规定,包括经济保护行政法庭、总务管理局、经济研究局三个机构。经济保护行政法庭主要负责案件的最终裁决,总务管理局负责实施调查,经济研究局负责协助确保经济保护与管理委员会所做决定在技术和科学方面的严谨性。

巴西自2012年实施新的《竞争法》开始,经营者集中审查采取"事先通知"的模式。实施几年以来的经验表明,CADE对于经营者集中的审查采取了更为严谨和复杂的方法。越是复杂的经营者集中案件越面临着CADE更加深入的调查。这些案件通常由CADE首席经济学家团队领导开展具体经济分析,涉及大量市场测试以及与客户和竞争对手相关的讨论,并在适当时与外国反垄断执法机构,特别是欧洲和美国的反垄断执法机构相互沟通协调。因此,自巴西新《竞争法》生效以来,经验表明,巴西的经营者集中"救济"谈判变得更加复杂,要求经济集中的各参与方仔细评估最合适的程序阶段,以便提出救济方案与当局接洽。

CADE处理经营者集中案件的救济主要由两个部门参与:总务管理局和经济保护行政法庭。总务管理局由一名主任和两名副主任组成,负责协调和监督由审查单位组织的案件处理人员所做的工作,负责对经营者集中案件进行初步审查。如果总务管理局认为,已经申报的某项经营者集中案件可能会对竞争产生不利影响,并且在没有救济措施的情况下不得被处理完毕,那么,总务管理局必须出具一份没有拘束力的意见书给到经济保护行政法庭,指出其中的竞争问题,并证明向法庭提交的事项是合理的。最终决定由经济保护行政法庭作出,法庭由七名委员(其中一人担任主席)组成,他们负责就合并审查案件和反垄断调查作出最终决定。需要采取救济措施的经营者集中案件必须提交经济保护行政法庭做最后审查和决定。但是,集中案件的参与经营者有权与总务管理局提前就该案的补救方案进行谈判,也可以等待总务管理局将问题发送给法庭后直接与法庭的委员进行谈判。

经营者集中的参与者(申报者)启动总务管理局级别的补救措施谈判没有时间限制。从程序角度来看,申报者有权自该调查程序启动开始就向总务管理局提出救济方案。然而,在实践中,申报者往往倾向于等到总务管理局发布其第一个结论(通常在正式审查期的第90天左右)后才开始与总务管理局讨论可能的救济措施。如果申报者决定仅在经济保护行政法庭一级才启动救济措施的讨论,则补救建议必须在总务管理局发出无约束力的意见书之日起的30个日历日内提交给法庭。

经验表明,第一种选择(直接启动与总务管理局的谈判)在时间安排方面往往更有效,因为总务管理局负责此案的团队在救济措施讨论开始时已经熟悉此案。如果申报者将整个关于救济措施的谈判直接交给经济保护行政法庭,则会形成一个新的谈判小组,他们自然需要时间熟悉交易。通知方打算提供的补救措施的类型也可能影响是选择与总务管理局协商还是将问题交给法庭直接在法庭一级开始谈判。

与国际上其他主要司法管辖区(如欧盟、美国)不同,巴西没有关于补救措施谈判的具体规定或指导原则。CADE内部规范中只有一条规定涉及此事,但此类规定仅限于基本的程序步骤,并没有在任何程度上讨论实质内容。鉴于缺乏具体的法规或指导方针,在参与补救性讨论时,CADE和通知方都倾向于依赖过去CADE接受的补救方案和国际经验。

表1列出了在新的巴西《竞争法》"事先"告知的经营者集中申报制度下(截至2015年2月)审查的案例清单,这些案例都是申报方必须就补救措施进行谈判的,表中还提供了谈判的具体信息以及审查时间。

表1　经营者集中申报审查案例清单

经营者集中案件编号	法庭审查期限	是否延长期限	出结果日期	救济方案是否直接与总务管理局沟通
08700.006437/2012 - 13 (WP Roaming III S.1 and Syniverse Holdings, Inc.)	不足一个月	否	2013.5.22	是
08700.009882/2012 - 35 (Munksjö AB and Ahl-strom Corporation)	不足一个月	否	2013.5.22	是
08700.005447/2013 - 12 (Anhanguera Educacio-nal Participação S.A.; Kroton Educacional S.A.)	约五个半月	是	2014.5.14	否
08700.009198/2013 - 34 (Estácio/TCA)	约两个半月	否	2014.5.14	否
08700.002372/2014 - 07 (Cromossomo Participa- ções II S.A. e Diagnósti-cos da América S.A. Gru-po Edson Bueno)	约两个月	否	2014.7.16	是
08700.010688/2013 - 83 (Forte Empreendimentos e Participações Ltda.; JBS S.A.; Rodopa Indústria and Comércio de Ali-mentos Ltda.)	约三个月	是	2014.8.20	否
08700.000658/2014 - 40 (Minerva S.A. and BRF S.A.)	约两个半月	否	2014.8.20	否
08700.009924/2013 - 19 (INNOVA S.A.; Lírio Al-bino Parisotto; Petróleo Brasileiro S.A.; Videolar S.A.)	约六个月	是	2014.10.2	否
08700.007621/2014 - 42 (Holcim and Lafarge)	不足一个月	否	2014.11.11	是
08700.004185/2014 - 50 (Continental Aktienge-sellschaft and Veyance Technologies Inc.)	约两个月	是	2015.1.29	否

续表

经营者集中案件编号	法庭审查期限	是否延长期限	出结果日期	救济方案是否直接与总务管理局沟通
08700.005719/2014－65（América Latina Logística S. A. and Rumo Logística Operadora Multimodal S. A）	约两个月	否	2015.2.11	否
08700.008607/2014－66（GlaxoSmithKline PLC. and Novartis AG）	不足一个月	否	2015.2.25	是

在第12529号新《竞争法》的法律框架中，取消了市场份额的门槛标准，取而代之的是以多个经营者的销售阈值作为标准，从而改变了需要告知CADE的经营者合并的条件。这一法律变化导致提交给CADE审查的案件数量大幅减少。除此之外，改革后的经营者合并审查决策制度创造了极高的效率。由于绝大多数合并案件可由总务管理局决定，经济保护行政法庭监督决策即可，因此法院得以将注意力主要集中在复杂的、有疑点的案件上，将其资源集中用在对巴西市场和消费者产生巨大影响的重大案件之上。

事实上，自2012年新法实施以来所有经营者合并的案件中，除唯一一件以外的其他所有案件都以附补救措施批准而告结，而不是限制合并或禁止合并。这反映了新体制的成熟性和在谈判解决、创新解决方案上的开放性。

（二）经济全球化与国际合作语境下的应对与挑战①

在经济全球化的时代，竞争领域的国际合作之重要性已不言而喻。鉴于各国经济相互依赖的程度日趋增强，商业交易实践涉及诸多司法辖区的可能性亦大幅攀升。

就巴西而言，其域外条款本身并不足以胜任应对全球化程度日趋深刻的现实挑战。各国相关职权机构在程序协调、经常合作方面的努力，无疑能大大降低兼并监管方面的公共与私人成本。

① Gesner Oliveira，"Antitrust Policy in Brazil: Recent Trends and Challenges Ahead"，http://bibliotecadigital.fgv.br/dspace/bitstream/handle/10438/1876/TD71.pdf;jsessionid=7EA6B8A3BAF80B33C509C4CAC5531?sequence=1，April 15，2019.

徒法不足以自行,仅仅依赖竞争法的立法,是不足以保障一国市场经济的良好运行的。各国法律唯有在遵循透明度与非歧视原则的前提下实施,世界贸易与福利才可能增长。这也是技术援助(technical assistance)为何关注并聚焦于机构建设的缘由。与制定新法相比,推动建立全新的、现代化的、独立透明的竞争机构,显得更为重要。

国际合作的广度与深度因竞争法实施机构发展的阶段而异。世界上大多数国家的竞争法实施机构尚处于初始阶段,因而可以在技术援助方面受益匪浅。事实上,在对竞争法实施机构资源的配置方面,普遍存在"政治市场的失灵"(political market failure)。由于"搭便车"(free-rider)问题,竞争法实施机构资金匮乏。巴西国内生产总值(GDP)约为美国的十分之一,但 CADE 的预算却只有美国相应机构的六十五分之一。为使竞争法得以真正实施与发挥影响,而非停留于纸面,至少在初始阶段,应给竞争法实施机构配置更多而非较少的资源。

与此同时,以世界贸易组织(World Trade Organization, WTO)为代表的国际竞争政策议程较十年前更为广泛与复杂。① 诸如监管机构间的互动、WTO 竞争政策议程等新问题应同步列入竞争法实施机构职员的学习培训范围。在比较成熟的辖区负责竞争法实施的官员须在既定的环境中适用竞争原则,而发展中国家的负责竞争法实施的官员则应致力于营造促使竞争法更有效实施的执法氛围。

随着竞争法实施机构的发展,越来越多的国家将参与双边(bilateral)或复边(plurilateral)协定。巴西在此方面取得了令人瞩目的成绩。竞争政策体系积极拓展其与国外竞争法权力机构的互动联系,早在 1996 年 CADE 即与阿根廷竞争委员会(Competition Commission of Argentina)签订了竞争法方面的合作协定,并正在与更多的国家的竞争法权力机构谈判、订立协定;同时,积极参与多国间的反托拉斯组织,无论在南美还是世界的其他地方。但欲实现建构成熟的竞争法制度与机构的目标,巴西尚须进一步努力,特别是在推进监管机构方面的有效合作、通过积极参与技术援助以增强国际合作等方面,受制于先前宏观经济的负面影响,依然任重道远。

(三)巴西竞争法的借鉴与启迪

如今,制度的改良(fine-tuning)至关重要。主要的问题是对新的产品市场

---

① 林燕萍:《贸易与国际竞争法》,上海人民出版社 2005 年版,第三、四章。

不断带来的新的压力做出回应,即对以往的制度化做法进行重大重构和革新。问题在于,这种重构将在什么地方取得成功,将会如何取得成功,在什么条件下取得成功,它将怎样应对那些无法适应新挑战的旧制度而带来的风险。

比较的视角不是“一成不变的解决方案”,也不是关注那些可能在某一特定国家几乎难以被识别的具体模式;更多的是着眼于那些将推进竞争法的制度变革机制。这里面临的问题是,各国经济是如何推进制度变革的?通过研究特定国家的增量变革,来确定这一变革的国内外影响因素,并特别考察究竟是怎样的经济和政治利益的安排决定着这一变革的方向和动力。展开研究此类问题,可能会容易得多。

诚如前述,早在1962年,巴西就已制定《竞争法》,创设了经济防卫管理委员会,但如同其他发展中国家,由于国家对经济的强大干预、对国有企业的长久保护,以及经济的高通货膨胀率和价格控制机制的影响,竞争政策在这种环境中并没有空间得以生存,以致这部法律被束之高阁,无用武之地。与此同时,市场竞争意识的缺失不仅存在于社会公众之间,政府部门和其他机构(立法机构和司法系统)以及商业社会也普遍缺乏竞争理念。巴西竞争政策的新时代开始于抑制极度通货膨胀的历史背景下,竞争政策不仅是此次经济改革的产物,同时也是经济改革的催化剂,竞争法的实施成为自由化进程的重要因素,而竞争文化在当时亦日益深入人心,亦对巴西竞争法制的发展起到了关键性的助推作用。不难发现,对竞争法制所处的国内经济社会宏观背景的考察显得尤为关键,因为这有利于警醒我们回归对我们国内所处经济社会背景的关注,进而适时并恰如其分地推进我们竞争法的制度变迁。

与此同时,经济全球化已呈不可逆转之势,国际合作亦为时代之必然要求。从制度建设的角度来说,全球化程度的深入对发展中国家的竞争法制提出了新的挑战与要求,蕴藏着各种利益冲突和法律困境,同时也蕴藏着新规则的产生与制度变迁的契机。另外,巴西与其他发展中国家一样,普遍面临着经济与政治的“转轨背景”,这是竞争法制变革的另一个约束条件与背景空间。细致剖析巴西在此双重背景下应对挑战的努力,无疑对其他发展中国家来说具有深刻的借鉴意义,对我国竞争法制的发展完善亦助益良多。

对其他国家的解决方案的考察不能忽视,特别是对与中国具有相似背景的诸如巴西这样的发展中国家。但在比较研究中,仍需努力觅求最重要且界定准确的概念,从而得以在共语体系中展开分析。另外为求全面而深入地洞察与理解,宜秉持多维的研究视角,用政治、经济、文化和制度的四维眼光分析问题。因为,任何制度变革均不应单兵突进,那些忽视制度实现条件与资源、从一个极端走向另一个极端的“钟摆式”改革,都无法期待良好的效果。

On the Competition Law System of Brazil

NA Dai & Chunhan LOU

Abstract: Brazil drafted its competition law as early as 1962, but the law was not effectively put into practice due to strong Brazil's administrative intervention into its economy. With the opening up of Brazil's economy, new anti-trust law was released in 1994 which started a new age of Brazil's competition legal system. In 2012, Brazil revised its competition law and the new law established the Administrative Council for Economic Defense who merged the function of previous three institutions that were responsible for competition law enforcement. Thus the efficiency of Brazilian competition law enforcement has been significantly improved. Although Brazil has made marvelous achievements in terms of competition law legislation and enforcement, Brazil still needs to make efforts in order to establish a sophisticated and mature competition law system, especially as regards the promotion of internal and external cooperation.

Key Words: Brazil, competition law, legislation, enforcement

金砖国家法律研究(总第3卷·2019年)
第99~128页

南非竞争法律制度

戴　娜　黄颖慧*

内容提要:南非早于1955年制定了《垄断状态规制法》,后于1979年制定了《维护和促进竞争法》,由于这两部法的内容和实施效果不尽如人意,又于1998年出台了《南非竞争法》,取得了南非竞争立法的突破性进展。在竞争法执法方面,南非设置了竞争委员会、竞争裁判庭、竞争上诉法院三个执法机构,拥有对竞争案件的专属管辖权。总体而言,南非竞争立法较为成熟和完善,但在"公共利益"的界定、市场份额的认定、豁免的标准、合并控制的标准方面仍需改进。

关键词:南非　竞争法　执行　案例　不足

一、南非竞争法律制度的起源与发展

南非是金砖国家中第一个建立竞争法律制度的国家,①其竞争法可以追溯至1955年制定的《垄断状态规制法》(Regulation of Monopolistic Conditions Act)。南非于1955年制定的《垄断状态规制法》和1979年制定的《维护

---

* 戴娜,上海市浦东新区人民法院;黄颖慧,浙江省司法厅。

① [摩尔多瓦]亚历山大·斯维特利西尼、张娟娟:《金砖国家的竞争法制度体系——为保护市场竞争而发展的更好模型和机制》,何菁译,载《复旦公共行政评论》2017年第2期。

和促进竞争法》(Maintenance and Promotion of Competition Act),其内容和实施效果都不尽如人意。南非渴望用现代的竞争法制度来处理越来越复杂的南非经济。因此,在1998年通过了南非第三部竞争法——《南非竞争法》(Competition Act)(1999年、2000年和2001年先后做出修正案),该法和依照该法所制定的竞争政策被经济合作与发展组织(Organization for Economic Coperation and Development,OECD)在其2003年对《南非竞争法》的调查报告中称其为"突破性法案"(hit the ground running)①。

1998年《南非竞争法》吸取了大量的发达国家的经验和做法。该法设立了三个机构——竞争委员会(Competition Commission)、竞争裁判庭(Competition Tribunal)以及竞争上诉法院(Competition Appeal Court),它们直接参与法律适用,皆在不同程度上独立于政府。新的竞争法和新的执行机构需要在既定的、先进的、资源丰富的相同的法律文化的条件下处理政治经济中的新思想以及公共生活参与的新水平。② 该法相对于之前的两部竞争法有很大的突破,对于南非的政治和经济都具有重大的影响。

二、南非竞争法的法律渊源

(一)国际法渊源

《南非共和国宪法》(1996年第108号法令)规定,法律的解释,如对《南非竞争法》的解释,不得违反国际法。《南非竞争法》本身也坚定地表达了这一立场,该法言明要"落实南非共和国的国际法义务"。

如果某部国际条约或协议会约束某一法律领域,那么该条约或协议必须得到国家立法机构批准后才能对南非具有约束力,或者不需要批准程序但是必须提交南非议会讨论通过。除了国际条约,习惯国际法在南非也被认可为法律渊源的一种,除非该习惯国际法与宪法或议会出台的任何一部法案相冲突。

外国竞争法在南非竞争法的发展过程中也扮演着重要的角色,无论是《南非竞争法》的法律条文本身的构建还是对它的解释,都离不开外国竞争法

① 我们译为"撞击地面运行",意为突破传统的模式。

② OECD Global Forum on Competition,"Peer Review of Competition Law and Policy in South Africa", http://www.oecd.org/southafrica/34823812.pdf, February 20, 2019.

的影响。例如,《南非竞争法》的某些条文参考了欧盟竞争法,而其条文的"目的"部分与加拿大竞争法的条款相似。因此,南非竞争法领域与其他法律领域不同,它在相当程度上参考和借鉴了外国法的经验。但是必须指出的是,外国法不会对南非竞争法机构和法院产生任何拘束力,因为外国法只能为南非适用竞争法提供方向和指引,而不能直接给出结论。

(二)国内法渊源

1998年《南非竞争法》及其修正案是南非竞争法最主要的渊源。除此之外,根据司法先例是法律制度的组成部分这一原则,由竞争裁判庭(Competition Tribunal)、竞争上诉法院(Competition Appeal Court)和宪法法院(Constitutional Court)作出的竞争法相关判例也是竞争法的法律渊源。正是这些司法先例,使《南非竞争法》所载的实质性原则在实际案件中被拎出来讨论,问题也在实践中逐步得到解决。所以,竞争法的判例在南非竞争法律制度和政策中占据关键的地位。

《南非竞争法》在1998年年末的国民大会上通过,其中的第1~3、6、11、19~43、78、79条和第84条于1998年11月30日开始实施,其余条款于1999年9月开始实施。之后颁布了几次修正案,分别是:1999年第35号法令、2000年第15号法令、2000年第39号法令、2009年第1号法令、2018年第18号法令。

1998年《南非竞争法》包括序言,正文8章84条以及三个附表。第一章"竞争法的定义、解释、目的和适用";第二章"禁止行为";第三章"合并管理";第四章"竞争委员会、竞争裁判庭以及竞争上诉法院";第五章"调查与裁决程序";第六章"执行";第七章"违法行为";第八章"一般规定";附表一"行业规则的豁免"、附表二"法律废除"以及附表三"过渡期的安排"。基本内容如下:

1. 序言

序言介绍了《南非竞争法》制定的背景和立法目的。序言开头部分指出:

南非人民认为以往南非的种族隔离制度和其他歧视性的法律导致了国家经济的所有权和控制权过度集中,对反竞争贸易行为约束不足,并且不公正地约束了所有南非人民充分和自由地参与经济活动。建立一个高效运作的经济体制,必须构建令人信赖的竞争法律制度和有效的实施机构。能平衡劳动者、业主以及消费者各方面的利益,并且致力于发展的高效率的、有竞争

力的经济环境将使所有南非人受益。序言亦阐述了制定《南非竞争法》的目的:

“使所有南非人享有平等的机会,公平地参与国家经济;南非能有一个更加有效和高效的经济体系;建立消费者有权选择且可以自由选择他们想要的商品和服务的质量和品种的市场;为南非人在国际市场上有效竞争创造更好的条件和环境;限制特定贸易行为的做法会破坏一个有竞争的经济;将经济所有权的转让与公众利益相协调;建立独立的机构监察经济竞争;并且落实南非的国际法义务。”

2. 竞争法的定义、解释、目的和适用

第一章介绍了竞争法的定义、解释、目的和适用,以四节内容分别做了阐述。

该法的第1条对竞争法中的相关术语和词汇做了界定,并且解释该法应与宪法一致且要实现第2条列出的目的,同时要遵守南非的国际法律义务。在解释或适用该法时可以适当的考虑外国和国际法律。

在序言阐述了立法目的后,第2条的正文又再一次阐述了立法目的:促进和维持南非共和国的竞争。为了提高经济的效率,增强经济的适应性,推动经济发展;向消费者提供有竞争力的价格和产品选择;促进南非人民就业和提高他们的社会和经济福利;扩大南非参与世界市场的机会和认可外国竞争在南非的作用;确保中小型的企业有一个公平的机会参与经济活动;并且促进所有权的更大范围的扩展,特别是扩大历史上处于不利地位的人的所有权。

第一章第3条介绍了法律适用的范围和对象。该法适用于所有南非的或对南非有影响的经济活动,除了一些法律特别规定的情形如依照《宪法》第23条和1995年《劳工关系法》(1995年第66条法令)的劳资双方就工资等问题的谈判;联合一致的旨在实现非商业的社会经济目标或类似目的的行为等。并确定了在何种情况下该法具有并行管辖权。①

3. 禁止行为

第二章禁止行为包括3个部分,分别是限制竞争协议、滥用市场支配地

---

① 《南非竞争法》中规定:当本法适用于受到其他监管机构管辖的某一产业或产业的部门,并且该监管部门的权力是调整本法第二章或第三章中规定的行为,那么本法应被解释为具有对该行为的并行管辖权。

位和法律适用的豁免。这是《南非竞争法》的重点，内容规定的非常的详细。

(1)限制竞争协议

对于限制竞争协议有两条做出了规定，分别为第 4 条禁止横向限制竞争协议和第 5 条的禁止纵向限制竞争协议。

公司之间的协议或者协调一致的行为或者公司间交往的决定是被禁止的，如果双方是处于横向联系的关系，而且如果——①它很大程度上阻止或者减少了市场上的竞争，除非该协议或者采取协调一致行为或者决定的一方，可以证明该种行为产生的技术上的、效率或其他有利于竞争的增益超过了这种影响；②它涉及下列任何一种横向限制竞争行为：直接或间接地限定购买或销售的价格或者任何其他贸易条件，或者通过分配顾客、供应商、地区或特定类别的货品或服务划分市场，或者串通投标。

法律禁止处于纵向关系上的双方订立协议，如果它大大阻止或削弱了市场中的竞争，除非该协议的一方能证明协议产生的任何技术上的、效率或其他有利于竞争的结果超过了该影响。禁止限制转售价格的行为，但是供应商或生产者可向商品或服务的经销商推荐最低转售价格，如果—— (1)供应商或生产商明确向经销商指出，这一建议不具约束力，而且；(2)如果该产品上有它的价格，说明“建议价”应接近它上面的价格。

(2)滥用市场支配地位

《南非竞争法》认定一个企业在市场中处于支配地位的标准为：①它有不少于45 % 的市场份额；②它有不少于35 % ，但低于45 % 的市场份额，除非它能证明它不具有市场支配力；③市场份额低于35% ，但它具有市场支配力量。

法律规定禁止具有支配地位的企业：①收取过高的价格损害消费者；②拒绝给予竞争者有权使用重要设施，当这种给予从经济上看非常便利；③从事一种排外的行为，而不是第 4 项所列的行为，如果反竞争行为的效果远远大于它的技术、效率或其他有利于竞争的增益；④从事一些排他性的行为，除非该公司能够表明，技术、效率或其他有利于竞争的收益远远大于反竞争的效果，如(a)要求或诱使供应商或顾客不与竞争者交易；(b)拒绝供应稀缺商品给竞争者，当供应那些商品经济上是可能且合理的；(c)销售货物或劳务时，条件是买方单独购买与合同目的无关的商品或服务，或者迫使买方接受与合同目的无关的条件；(d)低于它们的边际或平均可变成本销售货物或劳务；⑤购买竞争对手必须的供应稀缺的中间产品或资源。

法律也禁止具有支配地位的企业的价格歧视:①销售货物或劳务的具有支配地位的企业的行为将因为价格歧视被禁止,如果(a)它很可能大大地阻止或减少竞争,(b)在等价交易中,它涉及销售相同质量和等级的货物或服务给不同的购买者,而且(c)它涉及在不同的买家之间的价格歧视,关于(i)货物或服务收费价格,(ii)关于货物或服务的任何折扣,津贴,回扣或者信贷给予或准许(iii)有关货物或服务方面的服务条款,(iv) 有关提供货物或服务方面的服务的报酬支付。②尽管有第(1)款规定,涉及有关(c)项中所列的行为区别对待购买者,不被禁止为价格歧视,如果具有支配地位的企业证实该差别待遇—— (a)仅造成了合理的差别,而且这种差别是由于成本或者制造、分销、销售、促销或者来自不同地区的运输或提供给不同的购买者的商品或服务的质量等成本的差别;(b)由于要善意的满足对方竞争者提供的价格或利益而做出的行为造成的;(c)为了应对影响商品或服务市场的变化的情势,包括(i)为了应对实际或即将恶化的易腐货物的任何行为,(ii)应对过季商品的任何行为,(iii)按照清算或没收程序进行的销售,(iv)善意的停业进行的商品或服务的销售。

(3)豁免

《南非竞争法》第10条规定公司可以向竞争委员会申请,免除适用本章法律,如果其协议或者行为或者某类协议或者行为有助于实现,①维持或促进出口,②提升小企业或者被控股公司或者历史上处于弱势地位的人拥有的公司的能力,使他们成为具有竞争力的企业,③为停止某一产业的衰退需要改变生产能力,④稳固部长指定的任何产业的目的,或者某类的协议或者行为涉及知识产权的行使,包括权利的获得或保护等。

竞争委员会可以根据法律规定给予豁免,也可撤销其所给予的豁免,如果豁免的给予是基于虚假或不正确的信息、豁免的条件没有实现、或给予豁免的原因不再存在。竞争委员会做出的决定都要在《宪报》刊登公告给予豁免、拒绝或者撤销。

4.经营者合并

第三章为合并控制,从第11条至第18条包含了很多的内容,规定得很详尽。第三章具体包括合并的阈值及种类;合并定义;合并审议;小合并通知和执行;其他合并的通知和执行;合并调查;竞争委员会中型合并程序;竞争委员会大型合并程序；合并审批的撤销；竞争裁判庭合并程序；竞争上诉法院合并程序；合并程序的介入。

(1)合并的阈值及种类

第11条列明部长与竞争委员会磋商后必须确定南非国内年度营业额或资产的较低和较高之间的阈值以及与之相关的特定行业的阈值以确定合并的种类，且要在《宪报》刊登公告。

(2)合并定义和审议

第12条认为当一个或一个以上的公司直接或间接地收购或直接或间接控制另一家公司的整个或部分的业务时，构成合并。该合并可以通过购买或租赁相关企业的股份、利息、资产或与其他相关企业的合并或其他结合的方式完成，同时还规定了怎样判断公司是否由个人控制。

在审议一项合并时，竞争委员会或者竞争裁判庭必须初步决定该合并是否有可能实质阻碍或减少竞争。在决定合并是否有可能实质阻碍或减少竞争时，竞争委员会或竞争裁判庭必须评估相关市场的竞争力度，以及公司合并后在市场表现的竞争力或合作的程度的可能性，并充分考虑到市场中任何有关竞争的因素，其中包括：①进口市场的中竞争的实际和潜在水平；②进入市场的解除，包括关税和规章制度壁垒；③市场集中的程度和趋势，以及合并的历史；④市场上抵消力量的强弱；⑤市场的动态特性，包括成长、创新、产品的差异；⑥市场中纵向整合的性质和程度；⑦是否某一主体的业务或部分业务的合并或合并的建议已经失败或很可能会失败；⑧合并是否会导致去除一个有效的竞争者。如果显示合并很有可能实质性阻碍或减少竞争，则它们还要决定：(a)该合并是否有可能产生在任何技术上的、效率上的或其他有利于竞争的增益，这种增益将大于并抵消任何阻止或减少竞争的影响，它可能来自合并，并且如果合并被阻止，则很可能得不到该增益；(b)合并是否可能具有重大的公共利益。在决定是否可以公共利益为理由合并时，竞争委员会或竞争裁判庭必须考虑合并是否影响——①某一特定产业部门或地区；②就业；③历史上处于不利地位的人所拥有的小企业或公司竞争的能力；④民族工业在国际市场上的竞争能力。

(3)合并程序

《南非竞争法》对合并的程序做出了详细的规定。小合并除了一些特定的情况下外，不需要通知竞争委员会，但中型或者大型合并的一方当事人必须按规定的方式或形式通知,竞争委员会需在《宪报》发布是否批准合并的书面决定。竞争委员会可依据法定理由撤销自己关于小型或中型合并的批准或有条件的批准的决定。在竞争裁判庭发布决定通知后的20个工作日内,当事方或合并通知人也可向竞争上诉法院依照它的规则提起对该决定的上诉。涉及公共利益时,部长可以按照规定的方式在竞争委员会、竞争裁判庭或者竞争上诉法院之前,作为一方当事人参加任何中型或大型合并程序。

5. 竞争执行机构

《南非竞争法》中规定的竞争执行机构有3个,分别是竞争委员会、竞争裁判庭和竞争上诉法院。从第19条至第39条详细规定了3个机构的设立、职能、成员资格、任期、薪酬福利、运作程序、行政事项、法庭适用规则和法律责任等事项。

6. 调查与裁决程序

第五章介绍了5个部分,分别为:机密资料部分,包括举证要求保密的权利、信息披露、限制使用信息;搜查和传票的权利部分,包括许可证下进入和搜查权力、没有许可证时进入和搜查权力、进入及搜查权力、进入和搜查行为、传票;投诉程序包括提起诉讼、临时救济措施、同意命令、投诉结果、转交竞争裁判庭;法庭审理及命令部分包括竞争裁判庭审理、参与审理的权利、主持审理人员的权利、程序规则、证人、费用、竞争裁判庭命令、行政处罚、剥夺;以及竞争上诉法院和重审部分,包括上诉、上诉管辖权、上诉许可。

(1)机密资料

当事人可以向竞争委员会或竞争裁判庭提交资料时要求确定该资料为机密资料。其他任何人试图使用属于诉求的机密资料,可以按照规定的方式和形式向竞争裁判庭申请,由竞争裁判庭做出有关使用该资料的恰当的指令。如果委员会决定的理由将泄露任何机密资料,该委员会必须至少在出版该理由的10个工作日前提供给当事方拟议理由的副本。一方当事人可以在接到拟议理由的副本经过第1条b项规定的期间后,向竞争裁判庭遵照其规则申请恰当的指令来保护相关资料的机密性。

(2)搜查和传票的权利

在具有和不具有许可证的情况下需要进入和搜查住所等都需要符合法定的情形。高等法院法官、区域法官,或者地方法官可以发出许可证进入及搜查任何属于该法官或者地方法官管辖范围内的处所。如果禁止的行为已经发生、正在发生或可能发生在这些处所，或者与本法规定的调查有关的人拥有或者控制那些处所。进入和搜查许可证可以在任何时候发出而且必须具体。法律还规定了进入和搜查许可证的有效期以及执行的时间。监察员在没有许可证授权下根据第42条第2款的规定可以进入和搜查除私人处所以外的处所。第48条规定了进入和搜查的权利范围，第49条规定了进入和搜查的行为的要求和传票。

(3)投诉程序

委员长可以对限制性行为提起诉讼，任何人都可以任何方式或形式向竞争委员会提交有关禁止行为的相关资料，或按规定的形式对声称的禁止行为提起诉讼。无论是否已经开始对禁止行为进行审理，投诉人都可以就该行为向竞争裁判庭申请临时命令。第49条c款还对临时命令发出的条件和时间都做出了规定。在投诉调查结束时或之后，竞争委员会和被告商定了适当的命令，则竞争裁判庭不需要听取任何证据便可断定该协商为同意命令。投诉开始后的任何时间，竞争委员会均可以将投诉转交给竞争裁判庭。如果竞争委员会向投诉人发出了不转交通知，则投诉人可以根据竞争裁判庭的程序规则直接向其提交投诉。第60条规定了竞争裁判庭进行强制性剥夺的情况。

(4)法庭审理和命令

竞争裁判庭必须按其规则依照本法对每个事项进行审理。当事人有参与审理的权利。根据竞争裁判庭的程序规则，竞争裁判庭主持审理的成员可以决定审理程序中的任何事项。证人和费用也分别在第57条和第68条列明。竞争裁判庭可以做出与禁止行为相关的恰当的命令，在法定的情形出现时，第59条规定竞争裁判庭也可以实施行政处罚。

(5)竞争上诉法院的上诉和重审

个人受到竞争裁判庭的决定的影响，可向竞争上诉法院提起上诉，或者申请重新审查。如果该决定符合竞争上诉法院的规则第37条规定，法院有权就该事项审议上诉或者重审。竞争法院的上诉管辖权和上诉许可分别由第62条和第63条进行了详细的规定。

7. 执行

第六章为2000年《竞争法第二修正案》第15条修正内容，规定了竞争法的执行。竞争委员会、竞争裁判庭或者竞争上诉法院的任何决定、判决或者命令可以被视为最高法院的命令一样被保留、执行或者实施。竞争法并不使一项被认为是禁止性协议或者可能是无效的协议的条款无效,除非竞争裁判庭或者竞争上诉委员会宣布该条款无效。对竞争裁判庭依据第58条做出的命令的上诉或者申请重审,可以就相同事项暂停民事法院中提起的诉讼的权利。竞争裁判庭或者竞争上诉法院,行使自己的职能或者基于受到决定或者命令影响的个人的申请,可以改变或者撤销它的决定或者命令。对禁止行为的投诉在行为停止3年后不能提起;依照本法第67条或其他法条规定,对与任何曾经是竞争裁判庭诉讼程序中被告行为的重大重复行为的公司提起的投诉不能提交给竞争裁判庭。依照竞争法规定的任何程序,除了依照第49条c款或者刑事程序,证据标准是衡量总的可能性。

8. 违法行为

第七章规定的违法行为包括:违反信任,揭露任何人或者公司取得的有关的任何的机密资料;阻挠、反对、妨碍或不适当的影响依照本法施加给执行权力或者履行指定的义务的人等阻碍行政行为;没有充足理由不按照指定的时间地点出席或者参加出席的缺席传唤;回答不诚实或不完全,提供虚假证据;不遵守竞争裁判庭或者竞争上诉法院的临时的或者最后的命令;对违法行为的处罚;地方法院强制罚款处罚权;法律废除;证明事实等内容。

9. 一般规定

第八章的一般规定中规定了:部长,通过《宪报》刊登公告,可为实现本法的目的要求制定规则;竞争委员会可以编写指导方针,指导委员会依照竞争法规定可以在其管辖权内对任何事项作出政策规定;总统,通过在《宪报》刊登公告,可对每个竞争委员会、竞争裁判庭和竞争上诉法院规定一个官方印章;法所约束的国家为南非共和国;竞争法执行机构与其他机构的关系;竞争法的过渡性安排和法律废除;该法的简称和生效的日期等内容。

10. 附件一:行业规则的豁免

附件一中规定了行业规则的豁免。若行业协会制定的规则包含严重阻碍或减损市场竞争的效果,该行业协会可按指定的方式向竞争委员会申请豁免。行业协会是行业名称下法令所注册的行业的管理机构以及任何其他竞争委员会认为它代表该行业的成员的利益的协会。

11. 附件二：法律废除

附件二中废除了之前的1979年相关法令。

12. 附件三：过渡性安排

附件三中规定的是从1979年《维护和促进竞争法》至1998年《南非竞争法》生效时的一些过渡性安排。

三、南非竞争法的执行机构

1998年《南非竞争法》设立了三个竞争法执行机构——竞争委员会、竞争裁判庭以及竞争上诉法院。竞争委员会是调查和起诉机构，从性质上看它是一个行政管理部门，其权力主要归属于该委员会的委员长；竞争裁判庭是一个行政法庭，由来自与竞争法相关的一系列学科的非专业人员（经济学家，律师和会计师，但不是法官）组成，是一个在全国范围内有管辖权的存卷法庭；竞争上诉法院是高等法院的一个特别部门，负责审理被上诉的竞争裁判庭作出的裁决。《南非竞争法》第四章详细规定了三个执行机构的组成和权利义务。

（一）竞争委员会（Competition Commission）

1. 竞争委员会的性质

竞争委员会是独立的调查机构，通过调查反竞争行为来维护市场自由竞争和市场透明度。竞争委员会有权调查、控制和评估限制性竞争行为和滥用市场支配地位的行为，以及经营者的兼并和收购。竞争委员会独立于贸易和工业部只服从宪法和法律的规定，其作出的决定可被上诉至竞争裁判庭和竞争上诉法院。[①] 这与1998年《南非竞争法》颁布之前的竞争调查部（Competition Board）的情况大不相同。竞争调查部一直存续至1999年，其法律依据是1979年的《维护和促进竞争法》，性质上属于贸易和工业部下属的行政机构。竞争调查部只能向贸易与工业部长提出建议，最终决定由部长作出。所以，虽然1979年《维护和促进竞争法》给予了竞争调查部广泛调查经营者合并的权力，但是由于最终决定权在贸易与工业部长手中，所以政治性

① 1998年《南非竞争法》第19～21条。

指令影响到了决定的可信度和一致性。

2. 竞争委员会的权责

根据《南非竞争法》竞争委员会的主要职能有:①贯彻措施,以增加市场透明度;②贯彻措施,以提升公众对本法条例的认知;③调查和评价第二章中规定的所谓的违法行为;④依照第二章规定,批准或拒绝豁免的申请;⑤有条件或者无条件地批准、禁止经营者合并,或依照第三章的规定通知竞争裁判庭和部长;⑥依照第63条的规定进行谈判并作出同意指令;⑦将事项转交给竞争裁判庭,并且依照本法要求出庭应诉;⑧与相关监管机构协商达成协议,以统筹和协调行使对相关产业或部门竞争事项的管辖权,并确保使用本法原则的一致性等。

竞争法委员会还负责卡特尔成员的豁免事项。竞争法委员会于2004年(2008年更新)通过了一项卡特尔宽恕政策(Corporate Leniency Policy,CLP)。根据宽恕政策,如有一个卡特尔成员站出来并给竞争委员会提供关于其同伙实施卡特尔的信息,则该卡特尔成员有权获得豁免,即竞争法委员会将对其不予起诉。竞争法委员会负责关于申请豁免的事宜,如制定豁免的条件等。

3. 竞争委员会的人员组成

竞争委员会委员长是竞争委员会的最高行政长官,主要负责委员会的全面管理和履行依照本法规定的职能,委员长由部长任命,必须具有合适的资格并且在经济学、法学、商业、工业或公共事务上有丰富经验,任期为5年;竞争委员会副委员长协助委员长执行竞争委员会的职能,由部长任命,必须具有合适的资格并且在经济学、法学、商业、工业或公共事务上有丰富经验;另外,委员长可以指定在竞争委员会工作的任何人或者其他合适的人成为监察员,委员长可以聘任工作人员,或者与其他人签订合同,以协助竞争委员会履行其职责。

(二)竞争裁判庭(Competition Tribunal)

1. 竞争裁判庭的性质

竞争裁判庭是一个在全国范围内有管辖权的存卷法庭。竞争裁判庭是初审决策者,依据《南非竞争法》第51条第(3)款和第(4)款,竞争裁判庭裁定由竞争委员会提交的,或申诉人在竞争委员会作出不转交决定后直接提交的事项。简言之,竞争裁判庭的主要职能是同意豁免、授权或禁止经营者的大型合并。同时,竞争裁判庭还是竞争委员会决定的上诉机构。

2. 竞争裁判庭的权责

竞争裁判庭享有相当大的救济权,包括禁止经营者合并、实施禁令救济、征收行政处罚等。

根据《南非竞争法》第27条,竞争裁判庭可以:(1)裁决《南非竞争法》第二章规定的任何禁止的行为,以决定是否禁止的行为已经发生,且如果已经发生,依照该法采取救济措施;(2)裁决其他可能依照本法所审议的相关事项,并依照本法做出命令;(3)审理上诉的或者重审竞争委员会可能根据本法做出的决定;(4)做出依照本法履行其职能所必要的或者附带性需要的决定或者命令。

3. 竞争裁判庭的人员组成

竞争裁判庭由总统任命的一名主席和不少于3个不超过10个的男性或女性构成。他们全职或者兼职工作,由部长提名或者在部长的倡议下由公众提名后经部长推荐产生。任期为5年,总统在竞争裁判庭成员任期届满时可以再重新任命其为成员,但是任何被任命为竞争裁判庭主席的人均不得连任两次以上。

竞争裁判庭主席负责管理竞争裁判庭的案子,且必须将每个提交给法庭的事项分配给由三个竞争裁判庭成员组成的专家组,竞争裁判庭成员不能代表法庭专家小组的任何人。

(三)竞争上诉法院(Competition Appeal Court)

竞争上诉法院可以:(1)重审竞争裁判庭的任何决定;(2)审议对竞争裁判庭决定的上诉。竞争上诉法院可以做出任何判决或者做任何命令,包括:(1)确认、修订或废止竞争裁判庭的决定或命令;(2)在合适的条件下将事项转回给竞争裁判庭做进一步的审理。

竞争上诉法院的审判主席负责监督和指导法院的工作。审判主席必须将法院的每个事项分派给三名法官组成的小组。审判主席或者审判主席指定的竞争上诉法院的其他法官,可以独立审议:(1)依照竞争上诉法院的规则,对临时性决定提起的上诉;(2)有关机密资料使用的决定的申请;(3)依照竞争上诉法院的规则,上诉许可的申请;(4)暂停开庭和执行重审或者上诉的申请;(5)程序方面的申请。

四、典型案例

案例一:美国天然纯碱公司 VS. 南非竞争法委员会①(见表1)

表1 案例一基本信息

法院	南非最高上诉法院②		
提请法院	竞争上诉法院	判决时间	2005年5月13日
案号	Case number 554/03		
关键词	可被采纳的证据、第4(1)(b)条禁令、合理性		
当事人	上诉人:美国天然纯碱公司(AMERICAN NATURAL SODA ASH CORPORATION,简称ANSAC)③;CHC全球公司(CHC GLOBAL (Pty) Ltd); 被上诉人:南非竞争法委员会(COMPETITION COMMISSION OF SA);BOTSWANA ASH (Pty) Ltd,CHEMSERVE TECHNICAL PRODUCTS (Pty) Ltd,MINISTER OF TRADE AND INDUSTRY.		

案例涉及的南非竞争法规

1998年《南非竞争法》第4条:

"(1)公司之间的协议、协调一致的行为或关于公司间联合的决定是被禁止的,如果该公司间有横向关系,并且此等协议、行为或决定:

(a)很大程度上阻止或者减少了市场上的竞争,除非作出该协议、协调一致的行为或者决定的一方可以证明其能产生的技术上的、效率的或其他有利于竞争的增益超过了反竞争的负面影响,或者;

(b)涉及下列任何一种横向限制竞争的行为:

---

① American Natural Soda Ash Corporation vs. Competition Commission, The Supreme Court of Appeal of South Africa, Case Number: 554/03, delivered on May 13, 2005.

② 最高上诉法院,即The Supreme Court of Appeal of South Africa (SCA)。南非法院体系包括宪法法院和普通法院系统,南非法院共分五级:宪法法院、最高上诉法院、高等法院、地方法院。

③ 美国天然纯碱公司(ANSAC)是三家美国天然苏打灰生产商的国际分销运营公司,这些天然苏打灰是用于制造玻璃必须的原料,商品名为碳酸钠Na_2CO_3,公司总部位于康涅狄格州韦斯特波特。

(i)直接或间接地固定购买、销售的价格,或者附加任何其他贸易条件;

(ii)通过分配顾客、供应商,销售区域或特定类别的货品或服务来划分市场,或者;

(iii)串通投标。”

该法案将“横向关系”界定为“互相竞争的经营者之间的关系”。

案件事实和争议焦点

该争议源于1999年10月,第二被上诉人博茨瓦纳苏打灰公司及其南非经销商、第三被上诉人杉姆社技术公司(Chemserve)(以下将所有被上诉人统称为“博茨瓦纳公司”),针对美国天然纯碱公司向竞争裁判庭申请临时救济。博茨瓦纳公司指控美国天然纯碱公司违反了《南非竞争法》对横向限制竞争行为的禁令,即1998年《南非竞争法》第4条关于禁止横向限制竞争行为的规定。

该案当事人双方的争议焦点在于:美国天然纯碱公司的行为在何种程度上违反了1998年《南非竞争法》?如果被控反竞争行为符合《南非竞争法》第4条第(1)款(b)项的规定,但是被控方提交了证据证明其反竞争行为具备合理性,即第4条第(1)款(a)项允许的“证明其能产生的技术上的、效率的或其他有利于竞争的增益超过了反竞争的负面影响”的证据,此等证据是否具备可采纳性?竞争裁判庭对于此问题缺乏共识使问题更加复杂化。

最高上诉法院认为:从《南非竞争法》将第4条第(1)款(a)项和第4条第(1)款(b)项并列举就可以清楚地看出,该法条的目的是增设一个“本身违法”的禁止条款,换句话说,第4条第(1)款(a)项允许的“效率增益”抗辩因素很明显是不能适用于第4条第(1)款(b)项的。因为固定价格不利于经济的良性竞争,健全的经济是绝不允许固定价格这种行为出现的。用美国反垄断法的话来说,固定价格本身就是反竞争的。所有出台法律意在保护经济竞争的国家都禁止固定价格的做法。固定价格这种行为一旦发生,这一事实本身足以使其无法通过任何方式抗辩。竞争裁判庭裁定,一旦被控告的行为属于第4条第(1)款(b)项禁止的范围,关于此反竞争行为的调查即宣告结束,无须再进一步调查该被控行为是否具有合理性(存在第4条第(1)款(a)项所允许的抗辩理由)。所以不必采纳基于证明被控反竞争行为具备合理性而提交的证据。竞争上诉法院维持这一结论,该结论显然是正确的。①

被上诉人认可竞争仲裁庭的结论,但是美国天然纯碱公司认为竞争仲裁庭过度地排除了证据的可采纳性。竞争裁判庭真正缺乏共识的并非是关于第4条第(1)款(b)项所禁止之行为是否可因具备第4条第(1)款(a)项允许的合理性而免于惩罚,而是是否有充分证据证明被控行为确实构成第4条第(1)款(b)项禁止的"固定价格"。美国天然纯碱公司认为竞争裁判庭还排除了关于其行为如何定性归类②的证据,即证明其行为未构成第4条第(1)款(b)项所禁止的"固定价格"的证据。作为最后的替代方案,美国天然纯碱公司向法院提出,一旦其行为不构成第4条第(1)款(b)项所禁止的限制竞争行为,而是归入第4条第(1)款(a)项的范围,他们提交的证据就可以证明其行为具备合理性而使自身免于处罚。③

最高上诉法院认为:我们已经指明,经营者之间签署的固定价格协议为第4条第(1)款(b)项所绝对禁止,没有任何余地可以证明其合理性。但是第4条第(1)款(b)项所禁止的"固定价格"如何认定?这并不容易判断。在美国,对固定价格的认定来自对《谢尔曼法》第1条的司法解释;在欧盟、澳大利亚以及在本国,都是由立法来确定的。一旦写入法案,则竞争机构的调查只需要去认定被控行为是否符合条款规定,这就变成了一个事实性问题,答案要从相关证据中找寻。④

"固定价格"的认定要考虑是否有"共谋",即横向经营者之间为了削减竞争而在价格上面做文章。例如,统一价格、设立计算价格的公式或比例或其他用以削弱价格市场竞争的方式方法。虽然固定价格不可避免地涉及竞争对手共谋或双方同意的价格决定,但并不意味着只要竞争对手通过主观安排而使其货物以统一价在市场销售,价格固定就必然发生。"固定价格"的认定仅限于竞争者之间为了避免竞争而实施的共谋行为,如果仅仅是偶然出现价格统

---

① American Natural Soda Ash Corporation vs. Competition Commission, The Supreme Court of Appeal of South Africa, Case Number: 554/03, delivered on May 13, 2005, 第37段。

② 判决原文是"Characteristics",意指对竞争者之间的价格协议或其他被控反竞争行为进行定性、归类,看是否具备法律条文所禁止行为的法律特征。

③ American Natural Soda Ash Corporation vs. Competition Commission, The Supreme Court of Appeal of South Africa, Case Number: 554/03, delivered on May 13, 2005, 第39段。

④ American Natural Soda Ash Corporation vs. Competition Commission, The Supreme Court of Appeal of South Africa, Case Number: 554/03, delivered on May 13, 2005, 第43、44、45段。

一,不构成竞争法上的“固定价格”。[①] 正如美国最高法院在 1978 年的 Broadcast Music,Inc v. Columbia Broadcasting System,Inc. 一案中指出的:“字面解释‘价格固定’一词过于简单化,而且经常过于宽泛。当两个合伙人设定他们的商品或服务的价格时,他们实际上是在‘定价’,该行为本身并不违反《谢尔曼法》……因此,有必要将被控违法行为进行分类,以区分其是否属于竞争法禁止的‘固定价格’。”

如果国家立法禁止任何竞争者之间通过共谋而达成价格统一,那么本案的证据毫无疑问是可以证明竞争者之间存在共谋,且确实达成了价格统一。但是如果立法的这一禁令是受限制的,即必须有“削减竞争”的要求,则仅仅靠经营者之间的协议条款不能决定其为竞争法所规制。我们并不是说,美国天然纯碱公司主张的证据必然是可被采纳的,而是说,在目前这一阶段——国家立法尚未确定竞争法禁止的“固定价格”的法律特征究竟为何,认定美国天然纯碱公司主张的证据是否可被采纳为时过早。如果竞争裁判庭的裁决仅限于排除了意在证明第 4 条第(1)款(b)项所禁止的行为具有合理性的证据,则其裁决是正确的,且竞争上诉法院正确地驳回了针对该裁决的上诉。但是,如果其裁决还排除了意在对争议行为予以定性分类,从而决定其究竟是否可被归类于第 4 条第(1)款(b)项禁令禁止的范围之内,则该裁决为时过早,是不正确的。[②]

最后,最高上诉法院裁决:

“(1)竞争裁判庭判决认定美国天然纯碱公司提交的用以证明其被控反竞争行为具备合理性,即第 4 条第(1)款(a)项允许的“证明其能产生的技术上的、效率的或其他有利于竞争的增益超过了反竞争的负面影响”的证据,此等证据不可被采纳。维持该项判决。

(2)竞争裁判庭判决排除所有美国天然纯碱公司提交的、关系到对被控反竞争行为的性质、目的、竞争影响的证据。撤销该项判决。”[③]

---

① American Natural Soda Ash Corporation vs. Competition Commission,The Supreme Court of Appeal of South Africa,Case Number: 554/03,delivered on May 13,2005,第 48、49 段。

② American Natural Soda Ash Corporation vs. Competition Commission,The Supreme Court of Appeal of South Africa,Case Number: 554/03,delivered on May 13,2005,第 61 段。

③ American Natural Soda Ash Corporation vs. Competition Commission,The Supreme Court of Appeal of South Africa,Case Number: 554/03,delivered on May 13,2005,第 65 段。

案例二:媒体24有限公司 VS. 南非竞争法委员会(见表2)①

表2 案例二基本信息

法院	竞争上诉法院		
初审法院	竞争裁判庭	判决时间	2018年3月19日
案号	146/CAC/Sep16		
关键词	掠夺性定价、基准成本测试、平均可变成本		
当事人	上诉人:媒体24有限公司(MEDIA 24 PROPRIETARY LIMITED)②; 被上诉人:南非竞争法委员会(COMPETITION COMMISSION OF SA).		

案例涉及的南非竞争法规

1998年《南非竞争法》第8条:"禁止具有支配地位的企业:

(a)收取过高的价格损害消费者;

(b)拒绝授权竞争者使用重要设施,当这种给予从经济上看非常便利;

(c)实施除(d)项以外的其他排他性的行为,如果该排他性行为产生的反竞争影响大于其所产生的技术、效率或其他有利于竞争的增益;

(d)实施以下排他性的行为,除非该公司能够证明该行为产生的技术、效率或其他有利于竞争的增益大于其所产生的反竞争影响:

(i)要求或诱使供应商或顾客不与竞争者交易;

(ii)拒绝供应稀缺商品给竞争者,当供应那些商品经济上是可能且合理的;

(iii)销售货物或劳务时,条件是买方单独购买与合同目的无关的商品或服务,或者迫使买方接受与合同目的无关条件;

(iv)低于它们的边际或平均可变成本销售货物或劳务;

(v)购买竞争对手必须的供应稀缺的中间产品或资源。"

本案相关条款第8条(d)款(iv)项或第8条(c)款禁止具有市场支配地位的企业掠夺性定价。

---

① Media 24 Proprietary Limited v. Competition Commission of South Africa, the Competition Appeal Court of South Africa, Case Number: 2018 (4) SA 278 (CAC), judged on March 19, 2018.

② Media24是非洲领先的出版集团,总部位于南非开普敦。其运营公司Media24 Proprietary Limited(现为私营公司)于1950年成立,是一家公共有限责任公司。本案上诉人即为Media24 Proprietary Limited,译为"媒体24有限公司"。

案件事实和争议焦点

案件背景

该案源于三家小型社区报纸的掠夺性定价争议。三家报纸为富姆(Forum)、威斯特(Vista)(二者皆为本案上诉人"媒体24公司"所有)和金网新闻Gold Net News(为GNN所有),它们都在2004年1月到2009年2月(争议期间)及以前在南非韦尔科姆地区出版报纸。

在争议期间内,Forum是每周三发刊的免费周报。其编辑内容涉及当地市政事务、体育和学校新闻,特别关注关于人类利益的"软"新闻。它具有其他任何当地报纸都没有的独家特色。它在2004年平均每刊16页,在2005年之后平均每刊有8到12页。Vista平均每版48~56页,每周四发布,其编辑内容包括当地新闻、体育,是特别关注"硬"新闻——本地市政新闻、犯罪、体育、当地采矿业以及聚焦驾车、娱乐和住房市场的标准周刊。GNN也是每周四发刊,在2004年平均每版20~24页,但其页面后来下降到16~24页。它的编辑内容与Vista非常相似,重点是本地"硬"新闻,包括市政事务、体育、犯罪以及与采矿业有关的新事物。

对于这三家社区报纸而言,广告对其成功都至关重要。这三家报纸都刊登了全国性广告,尽管Vista的份额远远高于GNN和Forum。在争议期间,三家报纸的分类广告①及全国性广告②份额见表3:

表3　广告份额统计

	名称	2005	2006	2007	2008	2009	占比
分类广告的份额	*Vista*	73.8%	70.7%	73.0%	78.1%	87.1%	74.8%
	Forum	4.7%	5.2%	6.3%	4.9%	3.8%	5.3%
	GNN	21.6%	24.1%	20.7%	17.0%	9.1%	19.9%
全国性广告的份额	*Vista*	90.3%	88.9%	84.4%	87.8%	96.0%	88.0%
	Forum	2.3%	2.1%	6.7%	1.3%	1.6%	3.2%
	GNN	7.3%	9.0%	8.9%	10.9%	2.4%	8.8%

① 分类广告(classified advertising)指按广告内容归类刊出的小广告,其内容可以是促销某种商品或服务,也可以是招领等启事,涉及社会生活的方方面面。

② 全国性广告(national advertising)指在全国范围内发布的广告,采用全国性广告媒介。

在争议期间内,Vista、Forum 和 GNN 三家报纸刊登广告的估算价格和差异见表4(Rands① per sccm②):

表4　三家报纸刊登广告的估算价格和差异

名称	2002/03	2003/04	2004/05	2005/06	2006/07	2007/08	平均值
Vista	R 12.15	R 13.38	R 13.83	R 14.58	R 14.54	R 14.87	R 14.02
Forum	R 8.43	R 9.16	R 9.33	R 9.60	R 9.01	R 9.83	R 9.22
GNN	R 13.81	R 15.82	R 17.2	R 16.41	R 15.85	R 17.17	R 15.98
Forum 与 *Vista* 的差异	-30.6%	-31.5%	-32.6%	-34.1%	-38.0%	-33.9%	-34.3%
GNN 与 *Vista* 的差异	19.7%	18.2%	23.0%	12.6%	9.0%	15.5%	14.0%

2009年1月,GNN 指控媒体24公司自2004年起在韦尔科姆地区滥用市场支配地位,通过以“与生产和正常管理费用完全不相干的折扣率”出售广告,驱逐 GNN 退出市场。其主张如下:③

(1)Vista 和 GNN 是直接竞争对手,Vista 具有支配地位,平均每周刊有48页,而 GNN 平均每周刊仅有24~28页。

(2)Vista 和 GNN 或多或少有相同数量的员工,而 Forum 的员工团队则小得多。

(3)直到2004年,GNN,Vista 和 Forum 都以市场价确定的广告费率出售广告,而 Forum 由于其较小的印刷订单量而总是更便宜,但“可能也构成了相关市场上一个令人讨厌的因素”。

(4)在2005年度和2006年度,由于“Vista 和 Forum 严重降低本地广告费率”,GNN 的利润减少。

(5)上诉人的这种“猛攻”在“持续降费”之后的几年里愈演愈烈。

---

① 兰特(Rands)指南非货币。

② 每栏目每单位厘米(Single column per centimetre)。

③ Media 24 Proprietary Limited v. Competition Commission of South Africa, the Competition Appeal Court of South Africa, Case Number: 2018 (4) SA 278 (CAC), judged on March 19, 201, 第15段。

(6)自2004年以来,GNN广告商一直表示Vista的每栏目每单位厘米广告费率远低于GNN。

(7)2007年、2008年和2009年,GNN持续遭受损失。

(8)在GNN提起指控之日,Vista继续以与十至十二年前的费率相当的价格出售,并且"远不及该省或该国其他地方的当前市场相关费率"。

(9)上诉人以成本价或低于成本的价格出版Vista和Forum,从而在更广泛的公司意义上补贴这些出版物,使他们能够以比GNN低得多的本地广告费率出售。

案件诉讼进程

2011年10月31日,南非竞争法委员会向竞争仲裁庭指控媒体24公司通过Forum报纸在韦尔科姆地区的相关市场进行掠夺性定价,违反了《南非竞争法》第8条(d)款(iv)项或第8条(c)款的规定。更具体来说,媒体24公司曾在韦尔科姆地区的市场持续将Forum报纸作为"战斗品牌"来阻止和抑制GNN及其他潜在的新经营者进入或扩大市场。竞争法委员会认为媒体24公司运营Forum报纸的目的除了掠夺市场,没有其他经济上的目的。

2015年9月8日,竞争仲裁庭裁定:竞争法委员会已经认定,媒体24公司对其出版物Forum报纸的定价低于其平均总成本(ATC),该行为意图掠夺其竞争对手——GNN,并且,媒体24公司有能力在接下来的时间里收回其在掠夺期间的损失。因此,媒体24公司实施了《南非竞争法》第8条(c)款禁止的排他性行为。

在对此案的裁决中,竞争裁判庭首先审议了上诉人是否违反该法第8条(d)款(iv)项,该条禁止一家占支配地位的公司"销售低于其边际成本(MC)或平均可变成本(AVC)的商品或服务",除非该公司能够证明该行为产生的技术、效率或其他有利于竞争的增益大于其所产生的反竞争影响。显然该案缺乏直接证据证明其定价低于MC或AVC。

AVC被定义为所有可变成本除以产量的总和:这一概念已纳入该法案。经济学中的另一个概念——平均可避免成本(AAC),指公司不参与掠夺性策略而可以避免的成本。与AVC不同,AAC包含固定成本要素,称为产品特定的固定成本。定价低于AAC是否违反了《南非竞争法》第8条(d)款(iv)项这一问题引起了竞争裁判庭极大的争论。竞争裁判庭认为,竞争法委员会未能证明本案上诉人对Forum的定价低于其AAC。理由是,无论是AAC还是AVC

都没有超过Forum在争议期间内获得的收入。

竞争裁判庭根据第8条(d)款(iv)项驳回竞争法委员会的主张后,转而依据第8条(c)款来审视被控违法行为的合法性,即禁止具有支配地位的企业实施"除(d)项以外的其他排他性的行为,如果该排他性行为产生的反竞争影响大于其所产生的技术、效率或其他有利于竞争的增益"。竞争裁判庭认为,Forum的广告定价低于其ATC,而且上诉人的掠夺意图非常突出。这些由当事人陈述、一份未来掠夺性的计划方案实施等直接证据以及间接证据,诸如内部自相残杀的证据、一再亏损却仍然长期运营Forum的证据、在GNN退出后不久就关闭Forum的时间证据以及最强有力的补偿Forum的证据予以证明。①所以,上诉人的行为违反了竞争法的第8条(c)款而构成滥用市场支配地位。

上诉人对竞争裁判庭的裁决不服,向竞争上诉法院提起上诉。

争议焦点及竞争上诉法院的观点

本案争议焦点即为上诉人的被控违法行为在何种程度上违反了《南非竞争法》第8条(d)款(iv)项和第8条(c)款关于"掠夺性定价"的禁令?如何认定行为是否是"掠夺性定价"?

竞争上诉法院认为:评估上诉人的被控违法行为是否是掠夺性定价,首先必须深入分析何为"掠夺性定价"及其适用的经济学原则。而此分析必须确定第8条(d)款(iv)项和第8条(c)款适用的适当的成本基准究竟是什么。

竞争法禁止掠夺性定价背后的动机可以简单概括为:当面临来自现有竞争对手或新进入相关市场的竞争对手时,一家占支配地位的经营者故意将商品或服务的价格降至亏损水平。等到现有的竞争对手遭受亏损退出市场或新进入者被封锁进入以后,该支配者再提高价格,从而造成了对消费者的伤害。但是问题不是这么简单的。一个市场的竞争优势包括价格竞争,如果市场不允许价格竞争,可能会淘汰效率低于占有支配地位公司的竞争对手。在市场经济中,占支配地位的经营者有权在价格上竞争。因此,掠夺性定价必须在不禁止支配企业实施竞争性降价行为与禁止不合理的排他性掠夺之间设定界限。在设定这个界限时,竞争机构必须非常警惕。一旦禁止掠夺性定价的影响是一个占支配地位的公司出于对冠上"掠夺性定价"罪名的担忧而选择不实

---

① Media 24 Proprietary Limited v. Competition Commission of South Africa, the Competition Appeal Court of South Africa, Case Number: 2018 (4) SA 278 (CAC), judged on March 19, 2018, 第18~24段。

施降价的价格竞争方式,那么竞争法的一个重要目标——降低价格以及增加消费者利益就会受到损害。①

正因如此,许多用于认定行为是否是掠夺性定价的测试方法应运而生。1975年,阿里达(Areeda)和特纳(Turner)教授认为,根据美国法律,一家占有支配地位的企业定价如果低于平均可变成本(AVC),则该价格应该被认定为是掠夺性的。阿里达和特纳教授认为他们之前提出的“意图”认定法过于主观,他们的大部分文章都致力于建立一个客观的价格成本基准测试方法,以适用于涉嫌掠夺性定价的案件而无须找寻有关掠夺意图的证据。②

在欧盟,阿克苏诺贝尔(AKZO)诉欧盟委员会一案也讨论了在欧盟法框架内的基准成本的问题,该案中欧盟法院拒绝采纳 Areeda 和 Turner 的测试方法,即高于 AVC 以上的定价被认为是合法的。欧盟法院确定了两个标准来确定价格是否具有掠夺性:

(1)如果一家支配企业的产品销售价格低于 ATC 但高于 AVC,那么在该定价作为排除竞争者计划的一部分时,可以认定为是掠夺性定价。因为这样的定价政策有可能排除与支配企业有同等效率的企业,因为这些同等效率企业的财务资源不够雄厚,无力与支配企业进行价格战。

(2)如果一家支配企业以低于 AVC 的价格出售,那么(可反驳地)推测它实施了滥用行为,因为每次出售都会对这家支配企业造成损失。

(3)如果支配企业的定价高于 ATC,则不应被认定为掠夺性定价。

之后,维斯(Whish)和巴利(Bailey)指出,应用基于成本的测试来确定价格是否具有掠夺性的一个复杂问题是,应用 AVC 或 ATC 的标准可能并不总是合适的,特别在固定成本非常高但可变成本很低的行业中。于是,一个新的测试基准——长期平均增量成本(LRAIC)被推出。③“长期增量成本”是由产量增

---

① Media 24 Proprietary Limited v. Competition Commission of South Africa, the Competition Appeal Court of South Africa, Case Number: 2018 (4) SA 278 (CAC), judged on March 19, 2018, 第25~27段。

② Media 24 Proprietary Limited v. Competition Commission of South Africa, the Competition Appeal Court of South Africa, Case Number: 2018 (4) SA 278 (CAC), judged on March 19, 2018, 第28~30段。

③ Media 24 Proprietary Limited v. Competition Commission of South Africa, the Competition Appeal Court of South Africa, Case Number: 2018 (4) SA 278 (CAC), judged on March 19, 2018, 第32段。

加产生的总成本变化,可以是产品的整体产出,也可以是与排他性行为相关的增量产出。在欧盟,《关于适用〈欧共体条约〉第82条查处占有支配地位的企业滥用行为的执法重点指南》将LRAIC称为“公司生产特定产品所产生的所有(可变和固定)成本的平均值。与AAC不同,LRAIC包括所有特定产品的固定成本,即使这些成本在掠夺性定价开始之前就已经沉没,即LRAIC包括可收回的和沉没的固定成本。如果支配企业的定价低于LRAIC,则意味着他放弃了为争议产品或服务所投入的全部固定成本,那么同等效率的竞争者可能会被封锁在相关市场之外”。①

《南非竞争法》第8条(d)款(iv)项的立法本意是采纳平均可变成本(AVC)的概念。值得注意的是,在法案成为法律之前不久,威廉·鲍莫尔(William Baumol)开发了一种更具影响力的方法,即AAC基准成本。可能由于这个原因,第8条(d)款(iv)项利用边际和平均可变成本作为基准,但在该条款中没有包括AAC。但是,鲍莫尔的方法与第8条(c)款的适用有关。鲍莫尔认为,任何不低于AAC的单个价格都不是掠夺性的。因此,与边际成本相反,AAC是基于第8条(c)款评估掠夺性定价的关键测试。ATC是一个在多产品组合的企业中无法确定和无法衡量的数字,所以不应作为任何一个掠夺性定价的合法性测试的一部分。鲍莫尔认为,当且仅当定价满足以下所有三个条件时,它方可被定义为掠夺性的:(1)价格的选择必须没有合法的商业目的;(2)价格必须威胁到竞争对手的存在或进入,这些竞争对手至少与支配企业有同等效率;(3)必须有一个合理的预期,即将来至少可以补偿该掠夺性企业在采取争议定价行为之时的所有初始成本。②

竞争上诉法院在梳理了关于“掠夺性定价”成本基准测试的诸多典型方法后,对《南非竞争法》第8条(c)款和第8条(d)款(iv)项应适用的测试予以明确。

首先,第8条(d)款(iv)项毋庸置疑地以“边际成本”和“平均可变成本”作为成本基准,因为法律条文明确了以此为判断标准。竞争裁判庭也在“国家航

---

① 欧盟法关于LRAIC的掠夺性定价测试方法,详见《关于适用〈欧共体条约〉第82条查处占有支配地位的企业滥用行为的执法重点指南》第25条、第26条、第27条。

② Media 24 Proprietary Limited v. Competition Commission of South Africa, the Competition Appeal Court of South Africa, Case Number: 2018 (4) SA 278 (CAC), judged on March 19, 2018, 第34~35段。

空公司诉南非航空有限公司”①一案中表明：“适用第 8 条(d)款(iv)项认定行为的违法性是有一定限制的。除非有纸质证据明确证明其定价低于第 8 条(d)款(iv)项设定的价格标准，否则法庭不应根据第 8 条(d)款(iv)项作出裁定，而应根据第 8 条(c)款考虑该被控行为是否违法。”第 8 条(d)款列出了一系列详细的、具体的排他性行为，它的适用是有严格限制的，而第 8 条(c)款则是关于其他形式的排他性行为笼统的、广泛的表述。如果被控违法行为不符合第 8 条(d)款，则应以第 8 条(c)款的标准予以考虑，这就引出了关于第 8 条(c)款禁止反竞争行为之范围的问题。

在本案中，竞争裁判庭基于第 8 条(c)款判断行为是否合法时，以 ATC 作为成本测试基准。竞争裁判庭认为，在处理一家垂直整合或多产品公司的涉嫌反竞争行为之时，平均总成本是靠得住的评估标准，因为“成本评估的正统方法——无论是边际成本、平均可变成本还是平均可避免成本，都可能因信息不对称而被混淆或挫败，因为公司掌握会计选择，更有能力对抗调查者而获胜”。关键的是，竞争裁判庭在选择以 ATC 作为本案成本测试基准时，并未有任何经济学专家为此提供支撑。

据此，本案的关键问题演变成：在第 8 条(c)款框架内判断被控违法行为是否构成掠夺性定价之时，以 ATC 作为成本测试基准是否合适？很明显，第 8 条(d)款(iv)项的条文已经明确将 ATC 的基准排除在外。在缺乏证明其主观意图之证据的情况下，ATC 是一个不恰当的基准，即使是依据第 8 条(c)款来认定被控违法行为的合法性问题。竞争裁判庭试图通过证明支配企业具有掠夺性的意图来进一步补充 ATC 测试基准的不足，这种做法也是不可取的。以“掠夺性意图”作为认定因素，与《南非竞争法》第 8 条(c)款相悖，该条强调的是“行为”而非“主观意图”。

所以，“ATC”以及“主观意图”在竞争法第 8 条(c)款的框架内认定被控行为是否违法之时没有任何用处。在依据第 8 条(c)款认定被控行为是否属于掠夺性定价时，必须采用 AAC 作为成本测试基准，而不是竞争裁判庭试图在本案中适用的混合测试基础，《南非竞争法》第 8 条要求的是一种客观的测试法。

需要对 Forum 做可避免成本(AAC)测试。Malherbe 先生计算出 Forum 的

---

① Nationwide Airlines (Pty) Ltd. and others v. South African Airways (Pty) Ltd. and others, Case Number: 92/IR/Oct00，第 102 段。

可避免成本在相关争议期间内总计为6,658,000卢比,而该期间内的营业额为7,554,000卢比,所以结论是,Forum的收入超过了可避免成本。

案件结果

综上所述,法案第8条(d)款(iv)项是精准的法律条文,必须以边际成本和平均可变成本作为判断被控行为的成本测试基准。

在争议期间内,Forum的营业收入超过了其平均可避免成本。所以,该案应当由第8条(c)款予以评估考量其合法性,故而适用平均可避免成本(AAC)作为成本测试基准。以“平均总成本”加上“掠夺性意图”的混合测试法来评估被控行为是否违反了第8条(c)款的做法,与第8条(c)款注重客观行为而非主管意图的立法本意不符。

据此,平均可避免成本(AAC)是本案的成本测试基准。理由是:定价低于AAC意味着该支配企业正在作出牺牲,因为该段期间内任何产品增量都不会产生现金利润。基于此,该支配企业可以驱逐同等效率竞争者,因为AAC包含该竞争者在相关市场内为了避免损失而需承担的所有成本。无须明确定价低于AAC的情形是否构成对第8条(c)款的违反,证明营业额低于AAC是被上诉人的责任,而被上诉人并没有做到这一点。

所以,撤销竞争裁判庭于2015年9月8日作出的裁判,驳回竞争委员会于2011年10月31日向竞争裁判庭提起的诉讼。

五、南非竞争法律制度评析

(一)《南非竞争法》实施情况

我们可以先看一下南非竞争委员会的案件执行情况(见表5)。

表5　南非竞争委员会案件执行情况

	纵向协议	横向协议	滥用市场优势地位	合并
2001年的诉讼事件	13	21	25	220
试图执行	4	4	5	—
完成执行	2	1	2	0

续表

	纵向协议	横向协议	滥用市场优势地位	合并
2000 年的诉讼事件	15	22	48	407
试图执行	2	3	3	—
完成执行	1	1	—	6
1999 年诉讼事件	—	—	—	331
试图执行	—	—	—	—
完成执行	—	—	—	8

（资料来源 OECO,"Competition Law and Policy in South Africa",2003,p. 49.）

这是截至 2002 年统计的竞争委员会作出的裁决情况,可以看出处理案件的数量很多,但是真正执行和处罚的案件并不多。竞争委员会和竞争裁判庭倾向于用同意命令和出口卡特尔的罚款来解决大多数的反竞争问题,而非执行处罚措施。相对于《南非竞争法》对其执行机构精细的职能分工和地位来说,其执行的实施情况确实不尽如人意。

近年来,南非倾向于增强执行机构的权力来监管市场,维护竞争。截至 2008 年 6 月 4 日,竞争裁判庭总共裁决案例的数量为 639 件,最近一次的裁决是在 2008 年 5 月 29 日。数据统计更新到 2008 年 2 月 8 日,南非竞争上诉法院的裁决案例的数量为 39 件,最近一次的上诉案件裁决是在 2007 年 8 月 7 日。

(二)《南非竞争法》评析

1.《南非竞争法》的发展创新

总的来说,《南非竞争法》是一部比较成熟和完善的竞争法。其相对于 1955 年和 1979 年的竞争法有很大的发展和创新,也充分吸收了前两部竞争法的经验和教训,在实体内容和程序方面有很大的改革。另外《南非竞争法》也借鉴了一些发达国家如美国、加拿大、欧盟国家的竞争法的立法经验,从该法条文的内容规定、条文的表述等方面都能看到其受到了外国竞争法的影响。如其中关于限制性竞争协议的规则和滥用市场支配地位的规则使用了欧盟法中一些表述;关于合并的标准的规定与加拿大法中的规定类似;而关于价格歧视的规则与美国的《罗宾逊—伯特曼法》的修订版本类似。在借鉴的同时,本法也充分体现了南非的国情和特色,除了保护市场中的竞争和效率,《南非竞争法》在其序言和目的条文中都一再声明要保护历史上处于不利地位人的竞争力,增加黑人的所有权,避免以往的种族隔离,充分考虑公共利益等因素。

《南非竞争法》一个最大的成功之处在于它设立的执行机构:竞争委员会、竞争裁判庭和竞争上诉法院。该3个机构的设立是南非的独创,各自独立行使自己的职能。在合并申报程序中,竞争委员会负责中小型合并的审查,并有权就大型合并提出意见;裁判庭负责大型合并的审查,上诉法院则作为合并裁决的上诉机构。在反竞争行为的诉讼程序中,委员会作为调查和公诉机构,裁判庭作为审判机构,上诉法院则作为上诉机构。委员会还充当豁免程序的审查批准机构。最为突出的是,这三个竞争机构还拥有对竞争案件的专属管辖权。除特定事项外,竞争机构的裁决不能上诉到最高法院或其他民事、刑事法院。这就使南非的竞争法执行机构具有了高度的独立性和权威性,有利于执法机构不受其他政治势力和利益集团的干扰,有利于竞争案件的公正审理。同时,由于竞争案件的专业性较强,成立专门的执法机构来处理这些案件也符合竞争案件日益复杂化的要求。这也值得其他发展中国家在完善竞争立法中借鉴。

另外《南非竞争法》的程序事项规定得非常详细,第88条的内容大部分都为程序内容,篇幅大大超过实体内容。对相关概念的界定、执行机构的设立和相关事项、调查和裁决程序、上诉重审等内容都做出详细的规定,本文在第二部分的基本内容中已经做了具体介绍。严密和详尽的程序规定有利于该法的实施,也使执行过程更加合法、透明和公正。

2.《南非竞争法》的不足之处

《南非竞争法》的制定和实施都是成功的,值得发展中国家借鉴。然而它也并非完美,还有一些地方需要完善。

第一,关于“公共利益”的界定。《南非竞争法》延续了1997年贸易与工业部(Department of Trade and Industry,DTI)的指导方针,认为竞争的经济效率要与公共利益一致。这使很多人有顾虑,担心因为公共利益而随意地引用竞争法来规制市场中的竞争行为。虽然事实证明直接引用公共利益的因素的案例并不多,但是对于公共利益的界定仍然需要一个标准,仅用“公共利益”太宽泛和空洞,缺乏可操作性。比如,合并是否合理,其中的一个判断标准是看其是否有关重大的公共利益,但是法条中并没有具体规定何为有关重大的公共利益,这样就使实践中难以对此作出判断。

第二,有关市场份额的认定。《南非竞争法》中对支配地位的认定是依据市场份额,具有45%以上的份额即被认为是具有市场支配地位。这一界定被广泛认为不够合理。仅根据市场份额,而不考虑企业的规模、数量、相关市场和它们的竞争能力等因素即判断其具有支配地位相对武断,而且一般认为45%以上的份额并不一定达到支配地位,美国认为拥有90%以上的市场份额才具有支配地位。

第三,豁免的标准。委员会有权对违反限制性协议或者滥用支配地位的禁止豁免。豁免被限制在一个特殊的情形。豁免的理由包括维持和促进出口、提升小企业或者历史上处于不利地位的人的竞争力、改变产业的下滑以及维持自由贸易和工业部长在与产业负责的部长商议后指定的产业的经济稳定。授予或者撤销豁免需要调查、公共通知和评议。理论上,给予豁免并没有自由裁量权,委员会必须在所有条件符合时给予豁免,并且在条件不符合时或该行为根本违反了竞争法时拒绝给予。委员会关于审议豁免的行为可以被上诉至竞争裁判庭。然而这些豁免的标准非常广,可以理解为:只要促进了出口、支持了小型企业,允许互相合理地维持利益,或者仅是简单地帮助企业来维护他们传统的竞争地位,即使是固定价格和划分市场都能够得到豁免,本身违法行为也可能符合豁免的条件。因此该豁免的标准应该进一步地细化。

第四,合并控制的标准。合并控制的标准很宽泛,明显很自由。《南非竞争法》中第一步评价为是否该合并有可能实质性地阻止或者减少竞争。该决定需要大量的事实分析,要评价该企业在合并后将竞争或者合作的可能性。审议的因素包括进口竞争、解除进入、关税和法规障碍、集中、共谋的历史、抵消力量、动态的特征比如增长、创新和产品区别、纵向整合、商业失败以及有效竞争者的去除。如果竞争分析表明有问题,则下一步就是决定是否存在技术上的、效率或其他促进竞争的利益能够消除反竞争的影响,并且如果没有合并他们将不可能得到该反竞争的利益。

On the Competition Law System of South Africa

Na DAI & Yinghui HUANG

Abstract: South Africa drafted itsRegulation of Monopolistic Conditions Act as early as 1955 and released the Maintenance and Promotion of Competition Act in 1979. Those two acts were not satisfactory in terms of legislative content and implementation effects. Therefore, South Africa published its Competition Act in 1998, which was a breakthrough achievement. The Competition Act established three implementation organizations which are the Competition Commission, the Competition Tribunal and the Competition Appellate Appeal Court. Those three organizations have exclusive authority to deal with competition cases. In general, the competition law system in South Africa is mature and sophisticated, but it has weaknesses as regards to how to define "public interests", how to identify market shares, how to establish an appropriate criterion of exemptions and how to formulate the standard for merger control.

Key Words: South Africa, competition law, implementation, cases, weakness

金砖国家法律研究(总第3卷·2019年)
第129~145页

俄罗斯竞争法：历史、转型与新发展*

王海军**

内容提要：保护竞争和反垄断是市场经济国家的共性任务，各国均以法律方式予以保障。俄罗斯竞争法从20世纪初开始，经历了苏联时期的变化，直到苏联解体之后随着俄罗斯联邦经济转型才开始真正成长起来，最终形成了以《俄罗斯联邦保护竞争法》为核心的竞争法律体系，并在保障俄罗斯经济转型和推动市场经济发展方面发挥重要作用。随着国际经济形势和俄罗斯国内经济的变化，俄罗斯竞争法制不断完善和更新，并在修订立法、更新制度、政策推新等方面不断发展。

关键词：俄罗斯竞争法　反垄断　《俄罗斯联邦保护竞争法》

竞争自由作为市场经济有效运作的基本条件之一，各国均在国家层面予以保障。竞争是一种市场主体之间的竞争，在这种关系中，一方不可能单方面影响市场中的贸易条件。为了使市场中各种组织能够顺利进行经济活动，他们的权利和义务多在法律文件中体现，所涉经济活动领域受到法律的严格管制，而在这种情况下，消除垄断、保

---

* 本文系为研究阐释党的十九大精神国家社科基金专项立项课题——“新时代共建共治共享的社会治理法治化机制研究”(18VSJ033)的阶段性成果之一。

** 王海军，华东政法大学法律史研究中心、科学研究院副研究员。

证正当竞争就构成了竞争法的全部任务。竞争法的渊源包括竞争立法、反垄断立法,以及与此两种法律制度相关的经济政策,同时也包括宪法和其他部门法对保护竞争、反垄断的相关规定。从竞争法的历史发展来看,竞争法作为市场经济中维护竞争自由的基本法是以1890年美国《谢尔曼法》的诞生为标志的,并在此后的历史发展中逐渐在西方国家获得了"经济宪法"、"市场经济的基石"及"自由企业的大宪章"等美誉。转型国家也均将竞争法作为推进经济转型的重要手段,"在市场经济国家,即使国情各不相同,各国也通常制定旨在保护竞争、促进竞争关系发展的经济政策,这些竞争政策在本质内容上具有相当程度的共性"。①

俄罗斯从苏联解体之后开始向市场经济转轨,并在这个阶段开始推动和发展现代意义上的竞争法。但如果从俄罗斯竞争法的历史来看,竞争法在近代俄国时期就已经开始存在,并在苏联时期形成了具有时代特性的竞争法制,只是这两个时期竞争法的样态和功能并未体现出竞争法内在价值的完整意义。

一、俄罗斯竞争领域法律调整的历史

俄罗斯在竞争领域所进行的法律调整的历史并不长,在我们熟知的现代竞争法律体系之前,它经历了近代和苏俄两个时期,其中不同程度的显露出了俄罗斯竞争领域的法制问题,尤其是苏联解体前的相关法律,更是为后来俄罗斯联邦时期竞争法的发展奠定了基础。

俄罗斯竞争领域立法的第一次尝试发生在1908年,以当时美国的《谢尔曼法》为基础来设计反垄断法制,并出现了一些规范竞争关系的规则,但是"在当时的不公平竞争立法下即使是最起码的要求也无法得到满足:只保护注册商标,在公司被用作商标时给予稍加扩大的保护,以及普遍承认公司专属权利,这些都是阻碍某些不公平竞争的特殊规则,"②因此"这些措施是敷

---

① 邢梅:《转型时期俄罗斯反垄断法的政策含义》,载张守文主编:《经济法研究》(第9卷),北京大学出版社2011年版,第293页。

② Шретер В. Недобросовестная конкуренция // Сборник статей по гражданскому и торговому праву. Памяти Габриэля Феликсовича Шершеневича. М.,2005.

衍了事的、不系统的,往往无法为竞争领域提供充分的保护”。[①] 可以说,俄罗斯在近代对竞争法的尝试和努力并未成功,这在很大程度上是由于俄罗斯企业家组织为继续获得垄断利益而联合反对所导致的。

随着第一次世界大战的爆发和延续,以及此后的十月革命,俄罗斯国内所有生产领域的垄断问题都被遗忘了。

当苏维埃政权在俄罗斯逐渐确立和稳固之后,苏联的经济具有行政指挥性质,没有真正的竞争,市场也不存在,但苏联法律却规定了防止不公平竞争的规则,这是因为苏联 1965 年加入了《保护工业产权巴黎公约》(以下简称《巴黎公约》)。《巴黎公约》在国际法律领域广泛使用“不正当竞争”一词,苏联作为缔约国,有义务向其他国家的公民提供有效保护,防止不正当竞争。但是在当时的苏联国内立法中几乎没有采纳这一概念,保护也只在对外经济关系中提供,因此“很难想象苏联会有任何形式的竞争,从而导致不遵守《巴黎公约》的规定,苏联签署此类文书仅仅是宣示性的”。[②]

随着戈尔巴乔夫的改革,苏联国内经济发展指导思想发生了变化,并在竞争法领域得到体现。

20 世纪 80 年代末,苏联出现了需要发展竞争的先决条件,《巴黎公约》的国际准则被纳入苏联的国内准则,1988 年 5 月 26 日《苏联合作社法》规定,促进经济竞争,商品、工程和服务市场的竞争是合作社活动的一个方面。[③] 苏联时期关于竞争问题的规范性文件的第一个例子是苏联部长会议 1989 年 12 月 2 日《关于进一步发展国家、合作组织和其他社会组织》的第 1405 号决议,其中规定如果发现有不正当竞争的情况,苏联部长会议国家对外经济委员会可以中止商品的出口或进口。[④] 可见该条例适用于进出口业务,但对国内市场的贸易几乎没有影响。随后 1990 年 6 月 4 日的《苏联企业法》中也强调了遵守竞争法的必要性。1990 年 12 月 24 日《俄罗斯苏维埃联邦社会主义共和国财产法》中出现了“不正当竞争”一词,但是并未对该概念和不正当竞争的情

---

① Остапенко А. В. Недобросовестная конкуренции в России: история правового регулирования // Молодой ученый. 2018. № 20.

② Остапенко А. В. Недобросовестная конкуренции в России: история правового регулирования // Молодой ученый. 2018. № 20.

③ Закон “О кооперации в СССР” от 26 мая 1988 г.

④ См: Постановление Совета Министров СССР от 2 декабря 1989 г. № 1405 “О дальнейшем развитии государственных, кооперативных и других общественных организаций”.

形作出定义,根据该法,所有权人滥用其垄断地位或其他支配地位、使用不公平的商业方法(不正当竞争)和采取其他侵犯他人权利和受法律保护的利益的行为造成损害的应予以全额赔偿。① 然而,此时的俄罗斯仅仅出现了将竞争视为法律的直接目标的法规。

可以说,此时的俄罗斯竞争法处在一个比较尴尬的阶段,一方面是国内经济发展所带来的对竞争规制的紧迫感,而另一方面则面临着体制改革后即将崩塌的国运,而正是在这个时期,出现了保护竞争领域的特别条例。对于采用何种立法模式,当时的立法者也做出了选择。在当时全球反垄断管理实践在加强竞争保护方面采取了不同的做法,有些国家将这些规则纳入了民法或商法,另一些国家则通过了关于竞争保护的具体法律。俄罗斯选择了第二条道路,即在民法中只规定了禁止限制竞争的一般规定,而保护竞争的主要规则则集中在一项单独的法律文书中。基于此,1991年3月22日,《商品市场竞争和限制垄断活动法》通过,标志着俄罗斯竞争法发展进入第一阶段,这部法律也被认为是第一部为规范市场行为者的活动奠定法律基础的法律,"被视为向市场经济体制过渡的奠基石"。② 此外,保护竞争的规则还部分反映在1991年5月31日《苏联和各加盟共和国的民事立法纲要》上。上述这些法律为国家竞争政策奠定了基础,其目的是创造一个单一的经济空间、实现货物的自由流动、支持竞争和为商品市场的有效运作创造条件。③

对于这个时期的俄罗斯而言,市场经济转型在20世纪80年代戈尔巴乔夫执政后期就已经开始了激烈的争论,"到80年代末,俄罗斯的大多数政治力量和居民在必须进行自由化和向市场经济过渡方面实际上已达成了共识,"④俄罗斯竞争法的基础在20世纪90年代初就已奠定。然而当时的经济和反垄断政策工具发展不足,相互之间缺乏协调,所有这些都给它们的互动造成了一些困难。更为重要的是,由于苏联解体,戈尔巴乔夫还没有来得及实施市场经济改革就结束了执政,而市场经济发展中所必须的竞争法制也需要等待下一个时期的到来。

---

① См:Закон РСФСР от 24 декабря 1990 года "О собственности в РСФСР".

② 郑友德:《俄罗斯竞争法》,载《法学杂志》1994年第2期。

③ Остапенко А. В. Недобросовестная конкуренции в России: история правового регулирования // Молодой ученый. 2018. № 20.

④ [俄]Л. Я. 科萨尔斯、Р. В. 雷芙金娜:《俄罗斯:转型时期的经济与社会》,石天、董英辅等译,经济科学出版社2000年版,第59页。

二、国家转轨与俄罗斯竞争法的转型

1991 年 12 月 25 日,苏联解体,俄罗斯宣布独立,成为主权国家。与此相适应,俄罗斯正式启动政治、经济、文化、法制的整体转型,一方面,俄罗斯逐渐建立相对完善的法律体系,有针对性地完成了各个领域法律制度的设计;另一方面,通过制度实践解决转型所带来的难题,并以此推动和保障社会转型。在经济领域,俄罗斯明确提出以市场经济为取向,迅速实行由计划经济体制向市场经济体制的转轨,这同时也导致了诸多不合法的竞争和垄断行为的出现,这种变化也催生了新的竞争政策和法制的产生,并随着市场经济的发展而不断变迁。

(一)经济转型对竞争法的诉求

20 世纪 90 年代初,作为苏联继承国的俄罗斯开始了艰难的体制转轨,走上一条与苏联高度集中的计划经济体制不同的改革道路,掀开了社会经济发展的新篇章。

俄罗斯于 1992 年 1 月 2 日正式启动向市场经济的转型,由计划经济体制到市场经济体制,由单一的公有制经济到私营经济,可以说是产生了翻天覆地的变化。在从中央集权的计划经济向市场经济转轨中,俄罗斯最终决定实行激进的"休克疗法",其主要内容包括自由化、稳定化和私有化。"但是,国营经济成分仍然占主要地位。"①"随着转型中私有化的政策控制失误,导致大量国有企业及其资产落入少数人手中,俄罗斯一夜之间出现众多经济寡头,不但未能打破计划垄断局面,还出现了相应的变异。"②

因此,在 1998 年以前,俄罗斯经济中的非市场成分仍然很大,据俄罗斯经济学家分析,非市场成分大约占一半,俄罗斯市场经济还不是完善的、文明的市场经济,其间充满了投机、豪夺、犯罪和灰色经济,根本谈不上公平、公正,经济因此濒于崩溃。③ 可以说,在转型过渡初期阶段,改革家及其顾问们满脑子都是物价和财产,忽视了法院、税收检查员、管理部门、金融中介等所

---

① 李响:《俄罗斯法律中对行政垄断的规制》,载《法学杂志》2002 年第 2 期。

② 王勉青:《经济转型国家的经济法律制度比较》,中国法制出版社 2009 年版,第 158 页。

③ 参见靳会新:《简论俄罗斯的税制改革》,载《黑龙江对外经贸》2003 年第 10 期。

组成的"机制"。结果,出现了没有法治机制要求的市场——这是俄罗斯转型过渡中的致命弱点。[①] 俄罗斯自1992年年初开始向市场经济过渡,"事实上,这意味着从一开始就出现了许多原始的食品和物资市场,在这些市场中,国内和外国的商品被个人经营所转售,每个公民都有权在任何地方和任何地方进行交易,但是对卫生防疫、生态环境和其他方面的适当控制并不总是得到遵守"。[②]

至1999年叶利钦辞职,多年的经济改革使俄罗斯市场经济体制的框架初步确立,但是新的经济体制还存在很多问题,这还不是现代的文明的市场经济,而是"资本原始积累"式的野蛮的市场经济,与其相伴的不是效率与公平,而是经济长期衰退和人民生活普遍贫困化,并充满投机、欺诈、掠夺和犯罪,新经济体制的各方面还很不完善,机制尚未有效运转,市场秩序远未形成。[③] 可以说,"俄罗斯与其他成熟市场经济国家之间一个根本性的不同就在于财产获取方式的权力性有余而市场性与公正性不足"。[④]

在处于经济转型阶段的俄罗斯,促进竞争一直是俄罗斯国家转型过程中的重要举措,形成良好的竞争环境是俄罗斯的重要经济任务。[⑤]

(二)竞争法框架的建立

在实行私有化以后,俄罗斯初步形成了竞争性的金融市场,但是总体上俄罗斯的金融市场仍然处于低水平竞争,金融市场上的各种无序、混乱的不正当竞争行为和垄断现象严重。俄罗斯经济转轨方针的制定者认为,"西方国家尤其是美国的自由市场经济模式是世界上最先进、最合理的社会经济制度,因此俄罗斯应当全面引入和效仿"。[⑥] 作为经济转型国家,由于缺少竞争法的历史基础,在最初制定本国竞争法时,直接或间接地借鉴了西方发达国

---

① [美]安德鲁·C.库钦斯主编:《俄罗斯在崛起吗?》,沈建译,新华出版社2004年版,第101页。

② А. В Лобаков. История развития российского законодательства о конкуренции // Юридияеские науки. 2009. № 7.

③ 潘德礼主编:《俄罗斯十年——政治·经济·外交》(下卷),世界知识出版社2003年版,第422页。

④ 魏建国:《俄罗斯市场经济转型困境的法治视角解读》,载《俄罗斯中亚东欧研究》2011年第6期。

⑤ См: ФАС: ДОКЛАД о состоянии конкуренции в Российской Федерации. 2008. С. 4.

⑥ 郭连成、刁秀华:《转轨国家的竞争政策与立法研究——以俄罗斯为例》,载《财经问题研究》2007年第4期。

家（主要是欧盟国家）的竞争法律制度的内容和方法。俄罗斯与欧盟签有反垄断协议，国内立法也逐步与欧盟竞争法接轨，俄罗斯也因此迎来了转型期第一次立法保护竞争的尝试。此时的俄罗斯竞争法更接近于欧洲调整竞争关系的模式，对滥用市场权力的行为实施监管，同时在禁止垄断方面又具有美国模式的痕迹，可以说，此时俄罗斯的竞争政策集中体现为对垄断行为的规制。

在这个阶段，俄罗斯国家在反垄断政策和经济政策之间的活动范围和权力划分相当模糊，一项政策往往被另一项政策所干预和取代，履行其固有的职能和责任，这在很大程度上决定了反垄断和保护竞争政策的被动性质。竞争法发展中的若干问题也清晰可见：一方面，竞争管理机制开始形成，而竞争市场尚未完全形成。然而，反垄断政策往往被认为是建立市场关系的一种方式，这种做法似乎并不完全正确，从竞争关系的本质可以推断，反垄断规制不能作为建立市场关系的途径，相反，市场关系是需要解决竞争关系的基础，因而也是反垄断法的推动力；另一方面，由于改革初期主要是在国家一级对经济实行非垄断化，因此取消垄断和私有化的工业政策开始发挥作用，具有相当强的限制性，主要是国家反垄断控制和反垄断禁令，主要形式就是立法政策，局限于政府的定价管理。

然而在处理反垄断违法行为方面的经验表明，此时的《商品市场竞争和限制垄断活动法》已经无法完全适应俄罗斯的经济进程，因此对 1991 年俄罗斯竞争法针对多个市场主体联合实施垄断行为的现象的规定先后多次做出修订，对不同主体之间的关联关系进行实质性审查，并且提出对“间接影响竞争关系”的行为进行规制，加大力度遏制垄断集团的形成，但是此时的俄罗斯竞争法一直处于立法分散、规则不完整、缺乏系统性和执行力的状态。① 竞争法领域立法还需实质性更新和补充。

（三）宪法与民法颁布后竞争法的变化

《俄罗斯联邦宪法》颁布之后，俄罗斯进入了制定竞争法宪法基础的阶段。《俄罗斯联邦宪法》和 1991 年《商品市场竞争和限制垄断活动法》对“支持竞争”一词作了同样的解释，因此新的俄罗斯宪法确立了规范竞争的法律

---

① 邢梅：《转型时期俄罗斯反垄断法的政策含义》，载张守文主编：《经济法研究》（第 9 卷），北京大学出版社 2011 年版，第 293～294 页。

起点，为形成文明市场奠定了法律基础。此时的俄罗斯已经为自由市场的形成奠定了基础，在1994年，随着新的《俄罗斯联邦民法典》的通过，竞争法的发展进入了一个新阶段。《俄罗斯联邦民法典》第10条规定了禁止利用公民权利限制竞争和滥用市场支配地位，第1222条规定，不公平竞争产生的义务适用于市场受这种竞争影响的国家的法律，除非法律另有规定。

此外，2008年《俄罗斯联邦地下资源法》第17条，2002年《俄罗斯联邦中央银行法》第32条，1994年12月13日《为联邦国家需要提供产品法》第5条，1995年《俄罗斯联邦通信法》第15、17、20条和其他相关法令确定了一项长期的反垄断发展战略，并使之具有必要的制度性。关于保护金融服务（银行、保险和其他与资金有关的法人和自然人）市场竞争的立法也在逐步发展。《电力法》是在保护竞争关系的法律框架内确立具体特点的一个典型例子，该法第25条规定：电力批发和零售市场的反垄断管理和监督由反垄断机构根据俄罗斯联邦反垄断立法、俄罗斯联邦政府的规范性法律文件进行，同时也要考虑到上述根据俄罗斯联邦政府的规范性法律文件规定的联邦反垄断机构的规范性法律文件的特点。

由于宪法和民法的变化，俄罗斯联邦在1995年要求进一步修订《商品市场竞争和限制垄断活动法》及相关法律。

首先，对《商品市场竞争和限制垄断活动法》的修改。不公平竞争的新提法出现在1995年5月25日《关于修改〈商品市场竞争和限制垄断活动法〉的联邦法律》第5条中，其中修订和补充俄罗斯联邦关于竞争和限制商品市场垄断活动的法律，它将经济主体的下列行为视为违法：（1）旨在在商业活动中优先获得商业利益的行为；（2）违反现行法律、商业惯例、诚信、合理、公正的要求的行为；（3）对其他经济竞争主体可能造成或者造成损失，或者损害其商业信誉。[①] 其次，在自然垄断领域法律的发展方面，1995年8月17日《自然垄断法》确立了自然垄断实体的地位，并规定了无竞争市场的行为规则，禁止以经济上可行的方式阻止自然垄断领域从自然垄断转为竞争性市场。但是“该法的目的不在于为自然垄断行业提供保护伞，而是对自然垄断行业基于其特

---

① Федеральный закон от 25 мая 1995 г. № 83 “О внесении изменений и дополнений в Закон РСФСР ‘О конкуренции и ограничении монополистической деятельности на товарных рынках’”.

性施以特殊的反垄断监管措施”。[①] 最后,出台和修改相关法律法规。1994年,俄罗斯通过了一项重要规范性文件——《俄罗斯联邦政府关于俄罗斯联邦市场上经济非垄断化和竞争发展国家方案的决定》,该法令确定了发展反垄断管理的长期战略,旨在国家反垄断政策必要的制度性和组织性。1995年3月18日通过了一项联邦法律《广告法》,该法是反垄断法的一部分,规定了公司在广告市场上的行为规则,揭露了不正当、不真实、不道德、故意虚假的广告,并明确了各类广告的特点。1999年6月23日针对金融市场专门颁行了《金融服务市场竞争保护法》,明确界定了金融市场的基本概念,规定了影响证券、银行、保险和其他金融服务市场竞争的关系,并对这些领域的金融企业的限制竞争行为进行规制,规定国家通过的信息只能由反垄断机构和有关的金融市场管理机构使用,还确定了金融机构可被视为不公平竞争的行为。[②]

值得注意的是,2004年7月29日俄罗斯政府通过了《联邦反垄断局条例》,规定联邦反垄断局是一个联邦授权的执行机构,负责颁布法规、监督商品市场竞争法律的执行、保护金融服务市场的竞争、自然垄断主体的活动和广告。此外,俄罗斯联邦反垄断局负责监督有关为国家和市政的需要发出商品订单、完成工作和提供服务的法律的遵守情况,并履行监督在俄罗斯联邦进行外国投资的职能。[③] 可以说,除了相关的联邦法律之外,竞争关系还可受俄罗斯联邦政府的决定、联邦反垄断机构的规范性法令的制约。

客观地说,这段时期的竞争法采取的是竞争与反垄断统一的立法模式,并没有严格区分竞争法和反垄断法,正因如此,这个阶段竞争法制的发展为反垄断领域实行客观和公正的反垄断管理奠定了基础,有限地保障了俄罗斯市场经济发展和转型,并成为下一阶段竞争法继续发展的必要元素。

---

① 刘继峰:《俄罗斯的经济转型与反垄断法规制目标的转向》,载《经济法研究》2018年第1期。

② См: Закон “О защите конкуренции на рынке финансовых услуг”.

③ См: Постановление Правительства Российской Федерациииот 30 июня 2004 г. N 331 г. Москва Об утверждении Положения о Федеральной антимонопольной службе.

三、俄罗斯竞争法的新发展

俄罗斯的立法者认为,特殊的法律制度只是市场环境不成熟时期的做法,立法的目标是建立完全统一的竞争法律制度。[①] 面对国内市场的变化,俄罗斯对竞争法领域进行了多次修订和发展,《商品市场竞争和限制垄断活动法》在运行15年以后显然已不再符合俄罗斯的经济和法律现实,也不再符合竞争法的现代国际法律规范,俄罗斯竞争法也因此在2006年迎来了新的发展。

(一)《俄罗斯联邦保护竞争法》

2006年俄罗斯已经进入市场经济改革的深化阶段,俄罗斯私有化形成的垄断和计划经济时期的部分产业的垄断问题更加突出,同时市场上也形成了新的垄断势力。在这样的背景下,2006年俄罗斯对竞争法领域进行了全面的修订和发展,在整合《商品市场竞争及限制垄断行为法》和《金融市场保护法》的基础上于2006年7月26日通过了一项具有里程碑意义的联邦法律——《俄罗斯联邦保护竞争法》(以下简称《保护竞争法》),实现了对商品市场和金融市场的统一监管,并就此形成了以《保护竞争法》为核心的竞争法体系。

1.《保护竞争法》的内容

《保护竞争法》包括10章,分为54条。第1章规定了该法的一般规定,其中包含了如金融组织、商品等基本概念,确定了该法的立法目的和目标,还规定了各经济组织和经济主体之间行为的协调性。第2章旨在规范不公平竞争和垄断行为,规定在任何情况下,任何人不得以任何方式损害或伤害任何人的利益,其目的在于保障统一的经济空间、贸易活动自由进行、商品市场的高效运作,特别还规定了防止滥用优势地位的条款,以及"纵向"交易和协议的可行性。第3章规定了限制行政部门和地方自治机关的良性竞争的禁止。第4章规定了咨询产品和市场的流通价格的反垄断要求,以及与各金融

---

① 刘继峰:《俄罗斯的经济转型与反垄断法规制目标的转向》,载《经济法研究》2018年第1期。

组织订立协议和合同的特点。第5章指出了国家和政府优惠的法律限制。第6章规范反垄断机构的权力和职能。第7章指出,在保护经济主体之间的竞争方面,国家对经济集中的影响是强制性的。第8章是最重要的一章,它规定必须遵守反垄断机构的命令和决定,以及违反有关法律文书条款的责任和强制分割机构的条件。第9章规定了处理全部或部分违反反垄断法案件的程序。法律文书第10章载有该法的最后条款,还规定了有关文书生效的时间。

2.《保护竞争法》的特点

《保护竞争法》对于俄罗斯联邦竞争领域的顺利运行和发展具有重要意义,其形成、内容等方面相比于以前的相关法律都能体现出一定的特点。

第一,2006年俄罗斯竞争法已经不再照搬西方国家的反垄断立法经验,而是深入研究本国的经济发展特点,植根于反垄断执法实践,对本国经济、社会因素进行综合考量,将效率、公平、保护消费者利益、提高市场主体的竞争力等理念融入法律制度。①

第二,《保护竞争法》提出了新的概念,即集体(相对于个人)支配、协调行动和垄断性高价格。

第三,2006年俄罗斯将金融服务市场的反垄断规制统一纳入《保护竞争法》,并将金融服务界定为金融组织提供银行、保险、证券、租赁合同服务以及有关吸收和配置法人和自然人的资金的服务,从而使《保护竞争法》对各个行业一体适用,实质性地提高了联邦反垄断机关的权威。

第四,协同协议的管理原则允许根据参与者的市场份额对这类协议作出区别对待。首先,对市场份额较小的交易对手适用安全港制度,经济主体之间的协同协议是允许的,每一主体在任何商品市场上的份额不超过20%。"相比之前的规定,《竞争保护法》对协同行为的认定标准有了本质上的改变。这种改变可以概括为由客观推定转为主、客观标准结合认定。"②

第五,在通过《保护竞争法》之前,俄罗斯反垄断法将垄断性高价格的定义作为核心,这种定义更难适用,但在经济上最适当,即在竞争条件下,超过

① 邢梅:《转型时期俄罗斯反垄断法的政策含义》,载张守文主编:《经济法研究》(第9卷),北京大学出版社2011年版,第294页。

② 刘继峰:《俄罗斯反垄断法"协同行为"认定标准的创新及借鉴》,载《法商研究》2011年第3期。

可比市场价格的价格。该法规定了垄断性高价格的两个标准:高于可比市场的价格和高于经济上合理的成本和利润。①

第六,在空间效力范围上,《保护竞争法》兼具域内效力与域外效力。在对象效力范围上,《保护竞争法》的规定具体明确。简言之,《保护竞争法》适用于俄联邦行政机构和被授予行政机构职能的机构或组织以及包括个人企业在内的自然人、法人。

《保护竞争法》是一部广义的竞争法,将保护商品竞争和金融市场竞争的规则合并为一部法律,这就为统一处理经济行为者的公平和不公平竞争形式奠定了法律基础,是"具有开创性的,因为它引入了许多新的概念和制度,并对先前的反垄断规则和程序问题进行了大幅调整"②,为俄联邦境内提供统一的市场经济环境,保障商品自由流通,支持竞争,为商品市场的有效运行创造环境,并以此确保了行为者可以同时或相互关联地在商品市场和金融服务市场上进行活动。

(二)竞争法制的完善

《保护竞争法》无疑是俄罗斯竞争法发展的重要一步,但并没有完全解决当时存在的所有问题。这一领域的侵权行为并没有减少,有时还会增加。这是因为行使权利的方式和方法增多,该法为滥用法律提供了更多的法律机会。俄罗斯立法者非常重视改进竞争法,随着时间的推移对竞争法作出相应的修改,以改进和发展保护竞争和反垄断的管理制度。

第一,行政垄断范围的发展。俄罗斯无论是在《商品市场竞争及限制垄断行为法》中,还是目前的《保护竞争法》及后续的修订中都重点强调了对行政性垄断的监管。2002 年《商品市场竞争及限制垄断行为法》的修订中,将行政性垄断单独列为一章,其将行政性垄断界定为俄罗斯联邦行政机构、各部门行政机关、各市政当局或委托行使指定机构职能或权力的其他机构或组织的限制竞争的法令、行为、协议或协同行为。2006 年在《商品市场竞争及限制垄断行为法》的修订中,又将反行政性垄断从商品市场扩展至金融市场,实现了这两个市场中相关监管的原则和制度的统一。这样,"反垄断法规定的

---

① См: Смагина А. Ю. Развитие системы антимонопольного законодательства в России // Таврический научный обозреватель. 2016 № 3.

② AlexandrSvetlicinii、张娟娟:《金砖国家的竞争法制度体系——为保护市场竞争而发展的更好模型和机制》,何菁译,载《复旦公共行政评论》2017 年第 2 期。

行政垄断违法者的范围就扩大到除依俄罗斯《宪法》第10条规定的享有国家立法权的联邦立法机关、享有司法权的各司法机关、最高联邦行政机关之外的所有权力主体及享有行政权力的主体”。①

第二,加强对垄断行为的行政处罚力度。2007年通过了《俄罗斯联邦行政违法法典》修正案,对违反反垄断法的行为规定了新罚款制度。由于这些修正,俄罗斯联邦反垄断局的罚款数额在2008年增加到15亿卢布。然而15亿卢布,仅仅是反垄断机构的决定所施加的130亿卢布罚款的10%多一点。与此同时,涉及协定情形的案件,特别是涉及协议行为的案件日益增多。俄罗斯联邦最高仲裁法院全体会议在2008年6月30日第30号决议说明了适用反垄断法的若干问题,该法令的主要组成部分如下:在某一具体合同违反反垄断法的案件中,反垄断机构在提出申请的情况下有权根据《保护竞争法》下令修改或撤销该合同的条款;因违反反垄断法而获得收入的群体的任何成员均可被追究行政责任;将一个群体性行为的经济主体进行登记的依据是它们在市场上的总份额;经济实体是自然垄断的主体,在自然垄断和自然垄断的商品市场上的地位得到普遍承认。② 此外,2009年在确定可转让罚款时反垄断机构采用了一种不同的方法,如果经济主体从货物(工程、服务)销售中获得的收入超过其所有货物销售收入总额的75%,则罚款数额将为犯罪市场收入的0.3%至3%。

第三,逐渐放宽市场份额限制。俄罗斯联邦政府2009年7月16日《关于经济主体间协议可受理性》的第583号联邦法放宽了市场份额限制,将交易主体的最大市场份额定为35%,而且在向两个或两个以上卖方出售货物时,每个卖方的市场份额不受限制。③ 7月17日第164号联邦法又对立法作了重大修改,认定市场份额不到35%,但超过了其他经济主体在有关商品市场上的份额,如果这种主体能够对商品市场的一般销售条件产生决定性影响的话,也是具有优势地位的经济主体。④ 这样,基于经济主体的特性与影响力,

---

① 刘继峰:《俄罗斯反垄断法规制行政垄断之借鉴》,载《环球法律评论》2010年第2期。

② См: Постановлении Пленума Высшего Арбитражного Суда Российской Федерациoт 30 июня 2008 года.

③ См: Постановление Правительства РФ от 16 июля 2009 г. № 583 «О случаях допустимости соглашений между хозяйствующим и субъектами».

④ См: Смагина А. Ю. Развитие системы антимонопольного законодательства в России. Таврический научный обозреватель. 2016 № 3.

扩大了优势经济主体的范围,有利于推动市场竞争的合理合法运行。

第四,加强竞争法对特殊领域的规范。在其他方面,有些法律规定了竞争法的特殊性。例如,2007年12月1日第315号联邦法《自治组织法》规定了协调经济活动而进入市场的其他条件。该法第4条第7款规定,自治组织的标准和规则应禁止自治组织的成员从事有损于其他商业主体或专业活动主体的行为,并应要求防止不正当竞争、对商品(工作、服务)用户和其他人造成精神伤害的行为、损害自治组织成员商业信誉的行为或自治组织的商业信誉的行为。[①] 2009年10月生效的《俄罗斯联邦刑法典》第178条规定,参加协议和协调行动以及三年内实施某些滥用支配地位的行为两次以上的应负刑事责任。作为一项惩罚措施,罚款数额最高可达100万欧元。

对于这个阶段而言,是评估《保护竞争法》之后俄罗斯竞争法制不断完善和推进情况的最好指标,因为新通过的竞争法存在诸多问题,后续通过相关法律的出台和配合,共同形成了一个较为系统和完整的竞争法律体系,并且也在不断完善过程中进行制度的自我更新,为此后继续发展提供必要经验。

(三)竞争法的继续发展

近年来,反垄断法随着经济形势的转变而不断发展,这反映在俄罗斯联邦最高法院的裁决、保护竞争和自然垄断的法律的变化、反垄断委员会等方面。[②] 特别是,2013年12月28日第423号联邦法认定《保护竞争法》第30条无效,并删除了向竞争管理机构报告该法生效后进行的交易和其他活动的要求。然而,俄罗斯联邦反垄断局指出,关于第423号联邦法生效之日前实施的《保护竞争法》第27~29条所规定的相关交易(行动)目的是保护俄罗斯联邦的竞争政策,在2014年1月30日之前向竞争管理机构提交通知的要求仍然有效。然而,根据《俄罗斯联邦行政违法法典》第1.7条的规定,如果未能就2014年1月30日之前完成交易(行为)发出通知,则行政责任将被排除。在第423号联邦法生效后,直接或间接受《保护竞争法》第27~29条第2款管辖的人之间的交易(行为)中,不需要向反垄断机构提交申请或后续通知。如果根据《保护竞争法》第31条的规定,在一个群体中进行的交

① См: Федеральный законот 01. 12. 2007 № 315 – ФЗ“О саморегулируемых организациях”.

② См: Смагина А. Ю. Развитие системы антимонопольного законодательства в России. Таврический научный обозреватель. 2016 № 3.

易和其他活动符合该条规定的条件，则竞争管理机构应随后得到通知。①

2015 年 7 月 13 日第 250 联邦法改变了保护竞争领域行政责任的法律规定，2015 年 10 月 5 日的《第四套反垄断措施》实现了这一目标。2015 年 10 月 5 日关于修订《保护竞争法》和俄罗斯联邦某些立法的第 275 号联邦法修订了《保护竞争法》部分法律，详细列出了某些形式的不公平竞争，并改进了处理这一现象的机制，②修改了一些关于保护竞争的行政责任的规则。③ 该法律的生效，标志着《第四套反垄断措施》实施阶段的结束。

在竞争政策方面，俄罗斯联邦近几年也在不断的推进和发展。为进一步加强国民经济，发展竞争和反垄断，俄罗斯联邦 2017 年 12 月 21 日发布了第 618 号总统令《发展竞争国家政策的基本方针》，④其中确定政府竞争政策的目标是提高经济主体的经济效率和竞争力、稳定增长、发展多种经济、保障国家安全。同时确定了竞争政策的一系列基本原则，包括减少由国家或政府建立或控制的经济实体在商品市场活动的经济实体总数中所占的比例、确保俄罗斯联邦境内经济活动的平等和自由、确保中小型企业的发展、促进公共投资方面的竞争等。同时对自治组织、公共组织、工会和消费者委员会提出要求：(1)应当积极参与竞争咨询机构的工作；(2)利用对国家和地方政府的公共监督机制，查明旨在限制竞争和造成不必要行政障碍的行为和行动；(3)每年向联邦反垄断局提供关于评估俄罗斯联邦竞争状况和国家竞争政策有效性的资料，以便纳入联邦反垄断局编写的关于俄罗斯联邦竞争状况的报告；(4)继续努力使社会不容忍任何形式的不公平竞争和旨在垄断的经济活动；(5)与媒体合作，宣传国家竞争政策的执行情况、反垄断立法的要求以及公民和民间社会机构在抵制不公平竞争和垄断经济活动方面的积极经验。

此外，俄罗斯联邦反垄断局的工作也在一定层面上推动了俄罗斯竞争法

---

① См：Разъяснение от 24 января 2014 года о необходимости подачи в антимонопольный орган уведомлений в связи с принятием федерального закона от 28 декабря 2013 года № 423-ФЗ “О внесении изменений в федеральный закон ‘О защите конкуренции’”.

② См：Кротов К. С. История правового регулирования недобросовестной конкуренции в России и за рубежом // Вестник Саратовской государственной юридической академии. 2017. № 1.

③ См：Башлаков-Николаев И. В. Об изменениях в нормах об административной ответственности в сфере защиты конкуренции // Законы России：опыт, анализ, практика». 2016. № 3.

④ См：Указ Президента Российской Федерации от 21. 12. 2017 № 618 “Об основных направлениях государственной политики по развитию конкуренции”.

的发展。2017年俄罗斯联邦反垄断局局长发起了一项制定《2017~2018年国家竞争发展计划》的倡议,这一倡议得到了时任俄罗斯联邦政府总理梅德韦杰夫的批准,最后确定的计划不久即提交俄罗斯联邦总统普京。与此同时,俄罗斯联邦10个部委与俄罗斯经济发展部和俄罗斯联邦反垄断局协商,批准了《2017~2018年竞争发展计划》。可以说,在计划的第一部分就提出,“为了促进竞争,我们必须减少经济中的国营经济成分,必须恢复私人银行的正常运作,发展对小企业的支持,使私有化正常进行,使投资环境适当,并消除官僚主义、犯罪和官方壁垒”。[①] 此外,联邦反垄断局局长建议俄罗斯总统普京批准《2017~2018年国家竞争发展计划》,并要求政府执行该计划,根据反垄断局的计划,反垄断局应确定关键的竞争指标,并提出减少行政障碍的建议。

俄罗斯联邦在《保护竞争法》颁布之后作出的所有努力都在推动国内竞争领域合理发展扮演着不同、但重要的角色,并且各个方面的工作也都能体现出俄罗斯联邦对于保护竞争和发展经济的内在要求,也正是这些需求决定了其竞争法制的不断发展。

四、结语

俄罗斯竞争法有其特殊性,因为它是在完全没有竞争机会或竞争关系的情况下制定的。根据以往的经验,竞争法的目标应当是促进竞争关系的发展,所有含有反垄断和竞争条款的法律都应规定扶持性规则,包括定价、创业、俄罗斯市场新出现的结构、私有化,只要这些法律领域影响到在商品市场上建立和支持新的有竞争力的经济实体。值得一提的是,竞争法领域的许多规定和概念本身都是从以前的法律中借用的,在其存在的很短时间内,已经对其进行了多次修订。可以说,俄罗斯的现代竞争立法还相对年轻,经常经历各种形式的转变,立法者仍在寻找最佳的监管选择,包括反垄断法和竞争法的范围。按照现阶段俄罗斯竞争法的发展来看,以《俄罗斯联邦保护竞争法》为核心的竞争法律体系一直在更新之中,截至2018年年底,这部法律依

① См: Национальный план развития конкуренции на 2017 – 2018 годы.

然处于修订之中,其他方面的政策也在相应的出台或调整。此外,在大多数国家的法律体系中,商业惯例占据了重要地位,这些补充了法律对一般禁止竞争的规定,为保护竞争建立了一个健全和全面的法律框架。不同的是,由于市场环境的特点,俄罗斯法律没有这种传统,因此在竞争管理方面存在这个层面的缺陷,而这些缺陷往往无法在法律上加以解决。到目前为止,填补法律空白的问题在很大程度上是通过立法来解决,然而俄罗斯法律并不存在将司法实践完全纳入法律渊源的意愿,而运用文明所固有的诚信、合理和公平原则,现在已经扩大到反垄断领域,这完全可以形成合法竞争行为的传统,并成为保护竞争的法律机制。鉴于此,俄罗斯竞争法的进一步完善不仅体现在完善这一领域的法律法规、政策方面上,而且要体现在保护竞争的习惯规则方面,最终形成竞争法渊源的多元化模式,持续推动俄罗斯市场经济的健康发展。

Russian Competition Law: History, Transformation and New Development

Haijun WANG

Abstract: To protect competition and fight against monopoly are common issues for market economies. States have taken legal forms to safeguard sound operation of their markets. Russian competition law was drafted at the beginning of 20th century, underwent the changes brought about by the disintegration of the Soviet Union, gradually became mature with the economic transformation of Russian Federation, and finally formed a competition legal framework centered on Russian Competitive Protection Law. Russian competition legal framework has played an important role in guaranteeing a smooth transformation of Russian economy and promoting the development of Russian market economy. With the changes of international economic situation and Russian economic structure, domestic market competition has stimulated the update and perfection of Russian competition legal regime and put forward relevant legislation and policy development.

Key Words: Russia, competition, antitrust, Russian Competitive Competition Law

金砖国家法律研究(总第3卷·2019年)
第146~157页

论中国反垄断民事公益诉讼制度的建立

林亚男*

内容提要:反垄断民事公益诉讼作为整个公益诉讼制度的一部分,在具体的制度设计上与一般公益诉讼有所区别,而我国目前尚未对反垄断民事公益诉讼制度进行法律上的确认。从法理上,为了实现维护社会公共利益的目的,无论是检察机关还是公民、有关社会团体都应当被赋予提起反垄断民事公益诉讼的资格。在立法时,除参考比较法资源外,还应当结合实际,从法律现实主义的角度出发,建立切实受用的反垄断民事公益诉讼制度。

关键词:反垄断　主体资格　社会公共利益

2017年修改的《中华人民共和国民事诉讼法》(以下简称《民事诉讼法》)及《中华人民共和国行政诉讼法》,以立法形式正式确立了检察机关提起公益诉讼制度,但是没有详细列举提起公益诉讼的类型,近两年检察机关提起的公益诉讼也多与环境污染、消费者利益损害相关。就民事公益诉讼而言,《民事诉讼法》第55条第2款规定,人民检察院在履行职责中发现破坏生态环境和资源保护、食品药品安全领域侵害众多消费者合法权益等损害社会公共利益的行为,在没有前款规定的机关和组织或者前款规定的机关和组织不提起诉讼的情况下,可以向人民法院提起

* 林亚男,上海对外经贸大学诉讼法学硕士研究生。

诉讼。前款规定的机关或者组织提起诉讼的，人民检察院可以支持起诉。对于检察机关是否可以提起反垄断民事公益诉讼的问题，第55条并没有明确规定。

反垄断法作为经济法的部门法之一，在西方有“经济宪法”的美誉，属于公法的范畴。2018年前，我国主要由国家发展与改革委员会、商务部和原国家工商行政管理总局（现国家市场监督管理总局）等国务院的行政机构及地方反垄断执法机构通过禁止、命令、承认、认可、指定、处罚等行政行为来实现反垄断的立法目标，以此来维护社会公共利益。垄断行为本身破坏了市场的自由竞争环境，而政府通过对市场规制来维护公正，体现国家强力干预，具有明显的公法性，维护的是社会公共利益。所以从文义解释的角度来看，反垄断的民事公益诉讼应当包含在第55条第2款的“等损害社会公共利益的行为”内。理论上反垄断民事公益诉讼制度可视为得到了法律承认，但从实践角度来说，我国目前想要使反垄断民事公益诉讼制度落地，还存在诸多问题需要分析。

一、实施反垄断民事公益诉讼的问题分析

我国目前的市场环境，是否有足够的反垄断民事公益诉讼制度发挥空间呢？至2018年，我国《反垄断法》实施已有10周年。10年来我国共查处“滚装货物国际海运企业垄断协议案”“日本12家汽车零部件企业垄断协议案”等垄断协议案件163件，高通案、利乐案等滥用市场支配地位案件54件，累计罚款金额超过110亿元人民币；审结经营者集中2283件，审结交易总金额超过40万亿人民币，依法禁止可口可乐收购汇源，马士基与达飞、地中海航运设立网络中心两案，附条件批准“微软收购诺基亚”“陶氏化学和杜邦合并”等36件经营者集中，查处了12省份“新居配”案等滥用行政权力排除、限制竞争案件183件。[①] 反垄断案件所涉标的额巨大，对于国内市场甚至国际环

① 国家市场监督管理总局副局长甘霖在第七届中国竞争政策论坛上的讲话，http://www.mergermarket.com/pdf/PaRR_Special_China_Competition_Forum_Report_Chinese.pdf?utm_source=Mergermarket%20Ltd&utm_medium=email&utm_campaign=9774614_PaRR%207th%20China%20Competition%20Forum%20Report%20%28prospects%20-%20China%29，2019年2月15日最后访问。

境都可能造成不小的影响,案件复杂,利益衡量困难。

我国每年反垄断民事诉讼案件数量都呈显著增长趋势,案件涉及交通、保险、医药、食品、家用电器、供电、信息网络等多个行业领域。从最高人民法院公布的十大案件来看,①反垄断案件的双方当事人中被诉方多为具有市场支配地位的行业龙头,不仅市场竞争优势明显,而且诉讼经验更为丰富,而原告方一部分为单打独斗的消费者个人,另一部分为市场竞争中处于劣势的竞争企业。因此,反垄断民事诉讼案件与普通的民事诉讼案件不同的是,双方实力悬殊且原告方几乎都处于弱势地位,需要求助于国家或者行业以获得可以与被告抗衡的能力。同时,反垄断案件的根本目的是维护社会公益,比起对个人利益的维护,弥补社会公共利益损害更为重要,这一点类似于环境污染类民事公益诉讼。虽然作为民事诉讼案件,反垄断案件中可能存在被侵害利益的具体当事人,但实际上垄断行为针对的客体非常广泛,对利益的侵害也是发散性的。

可见,在反垄断民事诉讼案件中,个人利益不一定受到垄断行为的直接影响,因为垄断行为侵犯的主要客体还是社会公共利益。即使个人利益受到了直接损害,身份差异使愿意鼓起勇气向垄断机构"宣战"的受害者并不多。当社会公共利益受到了垄断行为的损害时,要由谁来承担提起诉讼的职责呢?诉讼主体的设置只是这其中的一个问题,即使市场环境给予我们足够的反垄断民事公益诉讼制度发挥空间,我们也仍需回答如何应对公益诉讼制度可能存在的弊端的问题。尽管反垄断民事公益诉讼的根本目的是维护社会公共利益,但是当社会公共利益和个人利益冲突时,法官在裁判时又该如何作出抉择?这些都需要进行具体的制度设计,否则反垄断民事公益诉讼只会成为空中楼阁。

二、国外公益诉讼的经验

在进行具体的制度设计时,笔者意图先参考比较法资源。国外已经具备

① 《2008-2018年中国法院反垄断民事诉讼10大案件案情简介》,载中华人民共和国最高人民法院网:http://www.court.gov.cn/zixun-xiangqing-130571.html,2019年2月20日最后访问。

相当丰富的反垄断公益诉讼经验，比如现代公益诉讼的发源地——美国，以及日本、德国等国家。反垄断公益诉讼不是发达资本主义国家独有的制度，发展中国家也早有确立了反垄断公益诉讼制度的国家，譬如与中国同为金砖国家的印度。在此，笔者主要介绍美国及印度反垄断公益诉讼制度的特征。

（一）美国

美国是现代公益诉讼制度的创始国，也是公益诉讼制度最为完善的国家。美国的《谢尔曼反托拉斯法案》（以下简称《谢尔曼法》）和《克莱顿法》规定了世界上最早的反垄断公益诉讼条款。1890 年，美国国会通过了《谢尔曼法》，它主要禁止企业间横向联合进行限制竞争行为和垄断、企业兼并行为。该法也规定对于违反法案的公司，司法部门、联邦政府、团体乃至个人都可以提出诉讼。1914 年美国又制定了《克莱顿法》以补充《谢尔曼法》，《克莱顿法》主要禁止价格歧视行为、滥用经济优势等破坏竞争秩序的行为，同时规定对托拉斯行为除受害人有权起诉外，检察官也可提起诉讼要求法院追究违法者的民事责任、经济责任乃至刑事责任，而且任何个人及组织都可起诉要求违法者停止违法行为。美国《反欺骗政府法》规定：个人提起“公私共分罚款之诉”胜诉的，将获得已挽回资金损失的 15% ~30% 不等的胜诉酬金；个人单独作为原告起诉胜诉的，可以获得已挽回资金损失的 25% ~30% 作为报酬，而政府作为主要当事人参加诉讼的，个人可以获得已挽回资金损失的 15% ~25% 作为报酬。这些制度设计，减少了公民提起公益诉讼时在诉讼费用方面的压力，增加了公民提起公益诉讼的动力，对于公益诉讼案件的提起有很大的鼓励作用。①

美国的反垄断公益诉讼无论是在制度的设计上还是在具体的实施上都已经相对成熟；相比之下，中国的反垄断民事公益诉讼还停留在起点，可以向美国学习的方向很多，但也不可一味移植。我国的中国特色社会主义市场经济与以美国为代表的资本主义国家的市场经济仍然有所区别，市场开放程度不同，需要保护的市场竞争秩序及其程度也不同。但是，美国的胜诉酬金激励制度可以作为我国反垄断公益诉讼制度在诉讼费用方面借鉴的方向，以鼓励公民参与到反垄断公益诉讼中来。

---

① 颜运秋、周晓明：《公益诉讼制度比较研究——兼论我国公益诉讼制度的建立》，载《法治研究》2011 年第 11 期。

(二)印度

反垄断公益诉讼创始于美国,受到了很多国家的借鉴。印度是亚洲第一个引入公益诉讼制度的国家,并在这方面获得了瞩目的成就。印度的学者把印度的公益诉讼制度描述成“产自于旧秩序灰烬中的全新的动物——复活鸟”。① 印度的最高法院通过激进的变革方式,放松了对诉讼主体资格的限制,任何个人和民间团体都有权提起公益诉讼,而不必证明其与案件有直接的利害关系。这是印度公益诉讼制度最典型的特征。印度公益诉讼制度的第二个特点是独创了“书信管辖权”制度,即法院可以根据任何人或社会组织写来的一封信、一张明信片或提交上来的新闻报道行使公益诉讼的管辖权。这样,法院的大门就向穷人和文盲敞开了。②

从印度公益诉讼制度的产生、发展历程可以看出,其社会价值已经远远超过了它在司法制度上的价值。公益诉讼不仅使印度普通民众、弱势群体能够运用法律武器保卫自己的权利,也实现了能动司法对社会的管理。印度公益诉讼的开展不仅仅依赖于宪法对公民权利的保障,更依赖于印度最高法院法官在维护司法独立、保障国民基本权利上的勇气和决心。因为印度法官深知,只有获取广大普通国民的支持,保护大多数人的利益,才能真正实现司法的公平与正义。③

虽然印度的公益诉讼制度一直受到学界的肯定,但是印度的公益诉讼发展至今也遇到了一些问题,譬如笔者所担忧的“诉讼爆炸”是印度实行公益诉讼伊始便亟待解决的难题。由于印度采取“书信管辖权”,放宽案件管辖,公益诉讼案件量暴增。作为与中国同为亚洲的发展中国家以及金砖国家的成员国的印度,与我国地理位置毗邻且保持相对友好的外交关系,所以,我国在反垄断公益诉讼上借鉴其公益诉讼制度非常便利。印度的公益诉讼制度设立初衷就是给社会弱势群体提供司法救济途径以保护人权,中国如果要建立吸收公众参与市场竞争秩序管理的反垄断公益诉讼制度,突出公众管理者的角色,就必须从保护人权的角度出发。当前政府机构还需继续简政放权,国

---

① Clark D. Cunningham, “Public Interest Litigation in India Supreme Court: A Study in the Light of American Experience”, *Journal of the India Law Institute* 29, 1987, p. 495.

② 蒋小红:《通过公益诉讼推动社会变革——印度公益诉讼制度考察》,载《环球法律评论》2006年第3期。

③ 胡云红:《比较法视野下的域外公益诉讼制度研究》,载《中国政法大学学报》2017年第4期。

家和社会还需加强对法官的信任,法律更需给予法官合理运用自由裁量权的空间,放宽对诉讼主体的限制和案件的受理范围,实现公民主动、司法能动。

三、实施反垄断民事公益诉讼的具体制度设计

在研究域外公益诉讼制度时,不难发现他们的共性:保护社会公共利益,突破原告资格,一定的激励措施等。可见,建立反垄断民事公益诉讼制度必须遵循维护社会公共利益的理念,至于具体的制度设计层面,还应当从实际出发,以我国的实际情况为立足点,逐个解决落实反垄断民事公益诉讼制度的难点。

(一)诉讼主体的设置和渐次确认

要建立具体的反垄断民事公益诉讼制度,首先要考虑的是诉讼主体的问题。《民事诉讼法》第55条赋予了检察机关和组织提起公益诉讼的资格,而个人提起公益诉讼的资格并未得到法律承认,但是司法实践中已有所突破。[①]从社会进步的角度来看,应当在法律上承认公民提起公益诉讼的资格。在此前提之下,按照提起诉讼的主体,反垄断民事公益诉讼可以被划分为检察机关提起的公益诉讼、社会组织和个人提起的公益诉讼,进而可以将反垄断民事诉讼案件分为公诉案件和一般公益诉讼案件。有不少学者提议由反垄断执法机构代表国家提起民事公诉,如江伟教授在其主持编写的《〈中华人民共和国民事诉讼法〉修改建议稿(第三稿)及立法理由》中确认检察院和政府机关提起公益诉讼的资格。该专家建议稿第二十八章"公益诉讼"第396条规定:"在受害人没有提起诉讼或者很难确定受害人的情况下,人民检察院、其他国家机关为维护公共利益,可以对实施侵害人提起禁止侵权、赔偿受害人损失的民事诉讼。"[②]"国家机关"在此特指反垄断执法机构。笔者认为,虽然反垄断执法机构在所有机关中确实对反垄断工作更为了解,但是其可能因在执法活动中存在排除、限制竞争的问题而成为行政诉讼的对象,不宜作为提

① 例如,蔡长海诉龙兴光水污染侵权案,这是首例公民作为原告,为了纯粹的环境利益提起的诉讼。

② 中国人民大学法学院《民事诉讼法典的修改与完善》课题组编、江伟主持:《〈中华人民共和国民事诉讼法〉修改建议稿(第三稿)及立法理由》,人民法院出版社2005年版,第298页。

起反垄断民事公益诉讼的主体,而检察机关作为法律监督机关在我国已经具有了提起公益诉讼的法律资格,具有较好的公信力,由其来提起公诉就再合适不过了。

至于一般公益诉讼案件,起诉主体可以包括两种:一种是垄断行为的受害者,由受害者提起反垄断诉讼不仅可以维护个人合法权益,而且可以捍卫社会公共利益,具有双重效果;另一种是本身与垄断行为无直接利害关系,但经法律授权可以提起反垄断民事公益诉讼的个人或者组织。

与代表国家提起公益诉讼的公诉案件不同,一般公益诉讼案件的起诉主体力量比较薄弱,要想收集垄断方的垄断证据显得比较吃力,想要胜诉则更困难。我国《民事诉讼法》规定了民事诉讼中举证责任的一般原则为“谁主张,谁举证”,该原则也是反垄断民事诉讼案件中举证责任分配的一般原则。虽然最高人民法院《关于审理因垄断行为引发的民事纠纷案件应用法律若干问题的规定》第7条规定了反垄断民事诉讼中举证责任倒置的法定情形,关注到了反垄断案件中原告举证困难的问题,在遵循一般原则的情况为原告提供了特定的方式以减轻其部分举证负担,但被告在证据方面仍具有明显的优势。为了保障诉讼当事人实质上的平等,立法者在法律条文的设计上,应当在举证责任分配方面更加减轻原告的举证负担。但考虑到立法者可能认为这与平等的立法精神相违背且会破坏举证责任的平衡,加之法律也很难对所有反垄断案件的举证责任倒置都做出详尽的规定,法律可以在反垄断公益诉讼案件中赋予业务出色的法官一定的自由裁量权。同时,对于一般公益诉讼案件,检察机关即使不作为起诉主体,出于保护社会公共利益的目的,也应当更加积极主动地为起诉主体提供帮助,支持起诉,提高个人和社会团体的起诉积极性。

对于检察机关、社会组织和公民都可能提起反垄断民事公益诉讼的案件,还应当进行诉讼主体的渐次确认。笔者认为检察机关无论在权威性、专业性还是在诉讼经验方面都更有优势,况且个人对私益和公益的诉求界限判断可能不够明晰,因此与其他诉讼主体相比检察机关更加适合作为第一顺位的起诉主体。当前我国公民的法学素养还不够高、法治意识还不够强,为避免不合理的案件量激增,现阶段在社会组织和公民的选择上,笔者倾向于由社会组织来担当第二顺位的起诉主体。在反垄断公益诉讼发展相对成熟,公民的法律素养进一步提升后,法律可以对此渐次顺序再作调整。

(二)防止公益诉讼人权利滥用

传统的民事诉讼要求原告必须适格,但公益诉讼突破了原告资格的限制,放宽了传统民事诉讼中原告适格的要求。对反垄断民事公益诉讼持保留态度的人认为如果在现有的《民事诉讼法》第55条的基础上如前所述增加公民的公益诉讼人身份,可能会造成反垄断民事公益诉讼爆炸,同时,个人很有可能利用公益诉讼人的身份滥用权利。诚然,公民作为公益诉讼的个体,是最易发生下述各种问题的。例如:公民代表性不足,打着“公益”旗帜谋求“私益”;公民个人的诉讼能力有限,在举证能力、资金支持等方面都难以和力量强大的对方相抗衡;分散的公民个体分别提起诉讼会增加“讼累”,导致司法资源的浪费;由于个人诉讼能力的有限以及不愿当“出头鸟”和“搭便车”的心理使然,即使赋予公民此项权利恐怕最终也会“形同虚设”,等等。① 尽管如此,也不能因此而否认公民成为公益诉讼人这一法律上的进步,相反,需要思考的是,如何建立相应的预防制度以辅助反垄断民事公益诉讼制度的实施。

我国目前改革了案件受理制度,将立案审查制改成立案登记制,只要符合案件受理的基本要求,有案必立,不再进行实质性的审查,降低立案门槛。但公益诉讼案件不同于传统案件,在受理条件上应当有所区别。对于反垄断民事公益诉讼案件,法院应该建立案件预先审查制度,在正式受理案件前对案件进行审查,核实公益诉讼人身份,在初步确立公益诉讼人身份和审阅案件基本事实及证据的情况下,予以立案分流。对于案件受理仍然存疑的情况,法官可以参照庭前会议的形式召开会议,组织双方当事人参加,询问当事人有关问题,当事人可以聘请相关专家参与会议并向对方当事人提问,法官可对双方当事人进行提问。

关于反垄断民事公益诉讼人中的公民和社会组织可能存在的滥用权利问题,可以将公民和社会组织分开考虑。对于社会组织,采取比较严格的准入制,社会组织的资质要求可以参照《中华人民共和国环境保护法》第58条对可以提起环境污染公益诉讼的社会组织要求:(1)依法在设区的市级以上人民政府民政部门登记;(2)专门从事环境保护公益活动连续五年以上且无违法记录。对于公民作为公益诉讼人,如前所述采取准入制不太实际,需要

① 栗明、吴萍:《论公法视角下的公益诉讼原告资格》,载《广西社会科学》2013年第2期。

通过其他方法予以约束。对于担任公益诉讼人的公民,除了认真核实案件具体情况外,还可以建立公益诉讼人征信体系。对于恶意起诉或串通他人起诉、滥用公益诉讼人权利的公民,应禁止其提起公益诉讼,向社会公告并且通过强制手段进行处罚,严重的,追究其刑事责任。同样,对于试图通过公益诉讼谋取经济利益的社会组织,也要对该组织和主要负责人实行严格处罚。

建立征信体系和处罚机制都是事后监督的手段,在公民和社会组织提起反垄断民事公益诉讼时,可以通过设立保证金的方式来督促公民和社会组织正当地行使手中的权利。由法院在反垄断公益诉讼案件中向公民和社会组织收取一定的保证金,在案件审理结束后及时返还至公益诉讼人,这样可以在一定程度上减少滥用公益诉讼权利的现象。对于无力支付保证金的生活困难的公民,可以允许其减少缴纳保证金或者采用物保的形式代替保证金。不可对正当提起反垄断民事公益诉讼的当事人设置障碍,相反,应当对于积极提起反垄断民事公益诉讼的公民予以一定的鼓励。至于代表国家提起反垄断民事公益诉讼的检察机关,制度上已经有比较成熟的外界监督机制且检察机关也有一定的公益诉讼经验,当务之急是提升相关人员的素质,建立成熟的反垄断公益诉讼团队。当然除了外界的约束以外,无论是检察机关还是社会组织和公民都应当做到自我约束,成为国家反垄断诉讼的公益先锋,恪守职责,尤其是检察机关和社会组织。检察机关和社会组织提起反垄断公益诉讼不仅仅是“权”,更是为中国特色社会主义市场经济保驾护航的“责”。

(三)确定利益赔偿的受偿者

即便法律正式确立公民提起反垄断民事公益诉讼的身份,现阶段,公民个人也只能提起兼有私益请求与公益请求的混合性质的诉讼。对于这种有别于《民事诉讼法》第55条规定的民事公益诉讼,我们可以称为“非纯粹的民事公益诉讼”。“非纯粹的民事公益诉讼”是一种建立在私益诉讼的基础之上,并带有保护公共利益效果的诉讼。①

由公民提起的反垄断民事公益诉讼通常包含两个方面的诉讼请求:一方面是保护私益;另一方面是保护公益。私益方面比较容易理解,就是个人利益,在诉讼请求上往往表现为一定数额的金钱给付,但公益却是比较抽象的

① 肖建国、刘东:《公民个人提起民事公益诉讼的原告资格辨析》,载《学习论坛》2014年第3期。

概念。有学者认为，应将公共利益的内容概括为三个层次："一为国家利益，此乃公共利益的核心，如国有资产；二为不特定多数人的利益，此乃公共利益常态化的存在形式，如不特定多数消费者、环境污染受害人的利益、因垄断经营受损者的利益；三为需特殊保护的利益，此乃公共利益的特殊存在形式，是社会均衡、可持续发展必须加以特殊保护的利益，如老年人、儿童、妇女、残疾人的利益。"①但从我国已有的公益诉讼框架来看，公共利益应该是不特定多数人的利益，即社会公共利益。至于国家利益和社会公共利益如何区分的问题，笔者认为虽然国家利益和社会公共利益在某些方面确实难以清晰划界，但应当承认两者毕竟有所不同，也能够在许多方面清晰划界。如果不指明其界限，法律制度的建构和运行则会遭遇尴尬和矛盾。在法律上，国家利益有着明确的主体即国家，而社会公共利益没有特定的主体。因此，法律责任的实现也就有所不同。损害国家利益的，其赔偿的受偿主体也是国家；而侵害社会公共利益的，因其赔偿的受偿主体不特定，赔偿方法有其特殊性，即使赔偿给国家，国家也只是代为受偿而已。② 所以，反垄断公益诉讼中原告获得赔偿后，还应当确定利益的最终受偿方。

在已有的环境公益诉讼案件中，原告受偿以后赔偿款使用管理的方式并不统一，实践中既有设置公益基金专用账户的做法，也有设置财政专用账户和检察院指定账户的做法。这不仅让利益受损的主体不能得到弥补，也容易导致赔偿款成为新的寻租空间，衍生新的腐败。对于反垄断公益诉讼案件来说，亦是如此。国家并不是利益的受损方，已知受垄断行为影响的受害者及社会中不特定的主体才是最终的受偿方。应当建立一套科学的资金管理制度，可以考虑利用赔偿款建立公益基金专项账号，用于弥补个人损害及社会公共利益损害。

另外在赔偿方面，是否可以尝试在反垄断民事公益诉讼中设立惩罚性赔偿？现行法律中已有的民事诉讼惩罚性赔偿规定都明确要求主体为传统民事诉讼中的个体，对于公益诉讼人是否可以提起惩罚性赔偿的问题，当前法律持谨慎的态度。公益诉讼人的惩罚性赔偿金请求权从某种角度而言，不同于个人享有的惩罚性赔偿金请求权。个人行使该请求权获得的惩罚性赔偿

---

① 韩波：《公益诉讼制度的力量组合》，载《当代法学》2013年第1期。

② 张卫平：《民事公益诉讼原则的制度化及实施研究》，载《清华法学》2013年第4期。

金旨在保护私益,而公益诉讼人的该项请求权不再是简单的私权,请求对社会公共利益的赔偿可以对社会起到警示和震慑作用。在此,笔者建议法律为反垄断公益诉讼人增加惩罚性赔偿金请求权,公益诉讼人可以直接用惩罚性赔偿金来救济垄断行为的受害群体,同时以此警告垄断方遵循市场竞争基本原则。

四、结语

笔者上文重点讨论的是反垄断民事公益诉讼制度的初步确立,而公益诉讼人进入反垄断民事公益诉讼具体案件后,想要法院支持自己的诉讼请求,需要丰富的诉讼经验和专业能力。尤其是公民作为公益诉讼人时,可能由于经验不足,准备不够充分,最终面临不利的裁判。国家应当为反垄断公益诉讼案件原告提供公益法律援助,由专业性强的律师团队对其服务,为公益诉讼人提供实质性保护社会公共利益的途径和手段。公益诉讼是对传统诉讼理念的突破,是基于现实的迫切需求。事实上,建立更加完善的公益诉讼制度并不仅仅是法律上的进步,也可以加速体制的改革,为经济服务,为社会提供保障。打破公益诉讼原有的狭隘的范围,将经济和公益相结合,本身即是对公益诉讼制度的又一次突破。

"有竞争才能有发展",良好的竞争秩序是经济健康发展的有力保障。然而,随着我国市场经济的发展和市场竞争的加剧,经济垄断和不正当竞争现象屡禁不止,这已成为制约我国经济发展、影响社会稳定的一个重要因素。对于这一类案件,我国一直采用行政管理的方式加以解决,但现实中由于行政监督的缺位与低效,行政机关很难单独承担起维护社会经济公共利益的重任。[①] 社会公众群体具有强大的生命力和能动力,依靠反垄断公益诉讼人的力量来威慑不良竞争的企业,可以引导市场竞争向公正科学的方向发展。因此,笔者认为稳妥、有序地推进公益诉讼,确立反垄断民事公益诉讼的时机已然到来。

---

① 刘敏敏:《从比较法视角谈经济公益诉讼制度的构建》,载《聊城大学学报》(社会科学版)2017年第4期。

On the Establishment of China's Anti-monopoly Civil Public Interest Litigation System

Yanan LIN

Abstract: As part of the whole public interest litigation system, the anti-monopoly civil public interest litigation differs from the general public interest litigation in the specific system design. However, China has not yet legally confirmed the anti-monopoly civil public interest litigation system. From the legal point of view, in order to achieve the purpose of safeguarding the public interest of the society, both the procuratorial organ and the citizens and relevant social groups should be given the qualification to file an anti-monopoly civil public interest litigation. In the legislative period, in addition to referring to comparative law resources, it is also necessary to establish an effective anti-monopoly civil public interest litigation system from the perspective of legal realism.

Key Words: anti-monopoly; subject qualification; social public interest

【域外法译林】

Translated Works

金砖国家法律研究(总第3卷·2019年)
第161~167页

竞争法律和政策领域“金砖”合作：国际反垄断的新呼声

Alexandr Svetlicinii* 李 晨** 译

内容提要：毫无疑问，金砖国家各国已就本国竞争法律框架制定了重要的立法与执行机制，这为其他国家发展完善本国竞争法律执行制度奠定了基础。同时，金砖国家若能够在竞争法律与政策方面建立合作机制，将有助于确立跨境竞争法律执行的国际合作机制的构建。然而，金砖国家是否能够克服竞争法律制度方面合作的障碍还有待考查。

关键词：竞争法 金砖国家 巴西 俄罗斯 印度 中国 南非 国内竞争主管部门 竞争法律执行

金砖国家集团的英文名称(BRICS)采用了巴西、俄罗斯、印度、中国和南非五个国家的英文首字母缩写，正式成立于2011年南非总统参加中国(海南)金砖国家领导

---

* Alexandr Svetlicinii，中欧大学法学硕士、欧洲大学研究院研究型硕士(法学)、欧洲大学研究院哲学博士(法学)、澳门大学法学院副教授，E-mail：AlexandrS@umac.mo。本文原文索引为：Alexandr Svetlicinii，“BRICS Countries and Their Cooperation in the Field of Competition Law and Policy：A New Voice in International Antitrust?”，*Revue Lamy de la concurrence* 64，2017，pp. 20–23。原文可见于：https://ssrn.com/abstract=3071444。本文研究获得了澳门大学多年期研究项目基金MYRG2016-00116-FLL的支持。本文翻译已征得作者和出版社的同意。

** 李晨，澳门大学法学院2017级博士研究生。

人年度峰会之后。自此,五国官员已经就多种议题进行经常性会见,并展开讨论和对话。议题内容包括但不限于贸易、投资、金融服务、环境、教育、文化、科学技术。

早在2010年金砖四国领导人表示欢迎各国国家级竞争当局间合作时,金砖国家领导人就已经认识到金砖国家在竞争法律与政策领域合作的重要性,并且该种认识在2010年《巴西利亚宣言》中也有所体现。① 2014年《福塔莱萨宣言》重申金砖国家支持"开放型世界经济,实现资源高效配置、商品自由流动、竞争公平有序,从而惠及各方"的理念。② 2015年《乌法宣言》指出,金砖国家支持"市场联通、强劲增长、包容开放的世界经济,实现资源高效配置,资本、人员、商品自由流动,公平且得到有效监管的竞争"。③为了加强金砖国家间竞争当局的合作,金砖国家提议"通过共同签署谅解备忘录方式,专门研究竞争问题,对有重要社会影响的经济领域给予特别关注"。④

在高度认同竞争法律和政策重要性的同时,金砖国家已经开始加强他们在国家级竞争当局层面上的合作。这项合作最初的形式是每两年举行一次竞争大会:2009年在俄罗斯喀山,⑤2011年在中国北京,⑥2013年在印度新德里,⑦2015年在南非德班,⑧2017年在巴西巴西利亚⑨。历届大会涵盖了金砖国家经济需求的具体事项。除了致力于讨论竞争法律和政策领域中的既有问题,金砖国家竞争当局已经着手从事更系统的交流和对话。例如,为了促进社会重要领域市场中竞争环境和竞争性价格的形成,金砖国家成立了金砖国家工作组,来研究金砖国家在社会重要领域市场中的竞争问题。这些市场包括通信、制药、医疗、建筑、能源和食品工业。⑩在第四届金砖国家竞争大会

---

① 《"金砖四国"领导人第二次正式会晤联合声明》,巴西巴西利亚,2010年4月15日,第27段。

② 《金砖国家领导人第六次会晤福塔莱萨宣言》,巴西福塔莱萨,2014年7月17日,第21段。

③ 《金砖国家领导人第七次会晤乌法宣言》,俄罗斯乌法,2015年7月17日,第12段。

④ 《金砖国家领导人第七次会晤乌法宣言》,俄罗斯乌法,2015年7月17日,第25段。

⑤ 第一届金砖四国国际竞争大会,俄罗斯喀山,2009年9月1日至3日。

⑥ 第二届金砖国家国际竞争大会,中国北京,2011年9月21日至22日。

⑦ 第三届金砖国家国际竞争大会,印度新德里,2013年11月20日至22日。

⑧ 第四届金砖国家国际竞争大会,南非德班,2015年11月11日至13日。

⑨ 第五届金砖国家国际竞争大会,巴西巴西利亚,2017年11月9日至10日。

⑩ Federal Anti-Monopoly Service of Russian Federation, "Concept of the BRICS Working Group", http://fas.gov.ru/international-partnership/briks/rabochaya-gruppa-briks/, last visited 1 July 2020.

的联合声明中,金砖国家竞争当局的负责人同意继续以"为了促进经济增长和消费者保护,提升竞争法律和政策执行"为目标的合作。①各国竞争当局已经意识到"加强金砖国家竞争当局间的合作与协调"的重要性并且同意"通过达成在竞争政策领域内的谅解备忘录来加强金砖国家竞争当局间的合作与协调"。②此项谅解备忘录已经于2016年5月19日在圣彼得堡签署。该备忘录为在"对违反竞争法的行为的调查和执行过程"中合作提供了可能性。③

除了上述提及的发展,无论是在学术界还是在法律实务界,金砖国家在竞争法律和政策领域中的角色都被极大忽视。后者将注意力集中于观察金砖国家执行实践的发展,④而前者主要致力于金砖国家执行实践的比较分析⑤。同时,相对较少有人注意到金砖国家对国际反垄断的潜在贡献,以及他们作为竞争政策和发展中国家政策先导者的潜在角色。⑥ 此种情况可以部分归因于在金砖国家集团形成之前,各个国家在2009年至2011年就已建立了各自的竞争法律机制。这导致在竞争法律和政策领域的后续合作集中于通过分享经验、相互学习、信息交换和对话,进一步发展既有竞争法律机制上。

与此同时,国际反垄断的持续发展被视作国家竞争法的域外适用和"强调需要'新视野'和现有问题的可选择解决方案"的多边合作机制的缺失。⑦

---

① "Joint Statement of the Heads of BRICS Competition Authorities",http://www.compcom.co.za/wp-content/uploads/2018/12/JOINT-STATEMENT-OF-THE-HEADS-OF-BRICS-COMPETITION-AUTHORITIES.pdf,November 13,2015.

② Ibid.

③ "Memorandum of Understanding between the BRICS Competition Authorities on Cooperation in the Field of Competition Law and Policy",http://www.compcom.co.za/wp-content/uploads/2016/05/MoU-BRICS.pdf.

④ Adrian Emch, Jose Regazzini and Vassily Rudomino, eds., *Competition Law in the BRICS Countries*, Kluwer Law International, 2012.

⑤ Frederic, Jenny, Yannis and Katsoulacos, eds., *Competition Law Enforcement in the BRICS and in Developing Countries: Legal and Economic Aspects*, Springer, 2016.

⑥ Ioannis Lianos, "Global Governance of Antitrust and the Need for A BRICS Joint Research Platform in Competition Law and Policy", *CLES Research Paper Series* 5, 2016, https:///www.ucl.ac.uk/cles/research-paper-series, August, 2016; Alexandr Svetlicinii, "Global Fragmentation of Competition Law and BRICS: Adaptation or Transformation?", in Rostam J. Neuwirth et al., eds., *The BRICS-Lawyers' Guide to Global Cooperation*, Cambridge University Press, 2017, pp. 123 – 147.

⑦ Leonardo T. Orlanski., "Searching for the Basis of International Convergence in Competition Law and Policy", *Global Antitrust Review* 4, 2011, pp. 7 – 47.

当前的事项中断了世界贸易经济组织(World Trade Organization,WTO)工作组在贸易和竞争政策上的合作。由于对竞争法律和政策之间的关系的不充分关注,其他跨国组织关于竞争的活动,如联合国贸易与发展会议、经济合作与发展组织和世界银行,已经遭到批评。这对于新兴经济体来说有特殊的重要性:关于竞争政策与法律、经济发展、产业政策、消除贫穷和失业以及其他社会发展目标之间关系的全球对话可能会继续。①

金砖国家的经验表明了如何在竞争法律和政策领域中追求多样化的目标。从国家层面上的竞争法律执行实践来看,金砖国家的公共政策目标具有多样性:如财产的社会功能(巴西)、历史上弱势群体地位(南非)、经济活动自由(俄罗斯)以及社会主义市场经济发展(中国)。此种情形造成如下结果:金砖国家十分适合在竞争法律与政策目标和对象(包括形成于联合国的可持续发展目标)的国际对话中,成为领导者。

金砖国家还展现了在实体、程序、机构框架等国家竞争法律机制方面的广泛多样性。②例如,中国《反垄断法》的执行职能分属于三个机构,这三个机构分别负责经营者集中(商务部)、价格相关的垄断行为(国家发展与改革委员会)以及非价格相关的垄断行为[原国家工商行政管理总局(现国家市场监督管理总局)]。③南非的竞争法律机制已建立近二十年,并且已有扎实的竞争执法记录。对抗公司的经济剥削被视为对抗贫穷与不平等,国家竞争当局的工作因而获得很高的声望。④俄罗斯联邦积累了大量在欧亚经济联盟

---

① Ajit Singh, "Competition Policy, Development and Developing Countries", South Centre T. R. A. D. E. Working Papers 50, 1999.

② Alexandr Svetlicinii and JuanJuan Zhang, "The Competition Law Institutions in the BRICS Countries: Developing Better Institutional Models for the Protection of Market Competition", *Chinese Political Science Review* 2, 2017, pp. 85 – 100.

③ Qian Hao, "The Multiple Hands: Institutional Dynamics of China's Competition Regime", in Adrian Emch and David Stallibrass, eds., *China's Anti-Monopoly Law—The First Five Years*, Wolters Kluwer, 2013, pp. 15 – 34; Angela Huyue Zhang, "The Enforcement of the Anti-Monopoly Law in China: An Institutional Design Perspective", *Antitrust Bulletin* 56, 2011, pp. 630 – 663.

④ Dennis Davis and Lara Granvilie, "South Africa: The Competition Law System and the Country's Norms", in Eleanor M. Fox and Michael J. Trebicock, eds., *The Design of Competition Law Institutions: Global Norms, Local Choices*, Oxford University Press, 2013, pp. 266 – 328.

和独联体框架下进行区域合作、竞争法律实施与协调方面的经验。[①]

作为在竞争法律与政策事务上的全球对话平台，金砖国家的成功将高度依赖于他们形成“跨国案件中竞争法律执行范式”的能力。这将面临一个显著的挑战：中国、俄罗斯将竞争执法视作产业政策或者市场规制的拓展，而巴西、印度和南非已将竞争执法机构建设成为独立的监管者。在竞争执法国际合作中，金砖国家趋向于将竞争法律和政策作为首要的国内事项来对待，从而和贸易或者投资监管有所区别。金砖国家各竞争当局间会谈和金砖国家的贸易部长会谈相互分离[②]亦说明了竞争事务和贸易事务的分野。这给旁人留下了一种印象：金砖国家只愿意分享经验，而不愿建立一个执法合作机制。

一方面，金砖国家领导竞争事务国际合作的能力，可能受到包括外国竞争执法在内的国家经济利益的强有力制约。例如，在2012年，为回应欧盟委员会对俄罗斯国有企业集团“俄气”所谓价格滥用的反垄断调查[③]，俄罗斯政府命令其国有企业不得在未得到政府事先同意的情况下与外国竞争当局进行合作。[④]另一方面，金砖国家频繁面临同一跨国公司对各自国内市场竞争状况造成影响的反竞争行为。例如，最近获得欧盟委员会反垄断违规裁决[⑤]的谷歌搜索引擎相关行为，已经在巴西[⑥]、俄罗斯[⑦]和

---

① Vassily Rudomino and German Zakharov, “Eurasian Economic Area”, in Aleksander Stawick and Vassily Rudomino, eds., *Competition Law in Central and Eastern Europe: A Practical Guide*, Kluwer Law International, 2014, pp. 503 – 516.

② 金砖国家的贸易部长们已经举行过多次联合会议：2016年10月13日在印度新德里，2015年7月7日在俄罗斯莫斯科，2014年7月14日在巴西福塔莱萨，2013年3月26日在南非德班，2012年4月19日在墨西哥巴亚尔塔港，2012年3月28日在印度新德里，以及2011年12月14日在瑞士日内瓦。

③ European Commission, “Antitrust: Commission Sends Statement of Objections to Gazprom for Alleged Abuse of Dominance on Central and Eastern European Gas Supply Markets”, http://europa.eu/rapid/press-release_IP-15-4828_en.html., November 5, 2016.

④ Marek Martyniszyn, “Legislation Blocking Antitrust Investigations and the September 2012 Russian Executive Order”, *World Competition Law and Economics Review* 37, 2014, pp. 103 – 119.

⑤ European Commission, “Antitrust Commission Fines Google €2.42 Billion for Abusing Dominance as Search Engine by Giving Illegal Advantage to Own Comparison Shopping Service”, http://europa.eu/rapid/press-release_IP-17-1784_en.html., June 27, 2017.

⑥ Administrative Council for Economic Defense, “CADE investigates Google's possible anticompetitive practices in the Brazilian online search market”, http://en.cade.gov.br/lpress-releases/cade-investigates-google2019s-possible-anti-competitive-practices-in-the-brazilian-online-search-market, October 11, 2013.

⑦ Federal Antimonopoly Service of the Russian Federation, “Google Paid the Fine”, http://en.fas.gov.ru/press-center/news/detail.html?id=50028, May 12, 2017.

印度①被采取多种形式的调查行动。金砖国家竞争当局对谷歌进行的调查,亦成为2016年俄罗斯高等经济大学斯科尔科沃法律与发展研究院主办的国际会议的话题。②

有学者建议发展中国家应当持有关于跨境反竞争行为消极影响的共同立场,并且在竞争法律和政策领域确立国际合作机制的共同利益。③由于世界贸易组织多哈回合谈判④已经在其议程中去除了竞争政策,此类对话已经转向各种区域性论坛。金砖国家"发展国家竞争机制,在金砖国家内部合作议程中引入竞争法律和政策"的经验分析,可以为"竞争事务对话与合作的可选择性国际平台"提供一个背景。这类平台的可行性高度依赖于金砖国家形成和推动竞争法律与政策共同范式的能力。除了纯粹经济效率上的效果,此类平台还将带来各种公共政策目标的整合。要建立金砖国家在国际竞争法律与政策对话中的公信力,关键有两点:一是金砖国家在跨国竞争执法中的成功合作,二是其平衡国家经济利益和国际礼让的能力。

毫无争议的是,金砖国家在立法、机构、执行框架上为各自竞争法律机制奠定了重要的"基石"。这可以成为其他国家在发展自身竞争执法方面的借鉴。同时,可以期待的是,金砖国家如果能够克服当前在竞争法律与政策领域合作中的局限,就可以为"建立跨国竞争执法的国际合作机制的基础"做出贡献。⑤

---

① Shruti Srivastava, "Google Abused Dominance in India, Finds Competition Watchdog Probe", http://indianexpress.com/article/technology/tech-news-technology/google-misusing-search-dominance-in-india-says-dg-report-to-cci/, September 3, 2015.

② "The Hidden Side of the Moon: Googles BRICS Competition Law Cases and the Role of BRICS in the Emergence of Global Competition Law Norms Regarding Unilateral Conduct", https://ild.hse.ru/en/announcements/180017682.html.

③ Kim Them Do, "Competition Law and Policy and Economic Development in Developing Countries", *Manchester Journal of International Economic Law* 18, 2011, p. 34.

④ World Trade Organization, "Doha Work Programme, Decision Adopted by the General Council on 1 August 2004", https://www.wto.org/english/tratop_e/dda_e/ddadraft_31jul04_e.pdf, April 8, 2020.

⑤ Rostam J. Neuwirth et al., "Conclusion: BRICS Lawyers as Bricklayers", in Rostam J. Neuwirth et al., eds., *The BRICS-Lawyers' Guide to Global Cooperation*, Cambridge University Press, 2017, pp. 371 – 378.

BRICS Countries and Their Cooperation in the Field of Competition Law and Policy: A New Voice in International Antitrust

Alexandr Svetlicinii

Abstract: It is indisputable that each of the BRICS countries has already laid down important "bricks" of legislative, institutional and enforcement frameworks of their national competition law regimes, which can be "built upon" by other countries developing their own competition enforcement. At the same time, it remains to be seen whether BRICS nations will be able to overcome current limitations to their cooperation in the field of competition law and policy and thus to contribute to the building of the foundation of an international cooperation mechanism for cross-border competition enforcement.

Key Words: competition law, competition policy, BRICS, Brazil, Russia, India, China, South Africa, national competition authority, competition enforcement

金砖国家法律研究(总第3卷·2019年)
第168~188页

金砖国家和发展中国家的反垄断与强制许可研究

Rafael Pinho de Morais[*]　朱若菡[**]　译

内容提要:在未获得知识产权权利人授权的情况下,强制许可是扩大受知识产权保护发明之可及性的强大工具,受国际法和各国立法的高度规范。尽管强制许可符合世界贸易组织规则,在大多数法域中也设置了这一竞争法工具(反垄断救济),其却鲜少被使用。强制许可可以成为一种强大的政策工具,尤其对医药行业而言,可以减除相对不发达国家民众的医药负担。虽然强制许可毫无疑问能够改善现有医药的可及性,且总体而言对技术有保护作用,但其对于利润和创新率的影响饱受争议。经济学文献中反对使用这一工具的论述已降至最少,但各国还迟迟没能在竞争政策中大胆使用这一强大的工具,在金砖国家和其他发展中国家尤为如此。本文总结了强制许可作为一种反垄断制裁方式予以使用的实际情况与可能性之间的差距,以及强制性许可作为合并批准条件予以使用的实

* Rafael Pinho de Morais, FCE-UERJ, RuaS ~ ao Francisco Xavier, 524 - 8 andar-sala 8.019-Bloco B, Maracan ~ a, Rio de Janeiro, RJ CEP: 20.550 - 013, Brazil. E-mail: rpinhodemorais@gmail.com. 原文索引为:Rafael Pinho de Morais, "Antitrust and Compulsory Licensing in BRICS and Developing Countries", Frederic Jenny and Yannis Katsoulacos, *Competition Law Enforcement in the BRICS and in Developing Countries*, Springer, 2016, pp. 149 - 167。本文翻译已征得作者与出版社同意。

** 朱若菡,华东政法大学2017级国际法博士研究生。

际情况与可能性之间的差距,主要关注金砖国家和其他发展中国家的情况。

关键词:强制许可　反垄断　竞争政策　金砖国家　药品

一、引言

本文对强制许可作为一种竞争政策工具的立法情况与实际使用情况进行分析,重点关注相关政策。文章主要针对金砖国家和其他发展中国家的情况,因为这些国家使用此类竞争政策工具获益的可能更大。

众所周知,贫穷国家获取现有创新发明的壁垒远不止知识产权,还包括销售渠道不足、价格管制机制设计不合理、产品不适应当地实际情况、过度腐败等。然而,不可否认的是,知识产权有时也是金砖国家和其他发展中国家无法获取技术的重要壁垒。

大多数知识产权在起到激励创新的作用的同时,也起到促进创新者披露信息的作用,例如在专利、工业设计、集成电路测绘领域,创新者在获得保护时必须提供详细信息。如此一来,知识产权以静态效率换取了动态效率,即通过允许短期无谓损失来激励人们在未来创造更多、更好的产品。

也正因如此,知识产权是竞争的天然、必要的壁垒,使创新者在一段有限时间内拥有排他权利。知识产权带来的这种竞争优势不应通过反竞争的方式寻求、获得,如在申请时提供虚假信息、采取非法行为,或以扭曲竞争的方式使用或行使知识产权。这不仅会垄断该产品本身所在的市场,还会垄断技术许可市场和创新性研发市场。

在这一背景下,针对限制竞争行为的强制许可(compulsory licensing)和作为合并条件的强制性许可(mandatory licensing)旨在缩短排他权利有效时间,使潜在竞争者有更多机会获取受保护的技术或产品。竞争有可能因此得以促进,进而使产品价格降低、质量提升,惠及消费者。强制许可潜力巨大却很少得以实际使用,在金砖国家和其他发展中国家尤为如此。

尽管经济活动的不同领域都存在知识产权壁垒,但医药领域这一情况更为显著,因为医药领域的创新集中于发达国家,但病患位于世界各地,发展中国家居民能享受到的医疗资源严重不足。[①] 正如瑞克曼(Reichman)(2009)所持观点,反垄断的强制许可和强制性许可应与《与贸易有关的知识产权协定》(Agreement on Trade-related Aspects of Intellectual Property Rights,以下简称《TRIPs协定》)提供的灵活措施相辅相成地加以使用,而非以前者替代后者,尤其是那些以解决贫穷国家医疗问题为目标的措施、基于公共利益或为了政府非商业性使用目的的措施,以及《TRIPs协定与公共健康多哈宣言》(Declaration on the TRIPs Agreement and Public Health,以下简称《多哈宣言》)第六段机制(允许出于向不具备制造能力的国家出口的目的发布强制许可)。

本文也与世界卫生组织(World Health Organization,WHO)、世界知识产权组织(World Intellectual Property Organization,WIPO)和世界贸易组织(World Trade Organization,WTO)2013年的共同努力目标一致,该年度这三个组织发布了史上首份联合出版物,重点聚焦"推进医疗和健康科技发展('创新'),确保这些技术可以到达需要之人手中('可及性')"。这份出版物针对的"主要是发展中国家——这些国家政府想要在控制成本的情况下增加有效治疗的可及性,因而面临日益增长的行动需求"。毫无疑问,竞争政策对于实现这一目标非常重要。

本文章节安排如下:第二部分对国际强制许可及针对其使用问题的国际法律框架进行文献综述;第三部分概述这一工具的实际使用情况,尤其是在金砖国家和其他发展中国家的使用情况;第四部分阐述强制许可在金砖国家目前的发展情况;第五部分总结金砖国家和其他发展中国家使用强制许可的一些担忧;第六部分为本文结论。

二、国际知识产权保护

行使知识产权即阻止第三方获取发明,从而为人们投资研发提供了经济激励。在医药创新领域,专利体系与药品价格管制共同作用以产生这种激励效果,拥有市场权力的专利持有者所定的价格可能会受到价格上限管制。

---

① 尽管本人聚焦于药品领域,但在其他领域同样存在知识产权壁垒。只是药品市场和药品准入方面的壁垒更明显。

在金砖国家、其他发展中国家和最不发达国家，管制在确保现有医疗手段可及性方面效果不佳，主要是因为公司可以从市场下架某一产品或以此作为威胁，正如格罗斯曼（Grossman）和莱（Lai）（2008）对此进行的论证。缺乏药品公共分销渠道虽然可使发展中国家的采购较为集中，确保有足够需求，但同时也使卖方在价格谈判中享有较高的议价地位。在贫穷国家，这也是药价居高不下的原因之一。不少证据都显示，在很多情况下同一款药品在发达国家要比在贫穷国家价格低，且在贫穷国家买方通常要自掏腰包。

1994 年世界贸易组织《TRIPs 协定》统一了专利保护期限，在其成员国中实施了药品专利保护措施。尽管如此，《TRIPs 协定》承认，知识产权制度对（专利）药品可及性实施的限制必须是合理的，不可造成全民无法使用已知疗法的情况。因此，《TRIPs 协定》允许成员自主做出决定，采取一些灵活措施，例如知识产权的权利用尽机制（是否允许平行贸易）和用以保护核心公共医疗利益的保障、例外和机制。在所谓的“《TRIPs 协定》灵活性措施”之中，最强有力的措施当属允许成员未经专利持有者授权即对专利药品权进行生产和销售：强制许可制度。[①] 本文主要研究作为一种竞争政策工具的强制许可制度，尤其是该制度在金砖国家和其他发展中国家的情况。

本文着重研究以下这种引起国际利益冲突的强制许可：一国对外国公司发明的产品授予有效知识产权许可。世界贸易组织《TRIPs 协定》第 31 条对此类许可的发布条件进行了规定，以平衡专利所有权人和各国政府的利益。不过，“全国处于紧急状态或其他极端紧急的情况”等概念相当模糊，“在公共非商业性使用的情况下”，甚至无须达到以上紧急情况的条件［第 31（b）条］。理论上，这为成员国发布强制许可留下了巨大的处理空间，只要“任何此种使用的授权，应主要为授权此种使用的成员方国内市场供应之目的”［第 31（f）条］。自 2003 年起，本条规定越发灵活。

这主要是指 2003 年 8 月 30 日通过的一份历史性决议使《多哈宣言》第六段机制得以执行。2005 年 12 月 6 日，此段所载暂时豁免的规定成为《TRIPs 协定》永久性修正案。在这样的“机制”中，任何国家均被准许发布强制许可、生产基本药品，以向没有能力生产药品的国家出口。此外，任何“生

① 强制许可在本文中指公共健康领域的非授权使用（《TRIPs 协定》第 31 条）所发生的所有可能：国家紧急情况、公共非商业性使用，或严格意义的病人仿制药的强制许可。

产此类产品能力不足或无医药领域生产能力”的国家均可成为“合格的进口成员”。某一国家如想作为进口方使用这一机制,必须通知《TRIPs协定》理事会——最不发达国家除外,这些国家甚至不需要尽通知义务。①

国际强制许可对世界各国公共健康影响深远,在国际上占有重要地位——这也是多哈(2001年)、坎昆(2003年)部长级会谈的争论焦点。②

关于强制许可的经济模型文献数量非常有限。坦顿(Tandon)(1982)回顾了专利和垄断租金之间的平衡导致无谓损失的情况,并对强制许可如何减少此种(静态)低效进行了研究。不过,他的研究重点主要放在选择强制许可药物的最优使用费率,“以积极的消费价格效应替代消极的许可激励效应”。然而,他的研究主要针对一国环境。

格罗斯曼和莱对国际背景下的创新平衡机制进行了研究,将平行贸易引入强制许可研究,即专利保护药品价格较高的国家从价格相对较低的国家进口此类药品的可能性——这在国际知识产权权利用尽机制下确有可能发生。传统观点认为医药领域的平行贸易有损知识产权,降低了投资这一科研密集型行业的动力。本文则挑战了这一观点,指出如果允许平行贸易,那么发达国家的利润、创新和福利都会有所提升,代价就是发展中国家的福利降低。

莫赖斯(Morais)(2015)将国际强制许可视为发展中国家的政策工具,从而对传统观点及此类研究成果的笼统性提出了质疑。本文研究显示,禁止平行贸易总体上效果理想,既可以节省发布强制许可的开支,也可以使创新发明不发生改变。此外,如果强制许可对于医药公司定价和富裕国家权利用尽机制而言的确是切实的威胁,就说明对于这一工具的使用尚未达到平衡状态。因此,强制许可是金砖国家和其他发展中国家重要的工具,可推动富裕国家调整政策,推动研究室调整定价策略,从而提高疗法的可及性。本文认为,不将强制许可作为竞争政策工具毫无道理,应在需要的时候对其善加使用。

池恩(Chien)(2003)从经验出发对以下常见观点提出质疑:强制许可的使用降低研发积极性从而抑制创新。尽管数据基础较为薄弱,但其研究指出“强制许可不一定会造成发明减少,这种增加药品可及性的政策选项值得更

① WTO (2014) reviews the procedures and overviews the issues in spreading the use of the system.

② See for example Alavi (2008).

多研究”。本文将沿着这一思路继续研究。

三、强制许可现状

这一部分明确关注受专利保护的基本产品以及发展中国家政府对于通常是发达国家的发明发布强制许可的情况，虽然《TRIPs 协定》的规定之中没有区别对待本国企业和外国企业的隐含意思。不管如何，总体而言，具有创新精神的发达国家发明产品，而这些产品理论上对于无论是富裕的发达国家还是贫穷的发展中国家都十分重要。在专利有效期内，专利所有权人在其新产品相关市场拥有一定权利。为了赚回研发投资，这些公司会定高价，这种价格往往只有富裕的客户和/或政府付得起。

强制许可是在专利有效期内，允许未经专利权人授权即生产、销售或为公共使用某一专利产品。[①] 正如锐克(Reik)(1946)已指出的，不仅在失效的情况下(如果专利持有人不生产产品)使用强制许可是正当合理的，而且只要“国家紧急需求的重要性超出专利权人排除他人以任何方式在专利有效期内使用专利发明的绝对权利”，就应使用强制许可。相关情况还应包括将强制许可作为一种反垄断救济措施予以使用。

锐克的另一段论述也有必要在此摘录：当对于一种专利物品的国内需求没有得到充分满足时，通常可以确定存在公共利益。不过，这种情况只适用于当公众的重要需求未能得到满足时；所以在涉及奢侈物品的情况下使用强制许可不具有正当性，此类物品包括华丽的服饰、珠宝、玩具等。

本文对基本药品、专利、技术、数据或数据结构等类似对象进行分析，指出与设置罚款和采取其他惩罚方式、设置其他合并条件相比，强制许可和强制性许可更符合公共利益。

(一)发达国家

数十年来，强制许可一直作为一种法律政策工具，被包括美国在内的发达经济体广泛在国内使用，以传播知识、促进创新。这一制度在 19 世纪晚期

---

① 强制许可是专利中唯一相关的合法途径。专利逾期后，仿制药可通过更简便、低廉、非争议的方式获得生产许可。对于专利保护期失效的药品市场的规制分析，参见 Morais(2006)。

的一部改革专利制度的英国法律之中就有规定,在美国则最早出现在1910年的一份法律文本中。加拿大自1923年起在专利立法中就允许对药品发布强制许可,而这个制度在1923年至1993年被密集使用,推动了加拿大国内仿制药市场的发展。然而,1993年,在《北美自由贸易协议》(North America Free Trade Agreement,NAFTA)谈判过程中因美国施压,加拿大法律取消了这一工具。

近年来,富裕国家将强制许可用于克服生物科技和基因疗法的新高科技治疗方案上的知识产权壁垒。有时竞争主管部门也会使用强制许可,尤其是在美国和意大利。

无论以上哪种情况,富国政府都是医药公司大力游说的目标。极端案例如麦利亚德公司(Myriad)案,案件核心甚至不是药品的分子构成,而是各大实验室对于麦利亚德公司垄断所有乳腺癌基因包括研发和昂贵测试在内的使用不满而施加的压力,麦利亚德公司的垄断状态是于1997年获得的。另一个案例是罗氏公司(Roche)敦促德国政府就凯龙公司(Chiron)持有的"艾滋病毒(HIV)血液筛查探针"专利发布强制许可,最终有关方面于2001年5月达成了(自愿)许可协议,协议条件是罗氏明确承诺不再试图取得强制许可。

在富裕经济体公共健康需求和国家紧急状态方面,最令人瞩目的案例当属2001年秋天的炭疽攻击事件。当时使用强制许可的理由是临时需要动用可以治疗一千万人的环丙沙星库存,而这个数量远超过药品专利所有权人拜耳公司(Bayer)的库存和即时生产能力,尽管拜耳公司一直否认这一点。最终,美国政府与拜耳公司达成协议,从拜耳公司手中以半价收购了环丙沙星。仅需要威胁使用强制许可就可达到目的,这对一直盯着即将召开的世界贸易组织多哈回合谈判的美国政府来说是个好消息。

与此自相矛盾的是,在国际上,尽管药品可及性问题引起了广泛关注,但是大多数大型药企及其母国都反对使用药品强制许可制度,尤其是将这一制度在穷国使用。他们认为穷国会滥用强制许可制度,从而减少研发收益,使实验室无法在更加发达的国家定高价。有不少证据显示这些观点背后有一些政治压力和游说行为,这在贸易协定谈判过程中也同样存在,麦迪辛·三思·佛郎提瑞(Medecins Sans Frontieres)(2004)曾对此提出警告。

(二)发展中国家和最不发达国家

世界贸易组织《TRIPs协定》中的强制许可制度使政府可以确保人民可

以能够负担的价格获得核心产品,尤其是药品。尽管这一制度未被经常使用,但这不意味着制度本身效果不好:这一制度的存在本身就在很多情况下产生了极好的效果,它对发展中国家而言是迫使大型实验室大幅降价的谈判筹码。例如,在巴西抗艾滋病药物谈判过程中,威胁使用强制许可为巴西获得了大幅降价空间,如2001年3月谈判中,默克公司(Merck)同意将茚地那韦、依非韦伦在巴西售价分别降低65%和59%;2001年8月谈判中,罗氏公司同意将Viracept牌奈非那韦在巴西的售价再下调40%;2003年9月谈判中,奈非那韦、洛匹那韦、依非韦伦、替诺福韦、阿扎那韦这五种抗逆转录病毒药品价格再度下调;2005年6月谈判中,巴西和雅培公司(Abbott Laboratories)就洛匹那韦(Kaletra)药物降价达成协议,尽管这一协议受到专家猛烈批评。

不过有时只是威胁使用强制许可还不足以达成目的(或不足以让人信以为真),发展中国家和最不发达国家只能真的发布强制许可。例如,针对抗艾滋病药物依非韦伦,泰国于2006年、巴西于2007年分别发布了强制许可,之后又进行了威胁,才达成了协议。在南非,这种药品获得了默克公司的自愿许可,可在当地生产仿制药。

2007年1月,泰国公共卫生部对雅培公司推广的Kaletra品牌洛匹那韦-利托那韦蛋白酶抑制药、用以预防心血管疾病的抗凝药物氯吡格雷(施贵宝公司和赛诺菲公司的波立维品牌)发布强制许可。

印度采取的方法与之不同,Steinbrook(2007)称,吉利德公司(Gilead)已授权11家公司生产替诺福韦的仿制药,并将其销售给95个低收入国家。这些许可是免费发布的,但是如果公司生产、销售替诺福韦的仿制药,吉利德公司会加收销售额5%的专利使用费。

就最不发达国家而言,莫桑比克、喀麦隆、赞比亚针对具体药品会发布强制许可以使药品得以在本地生产,而加纳、厄立特里亚、津巴布韦则就基本药物进行一般陈述以进口这些药物。

表1总结了21世纪第一个十年之中强制许可的实际使用情况。

值得注意的是,表1中也有美国和加拿大,当然这些国家的案例还有其他部分列出的案例是以取得折扣而不是发布有效强制许可告终的。表1中没有中国这一点也值得注意。凯伊(KEI)(2007)指出,截至当时,中国在强制许可方面的唯一行动是“2005年,中国通过威胁使用强制许可获得了制造达菲(Tamiflu)仿制药的自愿许可”。

比尔(Beall)和库恩(Kuhn)(2012)指出,2003年至2005年案例数量有所增长可能是因为《多哈宣言》或抗逆转录病毒治疗的全球推广,也有可能两个原因都有。还应指出的是,2005年之后案例数量下降且集中于中等偏上收入国家,这是因为这些国家“有执行强制许可的生产和分销能力”,但这些国家同时“也在政治经济体系之中占有重要地位,可以经受得住政治压力和财务报复行动的威胁”。

表1 《TRIPs协定》时代强制许可实际使用情况

年份	国家	国民收入分组	疾病	疾病分组	产品总数(个)	结果
2001(2007)	巴西	中等偏上收入国家	艾滋病	艾滋病	2	强制许可/降价
2001	巴西	中等偏上收入国家	艾滋病	艾滋病	1	降价
2001	加拿大	高收入国家	炭疽病	传染病	1	降价
2001~2003	南非	中等偏上收入国家	艾滋病	艾滋病	8	自愿许可/降价/无
2001	美国	高收入国家	炭疽病	传染病	1	降价
2002	埃及	低收入国家	性功能障碍	非传染病	1	强制许可
2003~2004	马来西亚	中等偏上收入国家	艾滋病	艾滋病	3	强制许可
2003、2007	巴西	中等偏上收入国家	艾滋病	艾滋病	1	降价
2003	津巴布韦	低收入国家	艾滋病	艾滋病	所有产品	强制许可
2004	莫桑比克	最不发达国家	艾滋病	艾滋病	3	强制许可

续表

年份	国家	国民收入分组	疾病	疾病分组	产品总数（个）	结果
2004	赞比亚	最不发达国家	艾滋病	艾滋病	3	强制许可
2005～2006	阿根廷	中等偏上收入国家	流感	传染病	1	自愿许可
2005～2007	巴西	中等偏上收入国家	艾滋病	艾滋病	1	降价
2005～2009	巴西	中等偏上收入国家	艾滋病	艾滋病	1	降价
2005	加纳	低收入国家	艾滋病	艾滋病	所有产品	强制许可
2005	印度尼西亚	低收入国家	艾滋病	艾滋病	2	强制许可
2006～2007	印度	低收入国家	癌症	非传染病	1	无
2006（2010）	泰国	中等偏上收入国家	艾滋病	艾滋病	1	强制许可
2007	卢旺达	低收入国家	艾滋病	艾滋病	1	强制许可
2007（2010）	泰国	中等偏上收入国家	艾滋病、心血管疾病	艾滋病、非传染病	2	强制许可
2007～2008	泰国	中等偏上收入国家	癌症	非传染病	1	降价
2007～2008	泰国	中等偏上收入国家	癌症	非传染病	3	强制许可
2010	厄瓜多尔	中等偏上收入国家	艾滋病	艾滋病	1	强制许可

资料来源：Beall 和 Kuhn（2012）。

从表1数据可以看出,泰国在发布公共健康强制许可方面一直表现得最为积极。泰国于2006年发布了艾滋病药物的强制许可,于2007年1月发布了血液稀释剂硫酸氢氯吡格雷(Plavix)和艾滋病药洛匹那韦/利托那韦(Kaletra)的强制许可,于2007年和2008年发布了癌症药的强制许可。

表1中还应注意印度的结果一栏显示“无”。据WTO(2015)称,印度第一个也是唯一一个强制许可证于2012年3月发布,该强制许可针对的是拜耳公司NEXAVAR© 商标下的专利药物,即三期肝癌和肾癌药物索拉非尼。专利、设计和商标管理局根据印度法律向印度一家仿制药公司(Natco Pharma Ltd.)发布了强制许可,理由是印度大众无法以合理价格获取专利发明,这一专利发明还未在印度领土得以发挥作用。强制许可发布的同时,该家仿制药公司要向专利权人支付6%的使用费。后此案上诉至印度知识产权上诉委员会,委员会于2013年3月支持了管理局的决定,没有改变发布强制许可的决定或许可发布的其他条件,但将使用费提升至7%。WTO(2015)称,印度自此之后没有发布其他强制许可,尽管专利、设计和商标管理局又收到了三个申请:基因科技公司(Genetech)的乳腺癌药物HERCPETIN©,百时美施贵宝公司(Bristol-Myers Squibb,BMS)的乳腺癌药物IXEMPRA© 和白血病药物SPRYCEL©。针对百时美施贵宝公司的药物的请求遭到拒绝,管理局给出的理由不是案件事实本身,而是案件缺乏一项必要的先决条件:要为取得自愿许可付出足够努力。

总体而言,《TRIPs协定》[第31(h)条]要求的发布强制许可时向权利持有人支付“适当报酬”对于发布国而言不算是一种负担,因为具体情况基本由发布国全权决定。换言之,是否发布强制许可这个决定不受报酬高低限制。在大多数国际强制许可案例中,公布的使用费为销售额的0.5%至4%不等。考虑到销售额通常是药物原来价格的2%至10%,这一补偿措施对于持有专利的研发机构而言实在是微不足道。作为这一论点的证明,很多案例之中专利持有人直接放弃获得这类补偿的权利,如马来西亚(专利持有人放弃了相对还算高的销售价格的4%补偿,有时超过每个病人每月100美元)、印度尼西亚(专利持有人放弃了抗逆转录病毒药物奈韦拉平0.5%的补偿长达7年,拉米夫定的补偿长达8年)对两种三联艾滋病药物发布强制许可的案例。

表2整理了针对艾滋病治疗发布的所有强制许可相关信息,这是世界卫生组织在2014年的重点工作。

表2　艾滋病药品强制许可情况

年份	发布法域	类型	收入分组	来源	使用费	发明
2003	马来西亚	政府使用	中等偏上收入国家	进口	4%	DDI；ZDV；ZDV/3TC
2003	津巴布韦	强制许可	低收入国家	进口/当地生产	无	艾滋病相关药品
2004	莫桑比克	强制许可	低收入国家	当地生产	2%	3TC + d4T + NVP
2004	赞比亚	强制许可	中等偏下收入国家	当地生产	最多2.5%	3TC + d4T + NVP
2004	印度尼西亚	政府使用	中等偏下收入国家	当地生产	0.5%	3TC；NVP
2005	加纳	政府使用	中等偏下收入国家	进口	无	艾滋病相关药品
2006	泰国	政府使用	中等偏上收入国家	进口/当地生产	0.5%	EFV
2007	泰国	政府使用	中等偏上收入国家	进口/当地生产	0.5%	LPV/r
2007	印度尼西亚	政府使用	中等偏下收入国家	主要为当地生产	0.5%	EFV
2007	巴西	政府使用	中等偏上收入国家	进口/当地生产	1.5%	EFV
2007	加拿大	强制许可	高收入国家	出口	2%	3TC + ZDV + NVP
2010	厄瓜多尔	政府使用	中等偏上收入国家	进口	美国价格的0.42%	RTV
2012	印度尼西亚	政府使用	中等偏下收入国家	当地生产	0.5%	ABC；DDL；EFV；LPV/r；TDF；TDF + FTC；TDF + FTC + EFV
2012	厄瓜多尔	政府使用	中等偏下收入国家	当地生产	美国价格的5%	ABC/3TC

资料来源：WTO(2014)。

金砖国家创新能力有限,但如果有强制许可,这些国家可以以较低成本获得可与原药物媲美的仿制药。这包括金砖国家和其他一些拥有药物生产设施的发展中国家,尤其是泰国。这些国家都是中等收入国家,虽然有生产所需药物的技术,但却仍有一批患者,因为人们无法以可以负担的价格获得(受专利保护的)基本药物。①

不过,自从TRIPs第六段机制实施之后,这一分析自然也适用于没有能力生产所需药物的最不发达国家。这意味着自2003年起,最不发达国家可以以能够承受的价格购买受专利保护药品,即使该国没有生产仿制药所需的设施。为了得到这种药物,这些国家将从海外的实验室(以低价)进口,很可能是从发达国家进口。

尽管截至2015年9月第六段机制只用过一次,②我们相信今后这一工具会被越来越多地使用——尤其是当最不发达国家不得不实施药物专利保护后,实施截止日期已被推迟很多次,目前是2015年年底。无论如何,这一制度目前存在的及使用这一制度的潜在威胁足以使本文立论。不使用这一机制可以掩盖因为这一机制的存在导致降价的相关证据,Kommerskollegium(2008)、Morais(2015)和WTO(2014)中瑞士的观点都指出了这一点。③

---

① 专利问题肯定不是贫穷国家未能获得药品的唯一原因:销售渠道欠缺和腐败问题经常被援引。这促使斯达罗甫陆(Stavropo bu)和瓦利提(Valletti)在2015年就强制许可建模中明确考量了南方国家人口的影响要素。本文聚焦于专利壁垒——或基于价格获得药品的限制——本文进而假设专利文件完整描述了药品生产过程,一旦发布强制许可,逆向工程费用则可忽略。

② Rwanda filed submission IP/N/9/RWA/1 dated 19 July 2007, concerning the importation of 260,000 packs of TriAvir—a fixed-dose combination product against Aids, whose original patent belongs to GlaxoSmithKline—to be manufactured in Canada for exportation to Rwanda by Apotex Inc., the then largest Canadian drug firm. According to WHO, WIPO, WTO (2013) "it took three years before the shipments in question proceeded", which took place in September 2008, according to the Indian government statement in WTO (2014).

③ Kommerskollegium (2008) is a comprehensive study reviewing the adoption process of the paragraph 6 system and the difficulties in having it implemented. The authors agree that the system can be effective without being effectively used, through increasing the bargaining power for obtaining discounts, but claim it is extremely hard to check if it is indeed the case. We all doubt it is.

四、金砖国家中作为竞争工具的强制许可制度

众所周知,与获取和使用知识产权有关的反竞争行为牵涉广泛,从拒绝处理或发布许可,到难以确定何为与知识产权有关的虚假诉讼都可算作此类行为。世界贸易组织的《TRIPs 协定》的第二部分第八节专门针对"对协议许可中限制竞争行为的控制",明确规定"各成员同意,一些限制竞争的有关知识产权的许可活动或条件可对贸易产生不利影响,并会妨碍技术的转让和传播"。再往下,《TRIPs 协定》列举了"排他性返授条件、组织对许可效力提出质疑的条件和强制性一揽子许可"等作为例子。

这些规定与美国可追溯至 1995 年的《知识产权许可反垄断指南》大体一致。所有金砖国家和大多数其他发展中国家都有规定在不使用专利时发布强制许可的专利立法,也有知识产权和强制许可在法律条文中起重要作用的竞争法案。

然而,金砖国家和其他发展中国家至今为止的实践已落后于竞争法专家在知识产权和竞争法交叉领域已建立的知识体系,也落后于发达国家竞争主管机构现有的判例法。①

(一)南非的先锋实践

南非在将强制许可作为反竞争行为惩罚措施方面毫无疑问走在世界前列。早至 2003 年,南非竞争主管机构做出了一个历史性决定,在国际媒体上引起很大轰动,但后续却行动寥寥。

南非 1997 年进行了一项争议很大的立法,允许对专利药品发布强制许可,因此导致很多医药公司和联盟提起诉讼。在政府承诺重新起草法律,使之符合《TRIPs 协定》规定后,诉讼才得以终止。

2002 年 9 月,非政府组织的治疗行动运动(Treatment Action Compaign, TAC)向竞争委员会投诉了葛兰素史克公司(Glaxo Smith Kline, GSK)和勃林格殷格翰公司(Boehringer Ingelheim, BI)。另有十二方加入了投诉,指责葛兰

---

① 莱(2017)详细回顾了关于强制许可、使用威胁和有效使用在全球范围的立法变更。富国、金砖国家和其他发展中国家在反垄断使用方面的立法差异很大。

素史克公司和勃林格殷格翰公司对利托那韦、拉米夫定、利托那韦+拉米夫定和奈韦拉平定价过高。

2003年10月,竞争委员会发布了声明,称这些公司违反了1998年《竞争法案》,对其在抗逆转录病毒市场上占有的优势地位构成滥用。委员会详细指出了以下限制性行为:使竞争对手无法使用核心设施、定价过高、从事排他性行为。

不久之后,投诉方与这两家公司达成和解,和解方案包括两家公司向多个愿意付低廉使用费(不超过相关抗逆转录病毒药物净销售额的5%)的受让人发布广泛的自愿许可,且这些药品可在国内公私领域销售,也可以出口至撒哈拉以南的非洲国家。

历史告诉我们,委员会之所以做出了2003年的决定,是因为几家非政府组织试图说服南非健康主管机构对基本艾滋病药物发布强制许可但以失败告终。委员会的这个历史性决定实属无心插柳。

(二)迟到者中国

尽管1984年中国的第一部《专利法》规定有强制许可,但这一制度是否可用于制约反竞争行为不甚明确。直至配合2000年修正的《专利法》制定的2001年《专利法实施细则》出台后这一情况才有所改变。

中国《反垄断法》于2007年颁布,而2008年《专利法》在第48条明确规定为纠正特定类型的反竞争行为可以实施知识产权强制许可。

不过,直至2011年年末,中国国家知识产权局发布了《专利实施强制许可办法修订草案》,使针对垄断行为发布专利强制许可的程序、中国专利管理机构和反垄断主管机构的相应角色有所明朗。不过,研究人员认为还有很多疑问尚待回答,也未发现任何判例法。

(三)神秘国度俄罗斯

一方面,关于俄罗斯的信息不多;另一方面,俄罗斯是唯一一个回复世界知识产权组织关于反竞争行为强制许可规定调查问卷的金砖国家。WIPO(2011)称,截至当时,俄罗斯还没有相关具体条款,但是俄罗斯联邦《民法典》第1362条和第1423条有关于强制许可的规定。

可能导致俄罗斯根据这些条款发布强制许可的情况有:在国内法律规定的一段时间内不利用知识产权;要利用某一专利发明,必得侵犯优先级较高的其他受知识产权保护的发明(先申获的专利),即专利依赖;有必要为市场提供繁殖材料(植物品种),但许可是提供的必要条件,或者如果利用某一植物品种得侵犯优势植物品种保护或专利。俄罗斯主管机构还回应说,如果没有其他信息,将由司法主管部门决定是否发布强制许可。

WIPO(2011)称,俄罗斯属于“没有明确回复知识产权本身是否给予了市场权利”的一类国家,“但是从这类国家的回复之中可以推测出它们不认为知识产权可以产生这样的影响”。此外,当问及发布(针对反竞争行为的)强制许可的目的时,俄罗斯没有选择问卷给出(并详细说明)的四个选项中的任何一个:预防、控制、纠正(或补救)、抑制。俄罗斯没有回答针对反竞争性使用知识产权除发布强制许可外是否有其他(替代性或互补性)制约措施,亦没有回答以强制许可来实施《反垄断法》从而解决知识产权反竞争性使用是否合适的问题。俄罗斯没有反馈任何案例,因此俄罗斯是否曾使用强制许可制度仍然存疑。

(四)印度的努力

印度1970年《专利法》——至今依然有效——已经在第十六章规定了强制许可,也有关于强制许可申请程序的详细规定,该规定被列在第87(1)条中。不过,该法将药品排除在知识产权保护之外。印度2005年在《TRIPs协定》过渡期行将结束时才将药品纳入专利保护。这使印度发展起来大规模制药业,从仿制药制造商发展为创新公司,兰巴西(Rambaxy)公司就是最常被提及的案例,这家公司目前拥有成百上千个美国专利商标局(United States Patent and Trademark Office,USPTO)批准的专利。印度的仿制药制造公司依然为世界提供至少一半的进口仿制药。2005年以前印度没有理由发布药品强制许可,因为不存在药品专利。

2005年之后,印度还没有在反垄断语境下处理强制许可问题。有关强制许可的案件由专利、设计和商标管理局处理,可以上诉至印度知识产权上诉委员会。正如之前部分提到的,印度只发布过一个此类许可。

在百时美施贵宝公司案中,一方根据印度2002年《竞争法》第61条和第3(5)条提出了反竞争主张,但没有获得裁决——可能因为这些案件由于没有为取得自愿许可做出足够努力而被驳回。

(五)巴西在觉醒

尽管巴西竞争主管机构——经济保护和管理委员会(Administrative Council for Economic Defense,CADE)最近迎来创立50周年,但巴西真正执行竞争政策的时代始于巴西1994年《竞争法》的颁布。这个法律文本已经明确将专利强制许可列入制约反竞争行为的措施之中,"将其推荐给主管公共机构",即巴西专利商标局。

巴西2011年第12.529/2011号法令替代了第8.884/1994号法令成为新的巴西《竞争法》,该法对竞争执行制度作出了一系列改变、改进。在强制许可方面,这部法律不仅对专利明确规定了这种制裁措施,还将"违法者所有的知识产权强制许可"包括在内,此外还明确后者适用的条件是"违法者的违法行为与使用此类权利有关"。最后这个规定缩小了规范范围,使之只适用于对某一应当有效权利的使用的情况,这点可能不妥。至少可以将与授权、使用无效权利等相关违法行为纳入规范范畴,这两种情况在著名的美国1984年汉得嘉(Handgards)案或欧盟2005年阿斯利康(Astra Zeneca)案中出现过。①

无论如何,这一讨论只是徒劳,因为据我们所知,巴西竞争主管机关至今尚未发布任何类别的针对反竞争行为的强制许可。有一些案件导致品牌使用中止、强制出售品牌以作为合并救济,甚至对专利发放强制性许可。值得一提的是,这种强制中止、强制出售或甚至强制性许可等措施在巴西1994年《竞争法》之中没有明确规定,而巴西2011年《竞争法》则错误地将强制(compulsory)许可作为一种合并救济,实际上应该是强制性许可(mandatory)。

发生中止情况的几个最著名案例包括著名牙膏品牌固龄玉(Kolynos)被高露洁(Colgate)于1993年收购的案子,以及著名的两大食品巨头品牌合并案(著名品牌Perdigao2011年因收购Sadia而在一些相关市场被中止使用且中止时长不等)。强制销售第一案据我们所知应该是2009年赛诺菲-安万特(Sanofi-Aventis)决定收购当时巴西最大的仿制药制造商梅德利(Medley)。由于当时担忧此案中并没有涉及有效专利,而是涉及合并双方强势品牌带来的稳健的市场份额,CADE将出售这些强势品牌作为审批的前提,双方均表示接受。

2009年与2010年的几乎同一时间,默克公司在全球整体收购先灵葆雅(Schering-Plough)。CADE在两个治疗类别中发现竞争问题,包括以Zetia、

① MSF, Red Cross and WHO websites have plenty of information on neglected diseases. For example: http://www.who.int/neglected_diseases/diseases/en/.

Ezetrol、Zetsim 和 Vytorin 为名出售的专利药品。通过双方签字认可的承诺，Ezetrol 和 Zetsim 在第一阶段应由一家届时获得自愿许可的第三方独家经销。

五、关切

这一部分将指出金砖国家和其他发展中国家在决定是否适用强制许可时主要关注的问题。

(一)受忽视的疾病

正如丹松(Danzon)和陶斯(Towse)(2003)在引文部分明确指出的，发展中国家在公共健康方面主要面临两个问题：首先，确保对发达国家和发展中国家均有影响的疾病药物的可及性；其次，为主要影响或只影响贫穷国家的疾病提供必要的研发激励。

第一类问题所指药品可以包括通常可在发达国家获得的，但发展中国家消费者一般无法获得的所有药品，如抗生素、抗癌症药物和艾滋病药物。第二类问题涉及疾病都是受到忽视的疾病，这些疾病尤其令金砖国家和其他发展中国家困扰，而针对这些疾病的现有治疗方法不太有效(如果有的话)，最突出的例子包括登革热、疟疾、肺结核、昏睡病和利什曼病。

国际非政府组织有时会呼吁对一些受忽略疾病的现有治疗方法(尽管不太有效)发布强制许可。例如，第三世界网络(James Love，2004 年关于强制许可出版物)呼吁："一国政府通过宣布在艾滋病、结核病、疟疾或其他疾病方面陷入公共健康紧急状态，可以赋予竞争部门一般授权来提供某种药物……"无国界医生(Médecins Sans Frontières，MSF)的网站上提道："为解决废弃药物问题，MSF 呼吁各公司、政府找到解决方案，使利润很低但在医疗上具有必要性的药物得以重新生产。MSF 也支持发展中国家对国际贸易规则允许的'保证措施'进行立法，以保护药品可及性。"尽管没有明说，但这些话让人不禁怀疑强制许可是否应该是处理(治疗受忽视疾病的)"废弃药物"的一种工具。

与此相反，毛拉丝(Morais)(2015)得出结论："受忽略疾病的药物不应成为强制许可的目标(包括为政府非商业使用目的)。”①这对发展中国家而言应该符合其最大利益。对于受忽视疾病,激励医药研发的相关市场主要在金砖国家和其他发展中国家。因此,这些国家应该高度关心如何激励针对这些疾病的研发——搭发达国家便车的想法是荒谬的。对金砖国家和其他发展中国家而言,实际上以令人信服的方式承诺不对受忽视疾病用药发布强制许可对它们更有利。②

(二)贸易转移

另一个担忧就是贸易转移,即将可以低价在金砖国家或其他发展中国家购买的药物运至定价更高的市场,通常是发达国家市场——这种做法有可能削弱对创新的激励。

斯达罗甫陆(Stravropoulou)和瓦利提(Valletti)(2015)假定凭借强制许可生产的药品可以被再次进口,因此“第六段机制”应当会降低实验室在不同市场区别定价的能力。笔者认为,这一机制允许一个更为发达的国家发布完全针对出口的强制许可(对象是发展中国家或最不发达国家),这样一来药品在本国市场的定价就不受影响。同理,金砖国家使用强制或强制性许可对其境内的影响也可与之相同。唯一的要求就是金砖国家要采取有效措施,避免(贸易)转移。

凯利(Kyle)(2009)指出,“经验表明,欧盟一体化对于价格离散产生了复杂的影响”。她在整篇文章中强调了医药公司可以使用其他“非价格的战略性应对措施”,以避免平行贸易,从而避免因发达国家采取国际知识产权权利用尽机制而带来的价格同一化。这些措施包括在经销上纵向合并,或绕过经销商,直接与零售商签署经销合同,还包括通过推出不同版本的产品甚至收回产品从而调整南北国家中的产品组合。由于平行贸易只发生在完全相同的产品上(同一化学成分、剂量和效果),个性化产品组合会增加平行贸易者的重新包装成本——有时成本甚至无限大,同时也增加了安全问题。届时重新进口药

① 毛拉丝主张:“只有真正不可预期的紧急情况才可作为例外处理——但这与是否是受忽略疾病无关,与是否是发达国家或发展中国家无关,只要TRIPs协定许可即可。进而,任何国家(无论是否为发达国家)均可合理发布强制许可,例如美国在2001年炭疽病危机期间的做法。这些紧急例外许可在时间和地域方面应具有及时性、目的性和短期性,不应损害创新的动力。”

② 专利系统以外的其他机制可能更好地促进私有主体在受忽略疾病方面的研发动力,例如专利买断或奖励(比赛)或提供此类研发的公共资金,但这些不是本人的讨论范畴,本文聚焦于本时代最常用于激励研发的专利系统。

物会被视作与本国生产产品本质不同,从而会使人们购买重新进口药物的意愿有所降低。WTO 网站引用了 2003 年总理事会主席的声明,①列出了一些实验室类似反转移最佳实践指南的举措。在列举实际案例前,声明上面写着:“公司常常使用特殊标签、配色、形状、尺寸等区别作为赠品或折扣项目的产品与供往其他市场的产品。”

原为发展中国家患者生产的药品更少被转移至发达国家市场符合本文分析的初衷。如此,则更有可能使发达国家和发展中国家拉开价格差距,从而增加在发展中国家中使用强制许可的机会。

六、结语

本文旨在回顾竞争政策下国际强制许可制度在发展中国家的潜力与实践情况,尤其关注金砖国家情况。证据表明这些国家在这方面经验还很少。

本文总体概览了金砖国家和其他发展中国家强制许可使用情况,使用情况基本上只包括卫生主管机关针对基本药物发布许可证,2003 年南非竞争委员会的决定似乎是唯一一个例外。

本文主要观点是,金砖国家和其他发展中国家在强制许可方面仍有不少行动空间,也应该采取更多行动,尤其是竞争主管机构有潜力介入其中,成为卫生主管机构的有益补充。使用反垄断强制许可来制裁反竞争行为以及为合并审批之目的使用强制性许可的潜力巨大,这不仅在所有金砖国家均是合法行为,而且也符合世界贸易组织规则。

对于如果强制许可——无论何种类型——成为金砖国家和其他发展中国家更加经常使用的政策工具的情况,本文还提出了两个主要的关注点:应该避免贸易转移,永远不应将受忽视疾病治疗药物纳入强制许可范畴。

① https://www.wto.org/english/tratop_e/trips_e/gc_stat_30aug03_e.htm,October 09,2015.

Antitrust and Compulsory Licensing in BRICS and Developing Countries

Rafael Pinho de Morais

Abstract: Compulsory licensing is a powerful tool for broadening access to inventions protected by intellectual property rights without the rights owner consent, and is highly disciplined by International Law and individual countries legislation. Although compatible with the WTO rules, compulsory licensing has rarely been used despite being an available competition policy instrument (i. e. antitrust remedy) in most jurisdictions. It can in particular be a powerful policy tool—as concerns pharmaceuticals—to address the well-known health burden held by the population in the poorer nations. While compulsory licensing unambiguously improves access to (existent) health treatments and to protected technologies in general, its impact on profits and innovation rates is a more controversial issue. The economic literature has minimized the arguments against the use of the instrument, but competition policy has been too shy in using such a powerful tool, in particular in BRICS and other developing countries. This chapter overviews the lag between the possible and the actual use of compulsory licensing as an antitrust sanction and of mandatory licensing as a condition for merger approval, in particular in the BRICS and other developing countries.

Key Words: compulsory licensing, antitrust, competition policy, BRICS, pharmaceuticals

金砖国家法律研究(总第3卷·2019年)
第189~197页

金砖国家法律秩序中限制性商业行为的概念和不同类型

Ksenia Michailovna Belikova　Natalia Vladimirovna Badaeva
Evgenia Evgenevna Frolova　Mihail Nikolaevich Dudin*
沈奕灵**　译

内容提要:本文分析了金砖国家关于消除主要反竞争市场战略的立法和法律秩序中的一般做法,涉及中国、印度、俄罗斯和南非的法律秩序。分析了中国、印度和南非法律规定的可视为限制性商业行为协议是否合法的不同理论和实践方法。笔者关注金砖国家目前在横向和纵向贸易限制、协同行为、欺诈行为和串通、不公平销售技术、定价和销售策略等方面的保护竞争立法。可以说,现今社会期望较高规模的贸易和工业活动参与度,但是,保护竞争规则允许例外,在某些案件和某些情景中的例外情况可以证明对贸易自由的限制是合理的。

关键词:金砖国家　竞争保护　限制性商业行为　横向和纵向贸易限制

---

* Ksenia Michailovna Belikova、Natalia Vladimirovna Badaeva、Evgenia Evgenevna Frolova,均就职于俄罗斯人民友谊大学,邮箱分别为BelikovaKsenia@ yandex. ru、natalya_b7 @ mail. ru、frolevgevg @ mail. ru。Mihail Nikolaevich Dudin就职于俄罗斯总统国民经济和公共行政学院,邮箱dudinmn@ mail. ru。原文索引为:Ksenia Michailovna Belikova et al., "Concept and Different Types of Restrictive Business Practices in the Legal Orders of BRICS Countries(Case of China, India, Russia and South Africa)", *Journal of Advanced Research in Law and Economics*, 2017, pp. 404 - 410。本文翻译已征得作者与出版社同意。

** 沈奕灵,华东政法大学2017级国际法博士研究生。

一、导言

金砖国家经济规模不断扩大,外交活动日益活跃,对国际决策进程的影响力日益增强。高盛投资公司(Goldman Sachs)曾预测,到2032年,金砖国家的经济规模可能与七国集团(Group of Seven,G7)相当。① 随着南非于2011年4月加入,"金砖国家"一词已成为全球经济实力从发达经济体向主要发展中国家转移的一个广泛使用的象征。

与此同时,有一种观点认为金砖国家目前和未来都面临挑战。② 无论如何,金砖国家是多途径外交的一个例子,其目的是在共同体或利益相近的基础上发展建设性互动。新兴国家也看到了自身深化融入国际体系和全球化的发展前景,俄罗斯参与金砖国家的概念就是如此。现代金砖国家发展的战略方向是向以创新方式发展的经济体转变,例子可见2002年《南非国家研究与开发战略》。

竞争法的规定普遍鼓励这一发展,因为金砖国家的学说(法理学)和相关立法(中国,2007年《中华人民共和国反垄断法》;印度,2002年《印度竞争法》;俄罗斯,2006年7月16日俄罗斯联邦第135-FZ号法律;南非,1998年第89号《竞争法》)规定建立对企业(经济实体)市场行为的控制。它们禁止反竞争协议和滥用市场支配地位,并对市场结构进行监督,以防止由于反竞争兼并和收购而造成市场结构的扭曲。这种控制是所有国家政府考虑去推动的市场战略的一个重要部分。

关键是现今社会的每一个成员都期望参与大规模贸易和工业活动,而对个人贸易自由的任何武断干涉和对这种自由的任何武断限制本身都是不可接受的,这是一般规律。然而,现在这一规则允许例外:贸易自由的限制和对个人经济活动自由的干预可以在某些案件和某些情景下的例外情况下得到

---

① Jim O'Neil, Anna Stunpnytska, "Long-term Outlook for the BRICs and N - 11 Post Crisis", Global Economics Paper 192, 2009, pp. 3 - 27.

② Baumann R., *Seven Challenges to the BRICs* (materials presented at the International Conference "BRICs: Perspective of the Cooperation and Development", Moscow, December 5th 2013); John Lysa, "Engaging BRICs: Challenges and Opportunities for Civil Society", http://www.oxfamindia.org/sites/default/files/2018 - 10/Working%20paper%2012.pdf, April 8, 2020.

合法证明。当这些限制的优点超过其对社会造成的危害时,限制具有正当性,即最终从公共利益的角度论证了限制的合理性。

限制的合理性问题是法律问题,需要得到俄罗斯和其他金砖国家反垄断当局的许可,有时也需要得到法院的许可。有一种例外是,限制基于其性质(由于其反竞争的倾向和目的)而显得非法,因而无效并且不产生法律效果,这种限制与限制法规范相矛盾。

因此,本文将以横向和纵向的贸易限制、协同行为、欺诈行为和串通、不公平销售技术、定价和销售策略作为研究对象。

二、研究方法

对上述金砖国家竞争法的适用范围及其一般规定的分析,是基于对任何程序具有客观和主观的预先认定。该工作的完成运用了规范行为与实践材料的系统分析与综合,形式逻辑与辩证逻辑的分析、综合、归纳、演绎、假设、类比等科学方法,也运用了比较法学与历史法学研究的专门方法,对法律规范进行系统分析与解释。

三、研究结果

对金砖国家竞争和反垄断立法规定的比较表明,立法规范的不同之处体现在外在形式和立法者使用的各种法律技术,这种不同是由于国家具体的法律体系和方法以及既有法律规范、准法律规范的社会关系造成的。各国法律的立法主体和立法目标、所使用的复杂的法律术语、不确定且模糊的法律结构、不清楚的用语和模糊的概念,即所谓的弹性结构和规范(如公共秩序等),是各国竞争和反垄断立法所面临的共同问题。

通过对上述金砖国家竞争法和反垄断法实质性内容的分析,可以看出,一些公认的(统一的)传统规范和标准是存在的。因此,关于限制性协议的禁止,金砖国家的反垄断法被认为是国家经济监管的一种形式,其包含了对合同广泛的自由保障。反垄断法适用的经验证明了金砖国家反垄断当局对合同自由原则的限制。这种限制值得一提,它是克服垄断倾向和维持竞争环境需要之间矛盾的一种方法。

根据笔者的观点,现有实例允许在贸易周转参与者、合同方与国家之间的行为互动研究中的选择性关系的法律规制提出假设,包括假设具体法律关系参与者的意志与立法者立法的意志一致所涉的必要因素。依据笔者的观点,金砖国家的反垄断法兼具民商法(私法)和行政法(公法)的要素,这展现了公私法之间区别的消除,证明了公私法并不是对立的两个面。

四、研究论证

通常,反竞争协议之间的区别是基于其固有的特点,即横向(如卡特尔等)和纵向(如维持转售价格等)贸易限制。① 目前的工作将坚持这一思想。让我们仔细看看正在研究的国家立法。

南非的《竞争法》没有对"卡特尔"一词作出明确的定义。相反,该法案列举了可以称为卡特尔活动的企业活动。该法第4(1)条规定,企业之间协同履行的协议或企业联合的决定涉及以下情形是被禁止的:(a)该协议或决定双方处于横向关系,并且在实质上具有阻止或减少市场竞争的效果……(b)该协议或决定涉及以下任一横向限制活动。

南非《竞争法》对卡特尔的这个定义,是重申了印度的《竞争法》,印度《竞争法》第一节将卡特尔定义为"生产者、销售者、经销商、贸易商或服务提供商的联合,通过协议限制、控制或试图控制货物或服务提供的生产、分配、销售、价格或贸易"。

虽然垄断协议的名称和形式因国家和地区的不同而有所不同,但各国对垄断协议性质的理解是一致的。《中华人民共和国反垄断法》所称垄断协议,是指"排除、限制竞争的协议、决定或其他协同行为"。

南非、印度和中国分别对卡特尔活动作出的法律定义和规定都遵循了欧盟有关禁止卡特尔活动的总体原理和形式。《欧洲联盟运作条约》第101条

---

① Wegner Richard J., "Nonprice Vertical Restraints: The Good, the Bad, and the Undecided", *SD* 62 *ALI – ABA* 63, 1999, p. 67; D'Amore M. R., "Fijación Vertical de Precious en el Futbol Coaificado: el caso", *TRISA-TS SA. BLC.* 19, 2004, pp. 3 – 32.

(原《欧共体条约》第 81 条)将反竞争卡特尔活动定义为,“可能影响成员国之间贸易并以预防、限制或扭曲内部市场竞争为其目标或效果的企业之间的所有协定、企业联合的决定和协同行为”。[①]

就俄罗斯而言,2006 年 7 月 16 日颁布的俄罗斯联邦第 135 – FZ 号法律对协议的定义如下:协议是包含在一份或多份文件中的书面共识以及口头共识(第 13 条)。[第 3(18)条]纵向协议是经济实体之间的协议,其中一个实体购买商品,另一个实体提供(销售)商品。代理协议不构成纵向协议[第 3(19)条]。第 8 条包含对经济实体协同行为的定义,即在协议没有规定的情况下,经济实体在商品市场上的实际行为,没有符合上述法律(第 8 条)所规定的全部条件。[第 8(1)条]

集体协议,更正确地应当被称为垄断协议,旨在显著地维持特定的(固定的)价格水平。这样一个特定的(固定的)水平通常是垄断的高价,但有时是垄断的低价(如艺术品)。(例如 2006 年俄罗斯联邦第 135 – F2 号法律第 6 条和第 7 条)

这些集体协议(垄断协议)是 2007 年《中华人民共和国反垄断法》第 13 条禁止的相互竞争的经济实体之间的协议,包括:固定或者变更商品价格;限制商品的生产数量或者销售数量;分割销售市场或者原材料采购市场;限制购买新技术、新设备或者限制开发新技术、新产品;联合抵制交易;国务院反垄断执法机构认定的其他垄断协议。[②] 中国研究院刘洋(Liu Yang)对此强调,这些被禁止的协议与邮政、电信、能源、水和交通等公共事业行业有着特殊的关联。[③]

同样的想法体现在 2002 年《印度竞争法》的规定中,该法第 2(c)条认为卡特尔包括生产者、销售者、经销商、贸易商或服务提供商的联合,通过协议限制、控制或试图控制货物或服务提供的生产、分配、销售、价格或贸易。该法第 3 条载有因与竞争不符而被禁止的协定清单。一般来说,协议包括任何一致的安排、共识或行动,即不论该等安排、共识或行动是否正式或以书面形

① European Union,“Consoli dated Versions of the Treaty on the Functioning on the European Union”, http://eur-lexeuropa. eu/resource. htm? wi: ceuar: 41f89a28 – 1fc6 – 4cq2 – b1c8 – 03327d1b1ecc. 0007. 02/DOC_1&format = PDF, April 8, 2020.

② Eremenko V. I.,“Antitrust Legislation of the People’s Republic of China”, *Competition Law* 1, 2012, pp. 23 – 28.

③ Yang Liu,“Chinese Competition Policy”, *BLC* 22, 2006, pp. 25 – 31.

式提供,亦不论该等安排、共识或行动是否旨在被法律程序强制执行[第2(b)条]。具体而言,这些协议的类型有:直接或间接决定买卖价格;限制或管制生产、供应、市场、技术发展、投资或提供服务;以市场的地理区域、商品或服务的种类、市场中的顾客数量或任何其他类似方式分配市场或生产来源或提供服务;直接或者间接造成操纵投标或者串通投标的,推定为对竞争有明显不利影响。[第3(3)条]

笔者认为,对几类集体协议的简短审查表明,这些协议只是垄断企业伪装成自由签订合同的法律形式,强迫较弱小的合同方在其所有活动中有义务完全服从于垄断企业。

在订立商业合同时,利用合同达成限制行为的手段是多种多样的[例如,1998年《南非竞争法》(2009年修订)第二章第一部分第4条和第5条]。

根据这种限制性协定的共同特点,可以明确指出,它们歪曲了客观竞争法律(规则)的运作,能够对竞争环境产生根本的消极影响。这些影响表现为这些协议对经济的损害行为,迫使立法者对其施加相应的限制。因此,限制这些表现形式(有害影响、扭曲竞争等)实质上取决于在经济领域保护公共利益的需要(例如,上述印度法律的规定直接提出了该观点)。

但是,如果经济实体证明其市场行为所产生的积极效果将超过其对相关产品市场和整个经济的消极影响,则此类协议仍可视为合法,尽管其对经济有害。

这种法律规定并不少见。根据2002年《印度竞争法》第54条的规定,中央政府可以通过通知免除本法或其任何规定的适用,并可在通知中规定的期限内免除适用:为国家安全或者社会公共利益需要,各类企业予以豁免;印度根据与其他任何国家的任何条约、协定或公约承担的任何义务而产生的任何实践或协议;代表中央政府或者州政府行使主权职能的企业;假使企业从事包括与政府主权职能相关的活动,中央政府只能对与政府主权职能相关的活动予以豁免。

在南非,如果一项协议或行为,或1998年《南非竞争法》(经2009年修订)第二章第一部分第4条和第5条规定协议或行为的类别,有助于实现以下任何目标,则公司可以向竞争委员会申请豁免1998年《南非竞争法》第二章第一部分所规定的:维持或促进出口;促进原处于不利地位的人所控制或拥有的小型企业或公司具有竞争能力;为阻止一个工业的衰退而必须改变生产能力;或者促进由主管部长所指定的任何行业的经济稳定性[1998年《南非竞争法》第10(3)条]。

换句话说,某些类型的协议——限制性合同、卡特尔合同——一般来说是无效的,但是特定条件(如生产合理化、生产标准化等)可以使合同合法。

在遵守下列条件的情况下,设立类似的豁免是可以接受的:为了改进货物和服务的生产、贸易和分配;协助技术或经济的进步;为消费者或用户创造优势。从实例中可以看出,豁免需要得到初步许可,并往往受到随后执行的控制。

有关合同的立法也经常规定下列特别的规则:固定价格、作为履行主要义务的条件强加给合同方的额外义务(所谓的捆绑合同)、限制合同方与第三方(所谓的排他性合同)签订某种协议的自由,例如,2002年《印度竞争法》第4条、2006年《俄罗斯竞争法》第11(2)条、1988年《中华人民共和国计划外生产资料全国统一最高限价暂行管理办法》的规定、1988年《中华人民共和国重要生产资料和交通运输价格管理暂行规定》①。

同时,这并不意味着经济实体——垄断者被剥夺了选择不同类型的契约关系和个别市场行为的可能性。困难和多样化的金融、贸易活动,特别是大公司发起的生产活动,是在直接行政控制之外的,这允许他们享受合同自由原则的好处,给他们机会以自己的意志去决定和影响与合同方签订的众多具体合同的条件和内容。

五、结语

最后,需要指出的是,金砖国家国内竞争主管部门间跨境合作与互动的空间依然存在。因此,以俄罗斯为例,在俄罗斯联邦反垄断局(Federal Antimonopoly Service of the Russian Federation, FAS)之下,包括最具影响力的非商业协会和商业协会代表的公共咨询董事会(委员会)正在发挥作用。委员会对俄罗斯联邦反垄断局的活动进行监督,就完善反垄断法和政策提出建

① Svitkova V. S. eds., *Economic Reform in China*, *Conversion in the City* 1985 - 1988: *Papers.*, Science Eastern. Lit., 1993, p. 312.

议,制止其违法行为的执行。俄罗斯联邦安全局的领土机构也成立了类似的委员会。这种做法使俄罗斯联邦反垄断局能够客观估计有关市场的情况,并增加其所作决定的透明度。①

然后是区域层面的合作。因此,可以看到双边和多边合作。例如,2013年11月21日在新德里(印度)第三届金砖国家国际竞争大会中,俄罗斯联邦反垄断局的伊格·阿尔提米耶夫(Igor Artemyev)先生讲述了俄罗斯联邦反垄断机构的主要目标,包括集中经济的自由化程度,这将使俄罗斯联邦反垄断局显著降低对商业的管理负担。[2013年9月22日在新德里(印度)举办的第三届金砖国家国际会议]

对此,中国的国务院反垄断委员会全力支持金砖国家竞争主管机构间的密切合作,推动金砖国家竞争主管机构间建立更好的关系,帮助利益相关方,特别是企业,树立与成员国竞争主管机构打交道时的信心。国务院反垄断委员会参加了2009年9月在俄罗斯和2011年9月在中国举行的金砖国家国际竞争大会,在这些会议期间国务院反垄断委员会是金砖国家竞争主管机构签订的联合公报的签署方之一。国务院反垄断委员会主持了2013年在新德里举办的第三届金砖国家国际竞争大会,并作为合作组织者与其他金砖国家紧密工作。国务院反垄断委员会与外国竞争机构的合作将继续是该机构的一项优先工作。②

因此,人们认为,只有发展中国家与发达国家竞争当局通过双边和多边协定加强跨境合作,才能有效地管制反竞争的市场活动。

---

① Public and Consultative Councils, http://www.fas.gov.ru/community-councils/, December 1,2016.

② Dudin Mihail Nikolaevin et al., "Particularities of Legal Regulation and Harmònization of Proprietary Rights Legislation in RSA, Brazil and China", *Journal of Advanced Research in Law and Economics* 5,2016, pp. 1026 – 1036; Jose Reqazzini et al., *Competition law in the BRICs Countries*, Wolters Kluwer,2012, p. 108.

Concept and Different Types of Restrictive Business Practices in the Legal Orders of BRICS Countries

Ksenia Michailovna Belikova   Natalia Vladimirovna Badaeva
Evgenia Evgenevna Frolova   Mihail Nikolaevich Dudin

Abstract: The article represents a research of general approaches of BRICS countries legislation and legal order to counteraction against leading anticompetitive market strategies with regard to legal orders of China, India, Russia and South Africa. Different theoretical and practical approaches regarding establishment of legality or illegality of the agreements able to be considered as restrictive business practice under the law of China, India and South Africa are analyzed. The authors pay attention to current legislation of BRICS countries regarding competition protection with regard to provisions related to "horizontal" and "vertical" restrictions of trade, concerted practices, deceptive conducts and collusions, unfair sales techniques, pricing and selling strategies. It can be argued that our society is interested in the engagement of a population in trade and industrial activity, however, this rule allows exceptions: restrictions of freedom of trade can be justified by exceptional circumstances in certain cases and under certain circumstances.

Key Words: BRICS, protection of competition, restrictive business practices, "horizontal" and "vertical" restrictions of trade

金砖国家法律研究(总第3卷·2019年)
第198~218页

印度竞争法述评

Paurush Kumar　Mohit Kaushik*
杜逸白　徐　璐　董　乐**　译

内容提要：随着印度经济自由化的发展，印度竞争立法经历了1969年《垄断和限制性贸易行为法》至2002年《竞争法》的转变，并于2007年和2009年分别通过了《竞争法修正案》。《竞争法》扩大了竞争委员会的管辖范围，只要相关协议或行为可能对印度产生可评估的不利竞争影响，无论该协议或行为是否发生在印度境内，委员会均有权予以管辖。在《竞争法》执行方面，委员会承担防止和规范国内反不正当竞争行为的市场规制者角色，同时也承担咨询和倡导竞争职能。印度同时设置了竞争上诉法庭，负责审查委员会所作出的裁决。此外，印度倡导通过非执行机制形成有竞争性的经济环境。近年来，委员会为适应经济快速发展的步伐完善了宽免制度的修订与合并申请快速审批流程。印度竞争政策及其相关法律体系的完善意在应对全球化时代国内外市场运转所带来的竞争挑战。

关键词：印度　竞争法　竞争委员会　倡导　改革措施

* PaurushKumar，TrinayaLegal律师事务所亚太事务部主任；MohitKaushik，TrinayaLegal律师事务所律师。

** 杜逸白、徐璐、董乐，华东政法大学2018级法律硕士研究生。

一、前言

“竞争”①是一个模糊的概念并且在不同的语境下有不同的含义②,这也许就是为什么2002年印度竞争法中的任何条文都未定义“竞争”一词的原因。竞争只是商业公司之间就何方能够占据更大市场份额进行的较量,有时能够产生促进内部效率提升和以更低价格提供优质产品的结果。总有人说竞争会消灭竞争,因为“经济对抗方面的竞争在一定意义上是不稳定的并且有屈服于垄断的趋势”。③ 印度计划委员会在其2007年报告中将“竞争”定义为“进入和退出市场容易、有合理数量的参与者(包括生产者和消费者)以及在既定行业中不同参与者的产品之间存在紧密替代性的结构下实现成本有效生产的过程”。④

大量研究表明:对开放市场限制较少的国家在经济福利方面比封闭市场的国家表现更好。⑤ 此外,经济政策的目标是维持国家的竞争文化以实现经济效率和公共利益或者消费者利益的最大化,经济企业之间的自由公平竞争可以保证竞争文化的延续。⑥ 自1990年以来,印度经济改革背后的推动力一直是保护商业公司或企业的经济自由,并为支持、促进和保护这种自由建立一个理想的结构或者框架。保护这种自由需要政府监管机构采取积极主动的做法,规范反竞争行为(如滥用市场权力、反竞争协议等),并要求为企业(进入市

---

① 竞争是确保普通人以最优惠价格获得最广泛的货物和服务的最佳方式。随着竞争的增多,生产者将获得最大动力实施创新和专业化生产,这将降低成本、丰富消费者的选择。公平竞争对于实现这一目标具有至关重要性。(https://www.cci.gov.in/about-cci,February 17,2019.)

② https://www.prsindia.org/uploads/media/1167471748/bill73_2007050873_Standing_Committee_Report_on_Competition_Bill__2001.pdf,February 11,2019.

③ https://www.prsindia.org/uploads/media/1167471748/bill73_2007050873_Standing_Committee_Report_on_Competition_Bill__2001.pdf,February 11,2019.

④ http://planningcommission.nic.in/aboutus/committee/wrkgrp11/wg11_cpolicy.pdf,January 31,2019.

⑤ Competition Commission of India,“*Annual Report* 2015－16”,https://www.cci.gov.in/sites/default/files/annual%20reports/annual%20report%202015－16.pdf,February 2,2019.

⑥ https://www.prsindia.org/uploads/media/1167471748/bill73_2007050873_Standing_Committee_Report_on_Competition_Bill__2001.pdf,February 11,2019.

场或建立业务)和消费者(在各种企业产品中自由选择)提供一个公平的竞争环境。①

印度最高法院在"印度竞争委员会诉印度钢铁管理局"②一案中,对竞争法的目的进行解释:"把利用竞争来促进经济效率作为一种协助创造出反映消费者偏好的市场的手段。充分有效竞争的好处体现在三个方面:第一,在配置效率方面,它能够确保资源的有效配置;第二,在生产效率方面,它能够保证生产成本被控制在最低水平;第三,在动态效率方面,它能够促进创新实践。这些因素基本上已被全世界接受为有效实施竞争法的指导原则。"③因此,印度竞争法旨在规范可能影响直接关系到社会和消费者更大利益的国家经济格局的反竞争因素。

为了加强市场竞争力,竞争政策和法律都是必需的且两者相辅相成。④ 竞争政策能够解决经济弊端并竭力提供资源有效配置的公平竞争环境或者创造无偏见、中立的商业环境,以此来促进资源有效配置、提高效率和实现消费者福利或者社会福利的最大化。⑤ 鉴于要保护健康的竞争和消费者的利益,竞争法⑥规定了预防性、惩罚性和补救性措施来规制商业公司或者企业的反竞争行为。⑦

与当代经济思想相符,印度设置了一个非常有效的竞争机制。根据印度《宪法》第19(1)(g)条的规定,公民有从事任何工作、进行贸易或者商业的基

---

① Competition Commission of India, "*Annual Report* 2015 – 16", https://www.cci.gov.in/sites/default/files/annual%20reports/annual%20report%202015 – 16.pdf, February 2, 2019.

② *Competition Commission of India v. Steel Authority of India*, [2010] 98 CLA 278: (2011) 2 MLJ 271 (SC).

③ *Competition Commission of India v. Steel Authority of India*, [2010] 98 CLA 278: (2011) 2 MLJ 271 (SC).

④ 《拉加万委员会报告》第3.12段:由于执行WTO协议所引发的发展与实践,竞争政策和法律包含审查和裁判前述所涉的反竞争行为的必要规定和法律设置。尤其对于与外商投资、知识产权、补贴、反补贴、反倾销、卫生与检疫措施、贸易壁垒和政府采购相关的协议,需要从应对反竞争行为角度在竞争政策和法律中予以考量。

⑤ http://planningcommission.nic.in/aboutus/committee/wrkgrp11/wg11_cpolicy.pdf, February 2, 2019; Competition Comission of India, "Annual Report 2015 – 16", https://www.cci.gov.in/sites/default/files/annual%20reports/annual%20report%202015 – 16.pdf, February 2, 2019.

⑥ Para 3.1 of the Raghavan Committee Report: "The focus for most competition laws today in the world is in three areas: (a) Agreement among enterprises, (b) Abuse of dominance and, (c) Mergers or, more generally, combinations among enterprises. Agreement among enterprises".

⑦ Competition Comission of India, "Annual Report 2015 – 16", https://www.cci.gov.in/sites/default/files/annual%20reports/annual%20report%202015 – 16.pdf, February 2, 2019.

本权利。此外,2002 年《竞争法》通过各种禁止市场参与者纵容反竞争做法的监管措施来强制实现此项基本权利。许多学者或知识分子认为《竞争法》可以在经济上类比政治民主或者几乎等同于经济宪法的地位。

印度获得独立后所采取的经济手段以命令性、控制性和封闭性的市场机制为特征,并且侧重强调经济干预主义、设置大型公共部门、实行精细化许可以及对企业的监管和集中规划。[①] 1969 年的《垄断和限制性贸易行为法》(Monopolies and Restrictive Trade Practices Act, MRTP Act,以下简称《MRTP 法》)是该机制的产物,《MRTP 法》第 196 条所确立的目标正好印证了此结论。该条规定:"本法意在控制垄断、禁止垄断性和限制性贸易行为及与之相关或附带事项,本法规定经济体系之运行不应导致有损共同利益之经济集中。"[②]因此,印度通过限制私有部门的扩张来约束其在市场中的地位。[③]

1969 年《MRTP 法》颁布后,伴随着印度经济自由化的经济改革,人们意识到需要制定新的竞争法,因为 1969 年的《MRTP 法》已经过时,它既没有必要的强制力,也没有充足的能力来应对印度经济新兴的竞争局面,并且它阻碍了经济的快速发展[④]。因此印度政府进行各种经济改革,特别是自 1991 年以来的改革一直在致力于使印度经济和各领域摆脱不必要的政府控制或者繁文缛节,并且由市场力量来决定经济活动。1991 年后的经济改革给市场力量赋予了更大的作用,并且鼓励了印度经济的竞争,人们强烈需要一种与当前经济哲学和自由市场相适应的更先进的法律以促进创业、创新和更快的经济增长。

作为 1996 年世界贸易组织新加坡部长级会议[⑤]的分支,印度联盟商务部

---

① Competition Commission of India, "Annual Report 2016 - 17", https://www.cci.gov.in/sites/default/files/annual%20reports/CCI_AR-2016-17_English.pdf, February 2, 2019.

② "The Monopolies and Restrictive Trade Practices Act, 1969", http://www.mca.gov.in/Ministry/actsbills/pdf/The_Monopolies_and_Restrictive_Trade_Practices_Act_1969.pdf, February 11, 2019.

③ Competition Commission of India, "Annual Report 2016 - 17", https://www.cci.gov.in/sites/default/files/annual%20reports/CCI_AR-2016-17_English.pdf, February 2, 2019.

④ *Finance Minister Budget Speech* (Union Budget 1999 - 2000):"基于竞争法在国际经济领域的发展,MRTP 在很多方面的规定已经过时。我们需要将注意力由遏制垄断转向促进竞争。"(https://www.cci.gov.in/sites/default/files/presentation_document/Overview%20of%20Competiton%20Law%20%26amp%3Bamp%3B%20Economics_Yogesh%20Dubey%40ISEC_06.07.2018_1.pdf?download=1, January 21, 2019.)

⑤ World Trade Organization, "Singapore Ministerial Declaration", https://www.wto.org/english/thewto_e/minist_e/min96_e/wtodec_e.htm, February 11, 2019.

于1997年10月成立了一个专家组来研究印度贸易与竞争政策之间的相互作用,包括反竞争行为以及兼并和合并对竞争的影响。专家组于1999年1月提交了报告并建议颁布新的竞争法和将竞争原则、竞争政策和目标以及竞争法执法工作相统一。这份报告为国家竞争政策的未来发展奠定了基础。①

根据这份报告,印度政府首先通过财政部长于1999年2月27日发表的1999年至2000年《财政预算案报告》,明确了制定新的竞争法的意图,具体如下:"鉴于与竞争法有关的国际经济的发展,《MRTP法》在某些领域已经过时,我们需要将注意力从限制垄断转向促进竞争。政府已决定任命一个委员会审查这一系列问题,并根据国际发展情况提出符合印度国情的现代竞争法。"②

根据1999年2月的预算讲话,印度政府于1999年10月在拉加万先生(SVS Raghavan)的主持下成立了竞争政策和法律高级委员会(也称为"拉加万委员会")。③ 委员会的职权范围特别包括对与竞争法有关的适当立法框架、与限制性贸易行为的法律规定有关的变动部分以及实施拟议建议所需的适当行政措施的建议权。④ 拉加万委员会于2000年5月向印度政府提交了报告,并建议政府制定国家竞争政策以起到引导资源流向、技术进步和保障消费者福利并规范经济力量集中的作用。委员会指出《MRTP法》在当前竞争环境中已经过时,委员会通过建立法律和执法机构的方式来应对此种局面,即分别采用制定竞争法和建立印度竞争委员会的形式。⑤ 委员会特别提到已经采取的增加竞争的措施,并作出如下建议:"尽管已经采取了重要措施来增加各经济领域的竞争,但仍需要做一些对竞争政策至关重要的事项,需要竞争法法庭(印度竞争委员会)作为引入和维持竞争政策的监管机构。它将推动政策环境中所需变革的引入,并且一经完成它将为竞争发挥出积极的宣传作用。"⑥

---

① "Draft National Competition Policy 2011", http://www. mca. gov. in/Ministry/pdf/Draft_National_Competition_Policy. pdf, February 11, 2019 and http://planningcommission. nic. in/aboutus/committee/wrkgrp11/wg11_cpolicy. pdf, January 31, 2019.

② Budget 1999 - 2000 Speech of Shri Yashwant Sinha, Minister of Finance, 1999.

③ Government of India: "Report of the High Level Committee on Competition Policy and Law", 2000.

④ S. M. Dugar, *Guide to Competition Act*, 2002 (7th Edn.), Lexis Nexis, 2018.

⑤ http://planningcommission. nic. in/aboutus/committee/wrkgrp11/wg11_cpolicy. pdf, January 31, 2019.

⑥ http://shodhganga. inflibnet. ac. in/bitstream/10603/74926/7/chapter%204. pdf, February 2, 2019 and Government of India, "Report of the High Level Committee on Competition Policy and Law", p. 2. 9. 7.

拉加万委员会报告指出应在制定竞争政策的过程中贯彻竞争的本质和精神，并且强调协调竞争政策与其他政府政策之间冲突的必要性。①

因此，2002 年制定并于 2003 年颁布实施的《竞争法》②被认为是现代经济法，其目标是“考虑到国家的经济发展，印度设立一个委员会以起到避免发生对竞争产生不利影响的做法、促进和维持市场竞争、保护消费者的利益并确保与其他国家市场的贸易自由的作用”。从该法关于处理反竞争协议、防止滥用支配地位或者对合并的管控的框架设计中，就能看出欧盟和美国竞争法均对印度 2002 年《竞争法》起草过程产生了重大影响。③ 然而 2002 年《竞争法》却是在印度最高法院在“布拉姆·达特（Brahm Datt）诉印度联盟”一案作出维持其合宪性决定之后的 2009 年才实际生效。

此外，2002 年《竞争法》是一部特别法，因为这整部法律并非是通过单一通知的方式来强制执行，而是在该法的不同条款中通过规定在一段时间内以发出各种通知而逐步实施的方式执行。随后，印度分别通过了 2007 年《竞争法修正案》和 2009 年《竞争法修正案》，而关于《竞争法》的合并控制条款经过了三年多的时间才于 2011 年 6 月正式生效。

2007 年《竞争法修正案》规定了两个独立的机构：一个是准司法机构，即印度竞争委员会来执行该法案；另一个是竞争上诉法庭（Competition Appellate Tribunal，COMPAT）来审理和处理针对任何委员会作出的指示、决定或命令的上诉。作为执行 2002 年《竞争法》的主要机构的印度竞争委员会，曾被设定为在促进、维持和鼓励竞争的过程中起推动经济增长、提高效率和促进创新作用的引擎。根据 2009 年《竞争法修正案》的规定，垄断和限制性贸易（MRTP）委员会所有的未决案件和未决调查分别转移到竞争上诉法庭和印度竞争委员会进行处理，同时 MRTP 法案被废除。印度于 2017 年对《竞争法》进行了修订（参见 2017 年《财务法》），自 2017 年 5 月 26 日起，印度国家公司法上诉法庭（National Company Law Appellate Tribunal，NCLAT）取代以前的竞争上诉法庭成为上诉法庭。④

---

① http://planningcommission.nic.in/aboutus/committee/wrkgrp11/wg11_cpolicy.pdf，January 31，2019.

② No. 12 of 2003 *Vide Notification* on 14th January 2003.

③ S. M. Dugar，*Guide to Competition Act*，2002（7th Edn.），Lexis Nexis，2018.

④ Competition Commission of India，“Annual Report 2016 – 17”，https://www.cci.gov.in/sites/default/files/annual%20reports/CCI_AR-2016 – 17_English.pdf，February 2，2019.

二、2002年《竞争法》中对反竞争行为的规定

《竞争法》于2002年制定,主要目的是防止对于竞争有不利影响的行为发生、促进和保持市场中的竞争、保护消费者的利益以及确保交易自由。2002年《竞争法》基于“效果主义”并赋予印度竞争委员会以管辖权。任何成立于印度之外的合同、对于支配地位或合并地位的滥用,只要已经或者可能对印度产生“可评估的不利于竞争的影响”(Appreciable Adverse Effect on Competition, AAEC),便要受竞争委员会之管辖。由于之前垄断和限制性贸易委员会并没有超越领土范围之外的管辖权,这无疑是一个重大的进步。① 该法以及其中的规则(印度竞争委员会在2009年《竞争法修正案》第64条制定了《印度竞争委员会一般规则》)明确地表达了这样的立法意图:在时限内迅速而有效地②处理好违反《竞争法》的行为。

2002年《竞争法》中的重要条款,即反对竞争协议(第3条)和滥用支配地位(第4条),从2009年5月20日开始生效。有关“企业合并的规制”的条款(第5条和第6条)于2011年6月1日生效。除了上述三个实施领域,第四个领域,同时也是该法案独特的焦点,就是鼓励竞争。2002年《竞争法》强制

---

① Competition Commission of India, “Annual Report 2016 - 17”, https://www.cci.gov.in/sites/default/files/annual%20reports/CCI_AR-2016 - 17_English.pdf, February 2, 2019.

② 印度最高法院在 *Competition Commission of India vs. Steel Authority of India Ltd. and Ors.* [(2010) 10 SCC 744)]案中阐释:“该法及其规则的设置机制清晰表明立法者的意图,即基于《竞争法》所作出的调查和询问应尽可能快速地实施……因此,我们认为立法机构应发布以下指引:(1)《印度竞争委员会一般规则》第16条规定:对于案件是否存在初步证据或是否存在反竞争行为或滥用市场支配地位行为,竞争委员会应在15天内召开首次例会,在60天内作出决议。尽管存在前述期限规定,然而,竞争委员会应在更短的时间内召开会议并作出案件是否包含初步证据的决议。(2)竞争委员会或总干事应以最快速度完成与调查和询问相关的所有程序,且不得损害任一当事方的利益和执行本法所追求的公开市场的目的。(3)无论竞争委员会在何处行使管辖权并作出临时命令,均应在60天内尽快作出最终裁定。(4)《印度竞争委员会一般规则》第20条规定总干事应在合理时间内提交报告。若总干事未能依据《竞争法》第26条第2款提交报告,竞争委员会不得开展进一步的询问程序。总干事应按照竞争委员会所作出的日期指令提交报告,但无论于何种情况,总干事提交报告的日期不应迟于竞争委员会依据《竞争法》第26条第1款所作出的日期指令之日起的45日。(5)依据《竞争法》第57条和《印度竞争委员会一般规则》第35条规定,竞争委员会和总干事具有保密义务;若竞争委员会和总干事违反保密义务,受损当事方可按照有效法律规定向竞争委员会申请发布适当指令。

印度竞争委员会采取合适的方法去推广鼓励竞争的概念,让人们增强关于竞争问题的意识,并提供相关培训。

(一)反对竞争协议

2002年《竞争法》第3条规定,反对竞争的协议①无效,其禁止了企业②或个人签订任何有关制造、供应、分销、储存、商品的购置或控制、服务提供等合同,导致或可能导致造成明显③对印度的市场竞争④的不利影响。

法案列举如下被认定为反对竞争的横向协议:(1)关于价格的协议:直接或间接决定了购买、销售价格的协议⑤[第3(3)(a)条];(2)关于数

---

① 印度最高法院在 *Mahindra and Mahindra Ltd. v. Union of India* (AIR 1979 SC 798)案件中注意到:诚然,必需指出的是有些贸易行为的内在本质和不可避免的影响效果即为损害竞争,对于此类贸易行为,无须考虑其他事实或外部因素,其本身即是限制性贸易行为。此等贸易行为必然产生禁止性效果并在同类案件中占有很大比例,无须浪费司法和行政资源对这些贸易行为召集会议或作出询问。

② 印度最高法院在 *Competition Commission of India v. Co-ordination Committee of Artists and Technicians of W. B. Film and Television* [AIR 2017 SC 1449: (2017) 5 SCC 17]案中注意到,对于开展经济活动的主体,无论其形式如何,均为第3条所规定的"企业"。

③ "appreciable"这一词语在《法律词典》中的定义为:"能够被意识所估算、权衡、判断或识别,能够被感官所辨识或认知,'可觉察的'但不是'可观的'代名词。"

④ 在 *FICCI-Multiplex Association of India v. United Producers/DistributionsForum* [Case No. 1/2009 decided on 25 May 2011, 2011 ComLR 79 (CCI)]案中,竞争委员会注意到,关于"对竞争所产生的可识别的不利影响",《竞争法》规定了两种情况:(1)协议具有最严重的危害性,诸如固定价格或市场份额,包括第3条第3款所规定的卡特尔;和(2)协议具有较轻的危害性,诸如第3条第4款所规定的协议,这些协议对竞争所产生的可识别的不利影响需要结合第19条第3款所规定要素予以识别。在美国 *Summit Health Ltd. v. Pinhas* (500 US 322)案中,法官陈述:"当衡量被诉方所实施的限制市场竞争影响时,不是通过对被诉方行为的具体评估,而是通过对市场其他参与者和潜在参与者所产生的限制影响进行整体评估,该'限制市场竞争'即为《谢尔曼法》所规制的对象。"

⑤ 竞争委员会在 *Re M/s Sheth & Co* (Suo Moto Case No. 04 of 2013)案中观察到,平行价格本身不足以确立为违反《竞争法》第3条所规定的协议。竞争委员会注意到,平行价格连同具体的市场条件,例如,几乎没有企业为相同所有者所拥有、生产严格标准化的产品、具备可预测的市场需求,明确确立了反对方采用相同或类似报价完全可归因于这些主体采取了《竞争法》第3条第1款所禁止的共谋行为。欧盟委员会在 *T-Mobile Netherlands BV, KPN Mobile NV, Orange Nederland NV and Vodafone Libertel NV v. Raad van bestuur van de Nederlandse Mededingingsautoriteit* [Judgment of the Court (Third Chamber) of 4 June 2009, C-8/08]案中认为:"为评估联合企业协议或决定的反竞争性质,必需考虑协议或决定的条款内容、目的、构成协议或决定组成部分的经济和法律环境。就此而言,只要能证明联合企业协议或决定对竞争具有潜在不利影响即可。换言之,参考特定的法律和经济环境,只要能证明特定案件中的协议或决定具有阻碍、限制或扭曲共同市场竞争或与消费者价格具有直接关联即可。另外,尽管当事方意图不是用以决定协议是否具有限制竞争效果的必要因素,但这并不阻碍欧盟委员会或欧盟司法机构将当事方意图纳入考量范围。"

量的协议:意图限制、控制生产、供应、营销、技术发展与投资的协议①[第3(3)(b)条];(3)关于市场划分的协议:以地理区域、商品或服务类型、消费者数量等因素划分市场的协议②[第3(3)(c)条];(4)关于直接或导致操纵投标或串通投标的协议③[第3(3)(d)条]。这些协议可能导致有害的卡特尔④。另外,前述协议被认为是本身违法,不需要再以“合理原则”检视。

---

① 在多起案件中,诸如 *No. C-127/2009/MRTPC Varca Drugs &Chemist v. Chemist &Druggist Association Goa* [2012 *CompLR* 838 (*CCI*)]案、*No.* 20/2011 *M/s Santuka Associates Pvt. Ltd. v. All India Organisation of Chemist and Druggist &Anr.* [2013 *CompLR* 223 (*CCI*)]案、*Suo Moto Case No.* 05 *of* 2013 (*Re Collective boycott/refusal to deal by the Chemists &Druggist Association, Goa, M/s Glenmark Co and M/s Wockhardt ltd. etc.*)案,竞争委员会明确表示:依据《竞争法》规定,要求指定的药剂师、药商、存货商等必需具备非异议证书和/或收取证券投资计划费是反竞争的。竞争委员会要求药剂师和药商协会及其成员停止从事此类反竞争行为。竞争委员会在 *UTV Software Communications Ltd., Mumbai v. Motion Pictures Associations, Delhi* (Case No. 09/2011, decided on 8 May 2012)案中认为,动画协会和其他协会限制其成员与非成员从事交易的规则、强制要求每部影片放映前必需在其协会登记的要求、对于卫星、录像、其他权利使用设置不公平的保留期限制、对于违反协会指示的惩罚规则,是反竞争的,同时违反《竞争法》第3条第3款第2项规定。

② 在 *Prints India v. Springer India Private Ltd.* [(2012) 109 CLA 411(CCI)]案中,竞争委员会认为,科研机构签署的共同出版协议中的直接定价、通过设置商业敏感信息供应的不公正条件来控制期刊供给、通过分配产品类别(诸如纸质版和电子版期刊)来共享市场的行为违反了《竞争法》第3条规定。然而,竞争委员会认为,依据《竞争法》规定,印度施普林格出版社和八个其他机构签署共同出版协议并不表明这些协议是反竞争协议。

③ 竞争委员会注意到,操纵投标更有可能发生在货物或服务供应商数量较少且重复投标的情况。当出售或提供的货物或服务相同或非常相似,没有或几乎没有替代货物或服务时,投标者更容易就共同价格结构达成协议。竞争委员会在 *Shri B. P. Khare, Principal Chief Engineer, South Eastern Railway v. M/s. Orissa Concrete and Allied Industries Ltd.* [(2013) 114 CLA 280]案中认为,尽管由于产品范围、装机容量、运营规模、税率、原材料采购来源、报价依据等方面的差异而导致成本因素发生变化,但有时仍会以相同的价格对标书进行报价,同时鉴于各投标方处于不同地域,这表明各投标方事先已达成共识。此外,存在直接证据证明各竞争放之间已共享信息。因此,此等确定价格和操纵投投标行为违反了《竞争法》第3条规定。

④ 印度最高法院在 *Union of India v. Hindustan Development Corporation* 1994 CTJ 270 (SC)(MRTP)案中指出,仅在投标中引用相同程序不足以得出此等当事方已形成卡特尔的结论。除价格平行外,还应有此类各方之间达成一致行动的证明。诚然,这种约定可以是默认的或间接的,但应当能够从记录中推断出事实成立。竞争上诉法庭在 *Delhi Development Authority v. Shree Cement Ltd.* [2010 CTJ 17 (COMPAT) (MRTP)]案中认为,在没有卡特尔存在的直接证据且没有辅助证据证明价格平行为卡特尔所导致的情况下,得出存在合同的结论是不安全的。仅仅报价较低不能表明其试图垄断的意图,在缺乏具体的共谋协议的情况下,不能得出生产者已达成卡特尔的推断。就本案而言,除了报价相同,没有其他证据证明存在卡特尔或掠夺性定价。不同当事方报价相同至多可构成可疑情况,但其本身不能确立存在卡特尔。

以纵向协议形式进行的限制贸易行为同样会对竞争产生明显不利影响。2002 年《竞争法》第 3(4)条中列举了如下各类纵向协议:(1)搭售行为;①(2)排他供应协议;②(3)排他分销协议;③(4)拒绝交易;④(5)限制转售价格⑤。和横向协议的例子相比,上述纵向协议本身一般不会被认定为违法。这些协议应当以“合理原则”进行判断,根据 2002 年《竞争法》第 19(3)条所

---

① 在 IRCTC Case [*Sharad Kumar Jhunjunwala v. Union of India*, 2015 CompLR 859 (CCI)]案中,出于对顾客安全和卫生的考虑,Rajdhani / Shatabdi / Durano 火车票中包含的餐饮费用未被认为是错的。竞争委员会观察到:“Rajdhani / Shatabdi / Duranto 火车被设计为高档列车,可为乘客提供快速,安全和舒适的旅程。印度铁路中有 1200 列少量列车通过移动餐饮或途中车站提供的餐饮服务。仅有 61 列列车提供强制餐饮服务,这仅占所有列车餐饮服务的 5%。这些高档列车提供强制性饮食服务,因为它们的停站时间非常有限且在短时间内无法从外部提供优质的饮食服务。这些列车车厢特别设计有热箱和冷箱,为乘客提供新鲜食物和热饮/饮料。如果允许旅客自己携带食物,那么这些高档列车上的优质餐饮服务业务将在财务上不可行,若这些列车晚点或交通中断,携带有限食物的那些乘客将在火车商无法获得食品。这种情况可能导致公众对铁路部门进行投诉。在这些高档列车中,允许从外面进食可能会引发旅客安全和卫生问题。”

② 在 *Financial Software and Systems Private Ltd. Informant v. M/s ACI Worldwide Solutions Private Ltd.* [2015 CompLR 253 (CCI)]案中,ACI 被指控为 BASE24 客户仅能从其或其授权实体获得专业服务,这构成《竞争法》第 3 条第 4 款第 2 项所规定的独家供应协议。然而,竞争委员会驳回了指控,认为 ACI 银行为买方和消费者,并不是生产链中的组成部分,前述独家供应协议不属于《竞争法》第 3 条第 4 款所规定的范围。

③ 在 *Exclusive Motors Pvt. Ltd. v. Automobili Lamborghini SPA* [(2014) 121 CLA 230 (CAT)]案中,兰博基尼汽车集团和大众集团之间的独家经销协议被指控为违反了《竞争法》第 3 条第 4 款第 3 项规定,因为该协议排除了其他汽车公司和潜在交易商成为对方产品(超级跑车)的进口商和经销商。然而,竞争委员会认为前述协议不构成《竞争法》第 3 条第 2 款第 8 项所规定的两家企业所达成的协议。

④ 在 *Re Prime Mag. Subscription Services Pvt. Ltd. v. Wiley India Pvt. Ltd.* [Case No. 07 of 2016 (CCI) decided on 28 June 2016]案中,竞争委员会观察到,《竞争法》第 3 条第 4 款所规定的拒绝交易包含处于不同生产水平或供应链的经营者所达成的协议。对于协会与非成员之间不从事交易的情况,并不存在。实际上,商业交易发生在协会成员和非会员主体之间。在这些案件中,协会成员和非成员这样的两个实体之间达成纵向协议并规定协会成员或非成员不得与第三方交易的情况并不存在。

⑤ 在 *Re Prime Mag. Subscription Services Pvt. Ltd. v. Wiley India Pvt. Ltd.* [Case No. 07 of 2016 (CCI) decided on 28 June 2016]案中,争议问题之一为对方当事人向其所有会员机构发布指示,要求会员机构提供给顾客的最高折扣不能超过 3%。竞争委员会认为最高折扣限制的本质是“转售价格维持”,与前述固定期刊最低销售价格无异。然而,鉴于对方当事人在国际科学技术和医学领域期刊市场方面仅占据可忽略的市场份额,此等转售价格维持的影响有限,不可能对竞争产生可观的不利影响。因此,竞争委员会认定最高折扣限制未违反《竞争法》第 3 条第 4 款第 5 项规定。

规定的六项因素,在法律和事实的基础之上作出决定。①

萨察尔委员会②甚至提议禁止有关集体歧视、集体抵制、集体招标、限制转售价格以及其他相关贸易行为的集体合同。③ 委员会进一步提议,应禁止有关最低转售价格限制、价格歧视、捆绑销售、排他交易、产量分享、附条件的技术秘密和剩余协议等有关贸易行为的双边协议。④

寻求知识产权和货物出口协议应受保护的主体可排除《竞争法》第3条的适用。然而,印度竞争委员会仍有权判断实施知识产权时的限制行为是否合理。⑤

(二)滥用支配地位

根据2002年《竞争法》第4条的解释,"主导地位"是指"企业所享有的在印度相关市场上的一种强大地位,使得企业能够:(1)独立运行,相关市场上没有竞争力量;或者(2)以对其有益的方式影响相关市场上的对手或消费者"。法院和仲裁机构一直强调,支配地位本身并不是坏的。然而,支配企业对于竞争过程确有"特殊的责任",不应使其行为损害内部市场中纯粹而未扭曲的竞争。⑥ 滥用支配地位⑦包括限制数量、市场、技术发展等行为,阻止、限

① "The Competition Act, 2002", https://www.cci.gov.in/sites/default/files/cci_pdf/competitionact2012.pdf, February 12, 2019. 2002年《竞争法》第19条第3款规定:"(3)当判定某一协议是否包含本法第3条所规定的对竞争产生可观的不利影响时,竞争委员会应考察下述所有或任一因素,即(a)对新进入市场者产生障碍;(b)驱逐市场现有竞争者;(c)通过阻止进入市场者取消竞争;(d)给消费者带来利益;(e)提高产品与服务的生产或销售;(f)通过产品或服务的生产或销售促进技术、科学和经济的发展。"

② "Report of the High-powered Expert Committee on Companies and MRTP Acts", http://reports.mca.gov.in/Reports/30-Rajindar%20Sacher%20committee%20report%20of%20the%20High-powered%20expert%20committee%20on%20Companies%20&%20MRTP%20Acts,%201978.pdf, February 11, 2019.

③ S. M. Dugar, *Guide to Competition Act*, 2002(7th Edn.), Lexis Nexis, 2018.

④ S. M. Dugar, *Guide to Competition Act*, 2002(7th Edn.), Lexis Nexis, 2018.

⑤ 2002年《竞争法》第3条第5款规定:"(5)本条任何规定均不应限制:(i)任何人限制他人侵害本人于1957年《版权法》、1970年《专利法》、1958年《市场和商品标识法》或1999年《贸易标识法》下所享有的权利,或为保护前述权利所必需而设置合理条件的权利;(ii)任何人按照独家生产、供应、分销或控制货物协议所享有的出口货物的权利,或为前述出口提供服务的权利。"

⑥ *France Telecom v. Commission*, Case C-202/07, [2017] ECR II-107, para. 100; S. M. Dugar, *Guide to Competition Act*, 2002(7th Edn.), Lexis Nexis, 2018.

⑦ 在*US v. Microsoft Corp* (253 F.3d 34)案中,微软公司被指控为垄断并滥用市场支配地位。原告指控微软公司在个人电脑操作系统和浏览器销售方面滥用垄断权力。法官认为,对于法律所谴责的"排他性",垄断者的行为必须具有反竞争效果,必须损害竞争过程并因此损害消费者利益。

制、扭曲竞争应为2002年《竞争法》所禁止①。相关市场是决定是否构成滥用支配行为的重要因素。②

根据拉加万委员会报告,在现行《竞争法》中有两类被禁止的滥用支配地位的行为:(1)在位企业滥用支配地位,收取高价,限制数量,更一般的情形是利用其地位来抽租;(2)拥有支配地位的在位企业为了保护其主导地位,为潜在的竞争者制造进入市场的障碍。③

2002年《竞争法》第19(4)条④列举了多达十二项因素,作为委员会在调查过程中检验企业市场地位的标准,用以评估其是否构成支配地位;最后的第十三项因素是检视“委员会认定的可能与调查相关的其他因素”⑤。

(三)企业合并的规制

2002年《竞争法》第5条将“合并”大体定义为包括:(1)收购控制权、公司份额、投票权或资产;(2)已在另一竞争对手企业中拥有控制权的自然人收购本公司控制权;(3)超过本法第5条规定的标准限额的企业合并。⑥ 2011年《印度竞争委员会(关于合并业务交易程序)法规》⑦中指出,上述提及的合

---

① 在 *ShivamEnterprises v. Kiratpur Sahib Truck Operators Co-operative Transport Society Ltd.* [2015 CompLR 232 (CCI)]案中,主管当局裁定基拉特普尔卡车操作员合作运输协会限制基拉特普尔地区的空运服务供应,违反了《竞争法》第4条第2款第2项。该协会通过非法手段实施不公正和歧视价格,同时导致其他卡车操作者不能进入相关市场从事经营,因此限制了相关市场空运服务供应,违反了《竞争法》第4条第2款第1项第2目和第4条第2款第2项第1目的规定。另外,主管当局得出结论,该协会滥用市场支配地位并导致其他竞争者不能进入相关市场,则违反了《竞争法》第4条第2款第3项规定。

② Para. 3. 6 of Raghavan Committee Report.

③ S. M. Dugar, *Guide to Competition Act*, 2002(7th Edn.), Lexis Nexis, 2018.

④ 2002年《竞争法》第19条第4款规定:“(4)竞争委员会在调查企业是否享有《竞争法》第4条所规定的市场支配地位时,应考量以下所有或任一要素:(a)企业的市场份额;(b)企业规模和资源;(c)竞争者规模和重要性;(d)企业的经济实力,包括对于其他竞争者所享有的商业优势;(e)企业之间的纵向合并或此等企业网络的销售或服务;(f)消费者对企业的依赖度;(g)因法律规定、作为政府企业、公共领域承诺或其他原因所导致的垄断或支配地位;(h)准入壁垒,包括规制壁垒、财务风险、准入的高额资本要求、市场准入壁垒、技术准入壁垒、规模经济、可替代货物或服务的高额成本;(i)自由购买能力;(j)市场结构和规模;(k)社会义务和成本;(l)在促进经济发展、企业享有支配地位而对竞争产生可观的不利影响方面的相对优势;(m)竞争委员会认为相关的任何其他要素。”

⑤ S. M. Dugar, *Guide to Competition Act*, 2002(7th Edn.), Lexis Nexis, 2018.

⑥ Dr. V. K. Agarwal, *Bharat's Competition Act*, 2002(*Principles and Practices*), Bharat Law House Pvt. Ltd., 2011.

⑦ 2011年《印度竞争委员会(关于合并业务交易程序)法规》第2条第1款第2项规定:“‘合并’是指《竞争法》第5条所述的合并,本法规中对合并的任何提及均指拟议的合并或合并的实体(如果该合并已生效,视具体情况而定)。”

并是指已经被提议了的合并行为或者一个合并实体(当合并行为已经生效),具体指代前者还是后者视具体情况而定。进一步而言,合并的当事人是指进入合并的自然人或企业,也应包括合并生效后产生的合并实体。①

依照2002年《竞争法》第5条的规定,任何达到下列管辖标准的收购、合并行为将被认定为法案中的“合并”行为。该标准涉及合并当事方的资产和营业额,合并当事方即目标企业以及收购方(或收购集团)、合并方(或合并后实体归属的集团)。目前,该法规定的标准如表1所示[由中央政府于2016年3月4日发布的第S.O.675(E)号通知增补]②:

表1 申报标准

		资产		营业额
企业标准	印度	>200亿印度卢比	或者	>600亿印度卢比
	世界范围(含印度)	>10亿美元且在印度至少有100亿卢比		>30亿美元且在印度至少有300亿卢比
或者				
集团标准	印度	>800亿印度卢比	或者	>2400亿印度卢比
	世界范围(含印度)	>40亿美元且在印度至少有100亿卢比		>120亿美元且在印度至少有300亿卢比

根据2016年3月4日发布的第S.O.675(E)号通知的规定,收购在印度的资产价值不大于35亿卢比或在印度的营业额不大于100亿卢比的企业(见表2)之控制权、股份、投票权、资产,可以自官方公报通知发布之日起五年内免除2002年《竞争法》第5条的适用。③

① Dr. V.K. Agarwal, *Bharat's Competition Act*, 2002 (*Principles and Practices*), Bharat Law House Pvt. Ltd., 2011.

② “Ministry of Corporate Aflairs Notification”, https://www.cci.gov.in/sites/default/files/notification/SO%20673%28E%29-674%28E%29-675%28E%29.pdf, February 12, 2019

③ Ibid.

表 2　收购中低额豁免的适用标准

		资产	营业额
目标企业	在印度境内	小于 35 亿卢比或小于 100 亿卢比	

2002 年《竞争法》规定了足够高的资产、营业额作为向委员会强制申报的标准。该法同样规定政府每两年与委员会商讨修改申报标准事宜，修改应基于批发价格指数（Wholesale Price Index，WPI）或卢比与外国货币的汇率变化作出，并以政府通知形式公布。①

2002 年《竞争法》旨在规制"合并行为"，包括企业收购、并购行为。然而该法并非反对一切收购、合并行为，仅规制达到足够高的资产和营业额标准的企业的合并、收购。2002 年《竞争法》禁止对印度相关市场竞争造成或可能造成明显不利影响的企业合并。既然审查市场上所有的并购行为既不可行也不明智，那么自然可以做出这样的假定：小型企业对市场竞争造成明显不利影响的可能性更小。②

三、倡导竞争

倡导是指影响或支持某一特定观念或者政策的行为。公共政策倡导旨在改变某一特定公共政策，涉及对特定政策所持立场的选择。③"倡导竞争指的是竞争机构实施的通过非执行机制来促进形成具有竞争性的经济活动环境，主要是通过与其他政府机构之间的合作来提升公众对竞争意义的认识。"④竞争政策及法律的成功实施，很大程度上需要公众乐意接受。倡导在保证公众对竞争政策和法律的满意度和接受度方面起着至关重要的作用。倡导竞争也可

① Section 20(3) of the Competition Act，2002.

② 《拉加万委员会报告》第 3.9 段："若并购降低或损害竞争，则无须鼓励。然而，拉加万委员会告诫不要由审判机关对所有并购进行监督，原因是印度公司的规模很少是国际规模的，而且鉴于持续的经济改革、贸易和外国投资的开放，在印度很多公司正在进行重组，并且需要进行并购、合并等，只要不损害消费者利益，这些并购在印度不具备与全球巨头公司竞争的平等地位之前是经济增长过程的一部分。"

③ http://planningcommission. nic. in/aboutus/committee/wrkgrp11/wg11_cpolicy. pdf，February 12，2019.

④ First Annual ICN Conference，Naples，Italy，September 28 – 29，2002.

以视为非干预性的法律执行,它以最小的干预带来最大的影响,是一种赢得支持、达到竞争政策目标的有效方式。①

根据该法第49条,委员会经授权从事倡导竞争活动。倡导竞争就是提升市场竞争者和其他市场参与者对《竞争法》的细微差别的敏感度,通过培训培养利益相关人对竞争益处的认识。② 根据该法第49(1)条之规定,中央或州政府可就竞争相关的任何政策向委员会咨询以获取委员会意见。与之相似,根据该法第21条和第21A条的规定,该法亦可供立法机关参考。③

四、印度竞争委员会

印度竞争委员会承担防止和规范国内不正当竞争行为的市场规制者角色,同时也承担咨询和倡导竞争的职能。根据2002年《竞争法》第18条的规定,消除印度市场中对竞争有负面作用的行为、提升和维持竞争行为、保护消费者利益以及确保其他市场参与者之间的贸易自由,是委员会的职责。④

2007年通过修正案之后,随着主席和其他成员的任命,印度竞争委员会最终于2009年2月最终成立。印度竞争委员会虽然是印度商业领域最年轻的调控机构,却能在极其有限的时间之内起到举足轻重的作用,并且其如今已经是世界上公认的最为先进的一个竞争机构。印度竞争委员会作为调控机构,因

---

① http://planningcommission. nic. in/aboutus/committee/wrkgrp11/wg11_cpolicy. pdf, February 12,2019.

② 在 *Ghanshyam Dass Vij Bajaj Corp. Ltd.* (Case No. 68 of 2013, decided on 12 October 2015)案中,索尼帕特经销协会及其办公室人员被要求停止从事违反《竞争法》规定的行为。另外,竞争委员会要求该协会依据《竞争法》要求修改章程中的违法之处。竞争委员会依据《竞争法》第27条第7款搜赋予的权力,要求该协会制定符合《竞争法》书面规定和精神宗旨的《竞争合规手册》,以此向协会成员传播竞争法的基本原则和框架,通过竞争促进方式提升协会成员在竞争法方面的守法意识。

③ Competition Commission of India, "Annual Report 2016 - 17", https://www. cci. gov. in/sites/default/files/annual%20reports/CCI_AR-2016-17_English. pdf, February 2,2019.

④ Section 18 of the Competition Act,2002: "Subject to the provisions of this Act, it shall be the duty of the Commission to eliminate practices having adverse effect on competition, promote and sustain competition, protect the interests of consumers and ensure freedom of trade carried on by other participants, in markets in India: Provided that the Commission may, for the purpose of discharging its duties or performing its functions under this Act, enter into any memorandum or arrangement with the prior approval of the Central Government, with any agency of any foreign country."

其成熟务实而著名。在某些情形下要进行干预来使商业和贸易协会知晓公开定价、制造交易障碍以及过度反不正当行为的违法性。① 印度竞争委员会的判决得到广泛认可，并且如今已经与美国、欧盟、澳大利亚、俄罗斯和加拿大等大多国际同类机构均签订了双边合作协议。

印度最高法院依据《竞争法》在印度钢铁管理局②一案中解释了印度竞争委员会的地位，认为印度竞争委员会除了有询问权、调查权、调控权、仲裁权外，甚至还有一定程度的咨询管辖权。这些年来引起委员会关注的案件数量持续增加，这反映了利益相关人对竞争体制与日俱增的信心。

2002 年《竞争法》第 36(2)条明确规定，印度竞争委员与 1908 年《民事诉讼法》规定的民事法庭享有相同的权力。该法第 58 条授予印度竞争委员会官员及其职员以人民公仆(参照本法 IPC 第 21 节的含义)的地位。2002 年《竞争法》规定优先于其他法律规定，如印度《证券交易委员会法》、《公司法》、印度证券委员会和印度公司法法庭作出的与并购和收购相关的决定。参阅 2002 年《竞争法》第 39 条，印度竞争委员会依据 2002 年《竞争法》第 39 条所作出的命令与高等法院作出的判决或者命令具有同等执行效力。依据 2002 年《竞争法》第 42 条至第 45 条的规定，印度竞争委员会自身有权对违法主体施以高额罚款，甚至还有权将其拘留在民事监狱三年以内。根据 2002 年《竞争法》第 56 条的规定，任何触犯该法的行为都将接受民事或刑事庭的审判。这些法律规定与其成立初衷多少有些不一致，委员会当初其实是作为与其他法律规定的调控机构相区别的法人团体而成立的。③

在致力于实现 2002 年《竞争法》目的的过程中，委员会采取了通过参与和执行来推动和保持一种能动竞争文化的愿景，借此促进形成公正、竞争和创新的商业环境，提升消费者福利，助力经济增长。2020 年的任务是旨在通过以下方式建立良性的竞争环境：(1) 积极主动地与包括消费者、行业、政府以及国际管辖主体等在内的所有利益相关人互动；(2) 成为拥有高竞争水准的知识密集型组织；(3) 专业、透明、决断以及智慧执法。委员会的格言：公平竞争，谋求

---

① S. M. Dugar, *Guide to Competition Act*, 2002 (7th Edn.), Lexis Nexis, 2018.

② (2010) 10 SCC 744.

③ S. M. Dugar, *Guide to Competition Act*, 2002 (7th Edn.), Lexis Nexis, 2018.

更大福祉。①

2016 年至 2017 年,161 起涉及反竞争协议以及滥用支配地位的指控引起了委员会注意。② 根据案件初步证据,委员会指示总干事对 100 起案件进行调查并结案 67 起。总干事在该年度完成了 23 起案件调查。委员会发布了共 79 起可上诉的裁决,在这些裁决中对不当行为者处以了 13,087 千万卢比的严重惩罚。委员会在 2016 年至 2017 年收到了 113 份申请合并的通知,其中有 106 份申请获得批准,该数字创下历史新高。2002 年《竞争法》授权委员会开展有利于提升社会竞争法意识及竞争利益共识的活动,委员会与政府、行业协会和司法机关等利益相关人开展了 122 场咨询工作坊、会议、研讨会和其他交流活动。2015 年至 2016 年与 2016 年至 2017 年印度竞争委员会行为参数比较见表 3。

表 3　2015 年至 2016 年与 2016 年至 2017 年印度竞争委员会行为参数比较③

单位/件

序号	项　　目	2015 年至 2016 年	2016 年至 2017 年
1	引起委员会注意的受指控的反竞争行为数量	121	161
2	就被控反竞争行为通过的初步裁决数量	119	167
3	总干事完成的调查数量	32	23
4	根据第 26(2)条、第 26(6)条、第 27 条及其他裁决,反竞争行为方面通过的裁决数量	127	78
5	征收的罚金数量(千万卢比)	1502	288 *
6	因不服裁决而上诉的案件百分比	26. 15	39. 24
7	受到批准的合并申请数量	107	106
8	处理合并通知所用的平均天数	26. 4	29
9	倡导项目的数量	75	122
* 除了此处的罚金数额外,还有两个案子(煤和水泥)从竞争上诉法庭发回委员会重审			

① https://www.cci.gov.in/sites/default/files/annual%20reports/annual%20report%202015 - 16.pdf, February 2, 2019.

② Competition Commission of India, "Annual Report 2016 - 17", https://www.cci.gov.in/sites/default/files/annual%20reports/CCI_AR-2016 - 17_English.pdf, October 30, 2018.

③ Ibid.

五、印度竞争法近年改革措施

因为政府多样的自由化政策,印度已经成为国际上最受外资青睐的投资目的地。印度主管部门为满足经济快速增长需要而不断更新调控结构。委员会也对其包括个人宽免政策在内的宽免政策做了一些重要的修正,比如在某些情况下宣告并购提案无效之前提供举行听证审议会的机会等。除此之外,2017年《金融法》启动了竞争上诉法庭的功能,许多悬而未决的案件如今已经移交给了国家公司法上诉法庭。

最高法院在"卓越作物关怀有限公司诉印度竞争委员会案"①和"印度竞争委员会诉华纳影视艺术技术协调委员会案"②中的裁判已经使得"相关营业额""串通投标""企业"等模棱两可的概念得以确定。最高法院也根据第26(1)条详细论述了印度竞争委员会的管辖范围。印度竞争委员会持续稳定地作出的判决,竞争上诉法庭在很多案件中依据自然正义废止了委员会裁决。③

在立法方面,委员会依旧坚持其之前的立场,运用第5条和第6条为众多公司扩展豁免范围。依据第5条和第6条的规定为国有银行、地区农业银行提供豁免即可证明委员会的上述做法。不减损2002年《竞争法》第6(2A)条和第43A条之规定,委员会已免除了该法第5条项下合并主体之个人或企业依据本法第6(2)条应在三十日内作出通知的义务。④ 委员会也根据低额豁免原则提供了更大限度的豁免,并根据该法第5条和第6条扩大了与相关资产和营业额计算方面的豁免范围。⑤

如今,委员会的重心放在了那些不会或者不太可能会产生明显不利竞争影响的合并申请快速批准方面。2009年经过修正的宽恕政策使每个个体都能平等地从中受益,而且新规定能使更多的申请人从宽免政策中受益。相关披

---

① II (2017) CPJ 20 (SC): 2017 (6) SCALE 241: [2017] 141 SCL 480 (SC).

② AIR 2017 SC 1449.

③ S. M. Dugar, *Guide to Competition Act*, 2002 (7th Edn.), Lexis Nexis, 2018.

④ 政府已取消了要求当事方在触发事件发生后30天内(但要在交易完成之前)通知交易的要求,从而简化了全球合并程序,提高了所有交易形式所涉的目标豁免的门槛限额,例如收购、合并、整合,并澄清了纯粹在业务或控制权获得过程中进行的投资。

⑤ S. M. Dugar, *Guide to Competition Act*, 2002 (7th Edn.), Lexis Nexis, 2018.

露商业秘密的条款也被纳入其中。①

此外,委员会最近对孟山都公司(Monsanto)处以罚金,因为孟山都公司拒绝提供相关个体在被控违法期间所参与的商业行为的信息。竞争委员会的罚金行为向行业强烈地昭示了其对调查期间的不合作行为持"零容忍"态度,即使诉讼参与人在竞争委员会法庭诉讼中对此提出质疑。②

竞争委员会也积极组织会议、研讨会、工作坊、交流会议等活动,与行业协会、行业商会、自治机构、专业机构等进行交流,培养其成员的传播竞争益处的意识。③委员会与各种多边机构(如经济合作与发展组织、联合国贸易与发展会议以及国际竞争网络等)和竞争裁判主体(在包括能力建构、合作执行、经验分享方面)都建立了亲密联系和关系网络,以开展有效的国际合作。同时,委员会也开展对实质性问题的研讨,比如合并评估、市场的定义、竞争所涉及的共同问题、缓和竞争问题的国际救济措施。④

六、结语

鉴于经济政策从抑制垄断到促进竞争,为了防止对印度竞争市场有明显不利影响,2002年《竞争法》的实施取代了旧的1969年《竞争法》,系统化地调控一切反竞争行为。2002年《竞争法》试图通过对"协议"这一术语作广义理解,将一切反竞争做法都纳入其管辖范围之内,因为参与人/商业公司通常不签订正式协议、实际上有时这些主体甚至不遗余力地掩盖协议或者相关线索,尤其是就卡特尔案件而言。作为一个相对年轻的管辖机构,委员会有效地融入国际社会,并不断从中汲取经验。当前,利益相关人对法律条款、范围以及救济方式已经有了相当程度的了解。竞争委员会将自身定位为一个纠正利益

① S. M. Dugar, *Guide to Competition Act*, 2002(7th Edn.), Lexis Nexis, 2018.

② Nisha Kaur Uberoi, "How 2017 Shaped Competition Law in India", https://www.businesstoday.in/opinion/columns/how-2017-shaped-competition-law-in-india/story/267056.html, February 1, 2019.

③ Organisation for Economic Co-operation and Development, "Annual Report on Competition Policy Developments in India", http://one.oecd.org/document/DAF/COMP/AR(2017)47/en/pdf, April 8, 2020.

④ Ibid.

相关人之间竞争相关问题的权威机构。

近来,印度经济历经了一系列的促进市场化的改革,例如2016年《清算与破产法》的起草、《商品和服务税法法案》、金融普惠政策与电子身份认证与手机系统三位一体的金融措施的启动等,这标志着印度经济已经进入了活力型的新阶段。这些必要措施有利于及时清除效率低下的公司,减少地域准入壁垒,鼓励商品、劳务以及资本在印度国内的自由流动,加强印度经济的规范化、数字化以及透明化。换句话说,该生态系统为印度市场竞争的可持续发展提供了必要条件。[①]此外,良好的国家竞争政策和健康的竞争法体系能够培养竞争、提升经济效率、保障消费者福利,还能使政府更好地面对全球化时代国内外市场带来的竞争挑战。

Overview of Competition Law in India

Paurush Kumar　Mohit Kaushik

Abstract: With the development and changes of Indian economy, Indian competition legislation has amended from 1969 of Monopolies and Restrictive Trade Practices to 2002 Competition Act, followed by later amendments in 2007 and 2009. The Competition Act expanded the jurisdiction of the Competition Commission of India which has authority to deal with the cases that are likely to cause damages to Indian market no matter whether relevant agreements or practices occur in India or abroad. As regards the enforcement of Competition Act, the Commission is not only responsible for the regulation of anti-competitive practices, but also provides advisory opinions. Meanwhile, the Competition Appellate Tribunal was established to review the orders made by the Commission. In addition, India promotes to adopt non-enforcement mechanism to stimulate the public awareness of competition benefits. The Commission has also expanded the ambit of exemptions and emphasized expeditious approval of combinations. In a word, Indian competition policy and legal framework are aimed to handle the

① Competition Commission of India, "Annual Report 2016 - 17", https://www.cci.gov.in/sites/default/files/annual%20reports/CCI_AR-2016-17_English.pdf, February 17, 2019.

challenges of increasing competition in local and national markets in the context of globalization.

Key Words: India, competition law, Competition Commission of India, advocacy, reformative measures

金砖国家法律研究(总第3卷·2019年)
第219~234页

巴西竞争法律与政策的新发展

Vincius Marques de Carvalho*　刘俊良**　译

内容提要:巴西经济保护与管理委员会在实施新的竞争政策后实现了表现的统一性、活动的高效性和决定的有效性。本文通过详细论述巴西改革竞争保护体系的原因、内容和方式,展现了巴西在反垄断领域实施新的竞争政策所取得的可喜变化和成就,同时也提出了巴西的竞争政策仍然面临不少挑战。路漫漫其修远兮,未来巴西的竞争政策仍需上下而求索。

关键词:巴西　竞争政策　新发展　挑战

一、巴西竞争政策的演变

2012年5月29日,第12.529/2011号法令生效,与此同时,新反垄断政策在巴西得以实施。对于此项新模式的开展,众多人对其结果持悲观态度,尤其是民营部门。此担忧合情合理,因为该法引入了"经济集中行为"的合并前控制制度,并且与其他革新一道可能对巴西的商业活动产生重大影响。新兴制度设计中的任一漏洞都可能导致企业间的合并受到当局的掌控,并使企业最终走入死胡

* Vincius Marques de Carvalho,巴西圣保罗大学教授、经济保护与管理委员会前主席、VMCA律师事务所创始合伙人。

** 刘俊良,华东政法大学2018级法律硕士研究生。

同,交付经济保护与管理委员会(Administrative Council for Economic Defense, CADE)作决定。同时,由于此后交易的不确定性,企业资产将贬值。

法律开始实施约六个月后,新闻界和私营企业已不再担忧立法潜在失败的可能性,转而对新竞争政策持乐观——甚至可能过于乐观的态度。巴西的竞争保护体系正在如火如荼地开展,巴西的反垄断政策推到新高度。

本文旨在简要叙述巴西竞争政策的最新进展,并指出其将面临的一些挑战。在未来几年里以及CADE的后续步骤中,这些挑战往往具有相关性。为此,在引言之后,本文分为两个主要部分:下文将以"更好的实践"为视角,在第一部分探讨CADE最新三大表现,在第二部分探讨导致这种表现的原因。

二、经济保护与管理委员会的三大表现:统一、高效和有效

了解CADE如何在实施竞争政策方面成功达到以下三个卓越水平:表现的统一性、活动的高效性以及其决定的有效性,意味着要了解巴西竞争保护体系中推动变革的内容、原因和方式。

(一)统一性

CADE活动统一性的第一方面表现为:在第12.529/11号法令生效前,巴西竞争保护体系由三个单位组成,并且在颁布后仍有单位负责《竞争法》的实施工作。

众所周知,根据第8.884/1994号法令(直到2012年为止有效),财政部经济监测秘书处(Secretariat for Economic Monitoring, SEAE)负责评估合并案件,司法部经济法秘书处(Secretariat for Economic Law, SDE)则负责调查反竞争行为,而CADE负责对这两种类型的案件按照程序进行裁决。在新巴西竞争保护体系中,CADE进一步集权化,拥有了上述机构的所有职能,同时通过建立两个不同的实体,即总务管理局(General Superintendence, GS)和经济保护行政法庭,保证调查与审判之间的必要独立性。目前,由促进生产力和竞争宣传秘书处(Secretariat for Productivity and Competition Advocacy, SEPRAC)的SEAE负责协调和推动《竞争法》(实施)。

这种变革大有必要,因为在不同部委下工作的三个机构实际上意味着三种不同公共政策的共存。三个机构间的协调实属不易,它们间也会产生不必

要的交易成本。机构间协调的问题可归结为两点:第一,资源的分配和战略规划的准备;第二,协议的谈判。

CADE、SEAE 和 SDE 有单独的预算和独立的战略规划。显然,三个机构在为巴西竞争保护体系的工作人员确定优先次序方面存在困难、缺乏统一。毕竟,SDE 打算将其行动重点放在卡特尔的预防和调查上,但 SDE 的这一做法没有多大用处,例如,如果 CADE 考虑介入案件,而其实 SDE 又更适合调查单方行为,那么此时 SDE 的做法用处不大。尽管 SDE 可以参考 CADE 裁决的几个案例,但它会继续优先考虑其他类型的诉讼程序。至于解决方案政策,尽管 CADE 和 SDE 都可以签署解决方案以结束调查,但他们有不同的程序和要求:SDE 通常需要相关方的承认,而 CADE 以个案分析为其基准。因此,每个机构都创建了自己的激励结构,而没有与其他机构协调。

新结构为巴西的竞争政策带来了非常必要的一致性。新法创建了一个金字塔结构,其中 SDE 和 SEAE 的职能基本上被 CADE 新引入的总务管理局所吸收。

在金字塔顶端,"旧 CADE"的任务由行政法院或法庭承担。这种重组导致了新的组织文化的发展,其目的为引入新的工作逻辑。为了刺激这种新环境的出现,新法鼓励两个新机构之间进行专业人员的交流,使先前承担审判职能的官员从事调查工作,先前从事调查工作的官员则承担审判职能。

单一战略规划的制定也对若干变量产生了正面影响,包括研究标准、谈判宽恕协议和其他解决方案的政策、国际卡特尔的表现形式和优先投标卡特尔作为政策重点。其目标是建立一个权威、采用协调的劝阻战略,这反过来可能对政策有效性产生影响,具体影响如下文所述。

(二)高效性

就效率而言,合并案件的评估和调查反竞争行为的行政程序方面可以作为重点。在这里和后文中,笔者选择强调 CADE 的合并前审查流程,因为它经过了彻底的重组,并受到私营企业的严格审查。

在第 12.529/2011 号法令颁布前,反托拉斯政策与合并后的审查程序同步进行。然而,从 2012 年开始,巴西引入了合并前分析。这种变革实属必要,原因有三个:公司没有动力与当局充分合作;在实施补救措施方面存在困难;主管部门并非总是整个合并审查制度低效率的原因。

首先,缺乏激励措施是一个问题,因为在合并后审查制度中,即使有很高的补救概率,公司也对于在向当局告知他们的交易后协助高效迅速评估没有太大的兴趣。毕竟,披露已结束。由于私营部门存在审慎行为的风险,当局难以迅速获得分析所需的信息。其次,根据国际文献——结构性补救措施,在合并后审查的情况下难以对补救措施进行磋商。一旦当局作了最终决定,交易又已经关闭了一段时间,对于涉及补救或阻止的案件,因为其不再存在,当局必须选择是否保留交易对市场的影响或实施能恢复市场原状的补救措施。也就是说,当局无法阻止操作的完成。最后,问责制存在问题:CADE 始终充当对合并案件分析进行最终裁决的角色,因此最终的裁决可能会受到其他当局潜在的拖延和出错的影响;在某种程度上合并审查制度的低效也是各方本身的责任。

因此,随着合并前审查的实施,效率发生巨大变化值得注意。① 根据第12.529/2011 号法令,当事人有义务在披露前提交交易,CADE 应在 240 天内评估潜在的反垄断问题并做出最终决定。为了在此过程中提升效率,CADE实施了三个基本策略:

首先,在总务管理局创建了一个提交前程序。顾名思义,该程序在正式提交案件本身之前,允许公司确保提交的文件充足以便分析,尤其是在非常复杂的情况下。

其次,建立了一个审查过程。通过该过程,CADE 团队可以检查提交的文件,以确定操作是简单(遵循快速提交程序)还是复杂(遵循“普通程序”)。若结论简单,则进行审查的单位负责在不超过三十天的时间内分析其优点;

---

① 如前所述,《联邦法》(No. 12.529/2011)第 88 条的一个重大贡献是在巴西竞争政策中引入合并前审查。自《联邦法》生效后,CADE 审查了《联邦法》中所称的 3000 多项“经济集中行为”,这已成为 CADE 的主要活动。依据《反垄断法》第 90 条,当发生如下情况时,经济集中行为应接受 CADE 审查:(i)两个或多个先前独立当事人参与合并;(ii)某一公司通过合同或任何其他形式直接或间接控制另一家公司或获取另一家公司的部分控制权,包括获取另一家公司的资产;(iii)一家或多家公司参与合并;(iv)两家或多家公司签署联合协议或合并。目前,向总务管理局提交交易审查申请会产生以下三种可能结果,或者(i)无限制获得批准;(ii)附条件获得批准,需要采取行为或结构方面的补救措施;(iii)当总务管理局提议拒绝交易时,可向 CADE 法庭提起申诉。CADE 法庭可以通过召回或第三方上诉的方式审查并购交易,或在前述(ii)附条件获得批准中经总务管理局申请而行使审查权。《联邦法》完善了竞争管理机构批准合并的法律规定的措辞,该法排除了先前第 8.884/1994 号法第 10 条所规定的“共同利益”和“国民经济的主要利益”等概念,即使在竞争风险很明显的情况下,其不失为批准合并的主要理由。《联邦法》第 88 条规定,如果交易促进以下两种情况之一,则均可获得反垄断许可:(i)提高“生产率”和“竞争力”;(ii)改善所涉及的服务或商品的质量;和/或(iii)带来更高的效率和科学或技术发展,如若消费者可以相应地享受到这种发展与进步。

若情况更复杂,则案件将被重新分配给新的、部门专用的单位。

最后,在总务管理局中,擅长不同经济领域的协调员之间需内部分工。目前,总务管理局被分为九个专业单位,每个单位处理不同类型的案件。除了部门之外,单位也被划分开来负责不同行为类型,如监督卡特尔的单位不涉及合并案件或单方行为。

(三)有效性

可以看到巴西反垄断政策的有效性也在发生变革。反垄断政策在巴西竞争防御体系中有效实施,并且在该体系中,三项变革得以推动:CADE 法庭对卡特尔案件的起诉数量增加,新和解政策和改进起诉国际卡特尔的标准。

第一个变化涉及对集中行为分析的修订,这是因为这种修订为 CADE 开辟了空间,使其得以致力于其他竞争领域,特别是对卡特尔的起诉和调查。

根据第 12.529/2011 号法令(第 53 条及以下各条),CADE 法庭应只审查特别复杂的合并案件,特别是受阻、限制批准或无法评估交易竞争力的案例,且这些案例是受到总务管理局质疑的。例如,在新规则实施后的前三年中,CADE 分析的 1038 个集中行为案件中只有 30 个由该法庭决定:20 个是总务管理局质疑的,3 个是由法律顾问提出的管辖权要求(第 65 条第 2 项),一个是由具有利益关系的第三方提起的,其余 6 个与抢先合并相关。

因此,对于一般的反竞争行为,特别是卡特尔,CADE 有更多的裁判空间,因为这种情况是由该机构优先考虑的。这方面的证据如下:2014 年所谓的水泥卡特尔的判决,最后对 6 家公司、3 家协会和 6 个人实施罚款,总额为高达 31 亿巴西雷亚尔,这是 CADE 实施的最高罚款。

在很大程度上,通过改进宽恕协议政策,也实现了竞争防御的更大效力。虽然新立法没有对宽恕协议进行任何正式修订,但这些文书变得更加有效,当局使用它们的经验得到了巩固,程序的透明性进一步得到保证。从数据可以看出,在 2003 年至 2011 年,CADE 签署了 23 项宽恕协议,而在 2012 年至 2017 年 6 月,CADE 共签订了 65 项协议(包括追加宽恕和附加排他)。也就是说,这个数字在仅 5 年的时间内几乎翻了 3 倍。

前述数据差别部分归因于相关文书的透明度和法律确定性的提高,以及相关文书与其他协议的协调性。这些协议在 CADE 中创建了一个有凝聚力的谈判政策,并且政策的部分在于强调当局对卡特尔进行优先调查,特别是对国内卡特尔,而在国内卡特尔中又特别是对投标卡特尔进行调查。

众所周知,宽恕制度是在2000年的竞争保护背景下确立的。第一份宽恕协议在2003年签署,一段时间以来,国际卡特尔确认了宽恕协议的引入。这合乎情理,因为在某一特定的司法管辖区内披露行为,公司倾向于寻找可能会受到潜在影响的其他所有司法管辖区,从而在这些地方提出索赔,加以保障。随着CADE的执法,尤其是在当局裁断出更多卡特尔案件的情况下,不仅国际卡特尔的跨国公司,而且就连巴西本国发现其影响的卡特尔公司都在寻求宽恕激励措施。

更为复杂的是,宽恕政策和其他协议,如中止和终止协议,作为交易的工具,适应了新法的出现,以确保与惩罚和防止反竞争做法的优先目标更加一致。首先,第12.529/2011号法令撤销了第8.884/1994号法令(第53条)中的现有规定。根据该规定,签署中止和终止协议不会导致供认。因此,为达成承诺,允许当局调查协同行为的参与方究竟实施了哪些行为。

其次,针对共谋行为,宽恕协议还要求支付金钱。为了提高这一要求,考虑到协作程度及与宽恕政策的关联顺序,市政当局于2013年建立了预定折扣范围。

最后,在总务管理局开始在谈判中直接采取行动后,中止和终止协议开始在阻碍反竞争行为中发挥更重要的作用。在2013年之前,这些协议只能在法庭提出,这导致两个部门的激励措施相互矛盾且效率低下:虽然总务管理局的重点是定罪,但法庭可以进行谈判。这一变革使得激励措施保持一致,并使政策的实施具有更大的内部一致性。

这些变革导致有效制裁增加,符合谴责并避免发生有害于竞争的新非法行为的目的。在2009年至2011年,CADE签署了20份中止和终止协议,而在2013年至2017年6月,CADE共签订了235份上述协议。①

达到更有效的第三个相关变化值得一提,这与确定CADE应调查国际卡特尔的标准有关。如上所述,在21世纪初期,有相当多的此类案件被呈递至当局,并且尽管有时巴西的实际影响有限,当局也有兴趣调查此类行为。一旦国家统计数据与CADE的调查范围更具相关性,情况就会略有改变。现在

---

① CADE《宽恕政策指南》于2016年5月发布,这标志着集中规则和激励程序的发展达到顶峰,确保了宽恕制度的可预期性,促进了CADE本身的制度发展和经验沉淀。《宽恕政策指南》以问答形式为谈判协议所涉的各个阶段提供了详细信息,因此提升了法的确定性并有利于激励未来谈判开展。同时,2016年5月CADE发布了《中止并停止卡特尔协议指南》,集中刊载了CADE通常所采取的相关程序。以发布指南的方式,CADE谈判制度现在不失为成功案例,甚至激励了第12.846/2013号法采用宽恕制度反腐败。

案件的数量与当时相比要大得多,鉴于反垄断当局资源有限,为寻求竞争执法的连贯性,有必要甄选哪些主体在巴西境内造成的损失、哪些主体所受到的危害在救济上最为迫切。

紧跟国际趋势,在巴西国内产生影响的产品标准成为 CADE 的调查标准。因此,如果卡特尔涉及巴西,或涉及直接或间接出口到巴西的公司,那么 CADE 会予以惩处。对于间接出口,调查是合理的,因为参与卡特尔出口的公司将原料输出到其他国家,在这些国家生产并将最终产品出售给巴西,会对巴西经济产生影响。然而,确定这种影响的过程是复杂的,这意味着在计算制裁方面存在困难,并且由于同样的原因,代理人有遭受多次惩罚的风险,即代理人无论是在形成卡特尔的原籍国还是在输入的目的地国都有可能受到惩罚。在具体案件中,这些问题在当局内部被一直讨论,备受关注。

到目前为止,本文所提到的"三大表现"能够通过 CADE 形成体系并实施,而且在巴西反垄断政策实施过程中可以注意到这种良好的发展趋势。这取决于本文已指出的巴西所采用的"更好的做法"(国际文献称为"最佳实践"),下文将对该做法予以详述。

三、从"最好的实践"到"更好的实践"

本文认为有两种方式来查看一个国家的制度或政策,即要么通过评估他们如何偏离所谓的"最佳实践",要么通过检查每个社会的发展进程所导致的普遍存在的及现有的结构。笔者发现后者是对于讨论公共政策实施和改革更合适的途径,而政策实施和改革似乎是巴西竞争政策近年来的情况。

如前所述,随着第 12. 529/2011 号法令颁布而导致所谓的巴西竞争保护体系重组,加上 CADE 进一步集权化兼具调查、起诉以及决定职能,巴西的竞争政策在 2012 年有了重大调整。①

由于 CADE 的结构得到了更新和重组,其任务和职责也得到重新制定。这意味着 2012 年以后的规划预算需进行调整——代表 CADE 预算的实际和

① CADE 目前是司法部下属的独立常设机构。根据第 12. 529/2011 号法令所引入的新制度设计,总务管理局不再隶属于行政法庭(允许总务管理局担任独立任职),但专员的任期被限定为四年且不得连任,这被解释为是阻碍政治影响、防止政府或私人利益绑架反竞争机构的重要屏障。

显著增长。尽管如此,这种变化从未真正发生过,这对该组织是一种严重偏见,并对其活动产生了负面影响,主要影响了卡特尔调查,这种调查活动往往涵盖黎明袭击和其他调查行动。由于新法律带来的变化,这种情况更加恶化:根据以前的法律,由于合并通知门槛较低,申请费用包括 CADE 的费用。随着新的(合并)门槛变高,案件数量减少,申请费用不再足以为 CADE 的预算提供资金,因此 CADE 的金钱支持依赖于财政部的拨款。①

因此,到目前为止,这引发了关于 CADE 活动的自治与协调的辩论。在涉及政府行为时,必须在隔离和干扰之间找到平衡点。后者确实需要一致的诊断,这反过来又需要许多实体、社会代理人和市场本身的协调行动。确实,过度孤立可能会鼓励荒谬的实用主义,因为这高估了竞争管理机构的日常活动,将它们描绘成艰苦卓绝、自主独立的竞争政策,即使事实上它们几乎没有效果且对社会影响甚微。但反过来看,过度的相互依赖或与其他政策进行调和可能会造成竞争政策难以获得执行的怀疑。从这个角度来看,如果竞争政策完全依赖于其他实体的合作态度和仁慈,那么它将是无效的。

第12.529/2011号法令在制度设计中的主流战略是保证竞争政策的自主性,主要是通过给予机构本身的自主权。这些设计在最初几年的实施凸显了与其他公共主体进行日常互动和协调所带来的挑战。为实现这些目标,CADE 一直在努力制定既能加强竞争政策自主性又能与其他实体和参与者建立桥梁的战略。②

---

① 以这种方式,CADE 在某种程度上依赖于政府和政府资源来执行任务。就人力资源而言,第12.529/2011号法令第121条规定创设200个公共政策专家岗位来填补巴西竞争防御制度(包括经济保护和管理委员会、经济监督秘书处)的政府管理人员任职,然而,目前尚未开始人员遴选工作。其主要问题在于前述岗位设置在联邦政府的各个部门,此等岗位设置依赖于联邦政府的策略,而联邦政府通常并不把竞争政策作为其执政的优先事项。因此,巴西原本可以为竞争当局执法所需而设立较为弹性的公共政策专家岗位,并由 CADE 单独招聘,但失去了创设该类竞争防御的单独职业通道。

② 如前文所述,CADE 自主权扩大的一个重要实例是合并前审查方面的权限。根据现行制度设计,合并审查完全由 CADE 的总务管理局负责,不再由经济法秘书处或经济监督秘书处(现在的经济促进秘书处)负责。CADE 在分析集中和调查反竞争行为方面与其他部门相互协调也证实了 CADE 职权的扩张:当其他部分或董事会负责监督交易的合规问题时(例如,巴西中央银行负责监督金融产业的尽职调查时),若其他部门或董事会向 CADE 提出申诉,CADE 可单独决定是否批准合并交易。据此,可以合理断言合并前审查程序加强了 CADE 的职权,促使 CADE 更加独立于其他政府部门,这表明巴西的一个理念是寻求隔离并保护竞争主管当局与其他政府部门交往时的独立性,防止巴西《竞争法》吸收与其传统任务不符的价值理念。

关于内部协调,CADE 是一个单一的预算和行政单位。根据第 12.529/2011 号法令第 22 条的规定,其预算和理想的工作人员分配是总统的责任,由总统会同总务管理局决定。这意味着 CADE 被视为一个单一的行政单位,其内部机构应该共同分配可用资源。此外,权威机构的战略计划、信息安全、培训政策以及例行程序的统一性,都由 CADE 内的各个机构以综合方式解决。

CADE 发布的规范性决议指明了合作机制,貌似法庭和监督之间根本没有分离,总务管理局的批准总是受制于法庭全体会议。两者之间的关系在任命首席经济学家时也很重要(第 12.529/2011 号法第 18 条),因为这个职位由两个机构的最高当局共同任命的人担任。此外,统一的和解政策对于第 5/2013 号决议很重要,在解决程序已经标准化的情况下,这两个机构现在需要采取强有力的协同行动,因为和解程序在总务管理局和在法庭都可以进行谈判。那些已经掌握在委员手中的案件(意味着总务管理局的调查已经结束),委员可能会收到解决方案提案,只要有需要就可以向监察专员提出请求监督协助,并且也可以在调查最终确定之前直接在总务管理局收到提案。在这种情况下,谈判可由总务管理局进行,但必须由法庭核证。在合并控制协议(Merger Control Agreement,ACC)中,可以通过总务管理局(第 12.529/2011 号法第 13 条)进行谈判,但最终批准取决于法庭的决定(第 9 条)。因此,制度演变成始终是事先与委员讨论拟议的协议条款。通常,法庭提出的建议被接受并纳入文件,从而提高效率。最后阶段为遵守决定。第 6/2013 号决议确立了一项程序,要求监督决定的遵守,即 CADE 的司法部长和法庭之间进行互动,以便核实和证明已经遵守了决定。该程序再次反映了 CADE 内部协调的必要性。

提到 CADE 内部分离问题,重要的是要记得自治清楚地反映了 CADE 的组织结构。这方面的一些例子可参考经济部门和监督部门的活动。根据第 12.529/2011 号法令第 17 条和第 18 条,经济部门收到总务管理局和法庭的市场评估请求,但在不受总统或总务管理局的干扰的情况下进行活动。但是,该部门的意见确实属于咨询性质,因此对当局没有约束力。根据第 13 条,总务管理局具有全面的调查自主权,全权负责开展和调查其认为合适的行政程序,审查合并和收购以及调查行为不受法庭的任何干涉。在行政职能方面,每个机构(总务管理局和法庭)负责分配自己的工作人员。

关于与外部参与者的协调问题,CADE 已经利用了旨在巩固这一过程的机制。其中之一是所有规范性措施都适用的公众咨询程序,规范性措施包含那些不改变规则的程序,即使这类程序(指的是那些不改变规则的程序)不需要进行此类咨询。例如第13/2015号决议,对整合评估的行政程序进行了规定。在文件草案和公众提交的大量投稿建议发布后(这些投稿不仅来自专门的参与者,如律师事务所和对标准感兴趣的公司,还来自学生),最后的文本包含了所有这些建议。另一个相关机制是指导方针。CADE发布的最新指南之一侧重于协调与同步。起草小组得到了内部和外部合作者的帮助,并受益于第13/2015号决议公众咨询期间提出的贡献。《竞争合规指南》于2015年8月以草案形式发布,最终版本于2016年发布,旨在解决各方表达的主要关切。

CADE咨询程序规则是另一个协调的例子。第12/2015号决议规定了第12.529/2011号法令第9条第4款和第5款提出的程序。这种机制允许利益方对CADE正在进行的操作发表观点的机制,这不仅有助于其作为调查员和决策者的行动,而且还有助于其作为竞争政策的倡导者和顾问。最后,签署合作协议是另一个重要机制。在国际舞台上,自2012年以来,CADE与不同当局(包括中国、秘鲁、韩国、法国、世界银行、美洲开发银行等机构)签署了十多份谅解备忘录。这些备忘录解决了与其他司法管辖区当局,如来自其他国家和其他国际机构的反垄断机构,采取联合行动的需要。这种举措加强了机构之间的关系,为调查合作系统地开辟了新的可能性。今天,CADE不仅可以要求其他机构提供信息,也可以共享自己的数据,为知识和材料的交换创造双向渠道。在国家舞台上,数字更令人印象深刻。CADE已经签署了超过十五项协议,与监管机构(如国家石油管理局——National Agency of Petroleum, Natural Gas and Biofuels, ANP和国家补充卫生机构——National Requlatory Agency for Private Health Insurance and Plans, ANS)建立技术合作,与主计长办公室(特别是在米纳斯吉拉斯州和在圣保罗市的一个)、智囊团(CEDES)、州检察官办公室,甚至与巴西开发银行(Brazilian Development Bank, BNDES)、巴西银行和联邦警察局都签署了协议。

另外,当涉及与外部参与者隔离时,借鉴国际经验,CADE把大量精力集中于与私人方的磋商,以便双方能够达成协议,实现妥善解决竞争政策的目标并降低司法程序的风险。随着内部情报部门的建立,调查数量的增加也与该目标相关。CADE最大的努力之一是依职权启动相应程序。出于这种目的,如果调查不再依赖于签署者对宽恕协议提出的外部信息,而是依赖于查明偏离的行为模式,那就更好了。数据库的使用代表了实现这一目标的重要变化,现在需要对签署者的行为模式进行审查,以便显示签署者在投标和涉及使用公共资源的其他程序中的可疑做法。

一项战略计划由所有 CADE 单位的代表积极参与制定,从而使得所有这些举措顺利实现。改革的积极成果显而易见,并可通过以下指标简要总结:

合并分析的持续时间:合并前通知程序提出的变革对新制度的成功或失败产生了很大的期望。目前,可以看到自新法生效后近几年合并分析的平均时间接近三十天,这与其他分析的持续时间和司法管辖区以及法律本身规定的最长期限相比,可能是一个令人满意的结果。

案件积压:2012 年 5 月 29 日,当第 12. 529/2011 号法令生效时,巴西反垄断当局(Brazilian Antitrust Authorities, SBDC)有 826 件待判案件,更具体地说是 382 件合并案件和 444 件滥用市场支配地位案件。在新法生效第一年之后,其中 541 个案件最终确定。四年后,即 2016 年 5 月 29 日,仅有 259 个案件待决,其中只有一个是合并案件。如此大的减少幅度,有助于保证对各方的确信,以及提高总务管理局和法庭工作的质量。

宽恕协议:从 2003 年到 2016 年 12 月,SBDC 签署了 61 项宽大协议和 9 项宽恕 + 协议;其中 26 项根据第 8. 884/1994 号法令签署,46 项根据第 12. 529/2011 号法令签署。也就是说,在不到五年的时间内,该程序得以巩固到了这样一个程度,即它在这五年内签署了比过去七年更多的协议。

中止和终止协议:自第 12. 529/2011 号法令生效以来,法庭收到 180 多个中止和终止协议(Cease and Desist Agreement, TCC),包括先是与监督谈总局磋商的 TCC 和由委员们有效磋商的 TCC,之后被送到法庭进行确认。大多数此类协议是在第 5/2013 号决议发布后进行磋商的,这是一项规范性文本,如上所述,旨在使 CADE 内的谈判程序标准化。这些数字表明该倡议是有效的,并且与宽恕协议一道为巩固 CADE 的磋商机制做出了巨大贡献。

政策实施活动的总收入:在适用第 8. 884/1994 号法令的十八年中,CADE 收集了近 2. 6 亿雷亚尔。仅在 2016 年,在新法律颁布后,罚款收入已超过 7 亿雷亚尔。这些数据表明了当局对政策实施的实质性巩固。因此,CADE 的效率显著提高,并且巩固了结算政策,这与 CADE 收集资源的能力保持一致。

四、面临的挑战和后续计划

巴西的竞争政策取得了进展,成就是巨大的,而且这些重要发展得到了巩固。然而,这并不表明前无道路可循,也不意味着无改进的空间。CADE已经开始填补制度中仍然存在的空白,本文将简要介绍其中的四个问题:第一个问题是为了卡特尔调查而减轻当局对宽恕制度的依赖;第二个问题与保证法律确定性和安全性的议程有关,这在近年来的职能规范化(如决议通过)和规则具体化方面最为明显;第三个问题涉及当局的官僚作风;更具体地来说,主要问题在第四点,即如何协调反竞争政策活动与其他当局的关系,特别是由于第12.846/2013号法令的出台。

就CADE在很大程度上依赖宽恕协议来指导其起诉卡特尔的进程而言,值得注意的是,这不是一个新问题,也不是巴西当局所面临的困境。有很多完善机制的尝试(有时是不成功的)来减少竞争政策对宽恕程序"长跑"的依赖,这即使在这种长跑产生效果的国家也是如此。这个被称为审查的方法,作为检测卡特尔的协助工具,已植根于若干国家。这是一项使用公共数据(价格、投标价值、产量、市场份额等)进行的统计测试,用以确定某些市场中的共谋行为。这种机制的巩固轨迹揭示了某些失败和成功的故事。①

寻找依职权检测卡特尔的手段的原因是过分依赖宽恕协议可能会导致私营企业进入舒适区,因为代理人知道除非有举报人,否则其自身不会受到

---

① 在20世纪90年代的后半个十年,联邦贸易委员会试图采用这一工具来识别上市市场低迷时和商品生产量稳定时出现价格上升现象所涉的反竞争行为。联邦贸易委员会的努力证明需要提升相关参数设置来避免误判:在被确认为可能存在反竞争行为的600个市场中,其中25个市场是随机选择调查的,仅有3个市场有非法行为迹象。值得注意的是,对这3个市场提起的反垄断指控并未成功:其中1个市场正在接受司法部调查,另外2个市场调查已经终结,主管机关无法锁定反竞争协议或行为来证实反垄断指控。另外,在采用筛选方法更加聚焦于结构市场数据方面,荷兰反垄断当局在2006年虾产品市场卡特尔执法方面积累了成功经验。根据荷兰卡特尔执法经验,反竞争分析参数得以改进,所谓的"竞争力指数"得以制定,基于公司、协会、进口税数量等公开信息所确立的不同市场得以类型化,从而指明哪些市场更可能存在共谋行为。

迫害。为了缓解这种问题,CADE 开发了一个名为“大脑”的项目,其想法是通过大型政府数据库来识别公共采购中的可疑行为。到目前为止,这项举措得到了回报,而总务管理局的期望是,从现在开始,结果会更好。①

就法律确定性而言,CADE 近年来在为社会及其管理者提供指导方针和规定上做出了重大努力,来使其程序透明化。《宽恕政策和协议指南》便是一个例子。该当局还有其他出版物,这些出版物旨在促进合理竞争、针对协调与同步、加强横向合并案件的分析以及补救措施的谈判和应用。

然而,仍然有一个很不确定的规则,即罚款的自由裁量。这是与私营部门高度相关的规则,也可以通过分析具体案例来提供更明确的标准而使当局受益。② 虽然现在已经认识到这种逐案调整的方法使得变量相对固定,但其不能明确计算罚款的标准。最近,关于是否采用替代标准的问题,例如是否以被定罪代理人受益的总金额作为罚款金额,存在争论的余地。③因此,很明显,在实施制裁方面仍有更多需要完善法律确定性的空间。这是自然的事情,然而,法庭的新组成以及总务管理局的新方向导致当局内部对这些问题难以迅速达成共识。

就人力资源管理而言,如上所述,这在 CADE 是个老生常谈的议题。一段时间以来,当局指出了由于其自身专业人员的缺乏所产生的问题,尽管在该机构中任命公共政策和政府管理专家是自治工作发展的关键因素——CADE 的很多职位已经并且仍然被来自这个领域的公务员所占据。事实上,

---

① CADE 通过从“大脑”项目获得的信息启动了两起行政程序,第 08700.003709/2017 - 38 号行政程序涉及矫形器和假肢市场的卡特尔调查,第 08700.003709/2017 - 31 号行政程序是关于植入式心脏起搏器市场的卡特尔调查。这两起调查始于对矫形器、假肢和特殊医疗材料的总体市场的谴责,突出了卫生部 2015 年向 CADE 提起的投诉。“大脑”项目在程序调查中发挥了基础性作用:总务管理局采用算法分析了巴西医疗服务公司和国立骨伤科研究所购买此类医疗材料的所有最相关的招标程序,基于在一些特定论坛中发现令人担忧的标准,总务管理局向巴西医疗服务机构写信询问相关情况,后者提供了强有力证据证实存在违反经济秩序行为。后来,总务管理局通过调查程序获得成功,收到了宽恕请求,所收集的所有证据允许总务管理局开展调查和查封行动,最终提起前述行政程序。

② 值得一提的是亚历山大·科迪罗就卡特尔案件中的罚款计算研究。根据研究调查,CADE 采取第 12.529/11 号法令所规定的罚款计算标准仅在全部案件中占 23%。在其余案件中,研究表明严格遵守法定标准将导致违反比例原则、罚款金额过高,因此有必要构建在法理层面构建罚款计算标准来调整法律规定。

③ 此等标准包含实现竞争主管当局威慑功能所涉的罚款,竞争主管当局对于反竞争行为所享有的优势必需计算在内。尽管一致认为应采用新标准,但每个主体所支持的标准并不相同。

CADE中专家职位分配总是取决于与公共管理部门其他机构之间的争端,因为该职业最初来自规划部,而其他地方总是需要公务员。换句话说,捍卫竞争政策的职业需求继续存在,其机构越稳健活力,需求便更加强烈。正如我们多次看到的那样,从CADE的卓越水平上升到某个水平的那一刻起,发展总是取决于拥有更多的资源,包括公务员。目前,这些努力正朝着相反的方向发展,旨在减少行政管理范围内的人事费用,这凸显了CADE在行政管理方面将面临的挑战。

最后但同样重要的是,如前所述,协调CADE与其他机构的活动值得评论。本文已经在前文提到过这个问题,但这个问题值得重新审视。第12.846/2013号法令(称为《反腐败法》)要求各机构的调查和惩罚活动之间进行协调,包括检察官办公室、联邦审计法院、联邦审计长办公室和其他机构。有关机构已经采取措施推进这一协调进程,例如公共支出观察站的发展,而最近鉴于各种领域的非法案件的指数增长,协调工作显得更为重要。

关于腐败调查的"洗车行动"于2014年启动,它提出了各种前瞻性的安排,将贪污腐败、洗钱、卡特尔在竞标过程中的形成以及其他非法行为共同引入犯罪和行政领域,并与多个国家机关的执行能力相协调。举个例子,诸如UTC Engenharia,CamargoCorrêa,Andrade Gutierrez和Odebrecht这样的大型承包商正在与检察官办公室、联邦检察长办公室(Attorney General of Brazil,AGU)、总审计长办公室(Comptroller General of Brazil,CGU)和CADE进行调查与商讨宽恕协议。在这种情况下,国家镇压和制裁行动的有效性需要不同领域和组织之间的协调,而之后对其他机构甚至法庭可能的制裁和协定进行质疑的行为会受到罚款。

应该指出的是,第12.846/2013号法令规定了CGU在招标过程中对卡特尔进行调查和行政处罚的职权,同时保持CADE的权限不变。因此,提高明显相互关联罪行的调查效率迫切需要加强(机构之间的)协调。同时,由于存在对同一事件的多重处罚(权限),(机构之间的)相互协调需进一步加强。

五、结语

CADE所获得的国际认可证明,所有这些进展都推动了巴西竞争政策的巩固进程以及作为一个成熟当局受到认可的进程。CADE 在 2014 年和 2016 年两次被授予全球竞争评估(Global Competitiveness Report, GCR)美洲年度最佳竞争机构奖,并在 2013 年至 2016 年担任国际竞争网络(International Competition Network, ICN)的副主席,这是全球最大和最重要的竞争社区。虽然这些努力使得 CADE 和巴西竞争政策有了重大改变,但寻求更好的做法是保持一个连续的过程,需要对竞争政策不断修订。这样,突出未来的挑战就更为重要。今天,CADE 正致力于旨在扩大和加强调查能力的举措,为公司提供更大的法律确定性,并更好地划定当局在决策过程中采用的标准。

如上所述,由于协调和孤立的整合,通过给予机构更多的自主权来加强竞争政策的行为已被优先考虑。或许仍有空间可以加强其中的一些战略,尤其是在行为和兼并谈判领域。这种谈判对社会有益,因为它们降低了市场不确定性的风险,并使 CADE 的最终裁决立即产生影响,从而免除了可能在司法程序中延续十多年的反垄断诉讼。在这种诉讼案件中,即使 CADE 的决定得到了司法部门的支持(72%的案件也是如此),对消费者的损害可能也无法弥补。

也就是说,竞争政策的未来显然与其积极影响和应对其他政策刺激的能力更为相关,这样才能实现更大的协调与合作。最近涉及第 12.529/2011 号法令和第 12.846/2013 号法令的调查之间的互动是朝这个方向迈出的一步。随着对投标操纵的调查和谴责越来越多,私人损害赔偿诉讼可能也会增多。竞争政策、司法机构和检察官办公室之间相互作用将获得新动力的另一个领域是司法宣传。在旨在消除影响或宣布行为违宪的案件中,为捍卫公司利益、防止侵犯竞争规则,CADE 可以充当法庭之友。

最后一组举措可能有助于巩固竞争政策,可以作为提升问责机制总体战略的一部分:通过投资可以衡量竞争政策在三个方面的影响的工具:(1)通过制定全面、具体和易于理解的年度报告,其中包括制定对其职位具有更大透明度和开放性的 CADE 行动的实际影响的指数,来定期全面审查执法活动(严格责任制);(2)允许对行为和合并中特定干预措施的影响进行定量和定性评估的工具,旨在改进未来的干预措施;(3)使用量身定制的方法来评估竞争政策对总体经济变量(如生产率、创新和经济增长)的影响。这样一个工具箱通过结合其行动的规范方面与寻求创造性和协商解决方案,将使 CADE

能够继续走在发现更好实践的道路上。只有当局总是质疑它是否具有最佳规则,实施它们的最佳方法以及其政策是否满足社会需求时,这一战略才会有效。

New Development of Brazilian Competition Law and Policy

Vincius Marques de Carvalho

Abstract: The Administrative Council for Economic Defense of Brazil realizes the coherence, efficiency and effectiveness of its activities after the implementation of new competition policies. This paper elaborates on the causes, contents and means of the reform of Brazilian competition protective system, reflects the changes and achievements accomplished by Brazil, and also points out the challenges. It is a long process of exploration for Brazil to perfect its competition law system and Brazil is determined to make further improvement in its competition law enforcement.

Key Words: Brazil, competition law and policy, new development, challenge

金砖国家法律研究(总第3卷·2019年)
第235~263页

南非视角下的以经济理论量化垄断损害赔偿

Kasturi Moodaliyar* 王洪根 张彦瑾 李 丰** 译

内容提要:竞争法损害赔偿案件不失为南非法律判决方面的新发展。南非仅在竞争主管部门宣布某项反竞争行为发生后才允许受损方提起损害赔偿请求。索赔人届时可向高等法院就被诉方的反竞争定价和行为请求获得金钱损害赔偿。本文讨论了索赔人可用以量化损害赔偿金额的几种经济学原理。为更好地赔偿卡特尔受害人,如何计算卡特尔超额收费问题是个挑战。本文从经济学角度阐释了可将消费者损失作为量化卡特尔引起损害的参考,探讨了索赔人的不同类型及案件的相关复杂程度。进而,本文参考了欧盟和美国经济学家所提出的多种量化方法,分析了经判例法而不断得以发展的量化方法。最后,本文认为在量化损害时并不存在完美方法,而应基于个案事实选取最佳方法。

关键词:南非 卡特尔损害 量化 经济学

* Kasturi Moodaliyar,南非金山大学法学院教授。作者曾以本文作为会议论文参加2011年4月18日至20日在印度新德里举办的CUTS-CIRC全球经济规制经验审查国际会议——以展望为视角。

** 王洪根,华东政法大学2017级博士研究生;张彦瑾、李丰,华东政法大学2018级法律硕士研究生。

一、引言

竞争性案件的索赔有许多细微差别,如集体诉讼的证明、查看获得宽大处理文件的请求及受损方应在其损害与反竞争侵权之间建立因果关系。本文将在法律问题之外,关注如何量化损害程度的问题,以确定合理的损害赔偿数额。

本文将回顾关于如何量化损害程度的经济学思考,首先阐释消费者福利损失的经济学原理,反思卡特尔所造成的损失数量。消费者福利损失概念为建立受害方作为索赔人与卡特尔行为后果所引起的损害之间的因果关系提供了经济学基础。本文将指明遭受卡特尔行为影响而可能提起索赔的索赔人的不同类型,探讨供应链相关市场中遭受卡特尔间接影响的当事方的损害程度确定过程中的一些复杂因素。

如若推进竞争法领域中的损害赔偿案件的法理学在南非的进一步发展,法院和政策制定者对量化实践的指导则至关重要。本文将在法律框架下重点突出超额收费及计算损害赔偿的基础经济学方法,指出南非法院不应在断定损害赔偿时局限于臆测与猜想,任何量化都必须建立在可靠的经济证据的基础之上。恰当的量化方法应通过案件事实与情况、数据质量与可获得性等因素的实际考量得出,没有最好或最优的方法。法律只有通过一个个案件才能得到发展。

二、背景

法律应为受到非法经济活动损害的当事人提供损害赔偿金,原因有三:①
(1)为受害人带来正义,而这包括补偿受害方因损害而遭受的损失。合

① Franklin M. Fisher, "Economic Analysis and Antitrust Damages", *World Competition* 29, 2006, p. 383.

理补偿要求使受害方恢复到仿佛损害从未发生的状态,[①]文献将其称为"保持原告完整性"[②]。欧盟法将之称为"完全补偿",即侵权行为之被害人可获得一笔与实际损失(已经出现的损害)、利益损失(丧失的利益)及损害发生之时起所放弃的利益数额相当的赔偿。[③]

(2)防止违法犯罪者从非法行为中获益,如确保无"不当得利"。[④] 不当得利学说在实践中被广泛运用。[⑤] 埃尔金科伦(Elkin-Koren)和扎尔茨贝格(Salzberger)提出了关于不当得利的"全新定义",即确立当事人是否有权获得赔偿及对受害人赔偿的方式。[⑥]

(3)打击或震慑违法或重复违法行为。

违反《竞争法》第4(1)(b)条(卡特尔条款)规定的行为会导致受垄断价格影响的人遭受重大损害。竞争部门将评估反竞争损害的程度,以确定适当的制裁。主管部门这样做的目的主要是出于对社会和消费者福利利益损害的关切,而非因为个人受损。在这种情况下,罚金作为一种惩罚措施,其首要目的在于威慑。制裁或竞争法庭将卡特尔公司上一财年年度营业额的10%作为罚金数额,可能会起到这种威慑作用。[⑦] 在南方管道承包商处罚案件中,竞争上诉法院就如何实施制裁提供了指导。[⑧] 竞争主管部门有权决定对违规

---

① Fisher note 500 at 387. See Blue Shield of Virginia v. McCready, 457 U. S. 465,472(Sup. Ct. 1982).

② Fisher note 500 at 383.

③ European Union,"White Paper on Damages Actions for Breach of the EC Antitrust Rules", COM(2008); and "Commission Staff Working Paper", SEC(2008), http//ec. europa. eu/competition/antitrust/actionsdamages/documents. html, October 18, 2012.

④ Niva Elkin-Koren and Eli Salzberger, "Towards An Economic Theory of Unjust Enrichment Law", *International Review of Law and Economics* 20, 2009, p. 551.

⑤ 不当得利产生于非法或不道德目的之下的财产转移(The *Condictio Ob Turpem Vel Iniustam Causam*).

⑥ Elkin-Koren and Salzberger note 504 at p. 555.

⑦ Section 59 of the Competition Act 89 of 1998 (as amended).

⑧ Southern Pipeline Contractors and Concrete Walls (Pty) Ltd. v. The Competition Commission SA, 105/CAC/Dec10(CAC, 2011).

公司处以何种惩罚以作为惩治和威慑手段。①

与南非不同,美国《克莱顿法案》第4条规定的三倍损害赔偿是一个巨大的激励因素。该条规定,任何人由于违反反垄断法的行为而遭受商业或财产损失的,均可在被告居住地、被告发现地或其代理所在地的美国地方法院提起诉讼,不论争议数量,均可要求被告承担三倍的损害赔偿,并可要求被告承担诉讼费用以及合理的律师费。② 这意味着如果索赔人胜诉,将获得三倍的损害赔偿金。三倍的损害赔偿金是强制性的,而非由陪审团决定。这不仅对受害方索赔是一个强有力的刺激因素,而且对侵权方具有威慑作用。③ 事实证明其效果是显著的,90%的反托拉斯案件是损害赔偿案件,且直接由原告而非当局提起。④

欧盟同南非一样仅有单倍损害赔偿。欧盟的指令非常明确,受害方可以要求赔偿,但裁决不应延伸为"惩罚性、多重或其他损害赔偿"。⑤ 南非普通法同欧盟一样允许受害方对损失提出索赔,但不允许惩罚性赔偿。

在南非的分叉式司法系统中,索赔人关注的是损害赔偿,而非损害赔偿金所具有的对未来垄断行为的震慑效用。然而,有效的私人索赔有益于整体

① See also Competition Commission South Africa, "Guidelines for the Determination of Administrative Penalties for Prohibited Practices", https://www.gov.za/sites/default/files/gcis_document/201504/38693gon.323.pdf, May 13, 2016. 指南第5页第2.1段:"行政惩罚的首要目的是威慑。对于已经违法的公司,行政惩罚的具体威慑作用是防止这些公司未来从事反竞争行为;对于其他可能打算从事反竞争行为的公司而言,行政惩罚可发挥一般威慑作用。"

② 15 U.S.C. §15 c (2006). §4 states: "Any person who shall be injured in his business or property by reason of anything forbidden in the antitrust laws may sue therefore in any district court of the United States in the district in which the defendant resides or is found or has an agent, without respect to the amount in controversy, and shall recover threefold the damages by him sustained, and the cost of suit, including reasonable attorney's fee."

③ Texas Industries Inc. v. Radcliff Materials, Inc., 451 U.S. 639 (Sup. Ct. 1981); *American Soc. of Mechanical Engineers, Inc. v. Hydrolevel Corp.*, 456 U.S. 556, 575-76 (1982).

④ See "Sourcebook of Criminal Justice Statistics Online", http://www.albany.edu/sourcebook/pdf/t5412006.pdf, August 24, 2015. The data, which go through 2006, show percentages of private action from 1995 to 2006, ranging from 89 per cent to 96 per cent.

⑤ European Union, "Directive 2014/104/EU of the European Parliament and of the Council of 26 November 2014 on Certain Rules Governing Actions for Damages under National Law for Infringements of the Competition Law Provisions of the Member States and of the European Union", para. 13, http://eur-lex.europa.eu/legal-content/EN/TXT/?uri=CELEX:32014L0104, September 3, 2015. 指令要求欧盟成员国在便利原告提起索赔诉讼方面统一协调国内立法。

威慑目的的实现,这与竞争管理机构的公共目标一致。① 本文的关注点在于后续损害赔偿诉讼,而非行政处罚诉讼或损害赔偿诉讼的威慑作用。②

损害赔偿金应被视为受害方因卡特尔侵权行为遭受损失所应当享有的赔偿手段。本文关注的问题是在法律框架之下如何对卡特尔受害者进行量化赔偿,解决此问题的挑战在于如何最佳评估超额收费。超额收费是指在没有合谋的情况下,实际收费价格与预定价格之间存在差额。③

计算超额收费在实践中非常困难,因此这也是法院在竞争法损害赔偿案件中面临的主要挑战之一。④ 这是因为有许多貌似可行而实际上并不存在的替代方案但通过对相关市场的全面了解可选取最可行的方案。此外,关于产业和价格的可靠信息和数据往往很难获得。因此,这要求娴熟的经济学家运用他们对相关市场的知识及合适的经济学技巧构建假设场景来评估经测算

① George J Stigler, "The Optimum Enforcement of Laws", *Journal of Political Economy* 78, 1970, p. 526; Gary S Becker, "Crime and Punishment: An Economic Approach", *Journal of Political Economy* 76, 1968, p. 169; William M Landes, "Optimal Sanctions for Antitrust Violations", *University of Chicago Law Review* 50, 1983, p. 652; A Mitchell Polinsky, "Private Versus Public Enforcement of Fines", *Journal of Legal Studies* 9, 1980, p. 105; Wouter PJ Wils, "The European Commission's 2006 Guidelines on Antitrust Fines: A Legal and Economic Analysis", *World Competition: Law and Economics Review* 30, 2007, p. 1; Robert H. Lande, "Why Antitrust Damage Levels Should Be Raised", *Loyola Consumer Law Review* 16, 2004, p. 329; John M. Connor and Robert H. Lande, "How High Do Cartels Raise Prices? Implications for Optimal Cartel Fines", *Tulane Law Review* 80, 2005, p. 513; Wouter PJ Wils, "Optimal Antitrust Fines: Theory and Practice", *World Competition* 29, 2006, p. 183; W. James Smith et al., "Cartels and Antitrust: The Role of Fines in Deterring Violations at the Margin", *Southern Economic Journal* 53, 1987, p. 985; Robert D. Blair and Christine Piette Durrance, "Antitrust sanctions: Deterrence and (Possibly) Overdeterrence", *Antitrust Bulletin* 53, 2008, p. 643; Philippe Cyrenne, "On Antitrust Enforcement and the Deterrence of Collusive Behaviour", *Review of Industrial Organization* 14, 1999, p. 257. For a greater discussion on consumer welfare, see David C Hjelmfelt and Channing D Strother Jr, "Antitrust Damages for Consumer Welfare Loss", *Cleveland State Law Review* 39, 1991, p. 505.

② P Smith and A Swan, *Quantifying Cartel Damages: South African Policy and Research Developments* (paper presented at the 7th Annual Conference on Competition Law, Economics and Policy, Johannesburg, September 2013), for a more detailed discussion on quantification of administrative penalties within a South African context.

③ See Theon van Dijk and Frank Verboven, "Quantification of Damages", *Competition Law and Policy* (*ABA Section of Antitrust Law* 2008) 2334.

④ European Commission, "Staff Working Document: Practical Guide: Quantifying Harm in Actions for Damages based on Breaches of Article 101 or 102 of the Treaty on the Functioning of the European Union", SWD (2013) 7, http://ec.europa.eu/competition/antitrust/actionsdamages/quantification_guide_en.pdf.

的赔偿金额。

相关文献包含多种关于处理滥用排他性市场支配地位和涉及合谋的案例。为与本文主题保持一致,本文将研究范围限制在卡特尔案件的损害赔偿请求方面,目的在于探索索赔人可用以量化超额收费和潜在利益损失的方法。①

为量化卡特尔案件中的超额收费和利益损失,本文提供了一个一般的经济学框架,并讨论两种流行方法,即“事前和事后”模型及“标尺”模型,用于衡量超额收费的损害赔偿金额。这两个模型都借鉴了经济学理论,各有优劣,在竞争法案例中得到了检验。本文还将讨论利益损失计算背后的理论。本文的概念性框架的核心问题:如果侵权行为不发生,将会发生什么。此即“反事实”。为构建反事实必须提出假设,如果没有共谋,相关市场会是什么样子——例如,是否会有竞争存在。经济学家采用了各种方法来构建看似可行的反事实。本文认为任何方法都有其限制,不存在精确的估量方法,但有最适合的评估方法,并应在适当案件中得以适用。

三、量化卡特尔损害背后的经济学原理

如果准入壁垒过高,如果市场中的公司集中程度较高并存在经济代理人间的合谋,同时如果不存在相似替代产品,那么竞争政策的目标的实现便会受阻。在这种情况下,对卡特尔来说,定价高于竞争/平均价格更容易。例如,当市场高度集中,公司数量更少,卡特尔成员更容易相互监督,以避免卡特尔内部的欺骗行为。

据莫塔所言:在经济学领域,合谋是指公司定价高于竞争基准定价的情形,另有略微不同的定义将合谋定义为公司定价足以接近垄断价格的情形。无论如何,在经济学领域,合谋与足够高的定价同时发生,而该定价并非通过

① 尤其是对于那些将产品用于生产下游产品而作为中间产品的消费者而言,被提高的卡特尔价格可能导致利润损失。“利润损失”指若卡特尔损害未发生,受损当事人将获得的销售增加或利润增长。

特定形式获得。①

采用评估垄断的方法来评估卡特尔行为在经济学方面是可行的,因为为实现像垄断者一样控制价格与产出,卡特尔有效地控制市场。如果卡特尔的成员之间相互竞争,而非像垄断者一样相互合作,市场效果便是更低的价格和更高程度的产出。为分别获得更高的市场份额,公司竞相降价的结果是低价格与高产出。在市场中,公司之间的斗争导致竞争性价格降低和竞争性产出水平提高,这对消费者有利,但相对于垄断的产物而言,竞争公司则处于劣势地位。这是因为经过有效竞争,他们本来能够获得的高利润因竞争而削减至仅能收回成本及赚得"正常"回报。垄断者限产提价的能力,相对于可能出现的竞争结果而言,与卡特尔成员经协调合作所实现的垄断结果相当。此为卡特尔成员所获取的"正常"回报之上的利润(垄断利润)。这些垄断利润实际是从消费者的口袋转到卡特尔成员手中,由此成为评估卡特尔对消费者造成损害数额的基础。

垄断(或接近垄断)价格是合谋的产物,而如果存在有效竞争,则可以评估本应设定的价格成为可能,这将可以量化消费者的福利损失。

图 1 说明了该概念。维斯库西(Viscusi)、弗农(Vernon)及哈顿(Harrington)认为,卡特尔和垄断者的手段相同,掌控垄断价格 Pm,数额为

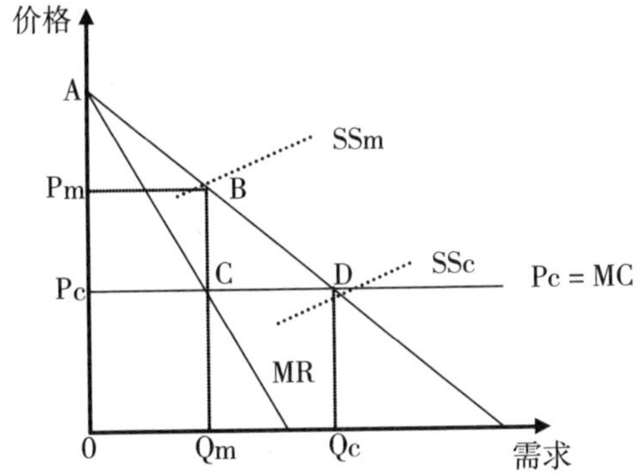

图 1　垄断定价与竞争

资料来源:W. Kip Viscusi et al., *Economics of Regulation and Antitrust*(3rd edition), MIT Press, 2000, p. 79。

---

① Massimo Motta, *Competition Policy: Theory and Practice*, Cambridge University Press, 2004, p. 138.

Qm。由此,卡特尔通过选择生产数额Qm,该点的边际收益MR(每多销售一单位的产品而获得的额外收益)与边际成本MC相等,由此使得共同利益最大化。这与垄断者产出利润最大化水平相当,垄断者利润与区域PmPcCB(等于价格减去平均支出乘以数量)相同。

只要存在竞争且单个公司缺乏市场力量,每个公司就均为价格接受者,必须采用竞争性价格Pc。在完全竞争下,所有的公司都是价格接受者,所以边际收益MR总是和竞争价格Pc相等。价格Pc = Mc,销售数量是Qc。注意在垄断条件下,市场出清价格Pm处,供给曲线(虚线SSm)和市场需求曲线相交。在完全竞争(Pc)情况下,与产出供应的市场出清价格水平(Qc)相比,产出供应(Qm)水平低得多——此处SSc与市场需求曲线相交。在价格与数量之间新的竞争平衡中,消费者剩余增加到APcD的三角区域。在完全竞争的极端案例中,利润完全消失。

从竞争性价格转为卡特尔垄断定价,社会将遭受BCD三角区域所计算的无谓损失。无谓损失是经济失灵或分配失灵的典型代表。①

值得注意的是,图1并未解释诸如收入、产品或服务类型等因素可能对供求曲线的位置及形状产生的影响。在更为完善的经济学分析中,应对上述因素、需求弹性价格及费用结构(例如,规模经济的程度)对社会福利所产生的影响予以考量。然而,该经济学分析并不在本文的研究范围之内,提及的目的只为更好地阐释与福利最大化的竞争市场基准相比时,卡特尔行为导致的潜在福利损失的核心概念。

莫塔重申:若以经济学术语来表达,那么相互合谋公司的定价会高于竞争性均衡价格。② 简言之,合谋公司通过他们的对市场的共同控制来行使市场权力,因此能够控制垄断率。因为在这种情况下共同利润更高,共谋者便没有彼此竞争的动力。

若市场高度集中且只由少数公司组成,隐性合谋更为便利。这类市场便被称为寡头垄断市场。为避免竞争并实现垄断价格,这些公司没有必要直接联系,因此很难证明其为卡特尔。竞争主管机构必须在涉及共同违法行为的

---

① Frank Maier-Rigaud and Ulrich Schwalbe, "Quantification of Antitrust Damages", in David Ashton and David Henry, eds., *Competition Damages Actions in the EU: Law and Practice*, Edward Elgar Publishing Limited, 2013, p. 214.

② Motta note 519.

寡头垄断产业中,调查相关公司是否有意采取类似行为。[①]

总言之,卡特尔主要有三点影响:(1)价格效应,卡特尔的均衡价格(市场清算价格)高于竞争性均衡价格;(2)产出效应,卡特尔的均衡产出水平低于竞争性均衡产出水平;(3)消费者福利效应,卡特尔的高价格低产出效应的结合导致福利损失或无谓损失,因为消费者实际上被剥夺了其本来能够在竞争市场中享受到的低价格和多供应的好处。

四、可能提起损害赔偿的索赔人

损害赔偿案件的最优结果便是恢复原告在被告没有造成反竞争损害的情况下原本的财务状况。消费者可对这些损失获得救济。简单来说,索赔人可以定义为如图 1 所示的,由于为攫取垄断利润而限制竞争从而提高定价、减少供应的卡特尔活动而遭受损失的消费者。

由于需要建立索赔人遭受损害和侵权行为之间的因果关系,索赔人必须属于有可能因卡特尔活动而遭受损害的一方当事人——例如,为小麦支付垄断价格的面粉厂。工厂随后将小麦制作成面粉卖给烘焙面包的面包店并向超市配给,最终流入消费者手中。[②] 在欧洲委员会分配的关于量化反垄断损害赔偿金的研究中,奥克斯拉(Oxera)列出了在典型的供应链中潜在的可能受影响的七类人。[③]

(1)作为中间商(生产者、分销商或零售商)的直接购买者(顾客)

直接购买者是直接从卡特尔成员处购买产品的顾客。在面包案例中,直接购买者是面粉厂,其从设定高垄断价格的农民处购买小麦。面粉厂将不得不披露,如果没有卡特尔定价,会获得多少利润。[④]

(2)作为中间商(生产者、分销商或零售商)的间接购买者

间接购买者是从作为卡特尔成员下游的公司处购买产品的顾客。如果

---

① “有意平行”是指公司从平行方式进行相同的定价,并且没有证据表明公司之间达成公开协议。

② Referred to hereafter as the “bread example”.

③ Oxera,“Quantifying Antitrust Damages: Towards Non-binding Guidance for Courts”,http://ec. europa. eu/competition/antitrust/actionsdamages/quantification_study. pdf,February 13,2014.

④ Van Dijk and Verboven note 516 at 2332.

卡特尔超额收费(或部分超额收费)通过卡特尔的直接消费者(传递效应)转嫁给买方,这些买方便会遭受损害。① 在面包案例中,受害者是中间商,例如面包店、销售产品或传递超额收费的超市。至于该转嫁比例是否大到足以支持索赔诉讼取决于下列因素的程度,如比例大小,即是否所有下游公司同样受到因卡特尔化和非竞争性产业的弹性需求而导致的支出增加的影响。②

美国联邦法院只允许直接购买者索赔而不考虑超额收费的转移,③不允许间接购买者享受该损害赔偿。霍温坎普(Hovenkamp)认为"伊利诺斯州砖案"所确立的原则的前提基础,即使在当代也会饱受质疑。④ 税务案件的发生率及法院对经常运用的转嫁理论的要求,使得量化转嫁比例几乎不可能实现。法院还将重点放在供应链某一层面的损害赔偿请求上,而非根据供应水平提出损害赔偿分配要求,而后者将增加提出索赔的概率。⑤ 霍温坎普为评估因果关系链中的多层分配损害赔偿提供了解决措施:①将超额收费转嫁给终端消费者;②计算各个经销商在分配链中丧失的利润。后者包括涨价带来的损失和因产量减少带来的损失。⑥

在南美,法院应当考虑合谋价格对直接消费者和受超额收费转嫁的间接买方产生的直接和间接经济影响。⑦ 这当然是在假设合谋行为导致价格增加,进而导致利润减少。范迪克(Van Dijk)和韦尔博旺(Verboven)在损害赔偿案件中作出具有转移和输出效应的经济决策之后发现,大部分裁决在计算直接购买者应获得的损害赔偿时都没有考虑转移和输出效应。⑧

---

① Herbert J. Hovenkamp, "Quantification of Harm in Private Antitrust Actions in the United States", *University of Iowa Legal Studies Research Paper*, February 9 2011; OECD, "Paper for the Roundtable on the Quantification of Harm to Competition by National Courts and Competition Agencies", DAF/COMP(2011)25.

② OECD, "OECD Roundtable on the Quantification of Harm to Competition by National Courts and Competition Agencies: Background note by the Secretariat" DAF/COMP/WD (2011) 20.

③ Hanover Shoe, Inc. v. United Shoe Machinery Corp., 392 U. S. 481 (Sup. Ct. 1968); Illinois Brick Company v. Illinois, 431 U. S. 720 (Sup. Ct. 1977).

④ Hovenkamp note 527 at 7.

⑤ Hovenkamp note 527. 尽管 Illinois Brick 案所阐释的原理在 Kansas and Missouri v. Utilicorp United, Inc 497 US 199 (1990)案获得支持和重述,最高法院同时注意到"若假设直接购买者未承担超额收费部分且未遭受损害,那么在这种情况下,我们可能允许间接购买者提起索赔诉讼。"

⑥ Hovenkamp note 527 at 8.

⑦ See Van Dijk & Verboven note 516 at 2332.

⑧ Van Dijk and Verboven note 516 at 2334.

当这成为南非法庭上的争论，法官应当考虑到量化直接和间接购买者受到的损害是可能实现的。[①] 关于如何实现量化的方法将依案件情况而定。[②]

(3)终端消费者

消费者直接或间接从卡特尔成员处购买产品。在面包案例中，终端消费者是指在超市购买面包的人。终端消费者直接从卡特尔成员处购买产品遭受的超额收费程度最大。但是，在间接购买者的案例中，由于超额收费通过连续的供应链转移，超额收费的现象得以减少。

(4)反事实顾客

不包括为卡特尔利益而以竞争价格购买产品的顾客。在面包案例中，他们就是面粉厂的竞争者或潜在竞争者。这些顾客因以竞争价格购买产品遭拒或不得不购买次品而遭受侵害。

(5)竞争者

(至少从理论上讲)竞争者不会因卡特尔行为而遭受直接损害，反而可能从卡特尔高价中获益。然而，卡特尔活动可能不只局限于定价。举例来说，卡特尔拒绝向之前脱离卡特尔的消费者提供产品，以阻止此类转移，同时减少非卡特尔成员的销量并保持卡特尔对顾客的吸引力。

(6)供应商

由于卡特尔的产出受到限制，卡特尔要求成员减少投入，从而减少供应商的销售量。就卡特尔的性质而言，这可能导致供应商减少而不能恢复至应有水平。

(7)关联市场中的公司

互补产品市场中的卡特尔在关联市场中的成本很有可能会提高，从而抑制市场活动。

欧盟委员会在编写关于竞争法损害赔偿的几篇论文中投入了大量的时

---

① *In re Western Liquid Asphalt* cases, 487 F. 2d 191 (9th Cir. 1973), cert denied, 415 U. S. 919 (1974) the court allowed for an apportionment of damages where an intermediary was involved. 法院允许中间商所涉案件中指定损害。

② 南非法院并未排除间接购买者提起索赔诉讼。

间和努力,由此形成了2014年《欧盟损害赔偿指令》。[1] 欧盟在起草《欧盟损害赔偿指令》[2]的工作交流文件中承认卡特尔行为的受害方有权要求赔偿。[3] 该指令指出,无论其是否能在供应链中适用,或竞争管理机构是否作出任何先行调查,受害方均可要求赔偿损失。[4] 欧盟指令为证实量化规定了数个要素,例如,假定卡特尔会造成损害、假定卡特尔将超额收费转移给下游供应链的公司,这更易于原告证明其遭受的损害。

欧盟通过其工作文件及指令,为解决受害者在提出索赔过程中可能面临的挑战提供指导。索赔权已经在一些主要司法先例中得到巩固。[5] 本文呼吁南非法院和政策制定者采用同样的立场,承认那些可以建立因果联系的受害人的索赔权,并发布有助于原告量化损害的指导意见。南非将从立法干预中受益,正如欧盟指令所做的一样,这是建立这些原则更有效的方法。

五、损害赔偿评估的市场特征及内涵

在损害赔偿评估的过程中,辨别侵权发生的市场类型和特征非常重要。在《量化反垄断损害赔偿》一书中,奥克斯拉就不同类型的市场中损害赔偿的

---

① See European Union, "Directive 2014/104/Eu of the European Parliament and of the Council of 26 November 2014 on Certain Rules Governing Actions for Damages under National Law for Infringements of the Competition Law Provisions of the Member States and of the European Union". See also European Commission Green Paper "Damages actions for breach of the EC antitrust rules" EU Commission 2005, http://eur-lex. europa. eu/legal-content/EN/ALL/? uri = CELEX: 52005DC0672, March 18, 2009; Commission of the European Communities, "White Paper on Damages Actions for Breach of the EC Antitrust Rules", COM (2008) 165, http//ec. europa. eu/competition/antitrust/actionsdamages/files_white_paper/whitepaper. pdf, April 8, 2020. "Commission Staff Working Paper Accompanying the White Paper on Damages Actions for Breach of the EC Antitrust Rules", SEC(2008) 404, http://eur-lex. europa. eu/lex uriserv do?uri = SEC:2008:0404:FIN:EN:PDF, April 8, 2020.

② European Commission, "Practical Guide: Quantifying Harm in Actions for Damages based on Breaches of Article 101 or 102 of the Treaty on the Functioning of the European Union", SWD (2013) 205.

③ European Union, "Directive 2014/104/Eu of the European Parliament and of the Council of 26 November 2014 on Certain Rules Governing Actions for Damages under National Law for Infringements of the Competition Law Provisions of the Member States and of the European Union", para. 12.

④ Ibid., para. 13.

⑤ See *Courage v. Crehan* [2001] ECR I-6297 and *Manfredi* [2006] ECR 1-6619, 60.

计算进行了以下区分：[①]

(1)中间产品与终端消费品

卡特尔零部件只是最终产品的组成部分，与终端消费品相比，其主要区别在于超额收费转嫁的程度及所起的作用。对于终端消费品而言，超额收费显然没有进一步的转嫁空间，中间商通常只承受相对一小部分的超额收费，有时甚至不承受，而大部分超额收费由消费者承担。[②] 批发市场可能会因长供应链而遭受损害。中间商可以要求减去所转嫁的超额收费的损害赔偿。该种性质的索赔具有连锁效应，能够弥补全部的超额收费。[③] 损害发生与损害传递结束这一阶段的评估应根据个案的具体情况而定。

(2)成熟市场与快速发展市场

费雪(Fisher)指出，反竞争损害的持续时间取决于市场的成熟程度。[④] 所谓的"成熟"市场是稳定的且不易受巨变影响。在这种情况下，反竞争协议持续时间更长。然而，在快速发展的市场中，竞争环境处于不稳定状态，任何损害均可能是短暂的。

(3)差异化商品与同质产品

同质商品市场尽管更容易受到合谋协议的影响，却具有很强的潜在竞争力。这意味着在同质产品市场中所遭受的损害程度(与竞争性反事实相比)可能大于差异化产品市场。在竞争条件下，其市场力量的程度是固有的。学者还指出，"相比于差异化产品市场，同质商品市场的条件更容易进行预测性模拟，因此反事实竞争价格或产出更容易确定"。[⑤]

(4)国际市场和国内市场

为了确定侵权造成的损害，确定地理市场的范围很重要。学者指出，损害赔偿评估的复杂性取决于其是跨国行为还是国内行为。跨境竞争动态对反事实和数据分析的评估(例如，货币和税收的差异)提出了挑战。

(5)竞标市场与传统市场

学者认为，当涉及模拟练习中的反事实评估时，竞标市场的模拟不同于

① Oxera report note 525 at 28.

② Hovenkamp note 527 at 6.

③ Fisher note 500 at 388.

④ Oxera report 28.

⑤ Oxera report note 525 at 28.

传统市场。他们指出,有时候竞标市场的结果比“正常”寡头垄断市场更能进行预测性模拟。①

一旦市场得以确定,要理解反事实及损害赔偿评估,就必须对市场的特定特征作出评价。

(6)市场结构

市场的基本结构特征对于理解损害的性质和程度非常重要。对这些特征的评估包括确定竞争者的数量及其各自的市场份额,市场增长或萎缩的情况,进入和退出的历史,以及企业的价格和产出在一段时间内的变化。了解受影响产品的特性也很重要,具体包括:识别替代品和互补品、评估差异化程度和客户忠诚度。

(7)供应链的结构

评估供应链的结构需要确定垂直整合的程度以及制造商、供应商、分销商和顾客之间存在的合同和商业安排。

(8)价格与成本

了解侵权者定价随时间变化的影响非常重要。这涉及检查行业中的定价惯例,以查明推动价格随时间变化的因素。此外,必须了解生产成本的关键驱动因素,包括固定和可变成本的组成部分,并确定规模经济影响价格和成本变化的程度。

在检测卡特尔超额收费如何转嫁到下游时,各方融入供应链的程度、货物类型及市场条件与检测具有相关性。

六、“若不是”测试:确立反事实

所遭受的实际损失可定义为受害方的直接损失或其资产的减少程度,判决所作出的损害赔偿应考虑这些因素并使受害方重新恢复至“完整”状态。②

---

① 区分投标市场和投标操纵是很重要的。投标操纵可以发生在不被视为投标市场中的招标过程。

② Joined cases C-295/04 to C298/04 *Manfredi* [2006] ECR I- 5161,36. See also European Commission,“Practical Guide: Quantifying Harm in Actions for Damages based on Breaches of Article 101 or 102 of the Treaty on the Functioning of the European Union”, SWD (2013) 205,p.7.

无论确定损失数额的机制如何，通常情况下，损害赔偿请求权旨在恢复至侵权未发生时索赔人本来的财务状况。[①] 这是计算损害赔偿的基本原则。经济学者这样做即等同于采用"若不是"测试来建立反事实。

在这个测试中，必须假设一个不存在卡特尔协议的市场（"反事实"）。反事实情况下及卡特尔存在的情况下的利润差额即为损害赔偿数额。[②]

在国际著名的赖氨酸（Lysine）卡特尔案件中，受害方认为，要不是卡特尔，赖氨酸的价格将和边际成本相等，接下来的问题是估算边际成本是多少。案件的被告，也依赖于"若不是"测试，认为反事实价格本应高于边际成本。[③] 双方的估算存在实质性差异。尽管案件结果已经尘埃落定，但问题仍然没有得到妥善解决。

因此，要估算损害赔偿，必须建立一个与索赔人所经历的事实相比更为确切的反事实。一旦完成，必须将反事实和事实之间的差异转化为损害赔偿请求的最终价值。

在确定计算损害赔偿的方法（准确界定事实和反事实并将两者之间的差异转化为损害赔偿价值）时，重要的是在冲突的目标之间取得平衡，该冲突来自确定更可能准确的计算（人们会考虑经济变量，例如，市场份额、实际价格、利润、销售量、成本以及双方的协议[④]）和确保通过私人损害索赔的途径实现公平这两个目标的不同。考虑到由此产生的方法上的困难，如果过于重视如何确定更可能准确的损害赔偿价值，损害赔偿请求几乎不能获得成功。况且，案件中还会出现信息不对称的情况，例如被告拥有原告所需的证明其案件的信息和被告所需的支持其抗辩的信息。[⑤] 因此，要通过私人损害索赔的途径确保公正需要一种规则明确、适用简便的方法。

如果原告权利恢复完整（或全额赔偿的原则得以应用），那么在评估损害赔偿的价值时有一定的精确度要求，以便法院确定对受害者的补偿不多也不

---

① Hovenkamp note 527 at 2；Oxera report note 525.

② Van Dijk and Verboven note 516 at 2332.

③ John M. Connor，"'Our Customers Are Our Enemies'：The Lysine Cartel of 1992 – 1995"，*Review of Industrial Organization* 18，2001，p. 5.

④ European Commission，"Practical Guide：Quantifying Harm in Actions for Damages based on Breaches of Article 101 or 102 of the Treaty on the Functioning of the European Union"，SWD (2013) 205，p. 10.

⑤ OECD Roundtable note 528 at 2.

少。要获得确切的数字要求具有有关事实和反事实的完整信息,但这是不可能的,因为反事实必须采用已简化假设的经济学及金融学模型来进行模拟,而这是一个复杂而有争议的过程。通过确定关于反事实过程的假设,进行大量的数据及信息分析,反事实才得以建立。

在估计准确的损害赔偿价值的过程中允许的复杂程度取决于适用的国家政策和法律架构。一些国家通过简化程序来消除私人损害索赔的障碍,而其他国家将遵守更严格的法律架构,在这种严格的法律框架下,计算损害赔偿时要保持精确。例如,在瑞典,法院对在只读光盘(CD-ROM)副本供应中滥用主导地位的公司判处数额相对较少的赔偿金,因为索赔人未能就损害索赔的准确数额提供充分的证据。然而,在意大利,在涉及汽车保险卡特尔的案件中,最高法院裁定,如果难以准确估算损害赔偿数额,法院可以援引意大利《民法典》第1226条给予公平数额的损害赔偿——公平合理原则。① 意大利最高法院指出,在这种情况下允许使用"概率假设"。虽然法院必须考虑所有旨在反驳假设的证据,但法官仍然允许使用概率假设来评估索赔人所遭受的损失。②

在南非最近的康奈尔航空公司(Comair)案中,③高等法院在确定损害赔偿金数额时使用了"若不是"或反事实的测试。在这种情况下,原告和被告似乎都同意这种做法。在确定损害赔偿时,高等法院使用"若不是"的方法来确定损害赔偿并作出说明。

专家们就用于计算康奈尔航空公司一案中的损害赔偿的方法达成了广泛一致。如果南非航空公司(South African Airways,SAA)的侵权机制对康奈尔航空公司的利润产生不利影响,则损害赔偿金的数额相当于康奈尔航空公司因该机制而导致财政减少的数额减去可能因乘客数量减少而避免的开支调整。

换句话说,为恢复康奈尔航空公司本来的财务状况而非为了南非航空公司的侵权机制,必须将康奈尔航空公司目前的情况("实际情况")与其在"若

---

① *Fondiaria SAI SpA v. Nigriello*, February 17 2007 Corte di Cassazione (Italian Supreme Court).

② Oxera report note 525 at 6.

③ *Comair Limited v. South African Airways (Pty) Ltd.* (2008/23443; 2011/34079) [2017] ZAGPJHC 10 (15 February 2017), paras. 70 – 85, pp. 18 – 85.

不是”反竞争协议下假设的情况进行比较(“反事实情景”)。

专家认为,损害赔偿相当于收入损失减去所避免的成本。收入损失等于康奈尔航空公司的反事实收入减去实际收入,避免的成本等于南非航空公司的行为和实际成本之间的差额。[①]

尽管此案件提供的是对滥用市场支配地位的损害赔偿案件中的损害赔偿额和竞争对手索赔数额的定义,但这种反事实也可以扩展到卡特尔案件。应该注意的是,在确认“若不是”测试的同时,此案中的法院无须确定所要求损害赔偿的准确性。

本文将探讨各种建立反事实方法所依据的经济学原理,阐述将事实与反事实的差别转化为损害赔偿价值的方法。

(一)制定反事实

为了制定准确的反事实,必须适当地界定对索赔人造成的损害的性质。损害的性质取决于侵权的类型。[②] 考虑到本文的目的,本文将关注点放在卡特尔行为上,尽管其他类型的侵权行为本身有侵害性,也可能会受到损害赔偿的请求。

·卡特尔行为所导致的损害之性质

典型的卡特尔协议是公司集体定价水平高于竞争条件下的价格水平,这种价格上涨也可能伴随着产量的减少。卡特尔协议从价格和产量两个方面影响直接购买者:首先,产品购买者需支付更高的价格,因此实际上被剥夺了较低的竞争价格;其次,有些购买者本来愿意以有竞争力的价格进行交易,而这些购买者的放弃购买反映在伴随卡特尔高价的产量减少方面。

图 2 清楚地反映了该情况,显示了所有实际售出的部分(A 区)的超额收费以及与只愿意以竞争价格(B 区)交易的潜在购买者的损失数量。

在这种情况下,卡特尔价格为 P,反事实价格为 Pc。卡特尔数量为 Q,反事实数量为 Qc。卡特尔超额收费等于卡特尔实际销售的单位数乘以卡特尔实际收取的价格与没有卡特尔时所收取的价格之间的差额(反事实价格):卡特尔过度收费 = 反事实数量 × (卡特尔价格 - 反事实价格)。

---

① *Comair* paras. 68 - 70.

② See Van Dijk & Verboven note 516 at 2331.

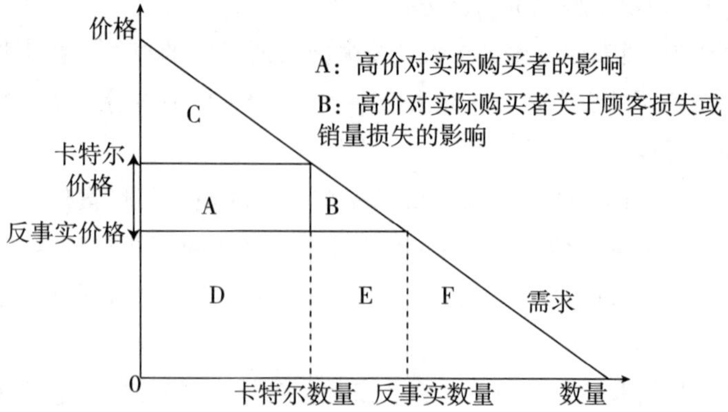

图2　卡特尔定价效应

资料来源：Oxera report note 525 at 98。

超额收费可以表达为卡特尔的实际价格或收入的百分比。以这种方式，用百分比乘以购买者为其产品实际支付的金额来计算超额收费的总额。例如，如果卡特尔价格为100卢比且反事实价格为90卢比，则卡特尔超额收费将为10%(10卢比为100卢比的10%)。如果卡特尔以100卢比的价格出售200万套，则超额收费共为2000万卢比。

如果一个特定的客户可以证明其从卡特尔的总购买量达到800万卢比金额，则超额收费是800万卢比的10%，即80万卢比。这一金额便是卡特尔超额收费造成的损害，卡特尔的顾客可以依法提起索赔。这里的顾客既可以是终端消费者，也可以是购买卡特尔生产的某些原材料的中间商。

立体损失效应造成的危害反映在图2中的B区。在经济学理论中，这被称为无谓的福利损失。[①] 如上所述，愿意以反事实价格但不愿意以卡特尔价格进行交易的购买者不是卡特尔的目标顾客[②]，被排除在外的消费者会因此受到损害。然而，就损害赔偿的目的而言，受害方难以认定——特别是那些没有在侵权期间购买卡特尔产品但是以竞争价格购买产品的人。[③] 在实践中，损害赔偿请求通常是由在侵权期间卡特尔的实际

① Landes note 514 at 652.

② Melanie Williams Havens et al., "Consumer Welfare Loss: The Unawarded Damages in Antitrust Suits", *University of Dayton Law Review* 15, 1990, pp. 457, 459 – 460.

③ Hjelmfelt and Strother note 514 at 506 – 508.

购买者提出的。①

其他形式的硬核卡特尔行为可能会导致相关损害。例如,分配客户的卡特尔将给予每个卡特尔成员对其分配客户的垄断权,允许他们提高价格并限制与竞争性反事实相关的产出。同样地,地理市场划分在划分市场中会产生相同的结果。其他采用固定数量而非价格的方式的卡特尔行为,导致产出的限制和相应的价格上涨与定价协议所采用的方式一样都是有害的。投标操纵也是卡特尔行为的一种形式,其效果类似于卡特尔定价行为。

卡特尔活动会带来长期影响。通过减少企业之间的竞争,卡特尔减少了创新的刺激因素,降低了效率提高的步伐。② 对于原材料市场的卡特尔,如果减少产量导致一些购买者被排除在外且因此潜在导致下游市场更集中化,那么,这将扭曲下游市场。这些动态效应也可能会成为影响损失计算的因素,因为这种长期影响可能会影响反事实价格。例如,如果卡特尔不存在,反事实价格可能会更低,因为创新成本在竞争市场中更容易降低,而在这种情况下,卡特尔超额收费会更高。但是,在实践中,要证明侵权行为和长期受损之间存在因果关系非常困难。

(二)用反事实分析的结果来确定最终的损害赔偿价值

在计算最终损害赔偿价值时,必须将反事实分析结果予以整合并纳入财务评估模型中。这主要包含两个部分:

(1)卡特尔损失的计算。在卡特尔案件中,通常仅考虑一种损失,即卡特尔超额收费。卡特尔超额收费和计算方法将在下文中讨论。但是,有些情况下卡特尔损害造成的损失数量也可能成为索赔的一个因素。在这种情况下,必须将卡特尔超额收费损失的货币价值加到损失的货币价值中。

(2)一段时间内的累计损失。卡特尔的侵权行为经常持续许多年。在卡特尔超额收费的早期阶段,可能已经开始估算每年的侵权行为数量。要确定单一货币价值,必须累计每年的现金流。为了确保公平补偿,必须将货币在

---

① Christopher Leslie, "Antitrust damages and deadweight loss", *Antitrust Bulletin* 51, 2006, p. 521. 如果有证据证明若未发生反竞争行为,批发购买者可以多销售的产品数量,那么批发购买者可就无谓损失在内的利润损失提起索赔诉讼。See Illinois ex rel. Hartigan v. Panhandle Eastern Pipeline Co., 852 F. 2d 891, 896 (7th Cir. 1988) (en banc), cert denied, 488 U. S. 986 (Sup. Ct. 1988).

② Joseph E. Harrington, Jr., "Post-cartel Pricing During Litigation", *The Journal of Industrial Economics* 52, 2004, pp. 517 - 533.

一段时间内的时间价值考虑进去。在解决好计算卡特尔超额收费的方法之后,这一问题将在下面讨论。

七、采用经济学方法确定卡特尔超额收费的判例

在卡特尔侵权行为发生时,推断卡特尔的超额收费存在并采用恰当的经济学方法量化超额收费,超额收费为正数是合理的。在这一部分,本文将回顾一些案例,其中运用了各种经济学方法以确定卡特尔超额收费。

立足于经验的数据表明,所研究的大多数卡特尔确实存在超额收费。表1总结了重要研究结果,并指出了所研究的卡特尔的数量和超额收费的平均值。

表1　评估卡特尔超额收费的研究

研究者	所研究的卡特尔数量	卡特尔超额收费的平均值①
波斯纳(2001)	12	28%
经济合作与发展组织(2002)	14	13% ~16%
沃登(2003)	13	15%
康纳 & 朗德(2008)	200 份调查报告中的 674 项观察结果	20%
奥克斯拉(2009)	从 Conner 和 Lande 的研究中稳健筛选出 114 项观察结果	18%

Opera 研究发现,93% 的案例中卡特尔超额收费是正的(高于零)。这为卡特尔超额收费是正的这一理论提供了实证支持。或者,它也表明存在小但数量多的卡特尔没有超额收费现象。例如,在固铂轮胎(Cooper Tire)案中,原告的经济学专家认为,卡特尔导致价格大幅上涨,然而,被告的经济学专家认为,根本就没有所谓的实质性的超额收费。② 可能研究中的大部分卡特尔存在正

① Expressed as a percentage of the actual cartel price i. e., the total cartel overcharge is calculated by applying the percentage to the amount that the buyer of the cartel actually paid for its purchases.

② Dunlop Oil Marine Limited & 25 others v. Dow Chemical Company Limited English High Court, case number 2008 – 703; Cooper Tire & Rubber Company Europe Ltd. v. Shell Chemicals UK Ltd. English High Court, case number 2007 – 1676.

超额收费是因为研究侧重于对市场有重大影响的功能性卡特尔。[1]

因此,有必要确定关于特定案件的事实,以判断卡特尔过度收费是否为正。换句话说,必须对因卡特尔活动所获得经济利益的程度进行评估。在 Berliner Transportbeton 案中,法院认为,如果想要否认卡特尔协议产生过任何经济利益,卡特尔越持久(在持续时间和地理方面),就必须对法院要求越高。[2]

在 Landgericht Dortmund 案中[3],法院认为卡特尔超额收费是正的,并根据被告在卡特尔期间收取的价格与卡特尔消失后的较低价格之间的差额计算损害赔偿金。在某些情况下,由于信息不对称,虽然不能对损害赔偿数额进行精确计算,但仍有可能从证据中推断出数额。[4]

虽然确定卡特尔积累经济利益的可能性相对简单直接,但如果要确定损害赔偿价值,则需要量化卡特尔超额收费。本文将简要讨论基于成本的方法、经济价格预测和模拟方法,然后关注更流行的"事前与事后"方法、"标尺"方法、利润损失和收入损失减少方法。[5]

基于成本的方法包括计算卡特尔成员的平均生产成本,并通过增加利润空间来估算竞争价格,增加的利润空间接近于竞争条件下达到的利润空间。[6]以成本为基础构建的竞争价格可能不是一个合适的基准,并且考虑到商业周期的变化、创新的回报、风险承担、效率的提高以及卡特尔成本的膨胀,利润空间难以估算。

计量经济学价格预测是一种更为成熟的基准和标尺,应用回归分析方法,其反事实价格是基于价格与其他变量之间的历史关系估算出来的。这些预测可用于预测原告在没有卡特尔的情况下的利润。[7]

模拟方法是一种在合并分析中被广泛使用的工具。模拟模型应用工业

---

① Oxera report note 525 at 91.

② Oberlandsgericht Dusseldorf, Berliner Transportbeton I, KRB 2/05.

③ Landgericht Dortmund, Case Number 13 O 55/02 *Kart-Vitaminpreise*, 1 April 2004.

④ Bigelow v. RKO Radio Pictures 327 U. S. 251 (Sup. Ct. 1946), where the court said that amount of damages could be determined inferentially; Zenith Corp v. Hazeltine Research Inc. 395 U. S. 100 (Sup. Ct. 1969) at 123 - 124.

⑤ 侵害欧共体竞争规则所涉的索赔诉讼条件研究。

⑥ Van Dijk and Verboven note 516 at 2336 - 7.

⑦ Fisher note 500 at 389.

组织理论模拟寡头垄断结构,来估计反事实价格。模拟模型通常用到基于成本的方法,需要有关市场结构的信息。① 根据特定市场的特征,可以应用各种各样的寡头垄断行为模型。在进行反事实模拟检测时,这也许是一个有用的工具。②

(一)“事前与事后”方法

这种方法只在计算卡特尔成立之前和卡特尔被发现之后利润和成本的差异的时候使用。这是通过比较卡特尔时期普遍存在的价格与后(或前)卡特尔的价格来实现的,同时假设卡特尔消失后或存在前的卡特尔价格接近于没有卡特尔的情况下的价格。在理想情况下,基准期应反映在足够长的时间内平均的长期均衡价格。因此,评估在基准期内确定价格的条件非常重要,应考虑投入成本、替代可能性和进口成本等变量。③

在伊士曼柯达公司(Eastman Kodak Co.)诉南方相片材料公司(Southern Photo Materials)一案中,美国最高法院批准采用前后方法来量化损害赔偿金。法院指出,“赔偿金额不能仅仅通过推测或猜测来确定,而必须以证据为基础”,并且原告提出的前后方法足以显示损害程度,可以作为公正合理的干涉。④ 在该案中,被告生产并向原告出售照相用品,然后将原料卖给下游的专业摄影师。被告参与了垄断协议,并阻止原告出售被告竞争对手的产品。⑤ 在被告未能接管原告的公司后,它开始通过停止折扣的方式来挤压原告,因此无意中原告不得不支付更高的价格来购买其产品。⑥ 在量化损害赔偿时,原告分析了被告反垄断侵权之前和之后四年的价格和利润,以得出损失利润估计的最佳值。⑦

如果缺乏数据,评估市场条件可能不是一个简单的事。由于外部因素(投入成本增加、需求增加、市场变化等)的作用,可能还会出现价格变化,而这些因素可能无法在经验数据中反映出来,⑧法院必须在计算中考虑这些控制

---

① OECD Roundtable note 528 at 18.

② Van Dijk and Verboven note 516 at 2337.

③ Van Dijk and Verboven note 516 at 2335.

④ 237 U. S. 359 (1927) 376. 379.

⑤ Ibid. ,at 368 – 369.

⑥ Ibid.

⑦ Ibid. ,at 376.

⑧ OECD Roundtable note 528 at 14 – 17.

变量。

如果不确定卡特尔存在时间的长短，那么"事前与事后"方法也可能存在问题。[①] 黑文斯(Havens)等人建议，如果没有"之前"的时期，价格弹性可以进行统计衡量。[②] 关于基准价格的另一个问题是卡特尔后效应可能存在长期合同。[③] 虽然这可能是个问题，但哈灵顿认为，卡特尔消失后企业的标价可能会高于非卡特尔价格。[④] 卡特尔前的定价可能是最准确的估计。在伊士曼柯达公司，[⑤]美国斯托里公司(Story Parchment Co.)[⑥]和比格洛公司(Bigelow)[⑦]案中的被告也试图争辩说，构建这个反事实并非如此。美国最高法院在这三个案件中均驳回了被告的论点，并允许对损害赔偿金额[⑧]进行近似或"公正合理的估计"。[⑨] 在卡特尔语境中采用这些判例可能很困难。比格洛公司案的特殊情况使得采用标尺方法存在问题。标尺公司所赚取的利润将受到该方案的影响，但该方案也导致原告不能提起诉讼。虽然伊士曼柯达公司和比格洛公司案不是卡特尔案件，但值得注意的是，这种测试适用于损害赔偿案件，尽管是垄断案件。它确实说明了所提供证据的重要性，并且损害的数量不能仅仅基于推测。

考虑到可变因素，例如，产品或地域市场变化的可能性或由于外部原因而增加的投入成本，一些学者认为，"事前与事后"方法可能会错误判断较低规模的超额收费。[⑩] 康纳和哈灵顿则认为，卡特尔前信息将提供最佳评估数据。[⑪]

---

① OECD Roundtable note 528 at 14 – 17.

② Havens et al., note 560 at 463.

③ Ibid.

④ Harrington note 563 at 517.

⑤ Eastman Kodak Co. v. Southern Photo Materials Co., 273 U. S. 359 (1927).

⑥ Story Parchment Co. v. Paterson Parchment Paper Co., 282 U. S. 555 (1931).

⑦ Bigelow supra note 569.

⑧ ABA Section of Antitrust Law *Proving Antitrust Damages: Legal and Economic Issues* 2 ed (2010) at 55.

⑨ Bigelow note 569 supra at 264.

⑩ John M. Connor, "Global cartels redux: The Amino Acid Lysine Antitrust Litigation 1996", in John E. Kwoka, Jr. and Lawrence J. White, *The Antitrust Revolution* (4th edition), Oxford University Press, 2003, p. 252; and see Harrington note 563 at 517.

⑪ Ibid.

(二)"标尺"方法

使用标尺方法,即将卡特尔价格与没有卡特尔行为的类似市场进行比较。[①] 标尺方法与"事前与事后"方法非常类似。重要的是,基准市场与卡特尔市场具有相似的竞争特征,[②]经济学家则从类似的市场条件、供应、成本或可能是不同地理区域的相同或类似的产品市场中得出推论。[③] 纸业批发市场卡特尔(Paper Wholesale Cartel)案再次确认了将实际情况的数据与相同或类似市场进行比较的优势。[④]

在美国比格洛公司案中,美国最高法院支持使用标尺法计算损害赔偿金。[⑤] 在向电影院分配电影时出现了合谋。被诉方控制了分销,同时也拥有电影院。被诉方(如RKO)合谋为自己的电影院谋取利益,并以更高的价格发行新电影。[⑥] 索赔人,同时也是电影院的所有权人,很晚才收到这些电影,被迫收取较低的费用。[⑦] 美国最高法院承认,首演剧院将比后来的剧院具有竞争优势。原告主张用两种方法来量化损害赔偿金,第一种就是前文讨论的"事前与事后"方法,第二种是将五年期间的收益与其中一个被告的竞争者的收益进行比较的标尺方法。[⑧] 尽管被告试图争辩说市场条件不同,但美国地方法院和最高法院认为这两项业务非常有可比性,并允许基于标尺方法来量化损害赔偿金。[⑨]

然而,标尺方法存在局限性。莫里诺(Molyneaux)发现了这一点:使用标尺方法的主要困难就是要找到一种合适的标尺。原告必须证明该标尺业务与损害业务大体相似。尽管可以对标尺业务与受损害业务之间的差异进行补贴,但所选取的标尺必须与原告的业务密切相关。[⑩] 分析人员可能无法找到可

---

① Eg Greenhaw v. Lubbock County Beverage Assn.,721 F.2d 1019 (5th Cir. 1983).

② *Aspen Highlands Skiing Corp v. Aspen Skiing Co.*,738 F.2d 1509 (10th Cir. 1984) looked at prices in a comparable competitive market.

③ See Van Dijk & Verboven note 516 at 2336.

④ *Paper Wholesale Cartel* case No KRB12/07 (2007).

⑤ Bigelow v. RKO Pictures, Inc.,327 U.S. 251 (Sup. Ct. 1946).

⑥ Bigelow note 569 supra at 253 - 254.

⑦ Bigelow note 569 supra at 254,258.

⑧ Bigelow note 569 supra at 254.

⑨ Bigelow note 569 supra at 258.

⑩ Michele Molyneaux, "Quality Control of Economic Expert Testimony: The Fundamental Methods of Proving Antitrust Damages", in Kevin S. Marshall, ed., *The Economics of Antitrust Injury and Firm-Specific Damages*, Lawyers & Judges Publishing Co. Inc.,2007, p. 91.

比较的地理或产品市场作为标尺。①

该方法只能在比较市场和价格变动足够相似的假设条件下适用，且在这种假设条件下两个市场之间的价格差异确实可以归因于卡特尔。② 同时，还需要控制市场的各种差异，包括收入、投入成本、产能使用等。③

（三）利润损失和收入损失减少

卡特尔价格提高可能导致利润损失，尤其是对于那些使用该产品的客户，例如该产品是用于生产下游产品的中间产品。④ 失去的利润是受害方在没有发生卡特尔侵权时因销量或利润增加所能获得的利润。⑤

因此，未来的损失也可能构成所遭受损害的一部分。例如，如果受害者无法立即恢复没有遭受侵权时的市场地位。如果受害者在未来三年内遭受损失，则需要将其加到前五年的损害价值中。假设未来三年内的损失分别为75卢比、50卢比和25卢比，贴现率为10%。75卢比的损失发生在当年，因此不打折；第二年的50卢比的损失打折扣一次（50除以1.10=45.45卢比）；两年后的25卢比的损失打折扣两次（$25 \div 1.10^2 = 20.66$卢比）。整个八年的总损害值为812.68卢比。做出最佳估计假设需要将数据来源用于亏损利润分析，一般来说，这些数据包括公司损益表、战略和营销文件、生产报告、历史股票价格数据和资产负债表信息。⑥ 若受损公司因不想支付较高的卡特尔价格而采用替代产品，则受损公司更难证明其损害程度。⑦

琼斯认为，"如果要索赔未来利润损失，则必须将未来因素降低至现存价值并考虑货币的时间价值。在适当的情况下，资本投资价值贬值可以作为损害获得补偿，只要它不与其他项目重叠、造成重复"。⑧

---

① Maier-Rigaud and Schwalbe note 520 at 247.

② See Maier-Rigaud and Schwalbe note 520.

③ Van Dijk and Verboven note 516 at 2336.

④ James A. Brander and Thomas W. Ross, "Estimating Damages from Price-fixing", in Stephen G. A. Pitel, *Litigating Conspiracy: An Analysis of Competition Class Actions*, Irwin Law, 2006, p. 336.

⑤ Joined cases C-295/04 to C298/04 *Manfredi* [2006] ECR I-5161, 36. See also European Commission, "Practical Guide: Quantifying Harm in Actions for Damages based on Breaches of Article 101 or 102 of the Treaty on the Functioning of the European Union", SWD (2013) 205, p. 7.

⑥ Van Dijk and Verboven note 516 at 2348.

⑦ In Montreal Trading, Inc. v. AMAX, Inc., 661 F. 2d 864 (10 Cir. 1981) the court found that the firm, a non-purchaser, who bought substitute products, did not have standing to sue.

⑧ Clifford A. Jones, *Private Enforcement of Antitrust Law: In the EU, UK and USA*, Oxford University Press, 1999, p. 218.

英国的卡里奇公司诉克雷汉公司(Courage v. Crehan)案就是索赔人要求利润损失赔偿的一个例子。索赔人要求赔偿,其在那些年中因侵权行为导致利润减少以及被迫停业。① 上诉法院通过评估未来盈利损失价值和实际损失的利润来判定损害赔偿金额。

本文所讨论的各种方法相互补充且经常被组合使用以确定它们是否产生一致的结果,并用以测试评估方法的稳健性。

美国和欧盟法院使用上述经济学理论量化损害赔偿金。

在南非康奈尔航空公司和全国航空公司(Nationwide)案中,法院的任务是分别量化康奈尔航空公司和全国航空公司因滥用支配地位所造成损害。审理全国航空公司案的法院也审视了损益因素,并表示:"简单来说,利润损失是全国航空公司本应获得但因为南非航空公司滥用市场支配地位行为而未能实际获得的收益。"②两个法院随后深入研究了航空公司案的案件事实细节以及经济学专家给出的观点,最终作出南非航空公司败诉的判决。③ 可能不存在最佳量化损害方法。在量化损害时,应考虑诸如所提供的数据的质量、可以得出的假设和推论等因素,量化损害必须依个案情况而定。

南非法院尚未在卡特尔民事赔偿案中作出上述类似判决。该领域的一些经济学家论文简要论述了这个问题。史密斯和斯旺的论文讨论了竞争管理机构在公共执法过程中所作出的处罚,并简要讨论了私人执法机制。④ 库马洛(Khumalo),马希安(Mashiane)和罗伯茨(Roberts)的论文主要涉及公共执法角度下的卡特尔超额收费,深入分析了预浇铸混凝土产品卡特尔定价问题。⑤范·尼克尔克(Van Niekerk)⑥以建筑卡特尔为例进一步深入分析了超额收费

---

① Courage v. Crehan [2003] 1510(Ch),[2003] EuLR 663.

② *Nationwide* para. 50 at 17.

③ 在 Comair 案中,原告获得包含利息在内的554,000,000卢比的损害赔偿金;在 Nationwide 案中,原告获得包含利息在内的超过104,000,000卢比的损害赔偿金。

④ See Smith and Swan (note 515) for a more detailed discussion on quantification of administrative penalties within a South African context.

⑤ Junior Khumalo et al., "Harm and Overcharge in the South African Precast Concrete Products Cartel", *Journal of Competition Law & Economics* 10, 2014, pp. 621 – 646.

⑥ Albertus van Niekerk, "Calculating Cartel Follow-on Damages: General Considerations and Application to South African Construction Sector", http://econex.co.za/publication/research-report-3/, April 5, 2016.

问题,其中借鉴了阿瑟斯特(Ashurst)①和奥克斯拉(Oxera)②报告中所讨论的各种经济模型。

从文献中可以清晰得出有多种经济方法可用于计算损害的结论。法院采用的方法最终将依据案件事实来确定。

八、结语

本文基于欧盟和美国所使用的各种经济方法分析了如何确定最佳损害赔偿金额的问题。根据证明损害的法律情况,笔者提出了可用于量化损害赔偿金额的总体经济框架。

本文探讨了"若不是"测试、"事前与事后"方法、标尺和损益方法等,这些方法的主要指导原则为将受害方恢复至若没有发生侵害时本应处于的财务状况。这包含反事实的确定,然后将反事实和事实之间的差异转换为可作为损害赔偿判决的金额。在卡特尔案件中,这通常会反映在卡特尔超额收费的计算中。这个基本过程本身并没有争议,但是,用于确定反事实的方法和计算损害赔偿价值的方法可能会受到索赔人和被诉方的极大质疑。本文认为并不存在一种完美的方法,必须根据具体情况确定最佳估算方法。

在理想情况下,用于量化损害赔偿的方法应该是在没有重大困难的情况下为受害方提供全额赔偿。③ 然而,相关经济学方法分析揭示其自身的局限性,挑战在于难以获得数据或数据不对称、历史数据可能已丢失或受损④且严重依赖于假设。根据假设难以精确判断市场是否会以这种假设的方式作出反应。虽然可能很难获得准确数据,但专家在考虑可能出现错误或市场不完善时必须基于个案寻求最佳估算方法。

---

① "Study on the Conditions of Claims for Damages in case of Infringement of EC Competition Rules", http://ec. europa. eu/competition/antitrust/actionsdamages/comparative_report_clean_en. pdf, April 8, 2020.

② Oxera report note 525.

③ European Union, "Communication from the Commission on Quantifying Harm in Actions for Damages Based on Breaches of Article 101 or 102 of the Treaty on the Functioning of the European Union", *Official Journal of the European Union* C167, p. 19.

④ Devenish Nutrition v. Sanofi-Aventis SA (France) [2007] EWHC 2394.

在美国斯托里公司案中,最高法院认为:虽然损害赔偿不能仅仅通过猜测或推测来确定,但如果证据表明赔偿程度系基于公正合理的推理即可,尽管结果只是近似的。不法行为者无权抱怨未能使用……准确和精确的估算方法。①

尽管存在缺陷,但这些理论有其自身的有利特点,有助于提供量化损害的最佳估算方法。每种理论都取决于可用的数据规模。对卡特尔侵权行为造成的损害进行量化对于索赔人来说可能是一项非常困难和代价昂贵的行为,根据2014年《欧盟损害赔偿指令》,“竞争法案件中的量化损害可能因此成为提起索赔的重大障碍”。②

在量化损害赔偿时,其最终可归结为存在什么样的数据、可以做出什么样的假设以及可以得出什么推论,而不仅仅是选择一种方法而不是另一种方法。③ 法院作出最终损害赔偿的判决很可能与基于侵权者和受害人所处的真实经济和市场特点而采用的多种“稳健”方法所得出的结果一致,而不是基于某种单一方法的选择。因此,详细而复杂的经济分析和复杂的财务估值可能成为法院损害赔偿计算程序的特征。

不存在一种十全十美的方法,但存在最佳估算方法。最终,判决结果依赖于法院对证据所作出的评估,而那些采用经济学方法量化损害的判决才能够经得起法律挑战。

A South African Perspective on Using Economic Theory to Quantify Cartel Damages

Kasturi Moodaliyar

Abstract: Competition law damages cases is a fairly new development in South African jurisprudence. South Africa only allows for follow-on damages after the competition authorities have pronounced whether or not an anticompetitive practice has taken place. The damages claimant then has recourse to the High Court

---

① Story Parchment note 586 supra at 563.

② European Union, "Directive 2014/104/Eu of the European Parliament and of the Council of 26 November 2014 on Certain Rules Governing Actions for Damages under National Law for Infringements of the Competition Law Provisions of the Member States and of the European Union", para. 45.

③ Oxera report note 525 at iv.

to recover the money lost due to the respondent's anti-competitive pricing and behaviour. In this article I examine some of the economic theories available to the damages claimant to quantify the damages claim. It is a challenge to calculate the cartel overcharge to best compensate the victims of the cartel. I will provide an explanation of the economics of the consumer welfare loss as reflecting a quantification of the harm caused by cartels. I will look at the different categories of claimants and its corresponding complexities. Further I will consider the various methodologies proposed by economists in the EU and the US and I analyse the quantification methods developed through the case law. I argue that there is no perfect method to calculate damages, but rather, one should focus on what is the best method on a case-by-case basis.

Key Words: South Africa, cartel damages, quantify, economic theory

金砖国家法律研究(总第3卷·2019年)
第264~282页

俄罗斯关于商事仲裁法院审理涉外经济纠纷案件的意见

王洪根* 译

2017年6月27日俄罗斯联邦最高法院全体会议第23号决议

《俄罗斯联邦宪法》第15条、第17条、第19条、第34条、第35条、第44条和第46条,国际法普遍原则和规范,以及俄罗斯联邦缔结的国际条约,承认并保证俄罗斯联邦境内的所有人,包括国际经济活动的参与者,享有寻求司法保护的权利。

保障国际经济活动参与者获得司法保护、确保选择管辖法院的法律确定性并及时有效地解决涉外纠纷,是国家的义务,也是实现公平正义的必要条件。

为确保正确、统一适用《俄罗斯联邦商事仲裁法典》的规定,规范商事仲裁法院审理经济纠纷案件及其他关于创业和涉外经济活动纠纷案件的方式,俄罗斯联邦最高法院全体会议,根据《俄罗斯联邦宪法》第126条、2014年2月5日第3号联邦宪法修正案"关于俄罗斯联邦最高法院"第2条和第5条的规定,以此决议作出如下解释:

---

* 王洪根,华东政法大学国际法学院2017级博士研究生。

一般问题

第一条 商事仲裁法院在《俄罗斯联邦商事仲裁法典》(以下简称《商事仲裁法》)第4章规定的权限范围内,审理经济纠纷案件及其他关于创业和涉外经济活动纠纷案件(以下统称为经济纠纷案件),包括由外国组织、国际组织、外国人、无国籍人、外国政府(以下统称为外国人)参与的,或由其他涉外关系引发的经济纠纷案件。

商事仲裁法院审理经济纠纷案件必须符合《俄罗斯联邦宪法》、国际法普遍原则和规范以及国际条约的规定。根据《俄罗斯联邦宪法》第15条第4款规定,国际法普遍原则和规范、国际条约是俄罗斯法律体系的组成部分。商事仲裁法院审理经济纠纷案件时必须根据《商事仲裁法》以及其他关于俄罗斯联邦商事仲裁法院司法程序的立法进行。

涉外经济纠纷案件是指由外国人参与的案件,争议标的物是位于外国境内的财产或其他标的(如俄罗斯组织拥有的外国财产权、在外国获取或注册的知识产权、位于外国或在外国登记的个体企业)的案件,相关法律事实发生在外国的案件(尤其是在外国发生的损害引起的赔偿义务纠纷案件)。

涉外经济纠纷案件由商事仲裁法院在其权限范围内,根据《商事仲裁法》的规定审理,并适当考虑《商事仲裁法》第5编"关于外国人参与诉讼程序"的规定。国际条约另有规定的除外(《商事仲裁法》第4条第3款、第253条第1款、第256条)。

第二条 如果国际条约与俄罗斯联邦关于商事仲裁法院司法程序的立法规定不一致,适用国际条约的规定(《商事仲裁法》第3条第3款、第13条第4款)。

适用国际条约规定的司法程序规则时,商事仲裁法院有权依据1969年5月23日签订的《维也纳条约法公约》(以下简称《维也纳公约》)第2节第3部分的规定,决定这些规则生效的时间和空间范围。

如果俄罗斯联邦与外国之间存在多项关于涉外经济纠纷司法程序规则的国际条约,商事仲裁法院有权根据《维也纳公约》的规定,决定应适用何项国际条约。根据1995年7月15日《联邦法律》第101项《关于俄罗斯联邦的国际条约》以及国际条约的规定,由法院决定何者应该适用。

除国际条约另有规定外,特别国际条约优先适用,并且不受其缔约国名单和生效时间的限制。

俄罗斯联邦商事仲裁法院对于涉外经济纠纷的管辖权

第三条 决定俄罗斯联邦商事仲裁法院审理涉外经济纠纷案件管辖权的事由,规定在《商事仲裁法》第32章。

俄罗斯联邦商事仲裁法院在决定其对于涉外经济纠纷是否具有管辖权时,应该遵守《商事仲裁法》第247条规定的一般规则、第248条规定的专属管辖规则、第249条规定的选择管辖法院规则,以及第250条规定的商事仲裁法院在涉外经济纠纷中采取保全措施的管辖权规则。

如果某一俄罗斯联邦商事仲裁法院认为其对某类纠纷案件具有管辖权,则该州内商事仲裁法院的管辖权根据《商事仲裁法》第4章第1、2节的规定确定。但是,如果《商事仲裁法》第4章第1、2节不包含可适用的规则,则这些管辖权规定应同时解释为确定州内商事仲裁法院管辖权的规则。例如,如果引发财产损害赔偿的行为或其他情况发生在俄罗斯联邦境内,或者损害结果发生在俄罗斯联邦境内(《商事仲裁法》第247条第1款第4项),则原告可以向损害行为或事故发生地州的商事仲裁法院起诉,也可以向损害结果发生地州的商事仲裁法院起诉。

第四条 在解决受理或驳回诉讼请求、涉外经济纠纷适用的法律的问题时,诉讼参与人以商事仲裁法院没有管辖权为由请求不予审理或者终止审理时,如果当事人协议约定将案件移送至他州法院,或者存在生效的外国法院判决,则商事仲裁法院应该审查此类纠纷案件是否属于俄罗斯联邦商事仲裁法院的专属管辖范围。

违反俄罗斯联邦商事仲裁法院的专属管辖权构成拒绝承认与执行外国法院判决的理由。(《商事仲裁法》第244条第1款第3项)

第五条 商事仲裁法院对涉外经济纠纷案件的专属管辖包括以下几种:(1)所涉财产为俄罗斯联邦各州财产的纠纷,包括国家财产私有化纠纷、私有财产被公用征收纠纷;(2)标的物为俄罗斯联邦境内的不动产或不动产权利;(3)关于专利的注册或颁发,商标、工业设计和实用新型证书的登记和签发,或者对需要在俄罗斯联邦注册或颁发专利或证书的智力活动成果的其他权利的登记;(4)关于由俄罗斯联邦主管机关负责管理的国家登记册(记录簿、地籍簿)中的无效记录问题;(5)关于法人、个体企业在俄罗斯联邦境内的设立、清算或登记,以及质疑这些法人机构的决策的问题(《商事仲裁法》第248条第1款)。

当俄罗斯联邦商事仲裁法院认为其对涉及俄罗斯联邦各地方政府财产的争端,包括地方政府财产的私有化争端,具有管辖权时,应当适用《商事仲裁法》第248条第1款第1项的规定。(《商事仲裁法》第3条第5款)

标的物为俄罗斯联邦境内的不动产或不动产权利的纠纷,包括关于证明他人非法拥有财产的请求、消除对与剥夺所有权无关的权利侵犯的请求、设立地役权的请求、分割共有财产的请求、确认权利的请求、划定土地边界的请求、返还被扣押财产的请求的纠纷及其他纠纷。除非此类纠纷属于一般管辖法院的管辖范围,否则实现和执行此类纠纷的诉讼请求,有必要对不动产权利的产生、限制、转让和终止进行国家登记,或者在产权交易国家统一登记册或者他州登记册上予以记录。同时,为了适用《商事仲裁法》第248条第1款第2项的规定,如果航空器、海上航运船舶及内河航运船舶的财产权或其他权利是在俄罗斯联邦各州进行登记的,则其可以被视为位于俄罗斯联邦境内。[《俄罗斯联邦民法典》(以下简称《民法典》)第1207条、《商事仲裁法》第3条第5款]

第六条 国际经济关系或其他与经济活动有关的关系的当事人可能会达成一项选择法院协议,选择由俄罗斯联邦商事仲裁法院审理由此关系产生的纠纷(选择法院协议授予的管辖权)。选择法院协议是指当事人约定将某种法律关系引起的或可能引起的全部或部分争议纠纷提交俄罗斯联邦商事仲裁法院审理,而不论此种法律关系是否为合同关系。在此情形下,俄罗斯联邦商事仲裁法院对此类争议纠纷具有专属管辖权,除非该选择法院协议违反了外国法院的专属管辖。(《商事仲裁法》第249条)

《商事仲裁法》第249条特别规定了达成选择法院协议(选择由俄罗斯联邦商事仲裁法院来审理已经发生的或可能发生的争议纠纷的协议)的当事人双方可能都是外国人。

根据《商事仲裁法》第249条第2款的规定,选择法院协议应该采用书面形式,尤其是其作为一项独立协议、合同中的一项保留条款起草时,或者该协议的达成是通过交换信件、电报、电传电文、传真信息以及其他文件形式,包括经由通信渠道传送的电子文件,从而能够可靠地确定该文件来自另一方当事人时。

根据《商事仲裁法》第9条的规定,如果选择法院协议是通过程序性文件(如起诉书、答辩书等)达成的,即一方当事人在此类文件中提出存在选择法院协议且对方当事人没有否认,则可将该协议视为是书面的。

一份合同内容涉及载有选择法院协议的文件的,如果合同内容规定此文件是该合同的组成部分,则选择法院协议可被视为是以书面形式订立的。

选择法院协议不能改变国家关于一般管辖法院和俄罗斯联邦商事仲裁法院之间案件分配的法院管辖规则。

第七条 根据《商事仲裁法》第3条第5款、第248条、第249条的规定,当事人约定将争议纠纷提交外国法院审理的协议(选择法院协议)或者约定排除俄罗斯联邦商事仲裁法院管辖的协议(管辖权的减损),不能违反俄罗斯联邦商事仲裁法院的专属管辖权。

第八条 如果当事人订立的选择法院协议规定由俄罗斯联邦商事仲裁法院来审理经济纠纷,但是并没有明确指定具体的商事仲裁法院,则适用《商事仲裁法》(《商事仲裁法》第4章第1、2节)来确定审理案件的法院或者判断某一商事仲裁法院是否对该案具有管辖权。

如果《商事仲裁法》第4章第2节禁止确定各州法院对经济纠纷案件的管辖权,则该案件应由莫斯科地区的商事仲裁法院审理。(《商事仲裁法》第3条第5款、第38条第7款)

根据《商事仲裁法》第249条第1款的规定,若选择法院协议规定当事人之间法律关系引发的纠纷必须由作为原告(或者被告)的当事人所属国法院审理,则商事仲裁法院应该认定该协议有效且可执行。

此时,可执行的选择法院协议是指根据该协议可以确定当事人关于俄罗斯联邦商事仲裁法院具有管辖权的真实意图(实际意愿)。

在依据管辖权规则对有关首次索赔的案件提起诉讼之后,根据《商事仲裁法》第38条第10款的规定,当事人可以向审理首次索赔案件的法院所在地的商事仲裁法院提起反诉,而不受哪一法院对其具有管辖权的限制,除非反诉引发的纠纷属于一般管辖法院的管辖范围,或者是外国法院的专属管辖范围。

第九条 《商事仲裁法》第249条没有规定选择法院协议的有效性应取决于其当事人未发生变化。在此情形下,若已签订选择法院协议的一方当事人的义务被他人继受,则初始当事人在选择具体法院方面的利益受保护的权利也应该转移给法定继承者。因此,在先签订的选择法院协议既适用于初始债权人和新债权人,也适用于初始债务人和新债务人。除非当事人在协议中做出不同的规定,争议纠纷属于商事仲裁法院的管辖范围,且并不违反外国法院的专属管辖权。

第十条 基于纠纷解决方式协议的意思自治性,主合同无效或不成立的事实并不意味着选择法院协议的无效或不可执行。

即使主合同因到期而失效,选择法院协议仍然有效。

除非当事人另有约定,否则关于合同或者合同引发的纠纷的选择法院协议也适用于其当事人旨在履行、修改或者终止上述合同而采取的任何行为。

合同中所载的选择法院协议也适用于有关合同的成立、生效、修改、终止、有效性等任何争议纠纷,尤其是当事人根据被认定为无效或不成立的合同所履行的一切的返还赔偿。选择法院协议本身另有规定的除外。

第十一条 如果存在一份选择法院协议,约定将争议纠纷提交给有管辖权的外国法院,则俄罗斯联邦商事仲裁法庭根据《商事仲裁法》第 252 条的规定对此争议纠纷不予受理。如果任何一方当事人对俄罗斯联邦商事仲裁法院审理此案的理由提出异议,则异议申请必须在商事仲裁初审法院就案件事实进行第一次陈述之日前提出。如果商事仲裁法院认定选择法院协议无效、不可执行或协议没有排除俄罗斯联邦商事仲裁法院的管辖,则该规则不予适用。(《商事仲裁法》第 3 条第 5 款、第 148 条第 1 款第 5 项)上述规则的适用不受外国法院是否正在审理选择法院协议当事人之间争议纠纷的限制。

如果相同的当事人就同一标的物、以同一理由在不同国家的法院提起诉讼,则商事仲裁法院依据《商事仲裁法》第 148 条、第 252 条的规定对该案件不予受理,而无须考虑该案在后向俄罗斯联邦商事仲裁法院起诉,且根据《商事仲裁法》第 248 条、第 249 条的规定该案件不属于俄罗斯联邦商事仲裁法院的专属管辖范围。

第十二条 确定俄罗斯联邦商事仲裁法院管辖权的一般规则是基于争议纠纷所涉的法律关系与俄罗斯联邦存在密切联系这一原则。这也是《商事仲裁法》第 247 条第 1 款的规则必须依据该原则进行适当解释的原因。

《商事仲裁法》第 247 条第 1 款规定的确定俄罗斯联邦商事仲裁法院管辖权的条件,是不全面的。

第十三条 作为一项一般规则,俄罗斯联邦商事仲裁法院的管辖范围包括外国组织通过其设立的俄罗斯联邦境内的分支机构或代表机构参与的经济活动的案件,而不包括其通过设立在外国的分支机构或代表机构参与的经济活动,因为后者与俄罗斯联邦并不存在密切联系。(《商事仲裁法》第247条第1款第2项)这就是为什么当向商事仲裁法院提起以外国组织的分支机构或代表机构为被告的诉讼时,商事仲裁法院可能根据原告的请求或征得原告的同意,将不适格的被告替换为适格的外国组织的原因。(《商事仲裁法》第47条第1款)

若原告不同意将被告由上述外国组织的分支机构或代表机构替换为外国组织本身,则诉讼程序终止。(《商事仲裁法》第150条第1款第1项)

第十四条 根据《商事仲裁法》第247条第1款第9项的规定,与域名、其他事项的国家注册以及在俄罗斯联邦境内提供网络服务有关的关系引发的纠纷,应当包括有关智慧活动成果权利的保护、参与创业及其他经济活动的法人的个性化手段的争议纠纷,也包括与使用在俄罗斯域名区内(国家第一层域名区和第二层域名区,以俄罗斯的用户为对象或包括使用西里尔字母的网站)注册以及在俄罗斯联邦领土上但属于其他域名区内注册(登记员是一名俄罗斯人)的域名的货物、作品、服务和公司有关的争议纠纷。

第十五条 根据《商事仲裁法》第247条第1款第10项的规定,商事仲裁法院有权在审查所有案件事实后确定纠纷所涉法律关系是否与俄罗斯联邦存在密切联系。

纠纷所涉法律关系与俄罗斯联邦存在的密切联系可以通过以下事实予以证明:纠纷所涉法律关系当事人负担的主要义务履行地在俄罗斯联邦境内;纠纷所涉标的物与俄罗斯联邦存在最密切联系;案件的主要证据位于俄罗斯联邦境内;合同适用的法律是俄罗斯联邦法律;在俄罗斯联邦境内履行外国公司的经营管理机构的职责的自然人,在其位于俄罗斯联邦境内的居所地登记为法人;引发纠纷的域名网站(不包括俄罗斯域名区域内的域名)主要面向俄罗斯用户,商业活动面向俄罗斯联邦管辖范围内的人员。

第十六条 为了适用《商事仲裁法》第247条第1款第2项的规定,结合该条款第10项的规定,法人位于俄罗斯联邦境内的代表机构所在地,可能被视为固定活动场所,在此法人可以全部或部分地参与经济活动,而不受其是否拥有法律规定的正式登记或资格证书的限制。

上述事实可以通过下列事实确定:案件事实证明外国人在俄罗斯联邦境内长期拥有一处固定的活动场所,并在此处参与俄罗斯市场的商业活动;外国人参与活动的信息公布在俄语网站上,该网站是在俄罗斯域名区注册的,如“.ru”“.su”“.рф”;法院在其他案件中确定了外国人为纳税在俄罗斯联邦境内设立的常驻办事处所在地。

如果《商事仲裁法》第4章第2节禁止确定各州法院对经济纠纷案件的管辖权,则该案件应由莫斯科地区的商事仲裁法院审理。(《商事仲裁法》第3条第5款、第38条第7款)

第十七条 商事仲裁法院应该考虑俄罗斯联邦的双边或多边国际条约中与《商事仲裁法》不同的有关确定商事仲裁法院对外国人参与的案件的管辖权的规定。在此情形下,根据《商事仲裁法》第3条第3款、第13条第4款的规定,在确定法院的管辖权时,优先适用国际条约有关法院管辖权的规定。

例如,1992年3月20日签订的《关于经济活动纠纷解决方式的协定》(以下简称《1992年协定》)第4条的规定。《1992年协定》是一项调整经济纠纷解决方面的国家合作的特别国际条约。该协定第1条列举了确定俄罗斯联邦商事仲裁法院的管辖权的理由。

除非专属管辖规则另有规定,存在一份选择法院协议和规定了管辖规则的国际条约时,适用选择法院协议的规定。

例如,对于根据1956年5月19日在日内瓦签订的《国际公路货物运输合同公约》(以下简称《1956年日内瓦公约》)履行的运输合同引发的纠纷,原告可在选择法院协议中指定的任一公约成员国内有管辖权的法院提起诉讼。若没有选择法院协议,则根据《1956年日内瓦公约》第31条第1款的规定,由原告自行决定案件的管辖法院。

如果国际条约没有规定,则适用《商事仲裁法》的相关规则来确定商事仲裁法院审理涉外纠纷的管辖权。

第十八条 根据《商事仲裁法》第148条第1款的规定,如果外国人参与诉讼,且在其就案件事实进行第一次陈述之前未对俄罗斯联邦商事仲裁法院的管辖权提出异议,则视为其同意由上述法院审理该案件且放弃了提出法院缺乏管辖权的权利(禁止反言规则)。(《商事仲裁法》第3条第5款)被告在初审法院的上述程序性行为并不构成《商事仲裁法》第150条第1款第1项规定的商事仲裁法院终止案件审理的理由。

如果争议纠纷属于外国法院的专属管辖范围,或者属于一般管辖法院的管辖范围,则上述规则不能适用。

一项国际条约可以规定关于法院管辖权异议期限届满的另外一个时间

点,例如《1992年协定》第4条第2款。

确定参与商事仲裁的外国人的法律地位

第十九条 商事仲裁法院应该采取措施确定参与诉讼的外国人的法律地位及其参与创业和其他经济活动的权利。(《商事仲裁法》第254条)

为了适用《商事仲裁法》第五编的规定,外国人参与诉讼的法律地位应该理解为根据其属人法确定的外国人的消极行为法律能力和法律资格的集合。

除非俄罗斯联邦法律另有规定,外国组织的法律地位依据法人或根据外国法是非法人组织的登记地的法律确定。(《民法典》第1202条、第1203条)

参与创业活动却未形成法人的外国公民的法律地位根据其登记成为个体企业所在地国法律,或者其创业活动主要场所所在地国法律确定。(《民法典》第1201条)

商事仲裁法院必须确定外国人参与诉讼的法律地位、参与创业及其他经济活动的权利以及其代理人的权利,因为有必要根据实体法规则确定法律关系相关主体的消极法律能力和法律资格。

作为一项规则,法人的法律地位应该根据来源国官方贸易登记簿的摘录来确认。外国人的法律地位也应该根据其他同等的证明其法律地位的证据、公认的公司设立地或注册地、企业活动主要场所所在地、外国人的公民身份、居所地国家法律来确定。

在确定外国人的法律地位时,商事仲裁法院还可以考虑从互联网或主管法人登记的外国机构官方网站上公开获取的信息,包括法人登记的数据信息。

第二十条 在审查外国人的代理人参与诉讼的权利时,法院需要考虑到,应根据外国法人的属人法,确定在没有授权委托书的情况下有权以法人名义行事以及有权以法人名义签署授权委托书的外国法人的代理人。(《民法典》第1202条第2款第6项)

根据《民法典》第1217条第4款的规定,外国人的代理人在各州法院参与诉讼的权利,适用案件审判地国家的法律确定。鉴于此,代理人在俄罗斯联邦商事仲裁法院参与案件审理的权利应根据《商事仲裁法》第62条的规定确定。

授权外国人的代理人在俄罗斯联邦商事仲裁法院参与诉讼的委托书的形式,适用授权委托书本身应适用的国家法律的规定。(《民法典》第1209条第1款)例如,《民法典》第1217条第4款规定,授权委托书的形式适用俄罗斯联邦法律。但是,若授权委托书没有违反其签发国家的法律规定以及《商事仲裁法》第61条的规定,则法院不能以不符合法定形式为由认定其无效。(《民法典》第1209条第1款)

第二十一条 根据《商事仲裁法》第126条第1款第9项、第253条第1款、第254条第3款之间相互关联的规定,当原告或被告是外国人时,其诉讼请求书必须附加能够证明其由外国管辖、其组织和法律形式、消极法律能力且包含有权以法人名义享有权利履行义务的人的信息的文件。该类文件依据外国人的属人法(如来源国贸易登记簿摘录)确定。

根据《商事仲裁法》第128条第1款的规定,如果外国人不能提供证明其法律地位及其参与创业及其他经济活动的权利,则商事仲裁法院对该诉讼请求可以不予受理。

第二十二条 根据《商事仲裁法》第286条第1款及相互关联的第254条第3款的规定,撤销裁决的商事仲裁法院,应该审查初审法院及上诉法院关于案件适用的法律规则的裁决是否符合初审法院及上诉法院确定的案件事实,是否符合可获取的证明外国人法律地位及其参与创业和其他经济活动的权利的证据。

法院必须采取一切措施确定外国人的法律地位及其参与创业和其他经济活动的权利。鉴于此,如果案件材料中缺乏证明上述事实的相关的、充分的、可靠的证据,以及(或者)法院没有认定案件事实,则撤销裁决的法院应撤销初审法院和(或者)上诉法院的裁决,命令有关法院重新审理该案。(《商事仲裁法》第287条第1款第3项、第288条第1款)

第二十三条 鉴于有关外国法人登记的文件以及根据国际避免双重征税协定颁发的确定外国法人纳税居所的文件并不总是一致的,在确定外国组织的法律地位时,商事仲裁法院应认定证明外国组织为纳税目的设立的固定场所的证据并不足以确定其属人法及其程序性法律能力。

第二十四条 作为一项一般规则,证明外国人法律地位及其参与创业和其他经济活动的权利的文件,必须在原告向商事仲裁法院提起诉讼之日前30天内取得。(《商事仲裁法》第126条第1款第9项)除非该文件需要经过领事认证或海牙认证。

若这些文件需要经过领事认证或海牙认证,则认证手续必须在原告向商事仲裁法院提起诉讼之日前30天内完成。这些文件必须在进行领事认证或海牙认证之前的一段合理时间内取得。

第二十五条 商事仲裁法院确定外国人法律地位时,应该考虑到同一法人的名称可以用不同的方式书写:以其属人法国家的语言、以音译方式、以翻译方式。

根据《民法典》第1202条第1款、第2款的规定,对法人名称的要求由其属人法决定。事实是在某一国家登记的法人名称可以用不同的方式书写,而该国的语言并不以拉丁字母为官方字母。若法人的权利和法律利益受到对方不法行为的侵害,则上述事实不能妨碍法人就受害权利和法律利益寻求法院的有效保护。

《商事仲裁法》第12条第1款的规定并不意味着,在司法行为中,外国人的姓名必须翻译成俄文。

根据外国法人和参与创业活动但没有形成法人的自然人的属人法的规定,司法行为文本需表明外国人的姓名。若外国人的姓名中既没有西里尔字母又没有拉丁字母,则应该将其音译成用西里尔字母或拉丁字母表述的姓名。(若有可能,由外国人自己提供用于上述目的的音译)

涉外经济纠纷的审理

第二十六条 除非国际条约另有规定,由商事仲裁法院根据《商事仲裁法》的规定审理外国人参与的案件,并适当考虑该法第33章、第33章规定的特点。(《商事仲裁法》第253条第1款、第256条)

第二十七条 商事仲裁法院可以向外国法院或外国主管机构提出执行某些程序性行为(送达法院通知及其他文件、提供证据、接收书面证据、在其所在地审查证据、进行专家鉴定等)的请求。

俄罗斯联邦商事仲裁法院可以发布一项关于向外国法院或外国主管机构送达上述请求的法令。(《商事仲裁法》第3条第5款、第73条)

根据《商事仲裁法》第121条、第253条、第256条第4款的规定,商事仲裁法院向外国主管机构送达请求书,尤其是关于住所或居所在俄罗斯联邦境外的外国人的法院通知、参与诉讼或者关于执行某些程序性行为的请求,必须以国际条约规定的方式进行。

根据国际条约的规定以及(或者)商事仲裁立法的规定,文书的送达应该采取下列方式:

（1）通过邮寄途径直接向诉讼参与人送达法院文件；［1965 年 11 月 15 日在海牙制定的《关于向国外送达民事和商事司法文书和司法外文书公约》（以下简称《1965 年海牙公约》）第 10（a）条］

（2）直接送交被请求国的管辖法院；（《1992 年协定》第 5 条）

（3）直接送交被请求国指定的中央机关；（《1965 年海牙公约》第 2 条、1999 年 4 月 20 日在乌兰巴托签订的《俄罗斯联邦与蒙古之间关于民事和刑事案件中的司法协助和法律关系条约》第 3 条）

（4）通过俄罗斯联邦的司法部或外交部送交被请求国的主管机构；

（5）通过中央机关、政府机构及其他的司法机构送交被请求国的管辖法院或主管机构。［1993 年 1 月 22 日在明斯克签订的《关于民事、家事和刑事案件中的司法协助和法律关系条约》（以下简称《1993 年公约》）第 5 条］

如果没有国际条约，根据礼让原则，申请书经由俄罗斯联邦司法部及外交部递交。

根据司法协助方面国际条约的规定，法院文书可以通过邮寄的方式送达国外的利害关系人，也可以送达在俄罗斯境内的适格的外国人的代理人。

第二十八条 向住所或居所在俄罗斯联邦境外的外国人送达诉讼通知或其他司法文书的方式，可以由该外国人住所地国或居所地国规定，也可以由俄罗斯联邦与外国签订的司法协助双边国际条约、《1965 年海牙公约》、《1992 年协定》、《1993 年公约》以及 1954 年 3 月 1 日在海牙签订的《民事诉讼程序公约》（以下简称《1954 年海牙公约》）规定。

商事仲裁法院应该通过国际条约规定的国家主管机构之间的合作机制递交国际司法协助请求。由于这些条约旨在迅速恢复被侵犯的、存在争议的权利，其规定的合作机制可以确保这些机构之间的合作更加简便、快捷。

例如，《1992 年协定》第 5 条规定了向缔约国送达执行请求的方式，即俄罗斯商事仲裁法院的请求可以通过邮寄直接送达缔约国管辖经济纠纷的法院，而无须进行翻译。

在适用《1965 年海牙公约》时，商事仲裁法院应该考虑到俄罗斯联邦关于该公约的声明第 8 条，即任何缔约国追索因文书发往国提供服务所产生的税款或费用［公约第 12（a）条和第 12（b）条规定的税费除外］的行为，被俄罗斯联邦视为针对俄罗斯联邦拒绝适用公约，因此俄罗斯联邦针对该国也不适用公约。若不适用《1965 年海牙公约》，商事仲裁法院应根据司法协助方面的双边国际条约的规定,若无此类条约,则根据《商事仲裁法》第12章的规定向外国人送达诉讼通知及其他司法文书。

第二十九条 需要在外国执行请求书时,商事仲裁法院可以根据《商事仲裁法》第152条第2款、第253条第3款的规定延长案件的审理期限,根据第158条的规定延迟审理。

外国人参与诉讼本身并不意味着案件非常复杂,也不意味着需要根据《商事仲裁法》第152条第2款的规定将案件的审理期限延长至6个月。若需要准时通知身在外国的人参与诉讼,法院可根据上述规则延长案件审理期限。

根据《商事仲裁法》第253条第3款的规定,如果司法协助方面的国际条约没有规定向外国司法机构或主管机关送达文书的期限,或者不存在此类国际条约,则审理案件的期限可延长至6个月。

在适用《商事仲裁法》第253条第3款时,商事仲裁法院应该注意到,为了向外国司法机构或主管机关递交请求书,而将案件的审理期限延长至司法协助条约规定的时间(或者司法协助条约没有规定,或者不存在此类条约,则延长期限不得超过6个月),并不能排除根据第152条第2款规定的理由和方式延长案件审理期限。如果有这种理由,可以合并计算上述延长的期限;法院命令将指明延长案件审理的具体期限。

根据《商事仲裁法》第253条第2款的规定,参与诉讼的外国人或者其经营管理机构、分支机构、代表机构或者其授权参与诉讼的代理人,住所或居所在俄罗斯联邦境外,则商事仲裁法院应根据《商事仲裁法》的规定审理案件。

第三十条 在递交司法协助请求时,如果俄罗斯联邦司法部是通过外交途径(通过俄罗斯联邦外交部)与外国主管机关合作,则商事仲裁法院必须在案件审理之日前9个月内向外国递交司法协助请求(包括开庭前送达传票的请求)。国际条约另有规定的除外。

在递交司法协助请求时,如果俄罗斯联邦司法部是直接与外国司法中央机关合作,则商事仲裁法院必须在案件审理之日前6个月内向外国递交司法协助请求。国际条约另有规定的除外。

第三十一条 根据《商事仲裁法》第135条第1款第6项的规定,在采取旨在确保案件正确、及时审理的其他行为的框架内,若出现妨碍法院按照最初指定的日期审理案件的情况,则商事仲裁法院可以指定一个继续审理案件的保留日期。

如果法院在庭审前发现案件材料已准备妥当,则受理起诉的命令可以指定庭审前准备的日期和开庭审理的可能日期。

同时,如果法院通知表明由于某种情况而将案件审理推迟到保留日期,该种情况构成延迟审理的理由。而其他情况的出现,却并不意味着存在导致延迟审理的障碍,也不意味着在保留日期审理案件。

如果法院通知中表明的使用保留日期的情况没有出现,且外国人没有准时收到法院通知,但是案件审理却被延迟时,没有必要再次向外国人送达关于在前一份通知中指定的保留日期审理案件的新的通知。

第三十二条 根据《商事仲裁法》第253条第2款、《民法典》第54条第3款的规定,如果外国人授权接收诉讼通知及其他司法文书的代理人位于俄罗斯联邦境内,则这些文书可以通过《商事仲裁法》第121条、第123条规定的一般方式送达代理人的地址。

在此情形下,没有必要再向当事人在外国的地址送达司法文书。

第三十三条 如果缺少有关外国当事人地址的可靠信息,则将通知送达已知的被告(第三人)最后住所或居所,视为合理通知。(《商事仲裁法》第123条第5款、第125条第2款第3项、第253条第1款)

如果没有被告(第三人)最后住所或居所的信息,或者法院怀疑信息的可靠性时,将通知送达到法院所知的地址,视为合理通知。

同时,法院可能要求原告提供从各国贸易登记簿上获取的表明参与诉讼的外国人的地址的信息,以及(或者)可能采取一项单独的程序性行为——审查从互联网上获取的公开信息、主管法人登记的外国机构公布在官网上的信息、包含法人登记数据的信息以及这些数据的复印件和俄文译本。

第三十四条 根据诉讼使用的语言原则(《商事仲裁法》第12条),商事仲裁法院提交给俄罗斯联邦司法部和外交部的请求必须是俄文的。

案件当事人可以向商事仲裁法院提交需向国外送达的文书经认证的译文。

第三十五条 为了将请求书及附随文件翻译成外文,商事仲裁法院可能会将其交给一名以《商事仲裁法》规定的方式被邀请参与司法行政的翻译人员,或者交给一个将司法文书翻译成外文的专业机构(翻译机构、俄罗斯联邦工商会等)。

俄罗斯联邦的立法并不排除法院在征得诉讼参与者的同意后,邀请一名翻译人员参与将司法文书翻译成外文的可能性。

根据国际条约的规定,翻译人员在翻译成外文的司法文书上的署名必须由一名公证员见证。

将司法文书翻译成外文所产生费用的分配,应根据《商事仲裁法》规定的方式进行。

第三十六条 鉴于参与诉讼的人必须善意使用所有的程序性权利(《商事仲裁法》第41条第2款),如果外国人授权委托的代理人参加开庭审理,以及(或者)法院收到外国人的答辩书、证据、动议,或者有其他证据证明外国人已知晓该诉讼,则缺少根据国际条约或者联邦法律规定的方式送达的法院通知的签收证据本身并不构成无条件撤销司法行为的理由。

第三十七条 为了适用《商事仲裁法》第121条第6款的规定,如果案件材料中有证据证明,在上诉法院、撤销裁决的法院、上级监督法院审理案件时,第一次司法行为的副本已经根据《商事仲裁法》第254条第3款规定的方式送达给外国人,则视为该外国人已经适时得到通知。在初审法院审理关于法院费用的申请时,如果审理法院履行其职责,根据《商事仲裁法》第121条第1款第2项的规定采取独立的程序性行为将开庭审理的时间和地点信息公布在官方网站上,视为外国人已经适时得到通知。

在此情形下,外国人以及参与创业活动的俄罗斯联邦组织和公民,参与诉讼时,应尽自己所能采取的措施获取有关诉讼程序进展情况的信息,可以利用可获取此类信息的任何来源和任何通信手段。

第三十八条 商事仲裁法院根据俄罗斯联邦参加的国际条约和《商事仲裁法》第256条第1款至第3款规定的方式,执行要求其采取独立的程序性行为的请求。

商事仲裁法院执行外国法院根据规定的方式递交的请求,必须符合《商事仲裁法》的规定,国际条约规定了其他方式的除外。(《商事仲裁法》第256条第3款)

法院开庭审理是否执行外国法院的请求,并在庭审后针对此问题作出裁决。(《商事仲裁法》第74条)

对来自外国的文书的要求

第三十九条 商事仲裁法院接收其他国家的官方文书,如果这些文书经过俄罗斯联邦领事机构以及俄罗斯联邦外交代表领事部门的认证，则可以成为证据。国际条约另有规定的除外。

根据《俄罗斯联邦领事条例》(2010 年 7 月 5 日第 154 号联邦法《俄罗斯联邦领事条例》)第 27 条的规定，由俄罗斯联邦领事官员对提交到俄罗斯联邦官方机构的外国文书进行认证。

外国文书的认证，对于确认商业仲裁中一份证据的来源是必要的，但并不排除法院对其进行审查以确定其中所载信息的实质正确性。

如果关于司法协助的国际条约另有规定，则商事仲裁法院可以接收没有经过领事认证的外国官方文书。

如果 1961 年 10 月 5 日在海牙签订的《关于取消外国公文书认证的公约》另有规定，则商事仲裁法院可以接收未经认证的官方文书。

根据海牙《关于取消外国公文书认证的公约》的规定，一份特殊的证明书必须附在一国主管机构出具的以便在他国境内使用的文书上。

商事仲裁法院可以在海牙国际私法会议的官方网站(https://www.hcch.net/russian)上查阅有关该公约现状、缔约国名单和缔约国提出的保留的信息。

第四十条 根据《商事仲裁法》第 255 条的规定，在公证书上附加领事认证证明书或海牙认证证明书可以证明确认外国人法律地位的官方文书上的签字和印章的真实性。

第四十一条 在外国以外国人的名义签发的授权委托书不是官方文书，不需要强制进行领事认证或海牙认证，除非其中载有外国官方机构的说明。

同时，如果法院对签字的真实性、签发授权委托书的人的身份有疑虑，可以要求诉讼参与人提供其他的证据证明其参与诉讼的权利。这些证据可以包括外国人签发给其代理人且经过公证的授权委托书，并附有领事认证证明书或海牙认证证明书。

查明商事仲裁法院在涉外经济纠纷中适用的外国法的内容

第四十二条 在审理涉外经济纠纷时，商事仲裁法院适用外国法必须符合《商事仲裁法》第 13 条第 5 款规定的条件以及第 14 条规定的适用外国法的规则。

如果国际条约中规定了确定准据法的法律选择规则，则商事仲裁法院应该遵守国际条约的规定。

第四十三条 如果合同当事人约定选择俄罗斯联邦境内的某一商事仲裁法院作为管辖法院,并不当然地意味着其合同关系适用俄罗斯实体法。如果当事人之间没有明确约定应适用的准据法,则管辖法院在解决该问题时应适用国际条约或联邦法中规定的法律选择规则。

第四十四条 根据《商事仲裁法》第14条第2款、《民法典》第1191条第2款的规定,商事仲裁法院可以颁布相关法令,强制当事人提交有关外国法律内容的资料。

当事人不能被视为自动有义务提供有关外国法律内容的资料。将这种义务强加于当事人并不能免除法院查明外国法律内容的义务。

有关外国法律内容的资料可以包括:外国法律的文本、提及外国法律行为的出版物来源、在该领域具有专业知识的人提供的外国法律内容的结论意见。

同时,根据《商事仲裁法》第55条、第82条、第83条和第86条的规定,在该领域具有专业知识的人提供的外国法律内容的结论意见并不是专家意见,且有关委托专家鉴定的规则也不适用于这种有关外国法律内容的结论意见。

如果当事人不能履行法院强加的提供有关外国法律内容的资料的义务,而商事仲裁法院用尽可能采取的措施也不能查明外国法律的内容,则当事人无权提及商事仲裁法院没有查明外国法律内容这一事实。

如果一方当事人提交的有关外国法律内容的意见包含必要且充分的信息,且对方当事人没有提供证明外国法律存在不同内容的资料予以反驳,则商事仲裁法院可以视为外国法律的内容已经查明。

第四十五条 根据《商事仲裁法》第14条第2款的规定,为了查明外国法律的内容,商事仲裁法院可以请求主管机构或组织的支持和澄清,并邀请一名专家或专业人士参与其中。(《商事仲裁法》第55条和第55条、《民法典》第1191条第2款)

根据《商事仲裁法》第55条第1款的规定,俄罗斯联邦商事仲裁法院可以委托一名具有外国法方面专业知识的俄罗斯人或外国人就外国法律进行专家鉴定。被委托进行专家鉴定的人是否具有外国法方面的专业知识,可以通过其在外国法方面的科学研究或者相关行为证明。具有专业知识的专家必须通过相关证据(教育和进修证书或毕业文凭、确认学历学位的文件、科学出版物、证明在外国法方面工作经验的文件等)予以证明。专家鉴定也可以委托给俄罗斯联邦境内的具有外国法律研究部门的教学、科学或教育机构。

同时,法院可以就外国法律内容的问题向专家进行问询,但不能就当事人之间的法律关系、提交的证据,如纠纷所涉合同的有效性问题,询问专家的评价意见。

第四十六条 外国法律内容方面的专家意见是案件中的证据。(《商事仲裁法》第 75 条)法院根据《商事仲裁法》第 7 章的规定对该证据进行审查。

在审查专家意见时,法院必须考虑到其是否引用了外国法律规范、对外国法律的官方解释、适用的实践、解决类似冲突情况的范例和法学理论学说。

如果专家意见实际上是对当事人之间的法律关系和在诉讼中提交的证据的分析评价,则其不能被视为与案件相关的、可接受的证据。(《商事仲裁法》第 67 条、第 68 条)

对专家意见进行审查之后,法院应该就是否查明了争议纠纷应适用的外国法律的内容作出决定。

涉外经济纠纷中的保全措施

第四十七条 在涉外纠纷中,商事仲裁法院采用初步保全措施(《商事仲裁法》第 99 条第 1 款和第 2 款)保障申请人的财产利益时,必须遵守国际条约和《商事仲裁法》第 247 条、第 248 条、第 249 条的规定。

第四十八条 如果案件符合《商事仲裁法》第 99 条第 3 款规定的管辖标准,且存在第 90 条第 2 款规定的采取保全措施的理由,则商事仲裁法院可以根据《商事仲裁法》第 5 编的规定,在审理外国人参与的(《商事仲裁法》第 250 条)经济纠纷案件以及其他有关创业和其他经济活动的案件(《商事仲裁法》第 247 条第 1 款)中,采取初步保全措施。

第四十九条 针对外国法院审理的案件,如果俄罗斯联邦商事仲裁法院存在有效管辖权,即申请人住所地、被请求财产所在地和侵权行为地的商事仲裁法院,则其可以采取保全措施。

如果法院以正当、快速的方式采取保全措施,则其管辖权可视为有效。在此情形下,采取保全措施的管辖权并不等同于审理案件纠纷的管辖权。

如果商事仲裁法院对争议纠纷不具有管辖权,并不能禁止其采取保全措施以保障外国法院对该争议纠纷的审理。

在采取保全措施时,商事仲裁法院应该审查外国法院是否对案件具有管辖权,且由外国法院审理案件是否违反俄罗斯联邦商事仲裁法院的专属管辖权。

第五十条 如果外国法院提出的保全措施请求是通过提交司法协助的方式递交的,则商事仲裁法院可以拒绝执行该请求。

采取保全措施(以及应外国法院的请求启动有利于私人的诉讼程序)与双边司法协助无关,也不能通过提交司法协助的方式履行。

例如,根据《1992年协定》,独立国家联合体成员国的主管法院和其他机构有义务相互提供司法协助。相互提供司法协助包括文书的送达、转递以及其他程序性措施的执行,尤其是进行专家鉴定、听取当事人、证人、专家等的陈述。但是,根据该协定第5条的规定,双边司法协助不包括应外国法院的请求采取保全措施和启动其他诉讼程序。

第五十一条 外国国际商事仲裁机构管辖的案件,可以由债务人住所地或债务人财产所在地的商事仲裁法院采取保全措施。(《商事仲裁法》第90条第3款)

第五十二条 如果根据法律规定,案件属于商事仲裁法院的管辖范围,外国法院采取的禁止俄罗斯联邦法院审理案件的保全措施,不能阻碍商事仲裁法院审理该案件。

最后条款

第五十三条 本决议生效后,下列法律规则不再适用:

(1)1999年6月11日俄罗斯联邦最高商事仲裁法院全体会议第8号决议《关于俄罗斯联邦国际条约在商事仲裁程序问题上的效力》第1条第1款、第3条第1款、第5条至第7条、第16条至第32条;

(2)2006年10月12日俄罗斯联邦最高商事仲裁法院全体会议第55号决议《关于商事仲裁法院采取的保全措施》第32条;

(3)2011年2月17日俄罗斯联邦最高商事仲裁法院全体会议第12号决议《关于适用俄罗斯联邦商事仲裁法的若干问题》第3条第9款,经2010年7月27日第228号联邦法《关于俄罗斯联邦商事仲裁法的修正案》修订;

(4)2013年12月25日俄罗斯联邦最高商事仲裁法院全体会议第99号决议《关于诉讼时效》第24条。

俄罗斯联邦最高法院首席大法官 V. M. 列别杰夫

俄罗斯联邦最高法院大法官、全体会议秘书长 V. V. 莫莫托夫

#【案例与实务】

Cases & Practices

金砖国家法律研究(总第3卷·2019年)
第285~297页

谈拒绝交易案原告胜诉难问题
——以盈鼎公司诉中石化云南分公司拒绝交易案为例

徐明妍*

内容提要:原告提起拒绝交易反垄断民事诉讼的核心诉求是扫除市场进入壁垒以进入相关市场,但《反垄断法》实施至今鲜有原告胜诉。导致原告往往败诉的原因包括:(1)原告难以证明被告具有市场支配地位;(2)支配企业必须交易的反垄断义务被削弱;(3)在认定被告是否实施了拒绝交易的行为时,原被告双方的谈判过程被忽视;(4)没有从竞争的角度分析拒绝交易的正当理由。本文建议法院在倡导竞争中立的政策目标下考虑重构认定拒绝交易的法律框架,帮助民营和外资企业扫除市场进入壁垒、与国资企业公平竞争。

关键词:拒绝交易　竞争中性　法律框架　认定方法

中国《反垄断法》实施十年间,拒绝交易反垄断民事诉讼案件数量占所有反垄断民事诉讼案件数量的40%以上,司法实践中却鲜有原告胜诉。本文认为这与法院认定拒绝交易的法律框架密切相关。

---

* 徐明妍,科伟律师事务所合伙人。

一、在中国,拒绝交易是较常见的反垄断民事诉讼案件类型

(一)拒绝交易的概念

《反垄断法》第17条第1款第3项禁止具有市场支配地位的经营者(以下简称支配企业)没有正当理由,拒绝与交易相对人进行交易。实践中,即便支配企业向交易相对人发出要约,若支配企业要价过高或者设置限制性条件导致交易相对人难以与其进行交易,支配企业也同样可能构成拒绝交易。

(二)拒绝交易类案件在中国反垄断民事诉讼案件中的占比

拒绝交易类反垄断民事诉讼构成中国反垄断民事诉讼的主要部分。据不完全统计,《反垄断法》自2008年实施至2018年的十年间,反垄断民事诉讼案件300余起,滥用市场支配地位案件170余起,拒绝交易类案件120起。① 滥用市场支配地位反垄断民事诉讼案件数量占所有反垄断民事诉讼案件数量的50%以上,拒绝交易反垄断民事诉讼案件数量占所有反垄断民事诉讼案件数量的40%以上。拒绝交易反垄断民事诉讼案件是案件数量较庞大的反垄断民事诉讼类型。

(三)拒绝交易类案件是原告试图打破垄断、进入相关市场所作的努力

原告提起拒绝交易反垄断民事诉讼的核心诉求是扫除市场进入壁垒以进入相关市场。

《反垄断法》禁止拒绝交易是因为:支配企业若有权拒绝交易,不仅将继续垄断上游市场,还将能够把垄断势力延伸至下游市场;而交易相对人若无法与支配企业交易,就无法进入下游市场竞争。所以,市场进入是原告的核心诉求,扫除市场进入壁垒、防止支配企业通过拒绝交易将垄断势力从上游市场延伸至下游市场是包括私人执法和公共执法在内的反垄断执法的主要目标。

已有拒绝交易案例呈现以下特征:(1)事实部分,被告具有市场支配地位的上游市场往往是受政府管制的非竞争性市场,原告所在的下游市场则是政

---

① 参见杜爱武、陈云开:《中国反垄断民事诉讼案件数据分析(2008－2018年)》,载《竞争法律与政策评论》2019年第1期。

府放松管制的竞争性市场。(2)诉讼请求部分,原告以请求法院判决被告承担停止侵害的民事责任为主,以请求法院判决被告承担赔偿损失的民事责任为辅。

因此,理论和实践都证明了获得市场进入是拒绝交易类案件中原告的核心诉求。不幸的是,鲜有原告在拒绝交易类案件中胜诉。

二、原告往往在拒绝交易类反垄断民事诉讼中败诉的原因

在120起拒绝交易类反垄断民事诉讼中,没有一个案件是以原告胜诉结案的。绝大多数案件的原告由于难以证明被告具有市场支配地位而败诉,即使有少数案件的原告证明被告具有市场支配地位或者法院依据最高人民法院《关于审理因垄断行为引发的民事纠纷案件应用法律若干问题的规定》(以下简称《反垄断民事案件司法解释》)第9条①认定被告具有市场支配地位,这些案件的原告也往往由于其他原因最终败诉。云南盈鼎生物能源股份有限公司(以下简称盈鼎公司)诉中国石化销售有限公司云南石油分公司(以下简称中石化云南分公司)拒绝交易案便是一个典型案例。下文将围绕这一典型案例梳理除了难以证明被告具有市场支配地位外其他导致原告在拒绝交易类反垄断民事诉讼中败诉的原因。

(一)原告难以证明被告具有市场支配地位

原告对被告具有市场支配地位承担举证证明责任,②而界定相关市场③是原告在证明被告具有市场支配地位时面临的第一个难题。界定相关市场需要原告具备全面的行业知识、关键的商业信息和专业的经济学知识。以界定

① 最高人民法院《关于审理因垄断行为引发的民事纠纷案件应用法律若干问题的规定》第9条:被诉垄断行为属于公用企业或者其他依法具有独占地位的经营者滥用市场支配地位的,人民法院可以根据市场结构和竞争状况的具体情况,认定被告在相关市场内具有支配地位,但有相反证据足以推翻的除外。

② 最高人民法院《关于审理因垄断行为引发的民事纠纷案件应用法律若干问题的规定》第8条规定:被诉垄断行为属于反垄断法第十七条第一款规定的滥用市场支配地位的,原告应当对被告在相关市场内具有支配地位和其滥用市场支配地位承担举证责任。

③ 相关市场,是指经营者在一定时期内就特定商品或者服务进行竞争的商品范围和地域范围。

相关商品市场为例,原告需要提供以下证据进行需求替代分析和供给替代分析:(1)需求者因商品价格或其他竞争因素变化,转向或考虑转向购买其他商品;(2)商品的外形、特性、质量和技术特点等总体特征和用途;(3)商品之间的价格差异;(4)商品的销售渠道;(5)其他经营者对商品价格等竞争因素的变化做出反应;(6)其他经营者的生产流程和工艺;(7)其他经营者转产的难易程度、转产需要的时间、转产的额外费用和风险、转产后所提供商品的市场竞争力和营销渠道等。当经营者竞争的市场范围不够清晰或不易确定时,原告还需要借助经济学工具进行假定垄断者测试分析。因此,界定相关市场需要原告具备专业的经济学知识、全面的行业知识及关键的商业信息,或者需要原告拥有足够的经济实力和资源从而具备上述知识和信息。然而,挑战垄断者的原告大多是中小企业或者自然人,通常不具有上述能力和资源,所以原告很难使用专业的方法、提供充分的证据来界定相关市场。

在界定相关市场后,原告还面临难以获得被告经营信息的困境。要证明被告具有市场支配地位,原告需要提供证据证明:(1)被告在相关市场的市场份额;(2)被告控制销售市场或者原材料采购市场的能力;(3)被告的财力和技术条件;(4)其他经营者对被告在交易上的依赖程度;(5)其他经营者进入相关市场的难易程度等,或者原告提供证据证明被告在相关市场的市场份额达到《反垄断法》第19条规定的标准。这意味着原告必须非常全面且深入地了解被告的经营情况,并且原告必须获得被告的经营信息作为证据。与反垄断执法机构对经营者的垄断行为进行调查时能够使用黎明突袭、面谈询问和市场调查等手段获得被调查企业经营情况不同,"手无寸铁"的原告很难获得被调查企业的经营信息进而难以证明被告具有市场支配地位。

虽然《反垄断民事案件司法解释》第10条①规定原告可以以被告对外发布的信息作为证明其具有市场支配地位的证据,但是原告将越来越难找到此类证据,因为不断完善反垄断合规的各行业龙头企业都提醒其员工在对外发布的信息以及与外部沟通的邮件中避免使用可能产生反垄断风险的措辞和描述。

---

① 最高人民法院《关于审理因垄断行为引发的民事纠纷案件应用法律若干问题的规定》第10条:原告可以以被告对外发布的信息作为证明其具有市场支配地位的证据。被告对外发布的信息能够证明其在相关市场内具有支配地位的,人民法院可以据此作出认定,但有相反证据足以推翻的除外。

在盈鼎公司诉中石化云南分公司拒绝交易案中，原告盈鼎公司十分幸运地获得了被告中石化对外公布的能够证明被告中石化具有市场支配地位的信息，法院根据该证据推定被告在云南成品石油销售市场具有市场支配地位。然而，生产生物柴油的盈鼎公司要获得与成品油销售商中石化云南分公司的交易机会仍然面临其他障碍。

盈鼎公司诉中石化云南分公司拒绝交易案案情简介

盈鼎公司是云南省一家专门生产经营生物柴油的技术密集型企业。2007 年，盈鼎公司获得“植物果籽油中低温制备生物技术”专利，即利用地沟油为主原料，加工成生物柴油，并通报环评合格。从 2008 年开始，盈鼎公司正式开始投产，但此后六年一直未能获准进入中石化的燃料销售体系。中石化云南分公司是云南省内最具实力的石油成品油销售企业，在云南省地区成品油销售市场占有率为 67%。

2013 年 9 月 3 日，盈鼎公司委托律师前往中石化云南分公司办公地点送达律师函，在函中要求该公司于 2013 年 9 月 17 日之前将盈鼎公司生产的生物柴油纳入其销售体系，或在此期限内与盈鼎公司协商生物柴油事宜。

2014 年 1 月，盈鼎公司以中石化云南分公司拒绝和公司交易生物柴油，致使其生产的生物柴油难以进入市场为由，起诉中石化云南分公司，请求法院判令中石化云南分公司按照《可再生能源法》规定，将符合国家标准的生物柴油纳入其销售体系，并赔偿盈鼎公司经济损失 300 万元。

云南省昆明市中级人民法院于 2014 年 12 月作出一审判决，判定中石化云南分公司违反《反垄断法》，判令其将盈鼎公司生产的生物柴油纳入销售体系，驳回盈鼎公司的其他诉讼请求。原被告均不服判决，提出上诉。2015 年 8 月，云南省高级人民法院作出二审裁定，认为原审判决认定基本事实不清，违反法定程序可能影响案件正确判决，裁定撤销原判，发回重审。2016 年 10 月，昆明市中级人民法院重审一审宣判，以双方未能建立交易关系，不属于违反《反垄断法》相关条款的行为，以及双方在地沟油制生物柴油销售问题上不存在竞争关系等为由，驳回盈鼎公司的诉讼请求。随后，盈鼎公司提出上诉。2017 年 8 月，云南省高级人民法院判决维持原判。盈鼎公司不服，提起再审申请。2019 年 10 月，最高人民法院以中石化云南分公司的行为未构成《反垄断法》第 17 条第 1 款第 3 项规定的情形及二审法院适用法律正确为由，驳回盈鼎公司的再审申请。

（二）支配企业必需交易的反垄断义务被削弱

与不具有市场支配地位的企业享有自由交易的权利不同，《反垄断法》禁止支配企业无正当理由拒绝交易，因为支配企业拒绝交易将限制市场进入从而损害竞争和消费者利益。支配企业拒绝交易的损害理论：支配企业在相关产品或服务市场具有市场支配地位并且同时在相关产品或服务的上游或下游市场从事经济活动，而相关产品或服务是上游或下游市场竞争者从事经营活动所必需的；在这种情况下，支配企业能够通过拒绝与上游或下游市场竞争者交易来将其排除出上游或下游市场,从而将垄断势力从相关产品或服务市场进一步延伸至其上游或下游市场。因此,根据《反垄断法》的规定,支配企业具有的市场势力越大,支配企业受到的交易自由方面的束缚就越大。

盈鼎公司诉中石化云南分公司拒绝交易案既涉及政府管制法又涉及《反垄断法》,而法院主要将政府管制法作为认定被告中石化交易义务的法律依据,却没有将《反垄断法》作为认定被告中石化交易义务的法律依据。[①] 这种做法削弱了《反垄断法》下支配企业的交易义务,既不利于保护竞争也不利于作为被拒绝交易的竞争者的原告胜诉,理由如下:(1)在盈鼎公司诉中石化云南分公司拒绝交易案中,体现竞争政策的《反垄断法》和体现产业政策的《可再生能源法》的关系是相辅相成的,不存在政府管制政策和竞争政策对立冲突导致法院不得不选择孰轻孰重的问题。(2)通过《反垄断法》禁止拒绝交易来防止可再生能源供应企业被传统燃料供应企业排斥出市场是《可再生能源法》鼓励可再生能源行业发展的前提。一方面,《可再生能源法》站在政府的立场通过政府补助等行政手段促进上游燃料供应市场的子市场——可再生能源供应市场的行业发展;另一方面,《反垄断法》站在消费者和竞争者的角度,通过防止在下游燃料销售市场具有市场支配地位且在上游燃料供应市场从事经营活动的企业以拒绝交易的方式将上游市场的竞争者排除出上游市场,来保护上游燃料供应市场的竞争。防止传统燃料供应企业通过限制竞争行为将可再生能源供应企业排斥出市场是可再生能源行业发展的前提,所以《反垄断法》的有效实施是《可再生能源法》实现立法目标的前提。(3)可再生能源供应企业遭遇下游燃料销售市场的支配企业拒绝交易时只能通过《反垄断法》寻求司法救济,因为《反垄断法》通过保护竞争间接地保护被排斥的竞争者,而《可再生能源法》主要为政府扶持可再生能源行业提供指引,并不保护竞争,也无法间接地保护被排斥的竞争者。综上所述,盈鼎公司诉中石化云南分公司拒绝交易案中,法院没有将《反垄断法》第17条第1款第3项作为认定被告中石化交易义务的法律依据,这既不利于保护竞争也不利于作为被拒绝交易的竞争者的原告胜诉。

---

① 盈鼎公司诉中石化拒绝交易案重审的一审和二审法院均认为:"原被告是基于《可再生能源法》和《反垄断法》的规定而形成经济法律关系。《可再生能源法》第十六条第三款虽然规定石油销售企业应当按照国务院能源主管部门或者省级人民政府的规定,将符合国家标准的生物液体燃料纳入其燃料销售体系,中石化云南分公司作为石油销售企业,依法负有该项法定义务。但是,该项法定义务应当如何履行,可再生能源法并没有具体规定,还有待国务院能源主管部门或者云南省人民政府制定出台相关的针对地沟油制生物柴油销售的配套政策方能得以施行。"

在判决被告中石化履行法定义务的交易条件时,法院依据《合同法》的“意思自治原则”要求原被告就交易条件达成一致,这种做法进一步架空了《反垄断法》下支配企业的交易义务,因为支配企业履行交易义务的交易条件仍然是支配企业意思自治的结果。盈鼎公司诉中石化云南分公司拒绝交易案重审的二审法院认为:“在没有国务院能源主管部门或者省级人民政府以相关规定的形式对地沟油制生物柴油的销售主体、销售数量(或配额)、销售定价、销售方式、销售奖励和亏损补贴等等一系列问题都予以明确的情况下,对中石化云南分公司作为石油成品油销售企业因《可再生能源法》第十六条第三款所担负的法定义务不宜用强制命令的方式在不考虑任何条件的前提去完成,而是应当遵循社会主义市场经济规律,遵守公平和诚实信用原则,按照《合同法》的规定,经过相关市场主体协商一致达成交易。违背这些规律和原则,不经过协商一致强行交易,既不符合上述法律规定的本意,在现实当中也不具有可行性。”换句话说,支配企业仍可自由选择交易条件,从而自由选择交易对象,《反垄断法》下支配企业的交易义务将因此而形同虚设。

盈鼎公司诉中石化云南分公司拒绝交易案中,若法院将《反垄断法》第 17 条第 1 款第 3 项作为认定被告中石化云南分公司具有交易义务的法律依据,则原告盈鼎公司不会面临法院认定由于《可再生能源法》尚未出台实施细则导致被告中石化云南分公司履行法定义务无法可依的尴尬局面,因为《反垄断法》一律禁止支配企业无正当理由拒绝交易。

(三)在认定被告是否实施了拒绝交易行为时,原被告双方的谈判过程被忽略

在认定被告是否实施了拒绝交易时,法院需要全面且具体地分析原被告双方的谈判过程,因为原被告谈判过程反映了原被告双方的谈判势力大小以及原被告未能达成交易的根本原因。

在盈鼎公司诉中石化云南分公司拒绝交易案中,从法院审理查明的事实来看,原被告双方未能达成交易的原因在于被告:2011 年至 2013 年,原告盈鼎公司一直在努力与被告接洽向被告销售生物柴油的事宜;被告中石化云南分公司早在 2011 年就认为被告无法收购原告供应的生物柴油;原被告双方谈判力量悬殊,2011 年至 2013 年,即使是地方政府为了落实产业政策动用行政权力也无法说服被告采购原告生产的生物柴油。这些证据能够形成证据链证明:被告中石化云南分公司相对于原告盈鼎公司的谈判优势地位是显著的,原被告能否达成交易的决定权在被告中石化;原告盈鼎公司一直希望与被告达成

交易,但被告中石化云南分公司却不愿与原告达成交易。然而重审的二审法院却以原告盈鼎公司委托律师向被告中石化云南分公司发出的律师函是要约邀请而不是要约为由,认定被告中石化云南分公司没有实施拒绝交易的行为。

若以被告拒绝原告发出的要约作为认定被告实施拒绝交易行为的唯一标准,那么很多拒绝交易的行为将被视为合法。例如,不愿将专利许可给竞争者的专利权人在收到作为交易相对方的竞争者有关专利许可的要约后,提出搭售其他专利的限制性交易条件,从而构成一个新的要约邀请。作为交易相对方的竞争者如不同意搭售其他专利的交易条件,则专利许可权人的行为将不构成拒绝交易,因为作为交易相对方的竞争者没有重新发出一个要约。虽然要约是承诺的前提,但是交易双方没有达成协议还可能有其他原因,所以被告拒绝原告发出的要约不应当是法院认定被告实施拒绝交易的唯一标准。在认定被告是否实施了拒绝交易时,法院仍然需要全面且具体地分析原被告双方的谈判过程,判断原被告未能达成交易的根本原因并以此来认定被告是否实施了拒绝交易的行为。

盈鼎公司诉中石化云南分公司拒绝交易案原被告双方谈判过程

根据法院审理查明事实的时间顺序来看:

在2011年1月至6月,昆明公交公司根据云南省政府、昆明市政府相关文件要求,以及与本案原告和被告中石化云南分公司之间的三方商谈,将原告生产的生物柴油调配燃料在昆明市公交系统封闭试运行,但在试运行期间,有公交车驾驶员反映,使用原告调配的生物柴油燃料后,车辆发动机积碳增多,而车辆生产厂家对使用0号柴油以外的其他燃料导致的汽车发动机损坏不予保修。被告中石化云南分公司据此认为原告生产的生物柴油尚不具备对外推广的市场基础,因而无法收购原告的地沟油制生物柴油。

2011年5月26日,云南省能源局给中石油云南销售分公司、中石化云南分公司发出云能源油气函〔2011〕23号函,请上述公司积极协助开展生物柴油试点销售,尽快将原告公司生产的达标合格的生物柴油纳入其销售配送体系面向社会配送销售。

2011年7月18日,云南省能源局给云南省成品油流通行业协会发出云能油气函〔2011〕35号函,请该协会协调协会中有一定实力的经营企业与原告公司合作,试点销售其生产的生物柴油。

2012年3月29日,云南省人民政府办公厅向中石化云南分公司、中石油云南销售分公司以及各州市人民政府等部门发出《关于做好地沟油制生物柴油工作的指导意见》(云政办发〔2012〕46号),规定地沟油制生物柴油企业应当将所生产的生物柴油全部销售给成品油销售企业,不得直接面向成品油终端市场销售。各成品油销售企业按照规定采购、混配、销售生物柴油。2013年9月17日之前将原告生产的生物柴油纳入其销售体系,或者在此期限内派人协商销售生物柴油事宜。

2013年9月3日原告通过律师函向被告发出的交易请求。

(四)没有从竞争的角度分析拒绝交易的正当理由

当原告提供证据证明被告具有市场支配地位并实施了拒绝交易的行为后,被告将承担举证责任证明其实施拒绝交易有正当理由。虽然《反垄断法》没有具体规定应当如何认定滥用市场支配地位的正当理由,但从反垄断执法机构不断完善相关法律细则的过程来看,反垄断执法机构应当从竞争的角度分析正当理由的思路逐步清晰。

国家发展和改革委员会《反价格垄断规定》第13条列举了构成正当理由的情形,包括:(1)交易相对人有严重的不良信用记录,或者出现经营状况持续恶化等情况,可能会给交易安全造成较大风险的;(2)交易相对人能够以合理的价格向其他经营者购买同种商品、替代商品,或者能够以合理的价格向其他经营者出售商品的;(3)能够证明行为具有正当性的其他理由。在滥用知识产权拒绝交易方面,国家工商行政管理总局(已被撤销)《关于禁止滥用知识产权排除、限制竞争行为的规定》第7条则要求反垄断执法机构在认定合理理由时要考虑竞争因素,包括:(1)该项知识产权在相关市场上不能被合理替代,为其他经营者参与相关市场的竞争所必需;(2)拒绝许可该知识产权将会导致相关市场上的竞争或者创新受到不利影响,损害消费者利益或者公共利益;(3)许可该知识产权对该经营者不会造成不合理的损害。国家市场监督管理总局于2019年6月26日颁布的《禁止滥用市场支配地位行为暂行规定》第20条进一步明确了反垄断执法机构分析所有滥用行为的正当理由时都要考虑以下竞争因素:(1)有关行为是否为法律、法规所规定;(2)有关行为对社会公共利益的影响;(3)有关行为对经济运行效率、经济发展的影响;(4)有关行为是否为经营者正常经营及实现正常效益所必须;(5)有关行为对经营者业务发展、未来投资、创新方面的影响;(6)有关行为是否能够使交易相对人或者消费者获益。因此,滥用市场支配地位行为的正当理由不再是彼此孤立的事实问题,而是与竞争效果密切相关的法律问题。

在盈鼎公司诉中石化云南分公司拒绝交易案中,重审的一审和二审法院均认为中石化云南分公司具有拒绝交易的正当理由,因为地沟油生物柴油用作生物燃料的试点推广工作遇到现实困难而又未获解决,中石化云南分公司的做法符合其自身正常经济效益以及消费者利益之间的共生互利。虽然一审和二审法院在认定被告中石化云南分公司具有正当利益时提到"此举也未给中石化云南分公司本身带来垄断利益",但是一审和二审法院并没有具体分析

“此举”是否排除或严重限制相关市场的实际或潜在竞争。事实上,被告中石化云南分公司拒绝与原告盈鼎公司交易很可能排除或者严重限制成品油供应市场的潜在竞争。因此,盈鼎公司诉中石化云南分公司拒绝交易案中一审和二审法院并没有从竞争的角度分析拒绝交易的正当理由,也是导致原告败诉的重要原因之一。

三、在竞争政策下重构认定拒绝交易的法律框架

(一)私人执法和公共执法都应服务于中国现阶段竞争政策的目标

法院审理反垄断民事诉讼和反垄断执法机构进行反垄断执法时,都应服务于中国现阶段竞争政策的重要目标。倡导竞争中性是中国现阶段竞争政策的重要目标,帮助民营和外资企业扫除市场进入壁垒是竞争中性的重要内容。在2019年3月26日国务院常务会议上,李克强总理强调,要按照竞争中性的原则,加速清理修改相关法规制度,对妨碍公平竞争、束缚民营企业发展、有违内外资一视同仁的政策措施“应改尽改,应废尽废”。因此,扫除阻碍民营和外资企业进入相关市场的壁垒,允许民营企业和外资企业与国资企业公平竞争是竞争中性的核心内容,是中国现阶段竞争政策的重要目标。在拒绝交易反垄断民事诉讼案件中,原告的核心诉求恰恰是扫除市场进入壁垒,进入相关市场。法院在审理拒绝交易反垄断民事诉讼时应当考虑中国现阶段竞争政策的重要目标,帮助民营和外资企业扫除市场进入壁垒。

(二)拒绝交易的认定方法

1. 法律假设:《反垄断法》下支配企业有法定的交易义务

法律目标决定法律假设。反垄断执法机构和法院若将竞争中性作为中国现阶段竞争政策的重要目标,就应严格依据《反垄断法》第17条第1款第3项推定支配企业实施的拒绝交易行为违法。

2. 行为标准:根据原被告谈判过程认定被告是否实施了拒绝交易的行为

法律假设决定了分析标准。若法律假设支配企业实施的拒绝交易行为违法,则原告只需证明被调查企业在相关市场具有支配地位且实施了拒绝交易的限制竞争行为。在认定被告是否实施了拒绝交易时,法院需要全面且具体地分析原被告双方的谈判过程(包括谈判前、谈判中和谈判后),因为原被告谈

判过程反映了原被告双方的谈判势力大小以及原被告未能达成交易的根本原因。

3. 分析工具:对正当理由进行反垄断分析

在原告证明被调查企业在相关市场具有支配地位且实施了拒绝交易的限制竞争行为后,举证责任紧接着就转移至支配企业,支配企业应当结合以下竞争因素证明其实施拒绝交易存在合理理由:(1)有关行为是否为经营者基于自身正常经营活动及正常效益而必须采取;(2)有关行为是否能够使交易相对人或消费者获益;(3)有关行为对经营者业务发展、未来投资、创新方面的影响;(4)有关行为对经济运行效率、社会公共利益及经济发展的影响;(5)有关行为是否排除或严重限制相关市场的实际或潜在竞争。

(三)法院应同等对待普通的拒绝交易反垄断民事诉讼和与必要设施理论相关的拒绝交易反垄断民事诉讼

拒绝交易可能涉及包括必要标准专利在内的必要设施,但是反垄断执法机构和法院应当对涉及必要设施和不涉及必要设施的拒绝交易予以同等对待。① 中国法院已审理多起和必要标准专利相关的经典反垄断民事诉讼案件,比如华为技术有限公司诉交互数字技术公司、交互数字通信有限公司、交互数字公司案(以下简称华为诉 IDC 案)和华为技术有限公司诉三星电子株式会社案(以下简称华为诉三星案)。这两个案件均涉及支配企业要价过高或者设置限制性条件导致交易相对人难以与其进行交易的拒绝交易行为。华为诉三星案件中,深圳市中级人民法院在认定被告是否实施了拒绝交易时全面且具体地分析原被告双方的谈判过程,而不是将被告拒绝原告要约作为认定被告实施了拒绝交易的唯一标准。此外,深圳市中级人民法院使用了自上而下法和可比协议法来判断双方谈判中的报价是否符合公平、合理和不歧视原则(fair, reasonable, and non-discriminatory terms, FRAND 原则)。华为诉 IDC 案中,法院推定持有必要标准专利的被告具有市场支配地位,由被告举证证明其不具有市场支配地位,这大大减轻了原告的举证责任。

涉及必要设施和不涉及必要设施的拒绝交易案件,除了在证明被告具有市场支配地位的举证责任分配上不同外,在法律假设、行为标准和分析工具上

① OECD, Refusal to Deal(2007), https: www. oecd. org/daf/43644518. pdf, 2019 年 1 月 1 日最后访问。

应当是一致的。法院应借鉴已有的与必要设施理论相关的拒绝交易经典案例来完善普通的拒绝交易案件的审理。

四、结语

我国社会主义市场经济制度仍处于不断完善的过程中,我国反垄断执法机构和法院可能需要比成熟市场经济体的反垄断执法机构和法院更严格地规制滥用市场支配地位行为,因为:(1)不成熟的市场机制无法像成熟的市场机制一样对限制竞争行为进行有效的自我矫正;(2)滥用市场支配地位行为将对不成熟的市场经济体造成更大的经济损害;(3)规范经营者行为是建成市场机制的前提,通过公共执法和私人执法规范竞争行为和建立公平竞争秩序对于建成社会主义市场经济体制至关重要。

On the Difficulties for the Plaintiffs to Win in "Refusal to Deal" Cases

—From the Perspective of Yingding vs. Sinopec Case

Mingyan Xu

Abstract: The plaintiffs' main purpose to initiate antitrust cases of "refusal to deal" is to eradicate market access barriers, but they have rarely won since the enforcement of Antitrust Law. The reasons for the plaintiffs' failure include (1) the difficulty in proving the defendants' dominant position in relevant market; (2) the obligation for the enterprises with dominant positions to make deals has been weakened; (3) the negotiation processes between the plaintiffs and the defendants has been ignored when the judges determine whether the defendants have refused to deal; and (4) justified reasons are not analysed from the perspective of competition. The paper suggests that courts should reconsider the legal framework with regards to the determination of defendants' refusal to deal when promoting competitive neutrality, in order to build a level playing field for private and foreign enterprises.

Key Words: refusal to deal, competitive neutrality, legal framework, assessment methodology

金砖国家法律研究(总第3卷·2019年)
第298~311页

印度绿色信贷法律制度分析与借鉴

——以银行业为视角*

郭志勇**

内容提要:绿色信贷的概念应当包含正面的信贷激励和反面的信贷限制,两方面都存在重要的效率与公平价值。印度作为和我国发展情况相同的发展中国家,在绿色信贷的法律体系建设方面存在很多可以借鉴之处。印度的国家层面有《国家行动计划》作为指引,中央银行与国有银行在绿色信贷上起着主导作用,私有银行也不断创新信贷手段。从印度银行业的角度出发可以分析出印度的信贷法律制度特点,与我国相对比,我国日后应当着力于信贷立法和完善有关配套措施,尤其是在创新信贷形式、重视个人客户、加强后期监管等方面努力。

关键词:绿色信贷　信贷政策　银行信贷措施

一、绿色信贷的内涵

绿色信贷的概念并没有统一的说法,绿色信贷应当是一个十分广泛的概念,它并不单一地针对污染企业和污染

---

* 本文为2017年度湖北省法学会省级重点课题"湖北省绿色小额信贷生态扶贫实践与法律保障对策研究"的阶段性成果(项目编号"HBFXH17-303")。

** 郭志勇,华东政法大学2017级国际法学硕士研究生。

项目，而是一个复合型的政策。一方面，绿色信贷是指针对环境不友好企业或环境风险较大的项目进行反向的信贷激励，有关机构或者银行的相关部门会对高污染、高能耗企业设立更高的信贷门槛，针对一些对环境不利的项目会提升贷款利率或者严格限制贷款金额与名额。[①] 另一方面，绿色信贷也是指针对绿色的行业、企业、项目降低信贷门槛、减少还贷压力、给予宽松支持，甚至是给予超低利率，从而使这些绿色的主体更易获得贷款或者承担更小的信贷压力与风险。

二、印度绿色信贷法律制度分析

印度是世界上第二大的发展中国家，也是世界上发展最快的经济体之一。面对全球的气候变化与环境问题，印度作出了很多举措，相关的机构也制定了相应的政策。印度是《联合国气候变化框架公约》的签署国，也是《京都议定书》的签署方，而其随后加入的“清洁发展机制”更是给了印度一个重大的机遇。“清洁发展机制”是通过可再生能源项目与提升能效项目来减少碳的排放，这就使印度能够通过管理“碳排放贸易计划”来创制和进行碳信贷从而从中获益。“清洁发展机制”允许并且鼓励发展中国家到全球最经济的地方对节能减排项目进行投资。从2001加入“清洁发展机制”到2012年，印度的目标是减少15亿吨二氧化碳排放。[②] 目前印度已经完成该目标，并正在根据新的经济条件变化来制订新的减量计划。

除此之外，印度也制定了《气候变化国家行动计划》（以下简称《国家行动计划》），这一计划列出了大量的促进印度发展、适应气候变化与改善气候的举措。金融便是这一计划之中的核心元素，被放到了这份计划的国家任务中的突出位置。在这份由辛格总理亲自发布的《国家行动计划》中，印度将应对气候变化与环境改变提升到国家层面，这一份计划将太阳能建设、提升能源效率、建设可持续家园、改善水资源、保护生物多样性、建设“绿色印度”、打

---

① 古小东：《绿色信贷制度的中外比较研究》，载《生态经济》2012年第8期。

② Indian Banks' Association, The Climate Group, "Climate change and finance in India", https://www.theclimategroup.org/news/climate-change-and-finance-india, October 4, 2017.

造可持续农业、应对气候变化的政策科学等八项任务作为印度的国家行动任务①。这一计划的出台,使印度的环境政策上升到了国家层面,而其中提到的金融的关键作用更是让绿色金融有了国家政策的指引。由于绿色信贷是绿色金融的关键手段,印度也在绿色信贷法律制度方面作出了大量的努力。

印度的绿色信贷法律制度由国家立法、中央机构的规章以及各大银行基于中央的号召自行制定的政策组成。由于印度在国家层面并没有专门立法,本文着重以银行的视角分析中央银行的绿色信贷制度与其他银行的信贷政策。

(一)中央银行绿色信贷法律制度分析

印度储备银行作为印度的中央银行机构,在银行业政策制定和社会责任监督方面起着领导的作用。印度储备银行在被国有化之后,一直作为印度银行业的领导者和监督者,积极地制定相应的信贷政策,促进印度的金融发展。印度储备银行积极地扶持农业信贷,从1994年开始要求国有银行开始实施《农业特殊信贷计划》,并在2004年将这一计划扩展到了私有银行。对农业实施的特殊信贷,不仅反映了印度对于农业这一基础性产业的重视,也从侧面显示出了农业由于对于环境改善尤其是气候调节有重要作用而受到印度信贷政策的扶持。2015年7月1日,印度储备银行向除去农村商业银行以外的商业银行发出通告②,将部分行业列入重点与优先贷款行业。在这一指导性的政策中,农业、小微企业、出口信贷、教育、住房、社会基础设施、可再生能源等行业被列为优先贷款行业。在可再生能源方面,通知更是提到,若贷款人将贷款用于太阳能发电、生物能发电、风能发电、微水电厂和诸如街道照明系统、远程乡村电气化这样的非常规能源公用设施建设,其贷款限额将被提高至1.5亿卢比。对于个体户而言,这一贷款额度将最高可达到每人10万卢比。可再生能源与信贷措施的紧密结合反映了印度银行业对于绿色信贷的重视与扶持,且对于农业、教育等领域的信贷扶持也属于对低污染行业的信贷支持,这也从侧面反映了印度绿色信贷的进步。印度其他银行的绿色信贷

① The Climate Group, "Summary: India's National Action Plan on Climate Change", http://www.climateaction.org/news/summary_indias_national_action_plan_on_climate_change, October 23, 2017.

② Reserve Bank of India, "Priority Sector Lending-Target and Classification", https://www.rbi.org.in/scripts/FS_Notification.aspx?Id=10127&fn=2754&Mode=0, November 5, 2017.

举措和政策也是基于储备银行的政策制定实施的。

（二）国有银行绿色信贷法律制度分析

印度国家银行（State Bank of India，SBI）又称印度银行，是由印度政府出资 61.58% 设立的该国最大的商业银行，它一直致力于印度国家农村发展与公共部门工业发展。在信贷项目倾斜方面，印度国家银行致力于可再生能源项目的融资，在接下来的五年之中，这一项目的贷款将达到 7500 亿卢比，而在 2019 年前这一项目将在印度产生 1 万兆瓦的可再生能源。在国际合作方面，印度国家银行也率先签署了“碳披露项目”①。由于签署该项目，银行将承担各种环境与可持续发展的举措，并且在行业内部也率先发起金融领域的碳披露举措。在信贷优惠方面，该银行以优惠的利率来提供项目贷款以鼓励减少温室气体的排放，并且明确地表示对于所有的环境友好型项目提供 10% 的利率优惠。同时印度国家银行也与印度进出口银行合作，共同加入了一个协定，他们约定将提供一项长达十四年的长期贷款给西班牙的基础设施公司——阿斯通菲尔德可再生能源公司和葛若普国际集团，让他们在印度建设太阳能发电站。

除此之外，印度国家银行创新性地发起了“绿色家园贷款计划”，将为支持环境友好的居住项目提供各种贷款的优惠措施和贷款特权。相对于正常贷款所需支付的 20% 房款的前期预付款，这一项目中的前期预付款仅为房款额度的 15%。此外，在本项目中的放贷利率比正常的信贷利率要低 25%，并且不需支付任何的手续费，以前所需要收取的手续费常常成为业主使用房屋贷款的一项大额支出。所谓“绿色家园”，是指那些根据印度绿色建筑委员会（India Green Building Council，IGBC）的标准，使用更少的能源（如水资源等自然资源），减少废物的产生，比生活在标准建筑里的人更为健康的居住环境。在印度国家银行推出了“绿色家园”这一绿色金融产品的几个月后，塔塔住房公司和马赫德拉公司便开始响应该项目。对这样的项目给予充足的信贷优惠和支持，十分有利于在全社会形成一种节约资源、保护环境的良好氛围。这一信贷政策不同于传统的银行信贷，它所针对的主体从企业扩大到个人，对于绿色信贷政策的本质价值的发挥多有裨益。

---

① Vikas Nath, Nitin Nayak, Ankit Goel, “Green Banking Practice-A Review”, *International Journal of Research in Business Management* 2, 2014, p. 52.

旁遮普(Punjab)国家银行是印度的第二大国有银行,该银行十分注重企业社会责任的承担,在承担企业社会责任方面,该银行在印度的银行体系中发挥着领导性的作用。它的企业社会责任报告显示,该银行在可持续发展、教育、扶贫、绿色倡议等方面都作出了相当多的努力。在信贷合作方面,最值得关注的就是该银行与政府部门的合作,旁遮普国家银行与印度的新兴与可再生能源部签订了"绿色承诺",以协定的形式约定了自己在金融操作中的绿色标准。① 在绿色信贷优惠上,在2010年至2011年,旁遮普银行给九个风能发电项目批准了贷款,且这一贷款额度高达18.58亿卢比,如此高额的贷款额度也成为旁遮普国家银行在绿色信贷政策实行上的标志性事件。除此之外,他们还制定了自己的指导准则,以确保所有必要的贷款批准和许可项目(甚至包括来自污染控制委员会的贷款项目)在获得长期贷款和项目贷款之前,符合环境标准和社会保障的标准。该准则设定了一些诸如预付款条件这类的前置程序,以保证银行贷款项目的环境友好程度。在项目融资方面,该银行已考虑采用赤道原则,以坚持可持续的金融发展。为此,旁遮普国家银行引入了一套贷款规则,用来支持那些生产可再生能源的商业公司和商业项目,同时通过其中的特别规定来阻止那些以牺牲环境利益为代价的企业获得大量贷款。

巴罗达(Baroda)银行是印度的国有银行,也是印度最大的银行之一。巴罗达银行十分重视绿色科技,该银行所承担的企业社会责任也大多体现在此处。巴罗达银行贷款资助了新型的技术改造项目,这一项目包含了更高效的电力与高压电力的设计方式,它所使用的材料均为环境友好型建设材料,这一信贷优惠项目的实施使巴罗达银行在新兴绿色科技项目融资方面走在了全球市场的前列。另外,相对于普通的商业项目,巴罗达银行会在其年度的贷款计划中为低碳信贷项目留出适当的比例,这部分贷款将仅仅用于那些以风能、太阳能为核心的,能够提升低碳信贷水平的项目上面。② 这一政策无疑是将绿色信贷作为巴罗达银行贷款业务的必不可少的部分。除了新兴科技方面的绿色信贷政策外,巴罗达银行还发起了"特殊区域特别贷款计划",针

---

① Vikas Nath, Nitin Nayak, Ankit Goel, "Green Banking Practice-A Review", *International Journal of Research in Business Management* 2, 2014, pp. 52 – 53.

② Urvashi Sahitya, Vaibhavlalwani, Prateek Bedi, "Sustainability in India Banking Industry", *International Journal of Commerce, Business Management* 3, 2014, p. 226.

对重要的基础产业，如大米行业、冷藏业、家禽业等行业，设定了特别的信贷策略。巴罗达银行给这些行业以低于市场普通水平的特定利率，让这些产业获得最大的商业利润，因为这些产业备受关注，要么是无污染的行业，要么是处于国民基础地位的行业。在此基础上，巴罗达银行还新增了十八个"特殊区域"来执行信贷计划，不断增大对农业的贷款。

卡纳拉银行(Canara)是印度一家国有银行，在2005年时其资产位列印度银行的第三位。卡纳拉银行一直致力于通过支持太阳能、生物能与风能项目来鼓励绿色能源的发展。具体来讲，在借贷政策上，卡纳拉银行在那些推动低碳信贷的项目如太阳能、风能的融资方面给予了适当的贷款优惠并留出了一定的资产比例。该银行也同样致力于贷款给那些绿色的基础设施建设项目。截至目前卡纳拉银行已经以优惠的利率贷款给了约50,000个企业以供他们建设太阳能照明系统，在这样的产业链中，平均每个企业的贷款在50万卢比到80万卢比之间。① 卡纳拉银行自己制定了一套原则，以辅助它的"可持续发展与企业社会责任的政策"。在项目的评审与准入方面，该银行始终坚持对于那些加工过程产生有毒物质的制造商，在他们的项目中安装污染治理装置，并且始终确保该行的借贷方从中央或州的污染控制委员会得到了"无异议证书"。② 只有在满足了上述的条件之后，银行才会考虑以优惠的信贷方案贷款给该企业，也只有符合该条件银行才能够发放贷款。除此之外，在信贷产业日益发展的今天，卡纳拉银行停止扩大对任何产生污染物质企业的贷款支持。这一举措虽然并不是主动扩大绿色信贷的业务，但是在竞争激烈的金融时代，各大银行都在扩大贷款的情况下，始终保持现有的对产生污染物质企业的信贷比例和金额，这一做法属于保守型的信贷政策，对于环境与社会的可持续发展有着重要的意义。

(三)私有银行的绿色信贷政策分析

印度工业信贷投资银行(Industrial Credit and Investment Corporation of India Bank, ICICI Bank)是印度最大的私有银行，也是印度的第二大银行。在

---

① Sharifi O., Hossein B. K., *Green Banking And Environment Sustainability By Commercial Banks in India*(paper presented at the Second International Conference on Recent Innovations in Science Engineering and Management, New Delhi, November 2015, p. 986.

② Rambalak Yadav, Govind Patnak, "Environmental Sustainability through Green Banking: A Study on Private and Public Sector Banks in India", *OIDA International Journal of Sustainable Development* 6, 2013, pp. 41 - 42.

该银行的所有业务中,它尤其重视对能源行业的贷款和支持。减免手续费成为该银行在面对绿色贷款时的主要优惠措施。在用车贷款方面,购买那些使用可再生能源作为燃料的汽车将获得印度工业信贷投资银行50%手续费的减免;而在家庭金融方面,若是购买那些以节约能源和环境友好型材料设计的房屋,经过资格认定之后也将获得贷款手续费的减免。① 虽然手续费相对于贷款金额来说并不是特别大的金额,但是贷款的手续费减免政策仍然在一定程度上增强了大众贷款的积极性,也激发了绿色信贷的活力。同时,印度工业信贷投资银行还设立了一项专项的贷款基金,将高达十亿卢比的资金用来提供专项贷款给那些经济与环境友好型的企业。这一基金的设立,无疑是将环保企业在信贷领域的地位上升到了另一个层面,直接推动了环保企业的发展。此外,该银行也发起了一个项目,以优惠的利率贷款给它所合作的企业、机构或是政府部门,而这些贷款将用于保护生物多样性、保护野生动物栖息地和环境治理。

房地产开发金融银行(Housing Development Finance Corporation Bank, HDFC Bank,以下简称HDFC银行)是印度的一家私有银行,也是印度抵押贷款领域最大的银行,更是印度市场价值最大的银行。该银行是碳披露项目的签署方,十分关注自身银行的各项活动是否符合碳披露项目的有关要求。该银行鼓励那些将社会与环境优先的商业模式引用到自身的企业,并给予它们更多的信贷支持。考虑到可持续发展的目标,HDFC银行专门成立环境管理委员会来实施该银行的绿色行动,并负责银行信贷政策的绿色化评估。特别值得指出的是,HDFC银行还采用了最新的技术,建立了数据中心,通过数据的分析来调整信贷政策的倾斜力度,以平衡各行业与各个企业在环境影响中的角色。HDFC银行还积极加强与非政府组织的合作,它为非政府组织提供了非常规的贷款,通过特殊的信贷渠道和专门化的信贷方案帮助他们在治理环境和保护资源等方面进行商业化运作。同时,HDFC银行所批准的项目都必须要求符合中央污染控制委员会的有关标准,才能够获得该银行的贷款。在信贷监管方面,HDFC银行走在其他银行的前列,率先引进了社会环境风险管理系统(Social and Environmental Risk Management System, SEMS)来进行信

① Rambalak Yadav, Govind Pathak, "Environmental Sustainability through Green Banking: A Study on Private and Public Sector Banks in India", *OIDA International Journal of Sustainable Development* 6, 2013, p. 42.

贷合作达成之后的项目监督以及评估。[①] 这一系统所运用的理论与赤道原则的要求是一脉相承的，即通过对某一项目的环境破坏程度与环境危害风险进行评估来决定对金融活动的调整和改善。

YES 银行是印度的银行中绿色化水平较高的一个银行，是印度私有银行的第五大银行。它是印度第一所签署碳披露项目的银行，也是第一个签署《联合国环境规划署金融倡议》的印度私有银行。由于其出众的绿色行动，该银行成为首家入选道琼斯可持续发展指数的印度银行，也成为印度唯一一家被印度储备银行颁发"绿地银行许可证"的银行。YES 银行积极地应对全球气候变化，成立了 YES 社区，这一社区的主要目的在于呼吁保护环境、积极引导居民使用绿色用品、宣传银行的绿色信贷政策。在 YES 银行众多的绿色行动中，较为著名的两个项目是"星球—地球"和"社会存款账户"。"星球—地球"项目中，YES 银行提供了资金，在各地的分支机构发起常规性的宣传活动，宣传环境与金融的关系，以预防污染、回收与最少化污染为主题，以此为渠道将自己有关的信贷政策与社会大众进行信息共享与沟通。[②] "社会存款项目"是 YES 银行发起的一项全国性的创新绿色行动，YES 银行与"印度关怀组织"合作设立了一个特殊类型的账户，该银行的所有客户都可以将自己在该银行的存款利息转入这个账户，成为这个账户的原始资金，这笔账户将用于贷款给那些在环保方面缺乏资金的活动和小型项目。[③] 这一绿色信贷的新形式，开创了全民参与绿色信贷的先河，真正地让所有的居民都可以通过自己的微薄之力参与到环境保护中来。

（四）印度绿色信贷法律制度的特点

1. 依靠政策指导实践，印度的绿色信贷法律制度由各大银行的信贷政策组成。从国家级的《国家行动计划》到各大银行各自的信贷政策与方案，印度并没有以立法的形式确定一部法律保障绿色信贷的法律地位，而缺乏法律的保障使绿色信贷的进程发展缓慢。虽然《国家行动计划》明确地要求金融行业重视对环境的影响，但是《国家行动计划》始终只是一项国家倡议，它缺乏

① Yadwinder Singh, "Environmental Management Through Green Banking: A study of Commercial Banks in India", *International Journal of Interdisciplinary and Multidisciplinary Studies* 2, 2015, p. 23.

② Indian Banks' Association, The Climate Group, "Climate change and finance in India", https://www.theclimategroup.org/news/climate-change-and-finance-india, January 4, 2018.

③ Ibid.

明确的指导作用;而各大银行所制定政策更是缺乏法律的规制,各个银行制定的信贷规范标准宽严不一、绿色评审标准也不确定。但是好在印度各大银行制定的政策并没有脱离印度的市场规律,而且《国家行动计划》由总理亲自签署,这也显示出印度国家层面对该内容的重视,加快了从政策到法律的步伐。

2. 善于结合国际条约,以国际协定的相关内容作为参考标准。截至笔者写作时,印度已有5个银行签署了碳披露项目,有2个银行签署了《联合国环境规划署金融倡议》,有2个金融机构采用了赤道原则,有2个银行签署了《联合国全球契约》。虽然相对于发达国家,印度加入这些环境金融有关协定的银行和金融机构数量不多,但是与发展中国家相比,印度的绿色信贷国际化水平却是走在前列的,甚至超过了部分的中等发达国家。以国际协定作为本国绿色信贷的指导准则有诸多好处,例如有提升国际化水平、节省政策制定成本、有助于扩展外国市场等长远利益。但是,盲目地引用却也存在弊端,因为以上的条约、协定多是由发达国家发起或者主导,所以在有关的技术水平、排放标准和经济条件等方面对于发展中国家有着相当高的门槛,这就使这些条约协定具体适用到具体项目中时会存在很多的漏洞。

3. 银行积极与政府部门合作。印度的银行在绿色信贷的进程中和印度绿色建筑委员会、印度新兴和可再生能源部、中央污染控制委员会等部门合作紧密,这不仅反映了印度政府系统与商业系统的紧密结合,也显示出了政府部门对于绿色发展的重视。获得政府部门的支持,绿色信贷政策的实施便有了更大空间。有关政府部门的设置也属于绿色信贷政策配套措施的一部分,政府部门在绿色信贷体系中发挥的作用除了进行有关审批和评估外,还包括能够增强民众对信贷的安全信赖、扩大绿色信贷的影响力、有助于宣传全民绿色的生活方式,最终可以对环境保护产生长远的积极影响,进一步促进绿色信贷政策的改良与丰富。

4. 重视绿色信贷的后期监管。HDFC银行引入社会环境风险管理系统来监管绿色贷款的项目,其他银行虽然并没有以这一先进的系统来进行后期监管,却在后期监管中各自设定了监管部门或者达标条件。后期的监管对于绿色信贷的作用是不言而喻的,监管不仅能够有效控制绿色信贷的成果,而且能够为后来的信贷政策带来可持续的发展。缺乏监管的绿色信贷体系是一套不完整的金融运作模式,缺乏监管非常容易使贷款项目达不到预先的环境标准，而使银行承担更高的信贷风险和名誉风险。若绿色贷款所资助的项目并未按照原先设定的环境目标进行，那么绿色信贷的本质作用也就失效了，加上其他的企业或者项目会因该项目比未达标的绿色项目承担了更高的利率或其他贷款成本，而与银行终止合作或者起诉银行违背了市场公平的原则，这甚至有可能导致金融系统的信任危机。

5. 大力推行信贷反向激励政策。印度的银行作出的有关举措，如保留一定的绿色信贷比例、控制贷款流向环境不友好型企业等，都反映出了印度绿色信贷体系中的信贷反向激励政策。信贷反向激励是绿色信贷的重要组成部分，这一部分很好地限制了环境不友好型企业的扩大与发展，也彰显了银行在促进绿色项目发展之余，对于推动相关产业、相关行业转型的重要作用。信贷正向激励与信贷反向激励虽然都是绿色信贷的重要手段，但是信贷反向激励往往能够带来更好更直接的环境保护效果和社会影响。

6. 扩大绿色信贷对象，重视个人在绿色信贷中的作用。印度国家银行作为印度的代表性银行，它率先提出的"绿色家园贷款计划"把传统意义上的信贷政策所指的对象延伸到个人。传统绿色信贷的指向一般为某个大型项目，贷款对象一般是政府机构或者企业。这一计划却将绿色贷款的对象延伸到个人，这一举措在绿色信贷领域具有里程碑式的意义，它意味着绿色信贷不再是某些项目或某些企业的特权，也意味着从金融角度去保护环境也不再是个别团体的责任，全民都可以参与其中，这对于人民的绿色意识提升也十分重要。

三、印度绿色信贷法律制度之借鉴

（一）我国与印度绿色信贷制度对比分析

我国的绿色信贷法律制度虽然有所发展，但是与发达国家相比仍有不足。我国的绿色信贷最早是 2007 年由原国家环境保护总局（现生态环境部）、原中国银行业监督管理委员会（现中国银行保险监督管理委员会）和中国人民银行共同发布的《关于落实环保政策法规防范信贷风险的意见》引入的。随后在 2007 年原中国银行业监督管理委员会（现中国银行保险监督管理委员会）发布《节能减排授信工作指导意见》，中国人民银行发布《关于改进和加强节能环保领域金融服务工作的指导意见》。这两份文件中或多或少地提到了绿色信贷的有关政策。① 直到2012年,原中国银行业监督管理委员会(现中国银行保险监督管理委员会)发布《绿色信贷指引》才真正地将绿色信贷纳入国家层面的金融政策中。不难发现,我国的绿色信贷法律制度也是依靠政策指导实践,在实践中,各大银行也根据银监会的有关文件制定了自己的相关政策。此外,我国的绿色信贷法律制度也存在一些问题,例如缺乏统一而明确的监管、信贷对象只着眼于企业或大型项目、少与国家机关和国际组织合作等,这些问题在众多学者的研究中也多有体现。②

1. 实践模式相同。印度的绿色信贷法律制度主要依靠政策具体实施,并没有专门的法律规制。我国绿色信贷制度的特点之一也同样是以政策指导实践,在实践中,我国并没有一部真正意义上的法律来对绿色信贷进行明确的法律定位与保障。这也是中印两国作为发展中国家,在绿色信贷法律制度上与超发达国家相比存在的最突出的一个问题。因而在未来的绿色信贷发展过程中,我国需要在立法方面进行完善。

2. 监管力度不同。在印度,银行从绿色信贷的放款到后期监管都有一套自己的运行机制,而且更是有银行引入了社会环境风险管理系统来对绿色信贷项目进行后期的风险监管。我国绿色信贷的后期监管则存在明显的漏洞和不足,例如监管的主体并不明确以及没有明确的用以衡量和评估绿色信贷的环境标准。在这一方面我国需要借鉴印度的监管方式和监管力度。

3. 信贷对象范围不同。印度的绿色信贷对象范围从企业到个人,每类主体都有十分丰富的绿色信贷产品可以选择,尤其是其中的"绿色家园贷款计划"这一信贷形式的创新,将绿色信贷的对象铺开到了全社会。我国绿色信贷的主体对象却仍然是企业,尽管在个人信贷方面也出现了"绿色车贷"等信贷产品,但是"绿色车贷"在我国也处于初级的发展阶段,而且并没有像"绿色家园贷款计划"那样处于全民需求的地位。在绿色信贷形式方面,我国应该学习印度银行的经验,在个人信贷方面开发出更多更丰富更具需求性的产品。

---

① 刘传岩:《中国绿色信贷发展问题探究》,载《税务与经济》2012年第1期。

② 参见金芸芸:《我国商业银行绿色金融业务现状分析和发展建议》,载《工程经济》2020年第5期;夏文彬、郭显军:《我国区域绿色金融发展现状与实践创新》,载《现代企业》2020年第5期;卢敏瓅:《我国绿色消费信贷发展概况、难点与对策》,载《金融纵横》2020年第1期。

4. 绿色信贷激励制度不同。我国的信贷激励制度主要属于正向的信贷激励,对符合绿色标准的环境友好型项目给予信贷优惠,而很少对环境不友好型项目给予反向的信贷激励,限制贷款额度、提高信贷利率、缩短还款期限之类的反向激励措施并没有在各大银行的绿色信贷实践中得到很好的体现。而在印度,诸多银行都实施了反向的绿色信贷激励政策,限制贷款额度、暂停扩大信贷比例的举措很好地限制了环境不友好型项目的发展。我国在日后的绿色信贷法律制度的完善过程中更要借鉴这方面的经验。

5. 与国际组织和国家机关的合作程度不同。在法律制度中引入国际准则、国际原则方面,我国也和印度有着一定的差距,目前我国仅有兴业银行采用了赤道原则。在与政府部门的合作方面,我国的金融机构与环保部门并没有联系起来。在这两个层面上,我国也应当学习印度金融机构的有关做法,丰富我国的绿色信贷制度。

(二)印度绿色信贷法律制度对我国的启示

印度的绿色信贷制度虽然也和我国一样有着诸多不足,但是其中的一些特殊的做法可以为我国所引用借鉴,而其中的不足也可以成为我国发展过程中引以为戒的问题。结合印度的绿色信贷法律制度,我国在未来对绿色信贷法律制度进行完善时可以从以下几个方面着手:

1. 完善立法,构建绿色信贷法律体系

(1)推进绿色信贷立法进程

目前我国的绿色信贷法律主要是由有关部门的规章和各大银行的政策组成。银行所制定的政策差异巨大,一些银行重在响应国家政策,一些银行仅仅着眼于一个行业。这些政策也缺乏法律的保护与确定,这也成为各个银行绿色信贷发展停滞不前的重要原因。目前我国应该加紧针对绿色信贷的专门立法,但是立法过程也要注意不要盲目地因立法需要而立法,要考虑到实际的国情,在立法之前,需要经过大量的调查,也需要进行大量的研究讨论。

(2)将国际原则、准则引入法律之中

立法参考不应当仅仅着眼于现有的政策规章文件,国际上有关的原则、规则也可以在加以转化之后为我国的立法所用。诸如碳披露项目、联合国环境规划署金融倡议、赤道原则、联合国全球契约这样的国际准则在绿色信贷领域都有各自的实施举措和政策,而这些举措和政策是在多年实践积累的基础上制定而成的,对于我国的立法补充具有十分重要的借鉴意义。

(3)积极推行反向的绿色信贷激励制度

我国一贯实行的绿色信贷政策都是给予环境友好型项目信贷优惠和信贷支持,而我国较少地推行更为严格的反向激励措施。反向的激励政策限制了环境不友好型项目的施行,能够有效地控制这些污染企业的发展,从而从根源上减少环境破坏。反向的绿色信贷激励制度包括对环境不友好型企业或项目提高利率、提升贷款门槛、缩短还款期限等举措。

(4)创新信贷形式,重视个人在信贷体系中的作用

和印度大多数银行一样,我国的金融机构在绿色信贷方面仅仅关注企业或是政府部门的项目,很少将目光转移到个人身上。金融机构虽然在个人车贷方面对个人绿色信贷有所考量,但是仍然没有做到全面地将个人上升为信贷的主要主体。个人的力量在绿色信贷方面的作用是不可估量的,我国可以开始制定政策引导房屋建筑采用环境友好型设计或是采用能源节约型的房屋供能系统。居民个人在购买这些环境友好型房屋时,可以获得更低的首付额和更低的贷款利息。通过房屋方面的引导政策,在我国这样传统的以“家”为本位的国家,绿色信贷制度的发展必然会进入全新的阶段。不过这样一套体系的建成并非一日之功,需要大量房地产商的投入和极高的基础设施要求。

2.完善绿色信贷的配套措施

(1)加强金融机构与政府部门的合作

印度的金融机构积极与政府协调配合,才使他的绿色信贷走在了发展中国家的前列。我国也要加强银行同有关部门的沟通与合作。我国的生态环境部、中国银行保险监督管理委员会、国家市场监督管理总局等各部门应该加强同银行的合作。如有必要,可以多方共同成立绿色信贷配套行动组,这样一来绿色信贷的实行效果自然也会大为增强。另外,各地的发展部门也要及时地披露地方特色项目。印度的太阳能、风能等自然资源充足,他们因地制宜地将绿色信贷与这些特色的项目结合起来,使得绿色信贷与环保项目都有了长足的发展。我国部分地区地热能、核能、风能资源也十分丰富,当地的有关部门可以发起绿色项目,并将其公开招标给符合资质的企业,再打通企业的绿色信贷渠道,这样便可实现绿色信贷与特色企业的紧密结合。

(2)加强对绿色信贷项目的后期监管

印度部分银行甚至引进了社会环境风险管理系统来进行后期的监管,我国也应当建立完善的绿色信贷监督体制。首先应当明确监管主体,尽管生态环境部门,与市场监督管理部门都与绿色企业有着紧密的联系,但监管最好由生态环境部门来执行,因为生态环境部门知道环保标准且具有环境执法权。但是生态环境部门并不知道银行在贷款给该企业或是某项目时的环保要求和标准,因而生态环境部门没有办法从信贷的角度给予企业处罚或是抑制,这就要求银行与生态环境部门进行信息共享。对于监管方式和手段,也应当采取较为先进的管理系统,如果可行的话可以鼓励银行采用赤道原则,引用赤道原则中的有关条例来制定管理规范。除此之外,监管的惩戒机制也要完善,提高利率或是中止贷款等都是较好的办法。

The Analysis and Reference of Green Credit Legal System in India: From a Perspective of Bank Industry

Zhiyong Guo

Abstract: The concept of green credit shall include positive credit incentives and negative credit restrictions, both of which have important efficiency and fair value. As a developing country with the same development situation in China, India has a lot shall be learned in the construction of the legal system of green credit. At the national level, India has a national plan of action as a guide, central Banks and state-owned Banks play a leading role in green credit, and private Banks are constantly innovating credit instruments. From the perspective of Indian Banks can analyze the characteristics of Indian credit legal system. Compared with China, our country should focus on the credit legislation and improve the relevant supporting measures in the future, especially in the innovation of credit form, attaching great importance to the individual customers, strengthening the supervision of the late process, etc.

Key Words: green credit; credit policy; credit laws and regulations

图书在版编目(CIP)数据

金砖国家法律研究. 总第3卷, 2019年 / 林燕萍, 杜涛主编. -- 北京 : 法律出版社, 2020

ISBN 978-7-5197-5021-3

Ⅰ. ①金… Ⅱ. ①林… ②杜… Ⅲ. ①法律-研究-世界 Ⅳ. ①D910.4

中国版本图书馆CIP数据核字(2020)第195483号

金砖国家法律研究(总第3卷·2019年)
JINZHUAN GUOJIA FALÜ YANJIU
(ZONG DI-3 JUAN·2019NIAN)

林燕萍 杜 涛 主编
费秀艳 执行主编

责任编辑 高 山 许莹洁
装帧设计 鲁 娟

出版 法律出版社
总发行 中国法律图书有限公司
经销 新华书店
印刷 三河市龙大印装有限公司
责任校对 晁明慧
责任印制 陶 松

编辑统筹 学术·对外出版分社
开本 710毫米×1000毫米 1/16
印张 20
字数 321千
版本 2020年10月第1版
印次 2020年10月第1次印刷

法律出版社/北京市丰台区莲花池西里7号(100073)
网址/www.lawpress.com.cn
投稿邮箱/info@lawpress.com.cn
举报维权邮箱/jbwq@lawpress.com.cn
销售热线/400-660-8393
咨询电话/010-63939796

中国法律图书有限公司/北京市丰台区莲花池西里7号(100073)
全国各地中法图分、子公司销售电话:
统一销售客服/400-660-8393/6393
第一法律书店/010-83938432/8433
西安分公司/029-85330678
重庆分公司/023-67453036
上海分公司/021-62071639/1636
深圳分公司/0755-83072995

书号:ISBN 978-7-5197-5021-3
定价:79.00元